本研究成果为国家社科基金人口学2017年一般项目结题报告，立项名称：我国西南地区农村留守老人养老需求与政策供给精准化研究；立项号：17BRK017

精准施策赋能农村养老保障

西南农村留守老人养老需求与政策供给精准化研究

罗亚玲 著

中国社会科学出版社

图书在版编目（CIP）数据

精准施策赋能农村养老保障：西南农村留守老人养老需求与政策供给精准化研究 / 罗亚玲著 . —北京：中国社会科学出版社，2021.11
ISBN 978 - 7 - 5203 - 8293 - 9

Ⅰ.①精… Ⅱ.①罗… Ⅲ.①农村—养老—社会服务—研究—中国 Ⅳ.①D669.6

中国版本图书馆 CIP 数据核字（2021）第 067995 号

出 版 人	赵剑英
责任编辑	孙砚文　李　沫
责任校对	师敏革
责任印制	王　超

出　版	中国社会科学出版社
社　址	北京鼓楼西大街甲 158 号
邮　编	100720
网　址	http://www.csspw.cn
发 行 部	010 - 84083685
门 市 部	010 - 84029450
经　销	新华书店及其他书店

印　刷	北京明恒达印务有限公司
装　订	廊坊市广阳区广增装订厂
版　次	2021 年 11 月第 1 版
印　次	2021 年 11 月第 1 次印刷

开　本	710×1000　1/16
印　张	29
插　页	2
字　数	446 千字
定　价	149.00 元

凡购买中国社会科学出版社图书，如有质量问题请与本社营销中心联系调换
电话：010 - 84083683
版权所有　侵权必究

序

第七次全国人口普查数据表明，虽然我国城镇化进程加快，农村人口仍有五亿以上，外出打工人员不断增加，农村老龄化的步伐快速迈进。农村养老保障是中国养老保障最核心的议题。可以说，农村养老保障的建设成效，是度量中国养老保障建设最直接、最核心、最有力的诠释指标。一直以来，作为农村民生保障体系核心组成部分的农村社会保障制度建设，是中国社会保障制度建设中最具特色、最具挑战性、也是最具创新性的组成部分。经济体制改革以来，伴随社会主义市场经济体制的建立，以社会保险、社会福利、社会救助为核心的社会保障制度在城镇地区快速发展并走向成熟，广大农村居民的社会保障在理念、逻辑、制度到实践层面的设计和践行，却难以从以工业化、城镇化为基础的现代社会保障制度逻辑中找到直接的参考借鉴，唯有扎根中国大地、立足中国乡土文化、寻找适合中国农村经济社会发展的社会保障途径。进入21世纪以来，以新型农村合作医疗保险、新型农村社会养老保险、城乡居民基本养老保险、城乡最低生活保障制度为代表的农村社会保障体系逐步建立和完善，在发展中国家中首次实现了覆盖全民的社会保障体系建设，为农村民生保障建设奠定了坚实的制度基础。但是，在中国快速城镇化和加速发展的人口老龄化的双重作用下，农村青壮年劳动人口快速流失，中国农村开始呈现"空心化""老龄化城乡倒置"的特殊人口社会结构，这为中国农村民生保障体系建设提出了严峻挑战。这一过程中，西南地区作为我国劳动年龄人口净流出地区，农村空巢化现象日益严峻。农村留守老人的养老保障问题已然不仅表现于养老保险待遇和医疗费用报销问题这些经济收入问题，甚至将先于城市老人面对养老服务短缺的问题。农村留守老人的养老保障已经成为一个综合性的政策难点、政策短板。

我国经济和社会发展"十四五"规划和2035年远景目标纲要提出，走中国特色社会主义乡村振兴道路，全面实施乡村振兴战略，实现巩固拓展脱贫攻坚成果同乡村振兴有效衔接，建立健全巩固拓展脱贫攻坚成果长效机制。完善农村留守老人的养老保障制度，不仅需要制度优化、政策完善和财政支持，更需要社会保障体系的系统集成和高效协同，构建社会保障长效机制以保障其可持续的充足供给，实现构建可持续、高质量发展覆盖全民的社会保障体系的目标。在老龄化、城镇化背景下日益突出的农村留守老人养老保障制度建设和服务供给问题，需要从理念、权利、制度、实践多维度出发，从全面推进乡村振兴的系统思维出发，创新探索农村留守老人精准化的养老保障供给长效机制。而这正是罗亚玲副教授带领她的研究团队承担的国家社科基金项目所致力研究的重要论题，本书是这一项目研究成果的结晶。

罗亚玲副教授撰写的《精准施策赋能农村养老保障——西南农村留守老人养老需求与政策供给精准化研究》立足西南地区农村养老政策供给侧改革，围绕政府养老政策供给和西南地区农村留守老人养老需求的平衡问题及其实现机制展开研究。

首先，成果通过对西南农村留守老人养老需求与供给政策精准化的生成逻辑进行剖析，呈现西南农村留守老人养老供需现状与养老保障政策演进，分析西南农村留守老人养老需求与政策供给匹配不精准的外在表现和内在原因，并在典型国家相关经验借鉴和启示下提出构建西南地区农村留守老人智慧养老精准供给政策系统构想和完善措施。作者的分析框架及研究结论较好地体现了理论与实践的结合、国际经验与国内实践创新的结合、定性分析与定量分析的结合。作者对西南地区农村留守老人智慧养老精准供给政策系统构想有新意，对农村养老服务制度完善有积极的参考价值。

其次，作者带领研究团队扎根中国大地，对西南农村地区进行了大量而细致的实地调研，在掌握大量一手资料的基础上，通过去伪存真，去粗取精的精细加工及理论提炼，扩充了传统的"社会支持"概念，提出了由自我支持、家庭支持、政府支持、邻里支持度量的

"养老支持"理念；基于精神慰藉需求、医疗健康需求、生活照料需求、经济供给需求等维度提出农村留守老人养老需求精准化识别途径，提炼了中国农村留守老人养老保障需求的精准识别和精准施测方法等，在同类研究中具有鲜明的特色，拓展和深化了对中国农村留守老人养老保障相关问题的研究。

最后，成果突出乡村振兴背景下农村养老保障需求导向，分析了农村老年人在经济保障、服务提供及精神慰藉的现实和潜在需求，探讨了智慧养老精准供给政策系统的着力点及完善相关配套政策的必要，对农村养老保障和养老服务制度建构提出了有益的见解，对农村养老服务供给的可持续高质量发展思路进行了积极的探索，其政策建议具有较强的现实针对性和决策参考价值。

人口老龄化挑战背景下我国农村养老保障体系建设任重而道远。"十四五"时期积极应对老龄化国家战略的加快推进，无疑将更加重视农村老年人的各类需求，更加重视构建综合性养老保障的制度体系和服务体系。而中国传统文化的创造性转化和创新性发展，必将为中国有效回应和解答老龄化挑战的世界性难题提供有重要挖掘价值的制度文化资源。祝罗亚玲老师在未来的学术研究中不断取得新成果。

是为序。

林 义
2021年初夏于蓉城敬一斋

目 录

第一章 导论 …………………………………………………… (1)
  第一节 研究背景与研究意义 ……………………………… (1)
    一 研究背景 …………………………………………… (1)
    二 研究意义 …………………………………………… (13)
  第二节 研究现状 …………………………………………… (16)
    一 国外研究现状 ……………………………………… (16)
    二 国内研究现状 ……………………………………… (21)
    三 国内外研究述评 …………………………………… (33)
  第三节 研究思路与研究方法 ……………………………… (35)
    一 研究思路 …………………………………………… (35)
    二 研究方法 …………………………………………… (36)
  第四节 创新与不足 ………………………………………… (37)
    一 研究的主要创新 …………………………………… (37)
    二 研究不足之处 ……………………………………… (38)

第二章 农村留守老人养老保障精准供给的含义、理论基础和生成逻辑 ………………………………………………… (40)
  第一节 农村留守老人养老保障精准供给的含义及相关概念 ……………………………………………………… (40)
    一 农村留守老人 ……………………………………… (40)
    二 农村留守老人养老保障精准供给 ………………… (43)
    三 农村留守老人的养老需求 ………………………… (46)
  第二节 农村留守老人养老保障精准供给的核心要素 …… (47)

一　以特殊时代使命为存在基础 ……………………………… (47)
　　二　以实质公平为内在价值诉求 …………………………… (48)
　　三　以农村留守老人为特定施策对象 ……………………… (49)
　　四　以完备的政策体系为运行保障 ………………………… (49)
第三节　农村留守老人养老保障精准供给的相关理论 ……… (50)
　　一　社会主义本质论 ………………………………………… (50)
　　二　公平正义理论 …………………………………………… (54)
　　三　公共财政理论 …………………………………………… (59)
　　四　马克思主义矛盾论 ……………………………………… (64)
　　五　马斯洛需求层次理论 …………………………………… (69)
第四节　农村留守老人养老需求与供给政策精准化的生成
　　　　逻辑 ……………………………………………………… (73)
　　一　满足需求"三条路径"的供给精准性及实现条件 …… (73)
　　二　"供给侧改革"是保障农村留守老人养老的必由
　　　　之路 ……………………………………………………… (85)
　　三　构建农村留守老人智慧养老精准供给体系 …………… (92)

第三章　西南农村留守老人养老供需现状调查 ……………… (97)
　第一节　调研施测与样本情况 ………………………………… (97)
　　一　问卷设计与施测过程 …………………………………… (97)
　　二　调查对象与样本描述 …………………………………… (101)
　　三　调研样本概况 …………………………………………… (103)
　第二节　养老保障供给现状 …………………………………… (110)
　　一　基本物质生活供给 ……………………………………… (110)
　　二　日常生活照料供给 ……………………………………… (137)
　　三　精神慰藉供给 …………………………………………… (140)
　第三节　养老保障需求现状 …………………………………… (148)
　　一　基本物质生活需求 ……………………………………… (149)
　　二　日常生活照料需求 ……………………………………… (158)
　　三　精神慰藉需求 …………………………………………… (164)

第四章　西南农村留守老人养老保障政策及评价…………（169）

第一节　国家层面和西南农村地区社会救助政策及评价……（169）
一　国家层面农村地区社会救助政策及评价……………（169）
二　西南农村地区社会救助政策及评价…………………（176）

第二节　国家层面和西南农村地区城乡居民养老保险
　　　　政策及评价………………………………………（184）
一　国家层面城乡居民养老保险政策及评价……………（184）
二　西南农村地区城乡居民养老保险政策及评价………（187）

第三节　国家层面和西南农村地区城乡居民医疗保险
　　　　政策及评价………………………………………（194）
一　国家层面城乡居民医疗保险政策及评价……………（194）
二　西南农村地区城乡居民医疗保险政策及评价………（196）

第四节　国家层面和西南农村地区社会养老服务政策及
　　　　评价…………………………………………………（202）
一　国家层面农村地区社会养老服务政策及评价………（202）
二　西南农村地区养老服务政策及评价…………………（205）

第五节　国家层面和西南农村留守老人相关政策及评价……（211）
一　国家层面农村留守老人相关政策及评价……………（211）
二　西南农村留守老人相关政策及评价…………………（215）

第五章　西南农村留守老人养老不精准的表现及原因…………（222）

第一节　西南农村留守老人养老需求与政策供给匹配
　　　　不精准的表现……………………………………（222）
一　西南农村留守老人物质生活需求与政策供给匹配
　　不精准的表现…………………………………………（223）
二　西南农村留守老人日常照料需求与政策供给匹配
　　不精准的表现…………………………………………（234）
三　西南农村留守老人精神慰藉需求与政策供给匹配
　　不精准的表现…………………………………………（261）

第二节　西南农村留守老人养老不精准的原因……………（280）
一　养老政策理念缺乏前瞻性……………………………（280）

二　养老政策层级性较低制约政策供给效力……………（281）
　　三　养老政策区域差异导致供需匹配精准度的
　　　　区域差异………………………………………………（283）
　　四　农村养老政策供给受投入规模制约………………（286）
　　五　农村人口特征变化显著……………………………（291）
　　六　文化变迁改变农村养老观念………………………（292）

第六章　发达国家养老保障政策和经验借鉴……………（295）
第一节　日本、新加坡和德国的养老保障政策…………（296）
　　一　日本的养老保障政策………………………………（296）
　　二　新加坡的养老保障政策……………………………（308）
　　三　德国的养老保障政策………………………………（314）
第二节　日本、德国和新加坡养老保障政策的主要经验……（324）
　　一　推行强制性的长期护理保险制度…………………（324）
　　二　精准识别服务对象…………………………………（326）
　　三　实现供给主体多元化………………………………（331）
　　四　注重供给内容多样化………………………………（335）
　　五　力求管理精准化……………………………………（340）

第七章　构建西南农村留守老人智慧养老精准供给
　　　　政策体系……………………………………………（346）
第一节　构建西南农村留守老人养老精准供给政策体系的
　　　　基本原则……………………………………………（346）
　　一　公平原则……………………………………………（346）
　　二　效率原则……………………………………………（350）
　　三　可持续原则…………………………………………（353）
　　四　可操作原则…………………………………………（356）
　　五　普适性原则…………………………………………（358）
第二节　西南农村留守老人养老精准供给基本模型………（359）
　　一　一个宗旨……………………………………………（359）
　　二　两个层面……………………………………………（360）

三　三个中心 …………………………………………… (361)
四　四个流程 …………………………………………… (361)
第三节　西南农村留守老人养老精准供给的政策体系……… (362)
一　日常巡访的政策 …………………………………… (362)
二　分级评估的政策 …………………………………… (364)
三　普通保障的政策 …………………………………… (366)
四　特殊保障的政策 …………………………………… (368)
五　集中保障的政策 …………………………………… (370)
六　标准生成的政策 …………………………………… (371)
七　质量评价的政策 …………………………………… (372)
第四节　西南农村留守老人养老精准供给政策体系的
　　　　优势 ………………………………………………… (374)
一　"路径依赖"有效节约成本 ……………………… (374)
二　双层经营体制利于全面快速推进 ………………… (376)
三　农村集体组织充分发挥本土优势 ………………… (378)
四　公平公正有机衔接精准扶贫战略 ………………… (380)
五　科学架构体系助益乡村振兴战略 ………………… (381)

第八章　保障养老精准供给政策体系高效运行的措施………… (383)
第一节　建立健全相关法律法规 …………………………… (383)
一　制定农村留守老人养老保障法 …………………… (383)
二　制定养老精准供给政策体系运行条例 …………… (385)
第二节　保证充足的资金供给 ……………………………… (386)
一　加大政府财政投入 ………………………………… (386)
二　拓宽资金筹集渠道 ………………………………… (388)
三　加强资金安全监管 ………………………………… (389)
第三节　保证专业人才供给 ………………………………… (390)
一　精准配备集中养老服务人员 ……………………… (390)
二　规范管理巡访人员 ………………………………… (393)
三　精准配备医务、心理咨询和法务人员 …………… (394)
第四节　完善养老服务设施建设 …………………………… (395)

一　建立失能农村留守老人养老院 …………………… (396)
　　二　完善医疗卫生设施建设 …………………………… (397)
　　三　完善文化休闲设施建设 …………………………… (398)
　　四　完善配套设施建设 ………………………………… (399)
　第五节　转变农村留守老人养老观念 ………………… (400)
　第六节　增加农村留守老人收入 ……………………… (400)
　第七节　加强农村留守老人权益保护 ………………… (402)

参考文献 ……………………………………………………… (407)

附录　调查问卷 …………………………………………… (435)

第一章　导论

第一节　研究背景与研究意义

一　研究背景

在我国，伴随着城镇化进程的演进，农村留守老人的养老已成为一个显著的社会现象和问题。虽然我国已建立起了较为完善和普遍的社会保障体系，但对农村留守老人而言，现有的这种普适性养老保障的水平仍显不足。在我国西南地区，经济发展普遍滞后、农村青壮年流出率高，农村留守老人的养老问题因此显得更加突出。

（一）中国已迈入老龄社会，农村留守问题十分突出

1. 中国人口老龄化的形势十分严峻

人口老龄化是当今世界各国特别是发达国家的普遍问题，我国是较早进入老龄化社会的发展中国家。

我国人口老龄化规模大且速度快。按照联合国教科文组织的判断标准，一个国家或地区的 60 岁以上人口占该国家或地区人口总数的 10% 或以上，或是一个国家或地区的 65 岁以上人口占该国家或地区人口总数的 7% 或以上，该国家或地区就进入了老龄化社会[1]。据此，我国从 2000 年就已经迈入老龄化社会的门槛。2010 年第六次人口普查数据显示，中国大陆地区 13.39 亿总人口中，60 岁及以上人口为 1.78 亿人，占总人口的 13.29%，比 2000 年上升了 2.93 个百分点；65 岁及以上人口为 1.19 亿人，占总人口的 8.88%，比 2000 年上升

---

[1] 苏振芳：《人口老龄化与养老模式》，社会科学文献出版社 2014 年版，第 2 页。

了1.91个百分点①。2017年,65岁及以上人口已达1.58亿人,占总人口的11.4%,老年抚养比为15.9%②。老年人比例从一个比例上升到另一个比例所用的时间是衡量人口老龄化速度的标准之一。表1-1给出了几个有代表性的国家65岁及以上人口比例从7%上升到14%的时间,有学者估算中国所用时间约为25年,是表中所列各国中最快的国家之一。可见,中国人口老龄化的速度很快,目前老年人口的绝对规模已十分巨大,老龄化问题的形势十分严峻。

表1-1　　　　　部分国家人口老龄化速度比较

国家	65岁及以上人口比例达到的时间		所用时间(年)
	7%	14%	
日本	1970	1996	26
韩国	1999	2017	18
新加坡	1999	2016	17
英国	1930	1975	45
德国	1910	1975	65
瑞典	1890	1975	85
法国	1865	1980	115
中国	2000	2026(估计)	26

数据来源:日本、英国、德国、瑞典、法国数据来自邬沧萍主编《社会老年学》,中国人民大学出版社1999年版,第160页。韩国、新加坡、中国数据来自杜鹏、杨慧《中国和亚洲各国人口老龄化比较》,《人口与展望》2009年第2期。

我国农村人口老龄化率远高于城镇。理论上看,一方面,城镇有更高的生活水平和医疗条件,人口预期寿命更高;另一方面,城镇的文化水平和生活方式导致普遍更低的生育意愿。因此,农村的老龄人口比重应该低于城市。然而,2000年、2010年的人口普查结果均显

---

① 中华人民共和国国家统计局:《2010年第六次全国人口普查主要数据公报(第1号)》,2018年11月17日,http://www.stats.gov.cn/tjsj/pcsj/rkpc/6rp/indexch.htm。
② 中华人民共和国国家统计局:《中国统计年鉴》,2018年11月17日,http://data.stats.gov.cn/easyquery.htm?cn=C01&zb=A0301&sj=2017。

示,我国农村的人口老龄化程度明显高于城镇(见表1-2)。这与我国长期的农村人口流出密切相关,青壮年从农村流向城镇,从而加剧了农村的人口老龄化程度,降低了城镇的人口老龄化程度[①]。我国人口老龄化的这种"城乡倒置"使得农村养老问题的形势更加严峻。

表1-2　　　　　　　　城乡老龄化水平对比

年份	65岁及以上人口所占比例(%)		
	城市	城镇	农村
2000	6.67	5.99	7.50
2010	7.68	7.98	10.06

数据来源:第五次和第六次全国人口普查数据。

2. 青壮年自乡向城的流动形成了农村留守问题

在城乡和区域二元化经济社会结构下,不平衡的城镇化和区域经济水平使我国人口流动多年来持续增长,直到2015年才有所下降,但静态规模仍然很大。《2018年农民工监测调查报告》显示,我国农民工总量继续增加,已达28836万人,其中,西部地区农民工输出人数增加最多,达7918万人[②]。在工业化拉动下的城镇化扩张,最直接的表现就是大量农村青壮年向城镇的流动和聚集。2000年我国城镇化率为36.2%,2010年就达到49.7%[③],提高13.5个百分点,大量农村青壮年流向城镇,速度惊人。

对于农村地区而言,人口流动的直接后果就是大量留守老人、儿童、妇女的出现。2013年,民政部估算,农村留守老人数量已达5000万[④]。随着城镇化进一步推进,如今的农村留守老人数量显然更多。

[①] 姜向群、杜鹏:《中国人口老龄化和老龄事业发展报告2014》,中国人民大学出版社2015年版,第4页。
[②] 中华人民共和国国家统计局:《2018年农民工监测调查报告》,2019年4月30日,http://www.stats.gov.cn/ztjc/qjd/tjdt/201904/t20190429_1662313.html。
[③] 中华人民共和国国家统计局:《中国统计年鉴》,2018年11月18日,http://data.stats.gov.cn/easyquery.htm?cn=C01&zb=A0306&sj=2010。
[④]《民政部:农村留守老人近5000万》,2018年11月17日,新京报网,http://www.bjnews.com.cn/news/2013/09/20/284312.html。

[图表：1982—2017年全国流动人口规模及城镇人口比重

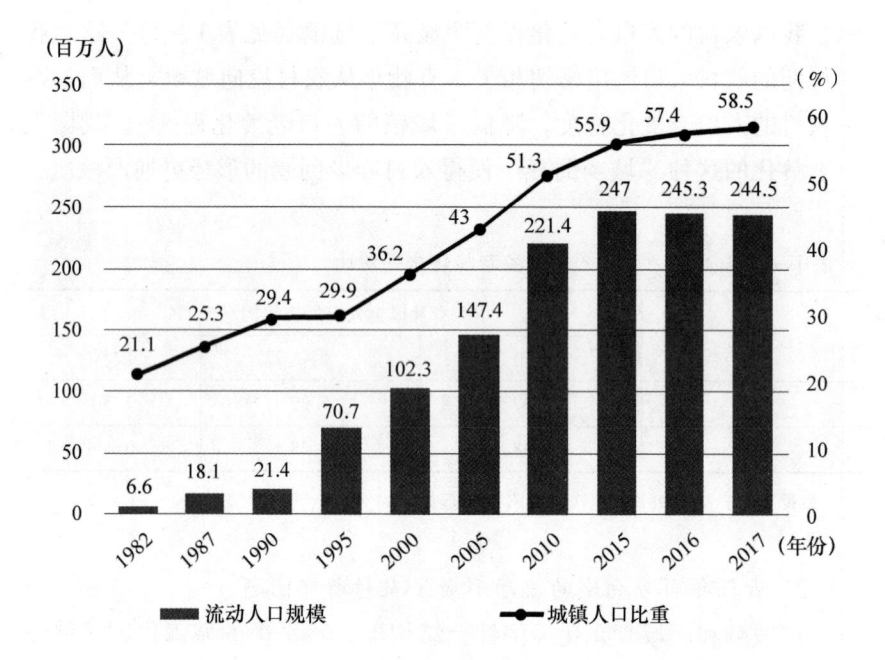

流动人口规模（百万人）：1982年 6.6；1987年 18.1；1990年 21.4；1995年 70.7；2000年 102.3；2005年 147.4；2010年 221.4；2015年 247；2016年 245.3；2017年 244.5

城镇人口比重（%）：1982年 21.1；1987年 25.3；1990年 29.4；1995年 29.9；2000年 36.2；2005年 43；2010年 51.3；2015年 55.9；2016年 57.4；2017年 58.5]

图 1-1　1982—2017 年全国流动人口规模及城镇人口比重
数据来源：中华人民共和国国家卫生健康委员会。

（二）党和国家十分重视扶贫和养老保障工作

农村留守老人往往伴随着贫困和养老问题，特别是在西南农村地区的农村留守老人，贫困和养老问题总体十分突出。扶贫和养老保障问题事关民生，历来是党和国家高度重视的工作，这对加强农村特别是西南农村地区留守老人养老保障有着十分重要的指导意义。

1. 党和国家十分关注老龄和贫困问题

2017 年，习近平总书记在党的十九大报告中具体要求，要"健全农村留守儿童和妇女、老年人关爱服务体系""坚持精准扶贫、精准脱贫"[①]。

与此相应，扶贫与养老工作被纳入《国民经济和社会发展第十三个五年规划纲要》，规划要求在脱贫攻坚方面要"推进精准扶贫精

---

① 习近平：《决胜全面建成小康社会　夺取新时代中国特色社会主义伟大胜利——在中国共产党第十九次全国代表大会上的报告》，人民出版社 2017 年版，第 44—49 页。

脱贫""支持贫困地区加快发展""完善脱贫攻坚支撑体系""全面建立针对经济困难高龄、失能老年人的补贴制度"①。

精准扶贫也是近年政府工作的重要任务。李克强总理在2017年《政府工作报告》中指出,要"深入实施精准扶贫精准脱贫""加强集中连片特困地区、革命老区、边疆和民族地区开发,改善基础设施和公共服务"②。2018年《政府工作报告》进一步细化了实施方案,要"对老年人、残疾人、重病患者等特定贫困人口,因户因人落实保障措施";在强化民生兜底保障的建议中提出,"积极应对老龄化,发展居家、社区和互助式养老"③。2019年《政府工作报告》特别提出农村的扶贫养老问题,要"坚持农业农村优先发展,加强脱贫攻坚与乡村振兴统筹衔接,确保如期实现脱贫攻坚目标、农民生活达到全面小康水平"④。

脱贫攻坚是一场必须打赢打好的硬仗。2015年《中共中央、国务院关于打赢脱贫攻坚战的决定》提出了2020年农村贫困人口实现脱贫的目标⑤。2019年,习近平总书记参加十三届全国人大二次会议甘肃代表团审议时进一步提出,脱贫攻坚已进入倒计时,"现在正是最吃劲的时候,必须坚持不懈做好工作,不获全胜、决不收兵"⑥。

2. 农村养老保障越来越受到重视

为了适应人口老龄化和农村留守老人问题不断严峻的形势,党和国家陆续出台改善农村养老服务水平的政策文件,以提高农村养老保

---

① 国家发展和改革委员会:《中华人民共和国国民经济和社会发展第十三个五年规划纲要》,人民出版社2016年版,第136—138页。
② 全国人民代表大会:《政府工作报告2017年3月5日在第十二届全国人民代表大会第五次会议上》,人民出版社2017年版,第16页。
③ 全国人民代表大会:《政府工作报告2018年3月5日在第十三届全国人民代表大会第一次会议上》,人民出版社2018年版,第21页。
④ 全国人民代表大会:《政府工作报告2019年3月5日在第十三届全国人民代表大会第二次会议上》,人民出版社2019年版。
⑤ 《中共中央、国务院关于打赢脱贫攻坚战的决定》,2015年12月7日,中国政府网,http://www.gov.cn/xinwen/2015-12/07/content_5020963.htm,2019年7月11日。
⑥ 《脱贫攻坚倒计时尤需争分夺秒》,2019年3月9日,中国新闻网,http://www.chinanews.com/gn/2019/03-09/8775906.shtml,2019年7月31日。

障和服务水平。

2007年，胡锦涛同志在党的十七大报告中就要求"加强老龄工作"[①]。2012年，胡锦涛同志在党的十八大报告中进一步指出，要"积极应对人口老龄化，大力发展老龄服务事业和产业"[②]。

2012年，民政部《关于鼓励和引导民间资本进入养老服务领域的实施意见》提出，"鼓励民间资本参与农村居家和社区养老服务发展，重点为向留守老年人及其他有需要的老年人提供日间照料、短期托养、配餐等服务"[③]。2013年，《国务院关于加快发展养老服务业的若干意见》在切实加强农村养老服务的任务中提出，"依托行政村、较大自然村，充分利用农家大院等，建设日间照料中心、托老所、老年活动站等互助性养老服务设施"[④]。为贯彻这一政策精神，2014年，财政部等《关于做好政府购买养老服务工作的通知》在政府购买养老服务的基本原则中提出，"坚持需求导向""优先保障经济困难的孤寡、失能、高龄等老年人的服务需求，加大对基层和农村养老服务的支持"[⑤]。

为贯彻党的十八大关于发展老龄服务事业的部署，2016年，国务院办公厅发布《关于全面放开养老服务市场提升养老服务质量的若干意见》，在提升农村养老服务能力和水平的意见中提出，"鼓励各地建设农村幸福院等自助式、互助式养老服务设施""加强农村敬老院建设和改造""鼓励专业社会工作者、社区工作者、志愿服务者加强对农村留守、困难、鳏寡、独居老年人的关爱保护和心理疏导、咨

---

① 胡锦涛：《高举中国特色社会主义伟大旗帜 为夺取全面建成小康社会新胜利而奋斗》，人民出版社2009年版，第37—40页。
② 胡锦涛：《坚定不移沿着中国特色社会主义道路前进 为全面建成小康社会而奋斗——在中国共产党第十八次全国代表大会上的报告》，人民出版社2012年版，第34—38页。
③ 《关于鼓励和引导民间资本进入养老服务领域的实施意见》，2012年7月24日，中国政府网，http://www.gov.cn/zhengce/2016-05/22/content_5075659.htm，2019年1月21日。
④ 《国务院关于加快发展养老服务业的若干意见》，2013年9月13日，中国政府网，www.gov.cn/zhengce/content/2013-09/13/content_7213.htm，2019年4月23日。
⑤ 《关于做好政府购买养老服务工作的通知》，2014年9月3日，中国政府网，http://www.gov.cn/xinwen/2014-09/03/content_2744690.htm，2019年1月21日。

询等服务"①。

2017年，习近平总书记在党的十九大报告中具体要求，要"健全农村留守儿童和妇女、老年人关爱服务体系"，为此，民政部等颁布了《关于加强农村留守老年人关爱服务工作的意见》。《意见》包括以下方面，"把握农村留守老年人关爱服务工作的总体要求""强化家庭在农村留守老年人赡养与关爱服务中的主体责任""发挥村民委员会在农村留守老年人关爱服务中的权益保障作用""发挥为老组织和设施在农村留守老年人关爱服务中的独特作用""促进社会力量广泛参与留守老年人关爱服务"②。国务院还根据"十三五"规划对脱贫攻坚及积极应对老龄化的要求，颁布《"十三五"国家老龄事业发展和养老体系建设规划》，规划提出要"积极为低收入、高龄、独居、残疾、失能农村老年人提供养老服务"③。

为助推脱贫攻坚工作，民政部在2018年《关于推进深度贫困地区民政领域脱贫攻坚工作的意见》中提出，应"建立健全农村留守老人信息台账和定期探访制度，加快农村养老服务体系建设"④。

根据2019年《政府工作报告》对养老服务工作的部署，《国务院办公厅关于推进养老服务发展的意见》提出，"大力发展政府扶得起、村里办得起、农民用得上、服务可持续的农村幸福院等互助养老设施"⑤。

梳理政策不难发现，党和国家日渐重视农村养老服务建设，力求缓解城乡养老服务资源不平衡现象。提升农村养老服务质量，尤其加强农

---

① 《关于全面放开养老服务市场提升养老服务质量的若干意见》，2016年12月23日，中国政府网，http：//www.gov.cn/zhengce/content/2016－12/23/content_5151747.htm，2019年1月21日。
② 民政部：《关于加强农村留守老年人关爱服务工作的意见》，2017年12月28日，http：//xxgk.mca.gov.cn：8081/new_gips/contentSearch?id=149066，2019年7月24日。
③ 《"十三五"国家老龄事业发展和养老体系建设规划》，2017年3月6日，中国政府网，http：//www.gov.cn/zhengce/content/2017－03/06/content_5173930.htm，2019年7月22日。
④ 民政部：《关于推进深度贫困地区民政领域脱贫攻坚工作的意见》，http：//xxgk.mca.gov.cn：8081/new_gips/contentSearch?id=150394，2019年7月24日。
⑤ 《国务院办公厅关于推进养老服务发展的意见》，2019年4月16日，中国政府网，http：//www.gov.cn/zhengce/content/2019－04/16/content_5383270.htm，2019年6月18日。

村留守老人关爱服务工作，也是确保脱贫攻坚任务如期完成的内在要求。

（三）我国的社会经济条件正在经历巨大变化

如今，中国特色社会主义进入了承前启后、继往开来的新时代。我国的发展正处于新的历史方位，经济、社会发展呈现出新面貌、新变化。在新的时代背景下，关注全社会的养老问题是一大重要任务。

1. 社会主要矛盾变化，平衡和充分发展成为新的工作重心

党的十九大报告指出，中国特色社会主义进入新时代，我国社会主要矛盾已经转化为人民日益增长的美好生活需要和不平衡不充分的发展之间的矛盾。我国社会生产力水平总体上显著提高，社会生产能力在很多方面进入世界前列，更加突出的问题是发展不平衡不充分[①]。

我国自改革开放起就致力于破除城乡分割体制。农民进城务工的限制已破除，人口流动更加自由。农村青壮年大量涌向城市，就业机会更多，经济收入更高。但是，城乡二元结构转型远未成功，城乡之间的隔膜依然牢固。留守老人、儿童、妇女的产生，以及城乡社会保障的差距，都是城乡二元结构所致。乡村振兴战略是缓解城乡发展不平衡、促进城乡统筹发展的重要举措。党的十九大提出了乡村振兴战略，把解决农业农村农民问题作为全党工作的重点。健全农村养老保障体系，是解决"三农"之农民问题的重要手段，是实现乡村振兴的助推器，也是新时代下的民生所向。缩小城乡之间养老保障的差距，是城乡融合发展的要求之一。

美好养老生活需要与养老保障不平衡不充分的发展之间亦存在矛盾。养老保障的不平衡主要表现为城乡发展不平衡、养老供需不平衡；不充分主要表现为保障力度不充分。老人的养老需求已变得更加多元化、多层次化，从单纯的物质需求扩展到精神需求。这些新变化对进一步优化养老保障体系，如何解决处于相对较差状态的农村留守老人，特别是更差状态的西南地区农村留守老人的养老保障问题提出了新挑战。

[①] 习近平：《决胜全面建成小康社会 夺取新时代中国特色社会主义伟大胜利——在中国共产党第十九次全国代表大会上的报告》，人民出版社2017年版，第2—11页。

2. 居民收入水平不断提高，积极全面建成小康社会

"小康社会"是由邓小平同志在20世纪70年代末80年代初规划中国经济社会发展蓝图时提出的战略构想，党的十八大报告首次正式提出全面"建成"小康社会。近年来，我国经济平稳增长，按同期汇率计算，2010年人均GDP突破5000美元，2018年已经超过9700美元。我国居民收入水平也相应持续稳定增长（表1-3），快步迈向小康生活。按照有学者提出的国民收入水平和人均可支配收入水平等"小康标准"核心指标[1]，我国居民当前已经普遍实现小康。按照党的十八大报告针对2020年全面建成小康社会的宏伟目标所提出的"实现国内生产总值和城乡居民人均收入比2010年翻一番"的指标标准，2018年也已提前完成。

2014年习近平总书记提出了推进社会主义现代化建设的"四个全面"，其中全面建成小康社会是"四个全面"的龙头，而全面建成小康社会的核心则在于"全面"，在于解决极端贫困人口[2]。农村留守老人，特别是西南经济落后地区的农村留守老人的养老保障问题显然已经成为当前全面建成小康社会的关键内容了。

表1-3　2010—2018年我国人均GDP和居民可支配收入增长情况　单位：元

	2010年	2011年	2012年	2013年	2014年	2015年	2016年	2017年	2018年
人均GDP	410354	483393	537329	588141	642098	683391	737074	820100	896916
城镇居民可支配收入	18779	21427	24127	26467	28844	31195	33616	36396	39251
农村居民可支配收入	6272	7394	8389	9430	10489	11422	12363	13432	14617

数据来源：中国统计年鉴2018。

注：2010—2012年农村居民可支配收入用同年"农村居民家庭平均每人纯收入"替代。

（四）川、渝、滇、黔四省市有着独特的区域特征

农村留守老人在不同的区域情况也存在差异。在人口流动、经济

---

[1] 刘颖春：《城市化过程中人口变动趋势对我国房地产开发的影响》，《人口学刊》2004年第6期。

[2] 胡鞍钢：《全面建成小康社会是"四个全面"的龙头》，2015年3月4日，http://news.youth.cn/wztt/201503/t20150304_6503183_1.htm，2019年7月11日。

发展、社会结构和地形地貌等方面，川、渝、滇、黔四省市都有其显著的特性。

1. 地区人口流出量大

西南地区农村地域广、人口众多。由于我国区域发展不平衡，西南农村地区长期以来都是劳动力输出主要地区。川、渝、滇、黔省市统计局资料显示，四川省2010年省外转移输出人口1226.6万人，2011年1205.2万人，2017年1174.6万人[1]；重庆市2012年外出打工至市外人口533.94万人[2]，2017年482.31万人[3]；云南省2017年外出农民工507.5万人[4]；贵州省2013年外出省外人口总规模为760万人[5]。《2017年农民工监测调查报告》显示，西部地区农民工人数增长最快[6]。可见，西南四省区市劳动力输出量仍然较大，并且有持续扩大的趋势。作为劳动力输出主要地区，西南农村地区的留守老人数量多、比例高，家庭养老不足现象更加突出。

2. 西南地区经济发展欠佳

随着社会主义市场经济体制逐步建立，我国整体经济水平逐年提高。但是，我国经济发展存在着区域之间不平衡的问题，西南地区与东部地区经济发展差距较大。从表1-4和表1-5可见，就全国范围而言，农村居民可支配收入显著低于全国平均水平；就西南地区而言，西南四省区不仅在居民人均可支配收入方面均低于全国平均水平，在农村居民可支配收入方面也明显低于全国平均水平，贵州和云南尤甚。

---

[1] 四川省统计局：《四大因素推动—四川常住人口持续7年增加人口流动新趋势显现》，2018年8月30日，http：//tjj.sc.gov.cn/tjxx/tjfx/qs/201803/t20180330_256080.html，2019年1月31日。

[2] 《2012年重庆市1%人口抽样调查主要数据公报》，2019年1月31日，重庆市统计信息网，http：//www.cqtj.gov.cn/tjsj/shuju/tjgb/201302/t20130205_420356.htm。

[3] 《2017年重庆市国民经济和社会发展统计公报》，2019年1月31日，重庆市统计信息网，http：//www.cqtj.gov.cn/tjsj/shuju/tjgb/201803/t20180316_447954.htm。

[4] 云南省统计局：《云南省2017年国民经济和社会发展统计公报》，2018年6月，http：//www.stats.yn.gov.cn/tjsj/tjgb/201806/t20180629_768597.html，2019年1月31日。

[5] 贵州省统计局：《2013年贵州人口发展情况》，2014年4月24日，http：//www.gz.stats.gov.cn/tjsj_35719/tjxx_35728/201609/t20160929_1064479.html，2019年1月31日。

[6] 中华人民共和国国家统计局：《2017年农民工监测调查报告》，2018年4月27日，http：//www.stats.gov.cn/tjsj/zxfb/201804/t20180427_1596389.html，2018年12月1日。

西南地区，尤其是云南省、贵州省、四川省，是贫困县数量较多的地区，是国家脱贫攻坚的重点关注地区，不仅贫困人口基数大，而且深度贫困现象十分突出。全国14个集中连片特困地区中，有4个主要位于西南地区，分别是武陵山区、乌蒙山区、滇桂黔石漠化区、滇西边境山区。可见，西南地区贫困范围较大，贫困问题是西南地区面临的严峻挑战。

表1-4　全国与西南地区2013—2017年居民人均可支配收入

单位：元

	2013年	2014年	2015年	2016年	2017年
全国	18310.8	20167.1	21966.2	23821.8	25973.8
重庆	16568.7	18351.9	20110.1	22034.1	24153.0
四川	14231.0	15749.0	17221.0	18808.3	20579.8
贵州	11083.1	12371.1	13696.6	15121.1	16703.6
云南	12577.9	13772.2	15222.6	16719.9	18348.3

数据来源：《中国统计年鉴》（2018）。

表1-5　全国与西南地区2013—2017年农村居民可支配收入　　单位：元

	2013年	2014年	2015年	2016年	2017年
全国	9429.6	10488.9	11421.7	12363.4	13432.4
重庆	8492.5	9489.8	10504.7	11548.8	12637.9
四川	8380.7	9347.7	10247.4	11203.1	12226.9
贵州	5897.8	6671.2	7386.9	8090.3	8869.1
云南	6723.6	7456.1	8242.1	9019.8	9862.2

数据来源：《中国统计年鉴》（2014—2018）。

3. 西南地区民族数量众多

西南地区由于地形崎岖复杂，历史上较少与外部民族融合互通，因此，一直以来都是民族成分较为复杂的地区，在分布上表现出"大杂居、小聚居"的交错格局。

其中，四川省有11个世居少数民族、3个少数民族自治州、4个自治县，自治州分别是阿坝藏族羌族自治州、甘孜藏族自治州、凉山彝族自治州；贵州省有17个世居少数民族、3个少数民族自治州、11个自治县，自治州分别是黔东南苗族侗族自治州、黔南布依族苗族自治州、黔西南布依族苗族自治州；云南省有25个世居少数民族、8个少数民族自治州、29个自治县，自治州分别是楚雄彝族自治州、红河哈尼族彝族自治州、文山壮族苗族自治州、西双版纳傣族自治州、大理白族自治州、德宏傣族景颇族自治州、怒江傈僳族自治州、迪庆藏族自治州；重庆市有4个少数民族自治县，分别是石柱土家族自治县、彭水苗族土家族自治县、酉阳土家族苗族自治县、秀山土家族苗族自治县（见表1-6）。

表1-6　　西南地区少数民族自治州（县）数量及人口比重

地域	自治州	自治县	少数民族人口占自治地方总人口比重（%）
四川	3	4	62.46
贵州	3	11	59.99
云南	8	29	57.89
重庆		4	73.97

数据来源：《中国统计年鉴》（2018）。

少数民族集中的地区经济发展较落后，与社会发展要求不相适应。西南地区的贫困县大多为民族贫困县，复杂的民族构成给西南地区经济社会发展造成一定影响。

4. 西南地区地形地貌复杂

西南地区地形地貌复杂。四川地貌复杂，以山地为主要特色。四川地貌东西差异大，地势西高东低，具有山地、丘陵、平原和高原4种地貌类型，分别占全省面积的74.2%、10.3%、8.2%、7.3%[①]。四川气象灾害种类多、发生频率高、范围大，常见气象灾害主要是干

---

① 四川省人民政府：《四川概况》，2013年3月27日，http：//www.sc.gov.cn/10462/10778/10876/2013/3/27/10253724.shtml，2019年1月23日。

旱、暴雨、洪涝等。

云南属山地高原地形。山地面积33.11万平方千米，占全省国土总面积的84.0%；高原面积3.9万平方千米，占全省总面积的10.0%；盆地面积2.4万平方千米，占全省国土总面积的6.0%。地理特征突出表现为山多、山高、坡陡、植被少、降雨集中，地质构造复杂。云南气候类型较多，立体气候明显，气象灾害种类多、频率高，干旱、洪涝、低温冷害、风雹最为常见[1]。

贵州高原山地居多。全省地貌可概括分为高原山地、丘陵和盆地三种基本类型，其中92.5%的面积为山地和丘陵。境内山脉众多，重峦叠嶂，绵延纵横，山高谷深。贵州气候不稳定，灾害性天气种类较多，干旱、秋风、凝冻、冰雹等频率高，对农业生产有一定影响。

重庆山地居多。境内山高谷深，沟壑纵横，山地面积占76%，丘陵占22%，河谷平坝仅占2%。北有大巴山，东有巫山，东南有武陵山，南有大娄山，地形大势由南北向长江河谷倾斜[2]。长江、嘉陵江、乌江贯穿全境，三峡库区横贯东西，形成了独特的三峡气候、山区气候、丘陵气候。重庆气象灾害种类多、频率高，高温伏旱、雷暴、连阴雨、冰雹、大风、雾和霾等最为常见，易给工农业生产造成损害[3]。

二 研究意义

解决农村留守老人养老问题具有必要性与急迫性，西南四省市的情况尤甚。具体来看，本书的理论和实践价值主要包括以下五个方面。

（一）实现社会主义公平正义的内在要求

维护和实现社会公平正义，是社会主义制度的本质要求。依照马克思的公平观来看，"完善农村养老保障体系能够体现社会主义公平正义"，这句话具有两层含义。其一，社会保障是一种再分配手段，理应遵循公平分配的原则。社会保障理想的保障对象是全体社会成

---

[1] 解明恩等：《云南气象灾害特征及成因分析》，《地理科学》2004年第6期。
[2] 重庆市农业委员会：《重庆农业概况—自然资源》，2019年1月23日，http://www.cqagri.gov.cn/zw2/nygk.aspx?id=27。
[3] 刘晓冉等：《全球变暖背景下重庆主要气象灾害变化趋势》，《西南大学学报》（自然科学版）2012年第3期。

员。但是，城乡之间社会保障水平差距较大，农村养老保障体系建设较落后，这样的局面难以体现社会主义的公平正义。其二，马克思主义的公平观把实现人的全面、自由、平等发展作为重要目标，农村老人的全面、自由、平等发展表现为老有所养、老有所医、老有所学、老有所为、老有所乐，完善的养老保障这一"生活安全网"，是实现该目标的必要前提。在如今农村养老保障严重不足、养老供给与需求不匹配的局面下，实现这一目标任重道远。

邓小平同志在马克思主义公平正义观的基础上，指出社会主义的根本目标是实现共同富裕，这一思想是社会主义公平正义在物质上的重要体现。实现供给与需求的精准化，改善农村留守老人这一弱势群体的生活状况，有利于缩小城乡养老保障的差距以及贫富差距，有利于实现共同富裕目标，并使社会主义公平正义得以体现。

依照罗尔斯《正义论》中的"差别原则"来看，公平正义就是要合乎最少受惠者的利益。就我国农村居民而言，虽然近年来他们的生活状况有所好转，但是按照罗尔斯的观点来看，"基本善"在城乡之间的分配仍然不平衡，农村居民仍处于弱势地位。无论是从社会地位还是收入水平来看，农村留守老人都属于社会中的"最少受惠者"，因此，关注农村留守老人，改善他们的养老生活质量，缩小贫富差距，是社会公平正义的重要体现。

（二）有助于完善农村留守老人养老的理论研究

学界对农村留守老人的研究起步较晚。一方面，针对我国农村劳动力的流动现象，学界关注的重心一直是人口流动对社会经济发展的影响，以及流动人口的权益保障问题，然而，人口乡城流动现象背后的留守群体却长期被忽视。另一方面，在人口老龄化背景下，学界对养老问题的研究已是卷帙浩繁，但是却呈现出注重全国整体、忽视西南地区，注重城市老人、忽视农村老人，注重普通老人、忽视留守老人的偏斜现象。此外，在分析方法方面，现有的对农村留守老人的研究较少采取定量分析的方法，大多以传统的经验调研和问卷调查的线性分析为主。因此，本书旨在全面了解西南地区农村留守老人的生活现状，通过孤独量表、抑郁量表、抗逆力量表、自我效能量表、孝顺量表、生活满意度量表等，以精准量化方式获取更加科学的数据，对其养老需求做出精准识别，以期丰富我国对农村留守老人养老现状的研究资料。

（三）深入贯彻并落实精准扶贫战略思想的重要内容

2013年，习近平总书记在湖南湘西考察时首次提出"精准扶贫"概念。2015年《中共中央、国务院关于打赢脱贫攻坚战的决定》提出2020年农村贫困人口实现脱贫的目标[①]。过去6年多来，我国累计有436个贫困县脱贫摘帽，8200多万贫困人口摆脱贫困，但是一些地方脱贫基础较薄弱，部分已脱贫群众缺乏稳定增收渠道，相关产业发展不快、带动能力不强，实现脱贫目标仍需快马加鞭[②]。

确保农村留守老人养老保障的精准供给，是与精准扶贫战略思想的紧密联系与深入贯彻。本书从保障对象、保障力度、供给内容、实施方案等方面深入贯彻"精准"理念，提出精准识别农村留守老人多层次、差异化的养老需求，适需地、适量地、适用地、适时地对政策供给进行动态调整，科学、高效、优质、足量地为西南地区农村留守老人提供基础性养老保障的思路。为农村留守老人这一特殊的贫困群体提供精准化的养老保障，本身便是精准扶贫的重要方面，更是对精准扶贫战略思想的贯彻与落实。

（四）对乡村振兴战略的积极响应和切实践行

党的十九大报告提出了乡村振兴战略，把解决农业、农村、农民问题作为全党工作的重点。乡村振兴战略是党和国家在新时代背景下的重要举措，健全农村养老保障体系，是实现乡村振兴、决胜全面建成小康社会的助推器，也是新时代下的民生所向。目前，我国城乡发展不平衡问题较突出，农业、农村、农民问题是社会发展的"短板"，欠发达的西南农村地区是"短板"地区，农村留守老人是"短板"群体，而乡村振兴战略正意在补齐"短板"。能不能补好"短板"，是衡量小康社会建设是否"全面"的标准。关注农村留守老人养老需求，实现养老供给精准化，是让全民共享小康社会建设成果的要求之一。

完善农村养老保障体系，是对乡村振兴战略号召的积极响应。

[①]《中共中央、国务院关于打赢脱贫攻坚战的决定》，2015年12月7日，中国政府网，http://www.gov.cn/xinwen/2015-12/07/content_5020963.htm，2019年7月11日。

[②]《再接再厉巩固脱贫成果》，2019年7月5日，中国政府网，http://www.gov.cn/xinwen/2019-07/05/content_5406566.htm，2019年7月11日。

一方面，通过养老保障，为农村老人解除养老后顾之忧，改善他们的身体状况和精神面貌，能够改善乡村风气，振兴乡村活力；另一方面，将养老责任更多地转移给政府，由政府来提供基础性养老保障，能够使农村老人的子女更加安心地工作，对振兴乡村经济具有积极意义。

（五）能够为推进农村养老保障提供有益思路

课题组分别赴西南不同经济发展地区典型村庄进行了深入的实地调研，以期为实际解决农村留守老人养老问题献策。本书通过与农村留守老人的深入沟通，在了解他们养老需求的同时，也让他们感受到关怀，并引导他们正视社会的变化，了解自身需求。此外，本书也希望通过展现调研地农村留守老人的生活现状和养老困境，引起政府、学者、社会各界对农村留守老人的更多关注，呼吁更多的人来关爱、帮助这一弱势群体。在这一基础上，课题组对如何解决农村留守老人养老问题进行了深入思考和探讨，为农村养老保障工作的开展理清了思路。

本书对西南地区农村留守老人养老需求做出精准识别，以期为政府决策与大数据研究提供理论支撑，提升相关政策制定的针对性和有效性。分析西南地区农村留守老人养老需求与政策供给不精准的表现与原因，为解决农村留守老人养老难题提供精准的学术服务和智库支持。最后，本书提出构建农村集体组织下的居家养老新模式，以及基于需求分级评估的"三中心"精准供给系统，并对系统的运行流程和新模式的运行机制做出详细说明。该居家养老新模式具有较强的适用性和可行性，是推进农村养老保障体系建设的有力抓手。

第二节　研究现状

"留守老人"现象在各个国家普遍存在，各国学者都不同程度地对留守老人进行了研究。由于国情不同，各国学者对留守老人养老问题的研究既有相似之处，也有差异存在。

一　国外研究现状

人口迁移在大多数国家是普遍存在的现象。它既可以表现为国内的人口迁移——乡城迁移、欠发达地区向发达地区迁移，也可以表现为国际的人口迁移——欠发达国家向发达国家迁移。无论是怎样的表现形式，迁移人口都主要是青年人群，老年人群随之迁移的情况极少，大多老人因子女外出而成为留守老人。但是，在西方发达国家，由于完善的社会福利体系，子女与老人不同住被视为正常的社会文化，"留守老人"通常被定义为与子女跨国分开居住的老人。在与中国相似的东方文化国家，留守老人问题还是普遍存在的，留守老人的定义也更加相似。在国外文献中，既有针对西方文化下"留守老人"的研究成果，也有围绕东方文化国家留守老人问题的研究成果。在东方发展中国家，这一问题更加严峻，受到的关注也更多。各国由于经济状况、城乡发展状况存异，对留守老人的关注侧重点不尽相同。总的来看，国外对留守老人的研究主要从以下几方面展开：居住安排、经济支持、日常照料、精神慰藉。

（一）对代际同居态度的研究

有学者认为，在东方文化国家，和子女居住在一起是老人普遍的居住方式[1][2]。但是，人口外迁使这一居住方式发生改变，家庭养老的主体地位受到动摇。尽管如此，仍有学者指出，和子女生活在一起才是对老人有利也是最稳定的居住安排[3][4][5]。

（二）对子女外迁对留守老人经济支持影响的研究

子女外迁的直接目的往往是获取更高的经济收入，但子女在谋求经济收入的同时，对老人的经济支持却呈现两种情况。

一方面，有学者认为，外出子女能改善留守老人经济状况。J. Knodel 等对泰国农村留守老人的研究发现，进城子女能提高农村留

---

[1] Hermalin, A., "Ageing in Asia: Facing the Crossroads", 2000.
[2] Kooshiar, H., Yahaya, N., Hamid, T. A., et al., "Living Arrangement and Life Satisfaction in Older Malaysians: The Mediating Role of Social Support Function", *Plos One*, 2012, 7.
[3] Quashie, N., Zimmer, Z., "Residential Proximity of Nearest Child and Older Adults' Receipts of Informal Support Transfers in Barbados", *Ageing and Society*, Vol. 33, No. 2, 2013, pp. 320 - 341.
[4] Wilmoth, J. M., "Living arrangement transitions among America's older adults" *Gerontologist*, Vol. 38, No. 4, 1998, p. 434.
[5] Kooshiar, H., Yahaya, N., Hamid, T. A., et al., "Living Arrangement and Life Satisfaction in Older Malaysians: The Mediating Role of Social Support Function", *Plos One*, 2012, 7.

守老人物质生活水平①。Abas 等对泰国的研究还发现,所有子女全都外出的农村留守老人将能获得更多经济支持②。M. H. Böhme 等对摩尔多瓦的研究指出,经济支持能够通过改善老人饮食、减少老人农业生产负担来弥补子女外出带来的缺憾③。Chattopadhyay A. 等对中国台湾地区的研究也发现,经济支持的增加能弥补代际分居的不足④。Vanwey 还通过对泰国农村的调查发现,越贫困的家庭的子女给老人的汇款越多,并且女儿比儿子更加慷慨⑤。Z. Zimmer 等对罗马尼亚老人的研究显示,国际迁移的子女倾向于直接给钱,境内的外出子女倾向于提供工具性支持⑥。总之,外出子女能给予老人充足的经济支持。

另一方面,有学者认为子女外出并不一定能改善老人经济状况。Zimmer 和 Knodel 通过对柬埔寨农村的调查发现,虽然留守老人能得到子女汇款,但是汇款大多很少⑦。Velkoff 指出,经济支持并非单向的,在很多国家,老人反而还会给予子女和孙子女经济支持⑧。Macwangi 等对赞比亚的调查发现,外迁至城市的子女与家庭断了联系,

---

① Knodel, J., Saengtienchai, C., "Rural Parents with urban Children: Social and Economic Implications of Migration for the Rural Elderly in Thailand", *Population Space & Place*, Vol. 13, No. 3, 2010, pp. 193 – 210.

② Abas, M. A., Punpuing, S., Jirapramukpitak, T., et al., "Rural – urban migration and depression in ageing family members left behind", *The British Journal of Psychiatry*, Vol. 195, No. 1, 2009, pp. 54 – 60.

③ Böhme M. H., Persian, R., Stöhr, T., "Alone but better off? Adult Child Migration and health of elderly parents in Moldova", *Journal of Health Economic*s, No. 39, 2015, pp. 211 – 227.

④ Chattopadhyay, A., Marsh, R., "Changes in Living Arrangement and Familial Support for the Elderly in Taiwan: 1963 – 1991", *Journal of Comparative Family Studies*, Vol. 30, No. 3, 1999, pp. 523 – 537.

⑤ Vanwey, L. K., "Altruistic and Contractual Remittances between Male and Female Migrants and Households in Rural Thailand", *Demography*, Vol. 41, No. 4, 2004, pp. 739 – 756.

⑥ Zimmer, Z., Rada, C., Stoica, C. A., "Migration, Location and Provision of Support to Older Parents: The Case of Romania" *Journal of Population Ageing*, Vol. 7, No. 3, 2014, pp. 161 – 184.

⑦ Zimmer, Z., Knodel, J., "Older – age Parents in Rural Cambodia and Migration of Adult Children", *Asian Population Studies*, Vol. 9, No. 2, 2013, pp. 156 – 174.

⑧ Velkoff, V. A., "Living Arrangements and Well – being of the Older Population: Future Research Directions", *Population Bulletin of the United Nations*, 2001.

没有给予农村留守父母经济支持，汇款也只是象征性的[1]。更有一项对阿尔巴尼亚的研究发现，1990年以来持续的人口迁移使老人成为牺牲品，一些老人甚至沦落到以杂草为食，物质生活状况不容乐观[2]。

（三）对子女外迁对留守老人日常照料影响的研究

传统观念倾向于认为子女外迁使日常照料减少。Antman 和 Miltiades 分别对墨西哥和印度的调查发现，子女提供的日常照料对于老人无可替代，无论是汇款还是请人照料都无法弥补缺憾[3][4]。还有学者对中国和印度的研究发现，子女外出会加大老人记忆力衰退、摔倒、患慢性病的风险[5][6][7]。Burazeri 等对阿尔巴尼亚的研究显示，"留守人口"之所以面临健康风险，是因为外出亲属提供的经济支持不足[8]。Fengbo 等对中国的研究发现，即使父母患病也难以引得子女归家或打消外出念头[9]。

也有学者发现老人的日常照料状况不一定如此糟糕。对印度尼西亚、

---

[1] Macwangi, M., Cliggett, L., Alter, G., "Consequences of Rural-urban Migration on Support for the Elderly in Zambia", [Unpublished] 1997.

[2] Vullnetari, J., King, R., "'Does Your Granny Eat Grass?' On Mass Migration, Care Drain and the Fate of Older People in Rural Albania", *Global Networks*, Vol. 8, No. 2, 2010, pp. 139-171.

[3] Antman, F. M., "Adult Child Migration and the Health of Elderly Parents Left Behind in Mexico", *Social Science Electronic Publishing*, Vol. 100, No. 2, 2010, pp. 205-208.

[4] Miltiades, H. B., "The Social and Psychological Effect of an Adult Child's Emigration on Non-immigrant Asian Indian Elderly Parents", *Journal of Cross-Cultural Gerontology*, Vol. 17, No. 1, 2002, pp. 33-55.

[5] Tse, C. W., "Migration and Health Outcomes of Left-Behind Elderly in Rural China", *Social Science Electronic Publishing*, 2014.

[6] Agrawal, S., "Effect of Living Arrangement on the Health Status of Elderly in India: Findings from a National Cross Sectional Survey", *Asian Population Studies*, Vol. 8, No. 1, 2012, pp. 87-101.

[7] Falkingham, J., Qin, M., Vlachantoni, A., et al., "Children's migration and lifestyle-related chronic disease among older parents 'left behind' in india", *SSM - Population Health*, No. 3, 2017, pp. 352-357.

[8] Burazeri, G., Goda, A., Tavanxhi, N., et al., "The Health Effects of Emigration on Those Who Remain at Home", *International Journal of Epidemiology*, Vol. 36, No. 6, 2007, pp. 1265-1272.

[9] Fengbo, C., Lucas, H, Bloom, G., et al., "Household structure, Left-behind Elderly, and Rural Migration in China", *Journal of Agricultural & Applied Economics*, Vol. 48, No. 3, 2016, pp. 279-297.

泰国、柬埔寨的调查显示，子女全部外出、对父母完全撒手不管的现象并不常见[1][2]。在泰国和柬埔寨，80%以上的父母都至少与一个孩子住在一起或离得很近。还有学者认为，子女外迁不会对老人认知功能产生影响，相反，对健康还有积极作用[3][4]。有学者对中国、摩尔多瓦的研究发现，子女在做出外出决定时，能够充分考虑到父母的照料问题，父母生病时，子女外出务工的可能性减小，即使外出，也是在兄弟姐妹能够提供照料的情况之下，因此，家庭照料是较稳定的[5][6]。

（四）对子女外迁对留守老人精神慰藉影响的研究

传统观点倾向于认为子女外出减少老人精神慰藉。有学者分别对泰国、中国、墨西哥的研究发现，子女外出会给留守老人精神状态带来消极影响[7][8][9]。Yamada 等对越南老人的调查发现，代际共同居住才有利于老人心理健康[10]。Rajasenan 等对印度喀拉拉邦的留守老人进

---

[1] Kreager, P., "Migration, Social Structure and Old-age Support Networks: a Comparison of three Indonesian Communities", *Ageing Soc*, Vol. 26, No. 1, 2006, pp. 37–60.

[2] Zimmer, Z., Korinek, K., Knodel, J., et al., "A Comparative Study of Migrant Interactions with Elderly Parents in Rural Cambodia and Thailand", [Unpublished] Vol. 70, No. 3, 2007, pp. 585–598.

[3] Böhme, M. H., Persian, R., St? Hr, T., "Alone but better off? Adult Child Migration and Health of Elderly Parents in Moldova", *Journal of Health Economics*, No. 39, 2015, pp. 211–227.

[4] Kuhn, R., Everett, B., Silvey, R., "The Effects of Children's Migration on Elderly Kin's Health: A Counterfactual Approach", *Demography*, Vol. 48, No. 1, 2011, pp. 183–209.

[5] Mu, G. R., "Elderly Parent Health and the Migration Decisions of Adult Children: Evidence from Rural China", *Demography*, Vol. 44, No. 2, 2007, pp. 265–288.

[6] Stöhr, Tobias, "Siblings' Interaction in Migration Decisions: Who Provides for the Elderly Left Behind?", *Journal of Population Economics*, Vol. 28, No. 3, 2015, pp. 593–629.

[7] Adhikari R., Jampaklay, A., Chamratrithirong, A., "Impact of Children's Migration on Health and Health Care-seeking Behavior of Elderly Left Behind", *Bmc Public Health*, Vol. 11, No. 1, 2011, p. 143.

[8] Juliane, S., Yiwei, Z., "How does Internal Migration Affect the Emotional Health of Elderly Parents Left-behind", *Journal of Population Economics*, 2018.

[9] Antman, F. M., "Adult Child Migration and the Health of Elderly Parents Left Behind in Mexico", *Social Science Electronic Publishing*, Vol. 100, No. 2, 2010, pp. 205–208.

[10] Yamada, K., Teerawichitchainan, B., "Living Arrangements and Psychological Well-Being of the Older Adults After the Economic Transition in Vietnam", *The Journals of Gerontology Series B: Psychological Sciences and Social Sciences*, Vol. 70, No. 6, 2015, pp. 957–968.

行了调查，发现留守老人渴望的是子女陪在身边，而不是汇款[1]。Miltiades 对印度留守老人的调查发现，即使是雇人照料，也无法弥补子女外出给老人带来的孤独感和失落感[2]。

也有学者认为子女外出并没有减少对老人的精神慰藉。Böhme 等对摩尔多瓦的调查认为，子女外迁不会影响老人的认知能力，更不会导致抑郁[3]。一项对泰国农村老人的调查甚至发现，子女全部外出还能降低老人抑郁的风险[4]。还有学者对泰国、柬埔寨的研究认为，即使子女外迁会带来消极影响，子女也能够采取别的手段加以弥补，比如通过电话联系为老人带去精神慰藉[5][6]。

二 国内研究现状

20 世纪七八十年代，我国进入城市化和工业化快速发展阶段，农村人口大量流出。虽然我国学术界较早关注到农村劳动力迁移的现象，但是对该现象的研究大多是从农民工权益保护、人口流动带来的社会经济变革的角度，人口流动背后的留守现象被忽视了许久。因此，我国对留守老人的研究起步较晚。综合来看，我国对农村留守老人养老保障精准供给的研究主要从以下方面展开：农村留守老人问题的成因、人口乡城迁移对农村留守老人的影响、养老需求的满足情

---

[1] Rajasenan, D., Jayakumar, M. S., Abraham, B. G., "Socio Economic and Psychological Dimensions of Migration – induced Exclusion of the Elderly in Kerala, India: An Empirical Analysis", *International Journal of Migration Health & Social Care*, Vol. 12, No. 1, 2016, pp. 51 – 65.

[2] Miltiades, H. B., "The Social and Psychological Effect of an Adult child's Emigration on Non – immigrant Asian Indian Elderly Parents", *Journal of Cross – Cultural Gerontology*, Vol. 17, No. 1, 2002, pp. 33 – 55.

[3] Böhme, M. H., Persian, R., St? Hr. T., "Alone but better off? Adult Child Migration and Health of Elderly Parents in Moldova", *Journal of Health Economics*, Vol. 39, 2015, pp. 211 – 227.

[4] Abas, M., "Migration of Children and Impact on Depression in Older Parents in Rural Thailand, Southeast Asia", *Jama Psychiatry*, Vol. 70, No. 2, 2013, pp. 226 – 234.

[5] Knodel, J., Saengtienchai C., "Rural Parents with Urban Children: Social and Economic Implications of Migration for the Rural Elderly in Thailand", *Population Space & Place*, Vol. 13, No. 3, 2010, pp. 193 – 210.

[6] Zimmer, Z., Knodel, J., "Older – age Parents in Rural Cambodia and Migration of Adult Children", *Asian Population Studies*, Vol. 9, No. 2, 2013, pp. 156 – 174.

况、养老保障政策、精准养老、解决对策。

（一）对农村留守老人产生原因的研究

农村留守老人的成因可以归纳为农村青年的"离乡"和农村老人的"留守"两大方面。

1. 农村青年"离乡"

从农村青年群体的"离"来看，主要是经济的蓬勃发展、日渐加快的城镇化和工业化进程带动了农村剩余劳动力向城市转移，青年群体的外流，使农村的人口老龄化程度加深[1][2][3][4][5]。此外，家庭联产承包责任制提高了农村生产率，并为农村青年走向更高效率的就业岗位提供了可能[6][7]。还有学者从人口流动的推拉力理论来解释农村子女的外迁，认为城乡收入差距是农村劳动力外迁的基本动力[8]。更有学者简单明了地指出子女的离开是为生计所迫或因个人发展需要[9]。一言以蔽之，农村青年群体的"离"是因为相较于农村，城市有更大的发展空间和获得更高收入的可能。而计划生育政策的实施，使农村家庭规模小型化，一旦独生子女选择了"离"，家庭养老就明显匮乏[10][11][12]。

---

[1] 孙鹃娟：《劳动力迁移过程中的农村留守老人照料问题研究》，《人口学刊》2006年第4期。

[2] 蔡蒙：《劳务经济引致下的农村留守老人生存状态研究——基于四川省金堂县竹篙镇的实证分析》，《农村经济》2006年第4期。

[3] 张军：《劳动力转移背景下农村留守老人养老问题：挑战与出路》，《当代经济管理》2012年第4期。

[4] 陈铁铮：《当前农村留守老人的生存状况——来自258位农村老人的调查》，《湖北社会科学》2009年第8期。

[5] 卢海阳、钱文荣：《子女外出务工对农村留守老人生活的影响研究》，《农业经济问题》2014年第6期。

[6] 杜鹏等：《农村子女外出务工对留守老人的影响》，《人口研究》2004年第6期。

[7] 姚引妹：《经济较发达地区农村空巢老人的养老问题——以浙江农村为例》，《人口研究》2006年第6期。

[8] 方菲：《劳动力迁移过程中农村留守老人的精神慰藉问题探讨》，《农村经济》2009年第3期。

[9] 贺聪志、叶敬忠：《农村留守老人研究综述》，《中国农业大学学报》（社会科学版）2009年第2期。

[10] 杜鹏、丁志宏、李全棉等：《农村子女外出务工对留守老人的影响》，《人口研究》2004年第6期。

[11] 张军：《劳动力转移背景下农村留守老人养老问题：挑战与出路》，《当代经济管理》2012年第4期。

[12] 姚引妹：《经济较发达地区农村空巢老人的养老问题——以浙江农村为例》，《人口研究》2006年第6期。

2. 农村老人"留守"

从农村老人的"留"来看，一方面是老人的主观因素，另一方面是客观阻碍因素。老人安土重迁的心理和在家乡形成的特定生活习惯、关系网络，使老人主动选择留在农村[①②]。户籍制度的屏障、生活观念的差异、城市的经济压力和子女的有限收入使老人难以跟随子女进入城市，老人只能被迫留在农村[③④⑤⑥]。

（二）对人口"乡—城"迁移影响的研究

子女"乡—城"迁移是农村留守老人产生的诱因，其直接后果是农村家庭养老功能的弱化。根据已有文献，其带来的影响有积极影响和消极影响两方面。

1. 部分学者认为对农村留守老人有积极影响

子女乡城迁移的积极影响主要有三个方面：提高农村留守老人的经济收入水平、增强农村留守老人心理慰藉感和促进农村养老方式转变。

子女乡城迁移是为了追求更高的经济收入和生活条件，学者们普遍认为子女外出务工确实改善了农村留守老人的经济状况[⑦⑧⑨⑩⑪]，

---

① 周福林：《我国留守老人状况研究》，《西北人口》2006年第1期。
② 周祝平：《中国农村人口空心化及其挑战》，《人口研究》2008年第2期。
③ 陈铁铮：《当前农村留守老人的生存状况——来自258位农村老人的调查》，《湖北社会科学》2009年第8期。
④ 方菲：《劳动力迁移过程中农村留守老人的精神慰藉问题探讨》，《农村经济》2009年第3期。
⑤ 周祝平：《中国农村人口空心化及其挑战》，《人口研究》2008年第2期。
⑥ 卢海阳、钱文荣：《子女外出务工对农村留守老人生活的影响研究》，《农业经济问题》2014年第6期。
⑦ 左冬梅、李树茁：《基于社会性别的劳动力迁移与农村留守老人的生活福利——基于劳动力流入地和流出地的调查》，《公共管理学报》2011年第2期。
⑧ 孙鹃娟：《劳动力迁移过程中的农村留守老人照料问题研究》，《人口学刊》2006年第4期。
⑨ 杜鹏、丁志宏、李全棉等：《农村子女外出务工对留守老人的影响》，《人口研究》2004年第6期。
⑩ 卢海阳、钱文荣：《子女外出务工对农村留守老人生活的影响研究》，《农业经济问题》2014年第6期。
⑪ 宋璐、李树茁：《劳动力迁移对中国农村家庭养老分工的影响》，《西安交通大学学报》（社会科学版）2008年第3期。

并且，老人获得的经济支持呈现出货币化倾向①。有学者认为随着经济支持增加，农村留守老人的健康状况也能得到显著改善②。

子女外出可能使农村留守老人得到心理上的慰藉。从生活满意度来看，子女外出挣钱对农村留守老人而言是一件光耀门楣的事情，因此，老人大多支持子女外出，且生活满意度也会随之提高③④。子女外出使留守老人的户主地位得以延续，留守老人的户主率高于非留守老人⑤，从这一角度来看，留守老人的财产地位得以保持。随着子女外出，子女之间养老责任的进一步明确还能降低子女与留守老人之间的摩擦，从而提高感情亲近程度⑥。

从养老方式来看，子女乡城迁移会导致家庭养老的不足，促使农村养老方式向社会养老转变⑦。子女乡城迁移还能给城市建设带去更多劳动力，从而推动经济、社会发展，长远来看，能够促进老年社会照料体系和农村养老保障体系的建立和完善⑧⑨。

2. 另有学者认为对农村留守老人有消极影响

大多数学者认为子女外出给老人带来的消极影响大于积极影响，这也是农村留守老人养老问题值得关注和研究的原因之一。消极影响主要体现在以下方面：经济收入低，日常照料和精神慰藉缺乏，加重劳动负担等。

在经济收入方面，虽然有学者认为子女外出能增加对农村留守

---

① 张旭升、吴中宇：《农村劳动力外出就业对老人经济支持的影响——以桐城市双港镇为例》，《南方人口》2003年第2期。

② 王小龙、兰永生：《劳动力转移、留守老人健康与农村养老公共服务供给》，《南开经济研究》2011年第4期。

③ 卢海阳、钱文荣：《子女外出务工对农村留守老人生活的影响研究》，《农业经济问题》2014年第6期。

④ 孙鹃娟：《成年子女外出状况及对农村家庭代际关系的影响》，《人口学刊》2010年第1期。

⑤ 周福林：《我国留守老人状况研究》，《西北人口》2006年第1期。

⑥ 宋璐、李树茁：《劳动力迁移对中国农村家庭养老分工的影响》，《西安交通大学学报》（社会科学版）2008年第3期。

⑦ 姚从容、余沪荣：《论人口乡城迁移对我国农村养老保障体系的影响》，《市场与人口分析》2005年第2期。

⑧ 孙鹃娟：《劳动力迁移过程中的农村留守老人照料问题研究》，《人口学刊》2006年第4期。

⑨ 戴卫东、孔庆洋：《农村劳动力转移就业对农村养老保障的双重效应分析——基于安徽省农村劳动力转移就业状况的调查》，《中国农村经济》2005年第1期。

人的经济支持，但也有学者认为增加幅度并不大，农村留守老人的日常消费、居住环境都没有变化，并且子女经济支持受务工效益和孝顺程度的影响而具有不稳定性[1][2]，农村留守老人甚至还可能因为照顾孙辈而出现经济逆向转移情况[3][4]。

子女外出还直接导致子女对农村留守老人日常生活照料和精神慰藉的缺失，不利于老人身心健康。有学者指出，即使经济支持增加，也难以弥补医疗卫生、生活照顾、精神支持的不足，农村留守老人甚至还存在上当受骗、失窃、受欺负等安全风险[5][6][7]。

子女外出还会加重农村留守老人的劳动负担。一方面，农村留守老人作为被照顾者，获得的照顾尚且不足，却还要承担起照顾和抚养孙子女的任务[8][9]；另一方面，本该由子女承担的农作任务落到了农村留守老人肩上，加重其农业生产负担，很多农村留守老人不仅要耕种自己的土地，还要照看子女的土地[10][11][12]。

---

[1] 叶敬忠、贺聪志：《农村劳动力外出务工对留守老人经济供养的影响研究》，《人口研究》2009年第4期。

[2] 蔡蒙：《劳务经济引致下的农村留守老人生存状态研究——基于四川省金堂县竹篙镇的实证分析》，《农村经济》2006年第4期。

[3] 叶敬忠、贺聪志：《农村劳动力外出务工对留守老人经济供养的影响研究》，《人口研究》2009年第4期。

[4] 宋月萍：《精神赡养还是经济支持：外出务工子女养老行为对农村留守老人健康影响探析》，《人口与发展》2014年第4期。

[5] 贺聪志、叶敬忠：《农村劳动力外出务工对留守老人生活照料的影响研究》，《农业经济问题》2010年第3期。

[6] 左冬梅、李树茁：《基于社会性别的劳动力迁移与农村留守老人的生活福利——基于劳动力流入地和流出地的调查》，《公共管理学报》2011年第2期。

[7] 宋璐、李树茁：《劳动力迁移对中国农村家庭养老分工的影响》，《西安交通大学学报》（社会科学版）2008年第3期。

[8] 宋月萍：《精神赡养还是经济支持：外出务工子女养老行为对农村留守老人健康影响探析》，《人口与发展》2014年第4期。

[9] 周福林：《我国留守老人状况研究》，《西北人口》2006年第1期。

[10] 陈铁铮：《当前农村留守老人的生存状况——来自258位农村老人的调查》，《湖北社会科学》2009年第8期。

[11] 卢海阳、钱文荣：《子女外出务工对农村留守老人生活的影响研究》，《农业经济问题》2014年第6期。

[12] 张军：《劳动力转移背景下农村留守老人养老问题：挑战与出路》，《当代经济管理》2012年第4期。

(三) 对农村留守老人养老需求满足情况的研究

养老涉及经济或物质的供养、日常照料和精神慰藉三个方面[①]。国内学者对农村留守老人养老需求满足情况的研究也大多从这三方面展开。

1. 经济支持的来源途径与支持水平

已有文献提到农村留守老人经济来源有以下四方面：自己、子女、社区集体、社会保障体系。学者普遍认为绝大多数农村留守老人经济收入水平很低。叶敬忠和贺聪志通过调查发现，多数农村留守老人的消费层次极低，医疗费用和生产性投入是很多农村留守老人家庭的最主要经济负担[②]。周祝平还发现其年龄与收入呈负相关关系，随着年龄增长，生存状态有恶化的可能[③]。

老人自身和子女是农村留守老人经济支持的主要提供者[④][⑤]。有学者认为子女是主要供给主体，且农村留守老人对子女的经济支持存在依赖[⑥]。还有学者发现中国的农民工汇款比例高于其他国家，且这种汇款具有持续性，是农村居民稳定的生活来源[⑦]，可见，外出子女对农村留守老人的经济支持作用不可小觑。但也有学者认为来自子女的经济支持仅占很小的比重，农村留守老人仍然要靠自己的劳动来获取经济收入[⑧]。

社区集体能够提供少量经济支持。李春艳等发现，当农村留守老人陷入经济困境时，少数以邻居和同辈群体为主的社区成员能够通过

[①] 穆光宗：《家庭养老面临的挑战以及社会对策问题》，《中州学刊》1999年第1期。
[②] 叶敬忠、贺聪志主编：《静寞夕阳：中国农村留守人口之留守老人》，社会科学文献出版社2008年版。
[③] 周祝平：《农村留守老人的收入状况研究》，《人口学刊》2009年第5期。
[④] 张旭升、吴中宇：《农村劳动力外出就业对老人经济支持的影响——以桐城市双港镇为例》，《南方人口》2003年第2期。
[⑤] 李春艳、贺聪志：《农村留守老人的政府支持研究》，《中国农业大学学报》（社会科学版）2010年第1期。
[⑥] 叶敬忠、贺聪志：《农村劳动力外出务工对留守老人经济供养的影响研究》，《人口研究》2009年第4期。
[⑦] 李强：《中国外出农民工及其汇款之研究》，《社会学研究》2001年第4期。
[⑧] 张军：《劳动力转移背景下农村留守老人养老问题：挑战与出路》，《当代经济管理》2012年第4期。

资金借助的方式提供帮助，村委会能够借政府名义提供救济，但是利用集体资源为老人提供经济帮助的案例极少[①]。可见，社区集体的经济支持作用十分有限。

以农村社会养老保险为主的社会养老保障体系也是农村留守老人重要的经济来源之一。养老保险在一定程度上提高了农村老人经济收入水平、减少了贫困现象的发生，但是养老保险的保障水平仍然很低，覆盖面窄，共济性差，经济支持作用有限[②][③][④]。

2. 日常照料的供给主体与满足程度

日常照料的供给来源主要包括来自自己、配偶、子女的家庭照料，来自其他亲属等亲缘群体的照料，来自邻居、同辈群体等社区成员的照料，以及来自村集体和政府的照料。

家庭一直是农村老人日常照料的主要供给者，但是，子女外出导致了代际之间空间上的隔离。因此，学者普遍认为子女的日常照料功能在逐渐弱化，老人自身和配偶是照料的供给主体。有学者指出，传统的代际照料已转变为基于婚缘关系的自我照料，但问题在于被迫的自我照料也具有脆弱性和不可持续性[⑤]，这反映出农村留守老人家庭照料难以为继的凄凉状况。还有学者发现，农村老人对照料的满意度具有性别偏好，儿子所提供的日常照料对老人的生活满意度影响显著[⑥]。

其他亲属等亲缘群体提供的日常照料只能起到辅助作用。叶敬忠和贺聪志的研究发现，关系较近的亲属对农村留守老人的照料大多体现为临时性日常生活照顾（如疾病看护）和生活扶助（如农忙帮

[①] 李春艳、贺聪志：《农村留守老人的政府支持研究》，《中国农业大学学报（社会科学版）》2010年第1期。

[②] 张川川、John Giles、赵耀辉：《新型农村社会养老保险政策效果评估——收入、贫困、消费、主观福利和劳动供给》，《经济学（季刊）》2014年第1期。

[③] 张军：《劳动力转移背景下农村留守老人养老问题：挑战与出路》，《当代经济管理》2012年第4期。

[④] 叶敬忠、贺聪志：《农村劳动力外出务工对留守老人经济供养的影响研究》，《人口研究》2009年第4期。

[⑤] 王晓亚：《农村留守老人的生活照料问题探讨》，《郑州大学学报（哲学社会科学版）》2014年第3期。

[⑥] 张文娟、李树茁：《子女的代际支持行为对农村老年人生活满意度的影响研究》，《人口研究》2005年第5期。

工），关系较远的亲属多数仅限于人情往来和借钱、建房等方面的互助[1]。

邻居、同辈群体等社区成员提供的日常照料十分匮乏[2][3][4]。由于社区成员距离较近，因此社区成员提供的照料具有应急性的特点，并且具有社会交换性质。但受逐利思想和碍于情面等因素影响，互助性的日常照料十分有限[5]。

村集体和政府提供的日常照料几乎是缺失的[6][7]。由于集体经济薄弱，村委会很难在社区建立起专门的社会服务机构[8]。仅有的敬老院、养老院等服务机构数量少、覆盖面小，且都设置了门槛，对农村留守老人的日常照料起不到太大作用[9]。可见，农村社会养老保障体系很不完善，社会养老在一定时期内还难以发展壮大。

3. 精神慰藉的获得途径与满足程度

有学者对老人的精神需求进行了界定。穆光宗指出，精神赡养包括人格尊重、成就安心和情感慰藉[10]。李文琴认为，精神需求包括被尊重的需要、被呵护的需要，以及获取有关外界各种事件的丰富信息的需要[11]。但是，学者们普遍认为，农村留守老人精神需求得不到满

---

[1] 叶敬忠、贺聪志主编：《静寞夕阳：中国农村留守人口之留守老人》，社会科学文献出版社2008年版，第20页。

[2] 叶敬忠、贺聪志主编：《静寞夕阳：中国农村留守人口之留守老人》，社会科学文献出版社2008年版，第22页。

[3] 卢海阳、钱文荣：《子女外出务工对农村留守老人生活的影响研究》，《农业经济问题》2014年第6期。

[4] 杜鹏、丁志宏、李全棉等：《农村子女外出务工对留守老人的影响》，《人口研究》2004年第6期。

[5] 叶敬忠、贺聪志主编：《静寞夕阳：中国农村留守人口之留守老人》，社会科学文献出版社2008年版。

[6] 卢海阳、钱文荣：《子女外出务工对农村留守老人生活的影响研究》，《农业经济问题》2014年第6期。

[7] 贺聪志、叶敬忠：《农村劳动力外出务工对留守老人生活照料的影响研究》，《农业经济问题》2010年第3期。

[8] 李春艳、贺聪志：《农村留守老人的政府支持研究》，《中国农业大学学报》（社会科学版）2010年第1期。

[9] 叶敬忠、贺聪志主编：《静寞夕阳：中国农村留守人口之留守老人》，社会科学文献出版社2008年版。

[10] 穆光宗：《老龄人口的精神赡养问题》，《中国人民大学学报》2004年第4期。

[11] 李文琴：《中国农村留守老人精神需求的困境与化解》，《思想战线》2014年第1期。

足，具体表现为存在孤独感、疏离感和失落感，并缺乏安全感，还伴随有焦虑、抑郁、负面情绪等心理问题[1][2]。已有文献从以下方面对农村留守老人的精神慰藉展开研究：代际沟通、配偶陪伴、社会交往、娱乐活动、价值感。

随着子女乡城迁移，代际沟通难以实现。电话是农村留守老人与子女的主要联系方式，但是电话联系中说得最多的话题限于看管小孩、保重身体、注意安全、农业生产情况，较少有直接情感交流[3][4]。叶敬忠和贺聪志的调查研究发现，双方为避免增加对方压力而回避自己的烦恼、"代沟"及"重幼轻老"的价值取向等是阻碍代际沟通的重要因素[5]。

配偶是农村留守老人精神慰藉的主要提供者。配偶是农村留守老人最亲近的陪伴者，也是最直接的情感倾诉对象。有学者发现，丧偶农村留守老人感到孤独的比例，以及具有不安全感的比例都高于在婚农村留守老人[6][7]。

社会交往对农村留守老人的精神慰藉至关重要。农村社区是"熟人社会"，农村留守老人交际面较窄，亲属、邻居、同辈群体是其主要交往对象，社区能够对精神慰藉发挥独到作用[8][9]。但是，尊老爱

---

[1] 李文琴：《中国农村留守老人精神需求的困境与化解》，《思想战线》2014年第1期。
[2] 聂淼、汪全海、姚应水：《我国留守和空巢老人心理问题研究进展》，《中国老年学杂志》2011年第12期。
[3] 蔡蒙：《劳务经济引致下的农村留守老人生存状态研究——基于四川省金堂县竹篙镇的实证分析》，《农村经济》2006年第4期。
[4] 陈铁铮：《当前农村留守老人的生存状况——来自258位农村老人的调查》，《湖北社会科学》2009年第8期。
[5] 叶敬忠、贺聪志主编：《静寞夕阳：中国农村留守人口之留守老人》，社会科学文献出版社2008年版。
[6] 张邦辉、李为：《农村留守老人心理需求的社会支持系统构建》，《重庆大学学报》（社会科学版）2018年第1期。
[7] 叶敬忠、贺聪志主编：《静寞夕阳：中国农村留守人口之留守老人》，社会科学文献出版社2008年版。
[8] 方菲：《劳动力迁移过程中农村留守老人的精神慰藉问题探讨》，《农村经济》2009年第3期。
[9] 李春艳、贺聪志：《农村留守老人的政府支持研究》，《中国农业大学学报》（社会科学版）2010年第1期。

幼的传统美德在农村社区没有得到广泛践行，农村留守老人常常感到不被尊重[1][2]。

农村留守老人娱乐活动单一，生活乏味。农村留守老人的闲暇活动仅限于看电视、串门、带孙子女等，其主要原因是农村文化设施建设落后[3][4][5][6]。

自身价值的实现是老人较高层次的精神需要。农村留守老人大多希望能够为家庭做贡献，参与社会，实现"老有所为"，但是劳动能力的下降让他们难以通过劳动来找寻自身价值感[7][8]。

（四）对养老保障政策及政策效果的研究

内容上看，养老保障包括老年救济、养老保险和老年福利[9]。农村养老保障体系包括家庭养老保障、农村社会养老保险、医疗保险、计划生育奖励扶助制度、"五保户"供养制度、社会救助和社会福利、优抚安置和社会互助、个人储蓄积累保障等多项内容[10]。

我国的养老保障政策对养老保障实践发挥了重要指导意义。近年，养老政策数量显著增加，体现出网络化、议题立体化与多元化、互联网+养老等态势，呈现出从救助到服务、从一元到多元、从特殊

---

[1] 张邦辉、李为：《农村留守老人心理需求的社会支持系统构建》，《重庆大学学报》（社会科学版）2018年第1期。

[2] 叶敬忠、贺聪志主编：《静寞夕阳：中国农村留守人口之留守老人》，社会科学文献出版社2008年版。

[3] 李春艳、贺聪志：《农村留守老人的政府支持研究》，《中国农业大学学报》（社会科学版）2010年第1期。

[4] 陈铁铮：《当前农村留守老人的生存状况——来自258位农村老人的调查》，《湖北社会科学》2009年第8期。

[5] 张军：《劳动力转移背景下农村留守老人养老问题：挑战与出路》，《当代经济管理》2012年第4期。

[6] 卢海阳、钱文荣：《子女外出务工对农村留守老人生活的影响研究》，《农业经济问题》2014年第6期。

[7] 张邦辉、李为：《农村留守老人心理需求的社会支持系统构建》，《重庆大学学报》（社会科学版）2018年第1期。

[8] 王雪峤：《农村留守老人情感与精神需求困境破解》，《人民论坛》2015年第20期。

[9] 陈友华：《关于人口老龄化与养老保障的几个认识问题》，《江苏社会科学》2008年第2期。

[10] 谭克俭：《农村养老保障体系构建研究》，中国社会出版社2009年版，第11页。

到一般的发展导向,使老年权益得到有力保障[1][2]。

养老政策体系日趋完善的同时也尚存不足。具体表现为名义政策多,实际落实难;政策力度不够,结构调整欠缺;重建设环节,轻运营环节;城乡和区域差异大,统筹协调难;重政策制定,轻法律规范[3]。农村养老政策体系内容缺失、结构碎片化、层次不均衡的问题仍然存在[4]。养老政策顶层设计需要引入精准化的发展理念[5]。

(五)以需求为导向的"精准养老"

国内已经有学者开始以需求为导向关注养老精准化问题。赵向红等将"精准养老"定义为,根据我国不同区域、不同养老基础设施环境、不同家庭老年人状况,运用科学有效的程序,对不同的老年群体的养老需求进行精确识别、精确对接、精确管理[6]。类延村等指出,"精准化"的意旨包括差异化、精细化、多元化,精准养老可以开拓出精准识别、精准供给、精准管理和精准支持的内生体系[7]。睢党臣等指出,精准化养老服务包括精准化识别、精准化供给、精准化管理和精准化支持[8]。

(六)农村留守老人养老问题的解决对策

针对农村留守老人养老难题,学者们各抒己见,提出了很多对策建议。综合来看,对策建议大致是从农村留守老人自身、子女、社

---

[1] 汪波、李坤:《国家养老政策计量分析:主题、态势与发展》,《中国行政管理》2018年第4期。

[2] 赵向红、王小凤、李俏:《中国养老政策的演进与绩效》,《青海社会科学》2017年第6期。

[3] 甄小燕、刘立峰:《我国养老政策体系的问题与重构》,《宏观经济研究》2016年第5期。

[4] 丁建定、曹永红:《共享发展理念视域下中国农村养老保障制度体系的完善——基于"社会保障制度三体系"的分析框架》,《学海》2017年第6期。

[5] 赵向红、王小凤、李俏:《中国养老政策的演进与绩效》,《青海社会科学》2017年第6期。

[6] 赵向红、王宏民、李俏:《精准养老的政策供给、地方实践与可为路径》,《青海社会科学》2018年第6期。

[7] 类延村、冉术桃:《农村"精准养老"模式的建构:从同一性向差异化的转型》,《理论导刊》2018年第9期。

[8] 睢党臣、曹献雨:《芬兰精准化养老服务体系建设的经验及启示》,《经济纵横》2018年第6期。

区、政府这四个角度提出的。

农村留守老人自身的主观态度会直接影响其精神状态。有学者提出农村留守老人应充分发挥主观能动性，减少对子女的过度依赖，树立"自养"与伴侣间"互养"的新观念，主动、积极地寻找精神慰藉的渠道[1][2]。

以子女为主的家庭养老有待加强。首先，子女要从主观上强化自身的孝道意识，在为农村留守老人提供充足经济支持的同时，加强与老人的沟通。经济支持不应仅限于货币形式，为老人购买养老、医疗保险也十分必要。侧面来看，要减少子女回家看望父母的客观阻碍，比如，发展县域经济，为子女提供就近就业的机会[3][4][5]；再比如，城市用工单位给予农民工充足的探亲假，春运期间实行车费优惠[6]。

农村社区在日常照料和精神慰藉方面的积极作用有待发挥。首先，社区可充分发掘潜在资源，为留守老人开展互助居家养老服务，如开发农村社区闲置空地来开办日间照料中心，鼓励有闲力的低龄老人、志愿者等为留守老人提供照料支持[7][8][9]。其次，社区要加强治安，防止出现留守老人上当受骗等不安全事故[10]。此外，社区要积极

---

[1] 张军：《劳动力转移背景下农村留守老人养老问题：挑战与出路》，《当代经济管理》2012年第4期。

[2] 方菲：《劳动力迁移过程中农村留守老人的精神慰藉问题探讨》，《农村经济》2009年第3期。

[3] 李文琴：《中国农村留守老人精神需求的困境与化解》，《思想战线》2014年第1期。

[4] 王雪峤：《农村留守老人情感与精神需求困境破解》，《人民论坛》2015年第20期。

[5] 李春艳、贺聪志：《农村留守老人的政府支持研究》，《中国农业大学学报》（社会科学版）2010年第1期。

[6] 蔡蒙：《劳务经济引致下的农村留守老人生存状态研究——基于四川省金堂县竹篙镇的实证分析》，《农村经济》2006年第4期。

[7] 张邦辉、李为：《农村留守老人心理需求的社会支持系统构建》，《重庆大学学报》（社会科学版）2018年第1期。

[8] 王晓亚：《农村留守老人的生活照料问题探讨》，《郑州大学学报》（哲学社会科学版）2014年第3期。

[9] 贺聪志、叶敬忠：《农村劳动力外出务工对留守老人生活照料的影响研究》，《农业经济问题》2010年第3期。

[10] 贺聪志、叶敬忠：《农村劳动力外出务工对留守老人生活照料的影响研究》，《农业经济问题》2010年第3期。

开展文化娱乐活动，丰富农村留守老人的精神生活。

政府在强化农村留守老人养老保障问题上承担着重要责任。第一，政府要加大财政投入力度，完善农村社会保障体系。有学者提出，以政府为主导，建立留守老人照料基金①；还有学者提出加快建立农村老年社会服务体系，采取政府补贴、市场购买的形式为农村留守老人提供居家养老服务②③。第二，政府要从侧面消除农村留守老人的养老阻碍。例如，大力发展农村经济，鼓励农村留守老人参与农副业生产劳动，加大惠农力度，增加经济独立性④；妥善解决城市外来人员的子女上学问题，从而减轻农村留守老人隔代照料负担⑤；增加对农村基础设施和公共文化设施建设的资金投入⑥。

三　国内外研究述评

综观国内外文献研究可以发现，人口迁移是各国普遍存在的社会现象，留守老人养老问题是多国共同面临的挑战。

（一）国外研究的针对性较弱，研究视角较为单一

国外的研究起步于20世纪末期，比我国更早关注到人口迁移背后的留守现象。由于社会保障体系发展状况存异，各国留守老人问题轻重程度不同，国外学者对发展中国家的研究多于对发达国家的研究。国外文献中的"留守老人"产生的背景更广，不仅包括子女国内乡城迁移背景下的老人，还包括子女国际迁移背景下的老人。尽管

---

① 孙鹃娟：《劳动力迁移过程中的农村留守老人照料问题研究》，《人口学刊》2006年第4期。
② 贺聪志、叶敬忠：《农村劳动力外出务工对留守老人生活照料的影响研究》，《农业经济问题》2010年第3期。
③ 王小龙、兰永生：《劳动力转移、留守老人健康与农村养老公共服务供给》，《南开经济研究》2011年第4期。
④ 左冬梅、李树茁：《基于社会性别的劳动力迁移与农村留守老人的生活福利——基于劳动力流入地和流出地的调查》，《公共管理学报》2011年第2期。
⑤ 张文娟、李树茁：《劳动力外流对农村家庭养老的影响分析》，《中国软科学》2004年第8期。
⑥ 贺聪志、叶敬忠：《农村劳动力外出务工对留守老人生活照料的影响研究》，《农业经济问题》2010年第3期。

各国社会经济状态、文化背景、留守老人产生背景不尽相同，但都关注到了留守老人经济支持、日常照料、精神慰藉三方面的养老需求，对我国农村留守老人问题研究的开展具有重要的借鉴意义。国外研究有以下两个特点。

对留守老人的专门研究较少。虽然国外涉及"留守老人"的相关研究起步较早，但由于这一名词具有较浓的东方文化色彩，因此，国外对这一群体的专门研究很少。可以发现，国外对人口迁移、人口老龄化、家庭结构变化的研究较多，对留守老人的研究观点只是在其中顺带提及，缺少系统性、针对性研究。

研究角度较单一。既有文献大多是从子女供给角度来探讨养老需求的满足状况，较少关注家庭其他成员、社会、政府对"留守老人"的养老供给。

（二）国内研究起步较晚，研究精准度不够

21世纪后，我国进入了老龄化阶段，对留守老人的研究不断涌现。较多学者通过对局部地区的实证研究展示出了留守老人的生活面貌，并提出了各样的对策建议。截至目前，规模较大的研究应数2004年中国人民大学人口研究所开展的"农村流出人口对老年人生活影响研究"和2008年中国农业大学叶敬忠教授组织的"中国农村留守老人研究"。既有文献对后续研究具有重要借鉴意义。现有国内研究的特点如下。

起步较晚，大规模实证研究不足。大多研究仅局限于对个别县、市的局部调查，未形成对不同地区的动态对比，所提对策也具有局限性；另或是基于较少样本开展分析，即使是影响较大的"中国农村留守老人研究"也只对400名留守老人进行了实地调查。还有的研究利用二手数据和文献进行重复分析，缺少实证考究，不具有时效性。

研究角度较单一。大多文献单一地从需求侧或供给侧角度展开研究，未形成"需求—供给"的联动视角。虽然已经有学者提出"精准养老"的新概念，并开始以需求为导向关注养老的精准化问题，但是相关研究尚处于刚起步阶段。养老需求与政策供给精准化研究领域仍有大片空白。

养老供给研究对象单一。大多文献从家庭、社会、政府三者选一研究养老供给状况，较少对所有供给主体展开全方位研究。

多为现状描述，研究深度不够。较多文献都停留于对留守老人生活现状的描述，研究不够深入，缺少从地区、年龄、性别、受教育程度、子女、婚姻状况、经济状况、身体状况等多角度的交互分析。

研究方法缺少量化分析。现有研究的研究方法以传统的经验调研和问卷调查的线性分析为主，缺少质化描述与定量实证相结合的结构分析法，较少采用科学量表，未形成对养老需求的精准识别。

可见，国内外现有研究对本书的开展具有重要借鉴价值，但仍有很多可深入研究的要点等待本书去发掘。

第三节　研究思路与研究方法

一　研究思路

本次研究以西南地区农村养老政策供给侧改革为视角，围绕政府养老政策供给和西南地区农村留守老人养老需求之平衡问题而展开。第一章交代研究背景与意义，梳理国内外相关文献；第二章进行概念界定，阐述相关理论，为后续研究奠定基础；第三章阐释西南农村留守老人养老需求与供给政策精准化的生成逻辑；第四章呈现西南农村留守老人养老供需现状与养老保障政策现状；第五章分析西南农村留守老人养老需求与政策供给匹配不精准的表现及原因；第六章介绍发达国家养老政策及经验启示；第七章提出构建西南地区农村留守老人智慧养老精准供给政策系统的构想；第八章提出保障智慧养老精准供给政策系统运行的具体措施。由此，本次研究形成"农村留守老人养老保障需求的相关理论—西南地区农村留守老人养老需求现状—养老政策供给和养老需求匹配不精准的表现与原因分析—构建西南农村留守老人智慧养老精准供给政策系统"的研究思路（图1-2）。

```
                ┌─────────────────────────────┐
                │ 西南地区农村留守老人养老保障精准供给政策研究 │
                └─────────────────────────────┘
                              │
                    ┌─────────────────┐
                    │ 基本概念与理论架构 │
                    └─────────────────┘
                              │
              ┌─────────────────────────────┐
              │ 西南农村留守老人养老需求与政策供给精准化生成逻辑 │
              └─────────────────────────────┘
                    │                   │
          ┌──────────────┐       ┌──────────────┐
          │ 西南农村留守老人 │       │ 西南农村地区养老保障 │
          │ 养老供需现状   │       │ 政策现状       │
          └──────────────┘       └──────────────┘
            调研 │ 测量              梳理 │ 评估
          ┌──────────┐  ┌──────────────┐  ┌──────────┐
          │ 西南农村留守老人 │→│ 西南农村留守老人养老 │←│ 西南农村留守老人 │
          │ 养老需求    │  │ 需求与政策供给匹配 │  │ 养老政策供给  │
          └──────────┘  │ 不精准        │  └──────────┘
                        └──────────────┘
                           │        │
                        ┌─────┐  ┌─────┐
                        │ 表现 │  │ 原因 │
                        └─────┘  └─────┘
           精准化         │        │          精准化
                   ┌──────────────┐
                   │ 西南农村留守老人养老政策 │
                   │ 供给与需求平衡      │
                   └──────────────┘
                           │
                   ┌──────────────┐
                   │ 养老政策精准化国外经验 │
                   └──────────────┘
                           │
                   ┌──────────────┐
                   │ 西南农村留守老人智慧养老 │
                   │ 精准供给政策系统    │
                   └──────────────┘
                           │
                   ┌──────────────┐
                   │ 保障智慧养老精准供给政策 │
                   │ 系统高效运行的措施   │
                   └──────────────┘
```

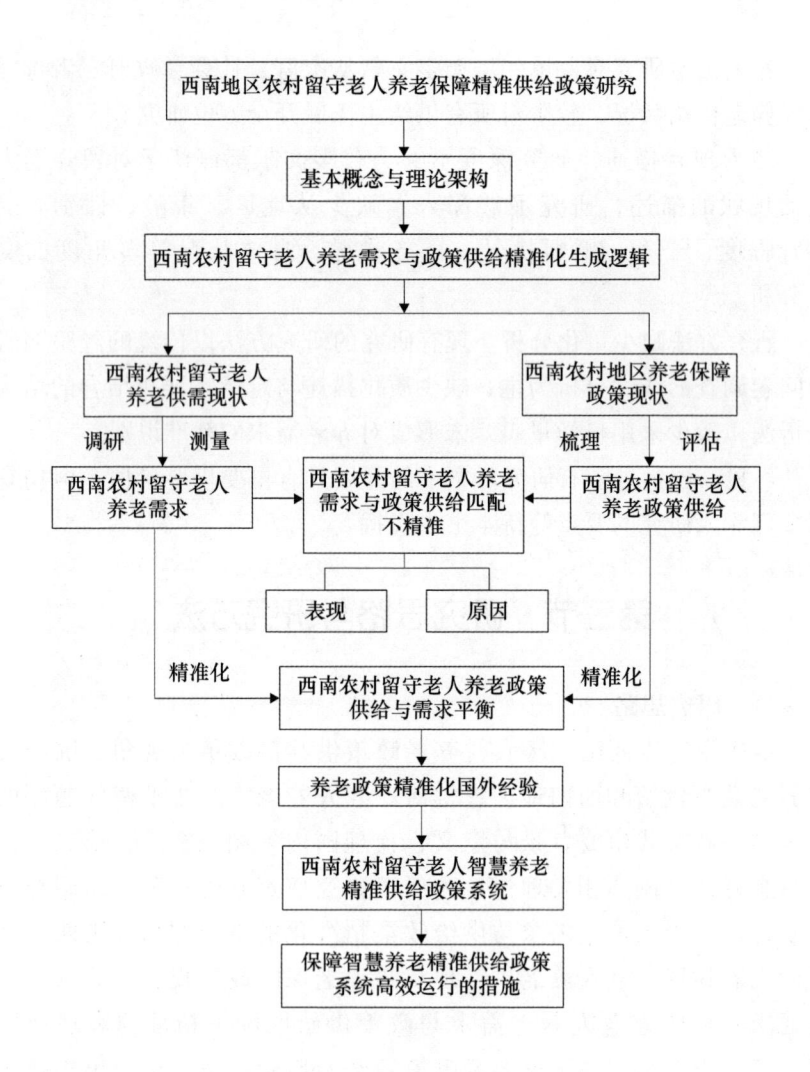

图 1-2 课题研究思路

二 研究方法

（一）文献研究

文献研究法贯穿于整个研究过程。课题启动前，通过阅读最新政策文件、法律法规与国内外现有书刊、论文，发掘待研究要点，确定研究方向；调研过程中，通过阅读各省政府文件，进一步了解各调研地的基本情况，用于问卷和访谈设计；研究报告撰写过程中，通过文献阅读，把握理论基础，了解别国养老政策并进行经验借鉴。

（二）多学科交叉

以经济学"需求—供给"理论研究范式为主线，管理学公共服务均等化理论为依托，利用社会学、心理学等学科研究心理健康、老年人家庭和社会支持测量工具（孤独量表、抑郁量表、孝顺量表等）编制农村留守老人调查问卷。

（三）调查访谈

访谈农村养老研究领域专家学者，政府相关政策的制定者、执行者以及政策的其他利益相关者，设计具有代表性的问卷样本，选取西南地区省份不同经济发展水平的农村地区，采用分层抽样方法实地开展农村留守老人调查，考察不同地区农村留守老人身心状况，呈现该群体的养老需求与养老政策供给现状，进而分析养老需求与政策供给匹配不精准的表现与原因。

（四）数据统计分析

利用STATA数据分析软件，采用描述性统计，分析前期调查访谈获得的一手数据、既有的官方或研究机构的统计数据，分析西南农村留守老人养老需求与政策供给匹配不精准的表现与原因。利用孤独量表、抑郁量表、生活满意度量表、孝顺量表等多个量表，引入西南农村地区留守老人的个人特征变量、家庭特征变量和地区特征变量等，剖析不同变量下其各类养老需求的具体呈现，力求实现西南农村留守老人养老需求的精准识别。

第四节 创新与不足

一 研究的主要创新

（一）扩充并完善"养老支持"概念

通过查阅文献资料，结合西南地区农村经济社会发展现状及留守老人养老现状，扩充了传统的"社会支持"概念，提出了"养老支持"这一创新性概念，它包括自我支持、家庭支持、政府支持、邻里支持。引入西南地区农村留守老人养老的自我支持和邻里支持，分析二者在西南地区农村留守老人养老支持体系中发挥的作用，具有研究视角上的创新之处。

（二）通过大规模调研获取数据

本书以四省市为调研地点，获取1000余份有效调查问卷，是目前针对农村留守老人的规模较大的实证研究。调查内容包括了留守老人经济状况、身体状况、精神状况、家庭状况、代际关系、隔代照料、朋友邻里关系、政府支持等多方面，能够全面反映西南地区农村留守老人生活现貌，所获数据具有极强的应用价值。

（三）创新运用农村留守老人养老需求精准化识别方法

本书以西南地区农村留守老人为研究对象，通过实地访谈及问卷调查，利用孤独量表UCLA – LS、抑郁量表、生活满意度量表、孝顺量表等多个精准量表，全面了解老人养老需求并作出精准识别。同时，从精神慰藉需求、医疗健康需求、生活照料需求、经济供给需求等维度，引入个人、家庭及地区变量，创新提出农村留守老人养老需求精准化识别途径。

（四）创新探索农村养老供给精准化政策

本书针对性地从西南地区地域特点及西南地区农村留守老人养老需求出发，力求测量、界定农村养老支持中的中央政府和地方政府责任与分工，探索养老政策供给与养老需求不匹配的制约因素，从而形成"需求—供给"的联动机制视角，并为确保供给和实际需求的精准匹配提出建议。

本书从"供给侧改革"的角度出发，创新提出基于双层经营体制的农村集体组织下的居家养老新模式的想法，构建包括村级运行中心、省级支持中心、大数据中心在内的"三中心"精准供给系统，并对该系统的运行机制、演进与拓展进行了深入构思，具有极强的实际应用价值。

二 研究不足之处

（一）样本数据仍不够全面

虽然本书获取了1000余份问卷，已属国内针对农村留守老人的规模较大的研究，但在调研地点的选取上仍有局限性，走访的村庄数量有所不足，样本代表性有待提高。

(二) 动态研究有待持续跟进

本书获取了关于留守老人较为全面的信息，但是所获信息是静态的，尚未形成对样本的追踪研究，缺少纵向对比，不能深入了解同一样本随时间变迁，其生活状态的动态变化，研究深入性有待提高。

(三) 研究成果尚待实际应用支持

本书创新构建起农村留守老人养老保障"三中心"精准供给系统，并在理论层面对该系统的运行机制、演进与拓展进行了深入构思，但该系统是否适用、效果如何，还有待在实际运用中加以检验。

第二章　农村留守老人养老保障精准供给的含义、理论基础和生成逻辑

第一节　农村留守老人养老保障精准供给的含义及相关概念

一　农村留守老人

《中华人民共和国老年人权益保障法》中规定老年人是指60周岁以上的公民[①]，国际上对老年人的年龄起点的规定主要有60岁和65岁两个标准。在研究发展中国家的老龄问题时，多以60岁作为老龄的起点[②]，西方发达国家多以65岁作为老龄的起点。

《新词语大词典》将留守老人定义为子女长期在外、留守在家的老人[③]；周福林将留守老人定义为子女外出时留守在户籍地家的60岁以上（或65岁以上）的老年人[④]。

民政部指出，农村留守老年人问题是我国工业化、城镇化、市场化和经济社会发展的阶段性问题[⑤]。杜鹏等认为，农村留守老人指血

[①]《中华人民共和国老年人权益保障法》，2012年12月28日，中国政府网，http://www.gov.cn/flfg/2012-12/28/content_2301523.htm，2018年10月10日。

[②] 叶敬忠、贺聪志：《静寞夕阳：中国农村留守人口之留守老人》，社会科学文献出版社2014年版，第43页。

[③] 亢世勇：《新词语大词典》，上海辞书出版社2003年版。

[④] 周福林：《我国留守老人状况研究》，《西北人口》2006年第1期。

[⑤] 民政部：《关于加强农村留守老年人关爱服务工作的意见》，2017年12月28日，http://xxgk.mca.gov.cn:8081/new_gips/contentSearch?id=149066，2019年7月24日。

缘家庭中有子女外出务工的60岁及以上的农村老人[①]；高瑞琴、叶敬忠认为，农村留守老人是指有户口在本村、子女每年在外务工时间累计达6个月及以上、自己留在户籍所在地且60岁以上的农村老年人[②]。卢海阳、钱文荣认为，农村留守老人是指60岁以上的、其子女至少有一个于调查期间外出务工的老人[③]。韦璞认为，农村留守老人是指有同村或同住子女外出长达半年以上的60岁及以上的老年人[④]。

综上，本研究将农村留守老人定义如下：农村留守老人是指居住于镇上或乡下，有子女但子女全部长期外出并与老人离居，具有农村户籍的60周岁及以上的公民。该定义包括了以下几方面要素：第一，具有本地农村户籍，并居住于农村；第二，年龄须达到60周岁；第三，有子女但长期与子女分居。

不同学者对农村留守老人的定义有所不同，目前还没有得到公认的统一定义。为更清晰地理解农村留守老人，我们需要关注以下两个问题。

第一，对子女外出时长和距离的界定。定义中的子女外出时长和距离，应以老人不能够实际得到子女实质性照顾为准。有的学者在定义中未对子女外出时长和距离做出界定，仅以"子女外出务工"来宽泛定义；有的学者对时长做出了界定，例如，高瑞琴等指出子女在外务工时长为"每年累计达6个月及以上"，韦璞指出子女外出时长为"长达半年以上"。这些定义不管是宽泛论之还是具体界定，归根结底都反映同一个问题，那便是老人不能够得到子女实质性照顾。本书对农村留守老人的定义中以"长期"来表示子女外出时长，以"外出务工或不同居"来表示距离，没有对时长和距离做出精确量化，但本质上也是以老人不能够得到子女实质性照顾为准。

[①] 杜鹏、丁志宏、李全棉等：《农村子女外出务工对留守老人的影响》，《人口研究》2004年第6期。
[②] 高瑞琴、叶敬忠：《生命价值视角下农村留守老人的供养制度》，《人口研究》2017年第2期。
[③] 卢海阳、钱文荣：《子女外出务工对农村留守老人生活的影响研究》，《农业经济问题》2014年第6期。
[④] 韦璞：《留守老人社会保障与减贫效果研究》，中国社会科学出版社2018年版，第9页。

调查过程中，有老人出于利己心，为能享受更多福利而有意表示自己未获得子女照顾，虚构留守老人身份。因此，定义以子女确实外出并与老人离居为客观前提，不以老人主观口述的未获得子女照顾为先决条件。在本次研究中，这种经逆向选择而产生的"留守老人"不属于定义所指范畴。

第二，注意与农村五保老人的区分。农村留守老人与农村五保老人在一定程度上容易混淆。根据2006年国务院颁布的《农村五保供养工作条例》的规定，农村五保老人是指无劳动能力、无生活来源又无法定赡养、抚养、扶养义务人，或者其法定赡养、抚养、扶养义务人无赡养、抚养、扶养能力的老年村民。五保老人能享受吃、穿、住、医、葬五个方面的生活照顾和物质帮助[1]。2016年民政部《特困人员认定办法》将60周岁以上的老年人认定为"无劳动能力"；将收入低于当地最低生活保障标准，财产符合当地特困人员财产状况规定的，认定为"无生活来源"；将法定义务人具备特困人员条件的，或60周岁以上或者是重度残疾的最低生活保障对象的，或无民事行为能力、被宣告失踪，或者在监狱服刑的认定为"无履行义务能力"[2]。与之不同的是，在生活来源方面，农村留守老人的认定不受是否有生活来源的影响；在法定义务人方面，农村留守老人的认定以有子女为前提，而不考虑子女是否有赡养能力。

农村留守老人与农村五保老人定义有所交叉。一是农村留守老人与五保老人都是60周岁及以上的农村老人；二是农村留守老人和五保老人都可能无生活来源；三是有子女但子女无赡养能力的老人，既可能是留守老人，也可能是五保老人。

五保老人已获得针对性救助，而农村留守老人尚无。五保老人得不到子女赡养，农村留守老人在本质上也是不能获得子女实质性照顾，两者的困难属性相差无几。《农村五保供养工作条例》和《特困人员认定办法》都将五保老人列为救助对象，但同样处于困境的农村

---

[1] 《农村五保供养工作条例》，2008年3月28日，中国政府网，http：//www.gov.cn/zhengce/‑content/2008‑03/28/content_6253.htm，2019年7月25日。

[2] 民政部：《特困人员认定办法》，2016年10月10日，http：//xxgk.mca.gov.cn：8081/new_gips/‑contentSearch? id=83969，2019年7月25日。

第二章　农村留守老人养老保障精准供给的含义、理论基础和生成逻辑

留守老人被排除在外。

二　农村留守老人养老保障精准供给

(一)"精准"的含义

"精"是与"粗"相对的概念，是指精确、精密、精细。《吕氏春秋·不苟论·博志》便以"用志如此其精也，何事而不达"突出"精"的重要意义；"准"是指标准、准确。"精准"在《现代汉语词典》中释义是非常准确、精确。

1."精准扶贫"中的"精准"含义

"精准"概念随"精准扶贫"思想进入大众视线。

2013年，习近平总书记在湖南湘西考察时首次提出"精准扶贫"概念。精准扶贫是针对不同区域贫困区环境情况、不同贫困农户的特点情况，因地制宜、因户施策，通过科学的扶贫程序和方法对扶贫对象做到精准识别、精准管理、精准帮扶的扶贫模式①。

2015年，习近平总书记在贵州考察时提出"精准"一词的意义：扶贫开发贵在精准，重在精准，成败之举在于精准。精准扶贫思想概括起来就是"扶贫对象精准、项目安排精准、资金使用精准、措施到户精准、因村派人精准、脱贫成效精准"②。

精准扶贫思想的"精准"体现在精准识别、精准扶持和精准考核。精准识别要求识别到户到人，防止目标偏移；精准扶持体现在项目安排、资金使用、措施到户、因村派人等环节，精准扶持需要有高度的针对性，因户因人制宜地采取扶持措施；精准考核要求由中央、省、市各级及时对政策实施后的扶贫效果进行评估，包括实际效果、资金是否滥用、驻村干部的政绩等情况③。

精准扶贫思想中的"精准"概念对本书具有重要借鉴意义。精准识别到户到人是要求对象精准；精准扶持，因人因地施策，因贫困原因施策，因贫困类型施策，开展个性化扶贫工作，是要求扶贫力度与

---

① 陈健、龚晓莺：《"精准供给"视阈下精准扶贫的内涵、困境与突破》，《科学社会主义》2017年第4期。
② 人民日报评论员：《合力打赢扶贫攻坚战》，《人民日报》2015年6月27日第1版。
③ 王晓莉：《理解和把握精准扶贫的三个关键》，《学习时报》2017年9月11日第4版。

内容的精准；各级政府各司其职、搞好"五个一批"工程，对症下药、精准滴灌、靶向治疗均是要求扶贫方式精准。由此，本书汲取精准扶贫思想，从对象、力度、内容和方式四个方面概括政策供给的"精准"。

2."精准养老"中的"精准"含义

在社会保障领域，有学者创新提出"精准养老"概念。赵向红等将"精准养老"定义为，根据我国不同区域、不同养老基础设施环境、不同家庭老年人状况，运用科学有效的程序，对不同的老年群体的养老需求进行精确识别、精确对接、精确管理[①]。类延村等指出，"精准化"的意旨包括差异化、精细化、多元化，精准养老可以开拓出精准识别、精准供给、精准管理和精准支持的内生体系[②]。睢党臣等指出，精准化养老服务包括精准化识别、精准化供给、精准化管理和精准化支持[③]。

（二）农村留守老人养老保障供给主要来源

在经济学中，"供给"是指在一定时期内，生产者针对不同的价格，愿意并且能够提供出售的某种商品（或劳务）的数量[④]。在社会保障领域，有学者提出，政策供给是围绕养老区域的环境差异和民众养老需求的偏好特征，因地制宜、分类供给养老政策[⑤]。"供给侧改革"是解决农村留守老人养老供需失衡的重要方式，旨在农村留守老人养老保障供需失衡时，通过改变供给实现均衡。

农村留守老人的养老保障供给主要来自三方面。一是家庭供给，是最传统的养老模式；二是政府供给，主要是提供基础养老保障产品；三是商业供给，通常是提供舒适性养老产品。农村留守老人因

[①] 赵向红、王宏民、李俏：《精准养老的政策供给、地方实践与可为路径》，《青海社会科学》2018年第6期。

[②] 类延村、冉术桃：《农村"精准养老"模式的建构：从同一性向差异化的转型》，《理论导刊》2018年第9期。

[③] 睢党臣、曹献雨：《芬兰精准化养老服务体系建设的经验及启示》，《经济纵横》2018年第6期。

[④] 高鸿业：《西方经济学（微观部分）》，中国人民大学出版社2010年版，第18—19页。

[⑤] 赵向红、王宏民、李俏：《精准养老的政策供给、地方实践与可为路径》，《青海社会科学》2018年第6期。

"留守"而难以获得充足的家庭供给，而商业性养老服务供给在农村是缺乏市场基础的，市场手段无法覆盖和解决留守老人这一特殊群体的养老保障供给。由此，最佳举措是由政府为农村留守老人提供基础性养老保障供给。

（三）农村留守老人养老保障精准供给的内涵

在本书中，农村留守老人养老保障的精准供给是指政府通过科学的方法识别农村留守老人多层次、差异化的养老需求，提供适需、适量和适时的基础性养老保障服务。它包括以下几方面的要素。

1. 精准识别保障对象

目标精准是第一要素，要防止目标偏移，保证瞄准政策供给对象。根据农村留守老人准确定义，通过日常巡访机制瞄准对象；根据数据收集，通过需求评级精准识别不同个体的需求差异。

2. 精准考量保障力度

政策供给力度应随不同对象的特殊性而体现出差异，以求为不同个体提供适量的、适度的保障。就整个老年群体而言，农村留守老人作为其中一个特殊弱势群体，应是政策供给着重施力的对象；就农村留守老人群体内部而言，对不同需求程度的留守老人也应施以不同保障力度，通过需求评级，区分能独立生活、需辅助照料、需完全照料的老人，分别为其提供不同的养老保障服务。

3. 精准搭配供给内容

政策供给内容包括直接性的货币化供给和非货币型的服务性供给，精准供给要求两者根据需要合理搭配。现有政策较多关注货币性需要，而较少关注服务性需要，农村养老服务机构和设施的普及程度远不及城市。精准供给则要求充分了解农村留守老人较高的服务性需要，适当增加服务性供给内容，在货币性供给和服务性供给之间寻求合理的搭配比例。

4. 精准制定实施方案

精准制定实施方案要求政策实施主体、执行时间、技术手段等的精准。一方面，要准确界定政府为农村留守老人提供基础性养老保障的主体责任地位；另一方面，农村留守老人已成为一个特殊群体，因此，为了规范其养老保障供给过程，有必要推行专门的针对性政策、构建独立的养老保障供给体系。

5. 精准执行监督考核

监督考核是检验政策制定质量、发现政策执行问题、优化政策实施效果的重要途径。"以监督考核促精准"的思想应贯穿政策供给精准化的始终,形成监督考核的闭环机制。通过严格制定并执行监督考核方案,实现精准评策、精准纠偏、精准改进,有力提高政策供给精准性。

三 农村留守老人的养老需求

"需求"在《当代汉语词典》中的释义是,由需要而产生的要求[①]。在《社会经济统计辞典》中,"需求"的释义是,保证一个人、一个家庭、所有社会集团和全国居民具有一定水平的生存活动能力而对各种物质资料(食品、衣服、生活用品、住房等)、精神财富(教育、美学、智力开发)和社会条件(就业、劳动条件、社会保障、卫生保健、儿童教育、业余时间及其合理利用)的客观需要[②]。经济学中,需求指消费者购买商品或劳务的欲望和能力。通常人们并不严格区分需求与需要,故在本项目中,除非特别说明,养老需求和需要混同使用。

对于养老需求的内涵,现有学者有着不同的定义。比如,杜鹏等认为,老年人养老需求涉及身体和心理健康、经济状况、社会参与、养老期望几方面[③];孙鹃娟认为农村留守老人的养老主要分为经济供养和生活照料两大类[④];宋月萍指出老人具有物质与精神两方面需求[⑤]。但是,更多的学者从"经济供养、生活照料、精神慰藉"三方

[①] 莫衡等:《当代汉语词典》,上海辞书出版社2001年版。
[②] [苏联] M. R. 纳扎罗夫:《社会经济统计辞典》,中国统计出版社1988年版。
[③] 杜鹏、孙鹃娟、张文娟等:《中国老年人的养老需求及家庭和社会养老资源现状——基于2014年中国老年社会追踪调查的分析》,《人口研究》2016年第6期。
[④] 孙鹃娟:《劳动力迁移过程中的农村留守老人照料问题研究》,《人口学刊》2006年第4期。
[⑤] 宋月萍:《精神赡养还是经济支持:外出务工子女养老行为对农村留守老人健康影响探析》,《人口与发展》2014年第4期。

面定义养老需求①②③④⑤⑥,几已成为学界共识⑦。

本研究也采用更加普遍的三分法,但将经济需求改为基本物质生活需求。这一是因为"经济"在经济学中是指生产、流通、交换、消费等一系列活动内容非常宽泛,二是因为社会大众容易将"经济"等同于货币收入,容易产生混淆。对于农村留守老人而言,实实在在的、基本的物质便是他们的需求之一。由此,本研究将农村养老需求界定为基本物质生活需求、日常照料需求、精神慰藉需求。

第二节 农村留守老人养老保障精准供给的核心要素

一 以特殊时代使命为存在基础

通过养老保障精准供给手段解决农村留守老人养老问题,缩小农村留守老人与普通老人的生活水平差距,是当今时代的特殊使命。我国当今的精准扶贫战略旨在消除绝对贫困,缩小贫富差距。有鉴于此,解决农村留守老人养老问题这一特殊时代使命的目标也在于,帮助弱势老人摆脱生活困境,提高弱势老人的生活水平,尽可能使其享受与普通老人同等的生活条件。

这一特殊时代使命有三个方面的必然性。

一是国家经济实力的提升。中华人民共和国成立之时,时代使命是恢复战后生产,确保人民衣暖食饱。中华人民共和国成立到改革开

---

① 穆光宗:《家庭养老面临的挑战及社会对策问题》,《中州学刊》1999年第1期。
② 贺聪志、叶敬忠:《农村留守老人研究综述》,《中国农业大学学报》(社会科学版)2009年第2期。
③ 李瑞芬、童春林:《中国老年人精神赡养问题》,《中国老年学杂志》,2006年第12期。
④ 宁满秀、荆彩龙:《农村劳动力迁移、老人照顾需求与社会支持介入方式分析》,《华东经济管理》2014年第4期。
⑤ 聂焱:《农村劳动力外流背景下女儿养老与儿子养老的比较分析》,《贵州社会科学》2008年第8期。
⑥ 左冬梅、李树茁:《基于社会性别的劳动力迁移与农村留守老人的生活福利——基于劳动力流入地和流出地的调查》,《公共管理学报》2011年第2期。
⑦ 方菲:《劳动力迁移过程中农村留守老人的精神慰藉问题探讨》,《农村经济》2009年第3期。

放,时代使命是发展生产,进一步满足人民的精神物质需要。如今,国家已迈入经济实力增强、人民总体富裕的新时期,为让更广泛的人群享受发展成果,针对农村留守老人的养老保障精准供给成为当下特殊的时代使命。

二是社会文化变迁的要求。农村留守老人养老保障精准供给是社会文化发展特定阶段下的特殊使命。一方面,人口流动大背景下,家庭小型化更加普遍,不愿与老人同住成为年轻一代普遍心理,衍生出农村留守老人这一特殊群体;另一方面,人口老龄化趋势下,老年问题成为突出问题,产生出养老保障精准供给的需要。

三是特定历史阶段的体现。农村留守老人养老问题是当今特定历史阶段的突出问题,是在社会进步过程中能够加以解决并逐渐消解的问题,具有历史的阶段性,而非永久的普遍性。

可以预见,随着我国经济社会的稳步发展,随着城镇化程度不断加深,随着社会保障体系日臻完善,我国的农村留守老人养老保障将不再成为一个特殊的问题,我们的政策体系届时也就完成了其时代的使命。

二　以实质公平为内在价值诉求

公平和效率是社会发展的一体两面,两者相辅相成、辩证统一,但在不同的情境下需要关注的公平与效率的重心是有差异的,社会保障内在要求更关注公平。农村留守老人养老保障是社会保障体系中的一个亚群体,政策当然亦应以公平为首要考量。但是,农村留守老人是整个社会群体中的弱势群体,实质公平而非形式公平方才符合此处"公平"本意。促进实质公平,方能真正达到缩小贫富差距、促进社会和谐发展的目的。

实质公平是农村留守老人养老保障精准供给的内在价值诉求。社会公平是实现共同富裕的重要手段,养老保障的公平是社会公平的重要方面。消除贫困、促进公平、逐步实现共同富裕,是社会主义本质要求。农村留守老人养老保障精准供给过程中,保障对象的精准、保障力度的精准都体现着对实质公平的诉求。

一是保障对象精准的公平诉求。保障对象方面,农村留守老人是社会中的弱势群体，对这一群体的精准识别是社会主义公平的要求。识别不精准，将使人力财力的使用出现偏差，从而损害公平。

二是保障力度精准的公平诉求。保障力度方面，根据农村留守老人外在与内在差异，精准施以不同保障力度，也体现着对公平的诉求。农村留守老人作为弱势群体，与普通老人相比，应获得更大力度的保障，从而实现全社会范围内养老保障的公平；农村留守老人群体内部也存在生活能力较好与较差的差异，对不同个体施以不同保障力度，是群体内部的公平诉求。

三 以农村留守老人为特定施策对象

农村留守老人是养老保障精准供给的特有政策对象。农村留守老人是老年人群中的特殊群体，其养老问题是社会中的特殊问题。用不同方法解决不同矛盾，是马克思主义矛盾论的重要内容。

我国既有的养老保障政策多将老年群体概而论之，不足以对农村留守老人这一亚群体精准发力。这从农村"五保"老人与农村留守老人的对照比较中可见一斑。两者均是农村老人中的特殊群体，农村"五保"老人早在20世纪50年代就获得了专门的五保供养，而农村留守老人尚未成为任一政策或措施的靶向。

基于公共财政理论建立起来的政策强调普适化的公平，而针对特殊矛盾，就要改变以往普适性政策以一概全的做法。政策的精准供给，须瞄准农村留守老人这一特有对象，加快出台靶向政策，切实做到"一把钥匙开一把锁"，精准施策，靶向发力。靶向政策不仅要瞄准对象，还要对症下药。一要贴近实际民需，横向调整货币型与服务型保障供给比例；二要科学整合资源，根据不同层次需求，纵向确保留守老人多层次受益。

四 以完备的政策体系为运行保障

建立一套从预算到执行再到质控的独立、完备的运行体系，是确保农村留守老人养老保障精准供给的核心要素之一。

近年，我国农村养老保障体系逐步完善，但囿于其对象的广泛性，农村留守老人处于该体系的边缘。这一特殊群体的养老保障问题已构成特殊问题,该问题的解决有赖于别于他物的特殊手段。当前依附性、非独立的运行方式不利于特殊矛盾的精准化解,农村地区亟待建立一套独立于该体系之外的运行体系,专为农村留守老人养老保障的精准供给献力。独立运行体系包括两方面。

一是独立的配套制度。首先,根据当地经济发展水平、当地消费水平、农村留守老人数量等情况做好政府部门资金预算工作,确保资金高效利用;其次,通过制度规范,确保精准供给的目标识别、力度把握、内容设计、方案制定等一系列工作的高效执行;再次,制定质量评价的相关要求及标准,确保各个环节的工作任务考核和标准执行质量评价有据可循。

二是独立的运行组织。从预算到执行再到质控的过程,均需要专门的人员配置。在明确各个环节职能设定、运行标准、运行方式的基础上,为各环节配置专业人员,形成一支独立的、完备的、强有力的组织队伍,确保为农村留守老人养老保障精准供给提供人力基础,配齐、配强精准供给的工作力量。

第三节 农村留守老人养老保障精准供给的相关理论

一 社会主义本质论

1992年,邓小平在"南方谈话"中对社会主义本质做出了概括:"社会主义的本质,是解放生产力,发展生产力,消灭剥削,消除两极分化,最终达到共同富裕。"① 该论断是在总结我国多年来经济建设经验的基础上,概括出的对社会主义的新认知。此次"南方谈话",解决了改革开放遇到的姓"资"姓"社"的问题,指出发展才是硬道理,进一步解放了人们的思想,对建设有中国特色的社会主义产生了深远影响。

(一)社会主义本质论的发展

马克思、恩格斯、列宁都是探索社会主义道路的先驱。马恩在批

---

① 《邓小平文选》(第3卷),人民出版社2001年版,第373页。

第二章　农村留守老人养老保障精准供给的含义、理论基础和生成逻辑

判空想社会主义理论的同时,提出社会主义必须置于现实基础之上。马恩深刻批判了近代资本主义社会的弊端,认为资本主义所存在的生产资料私人占有与生产社会化的矛盾将日益尖锐。马克思、恩格斯重视人的自由与全面发展,提倡废除私有制,认为在资本主义社会中,劳动者和剥削者之间存在着尖锐的利益冲突,没有共同的价值目标,也就谈不上人类真正的解放。"代替那存在着阶级和阶级对立的资产阶级旧社会的,将是这样一个联合体,在那里,每个人的自由发展是一切人自由发展的条件。"①

列宁是第一个亲自领导社会主义建设实践的革命领袖。列宁认为,十月革命后,社会主义不再是抽象的纲领或教条,已演变为人民的实践,社会主义作为一种实践活动,其主体是人民,人民进行社会主义实践的目的是"追求好日子",他指出,要把提高劳动生产率这一根本任务,提到首要地位,因此,就要有更高形式的劳动组织②。

毛泽东是探索中国社会主义道路的先驱。在中华人民共和国成立至社会主义改造完成的这段时间内,毛泽东对"什么是社会主义,怎样建设社会主义"进行了思考,并指出:"在社会主义社会中,基本的矛盾指的是生产力与生产关系两者之间的矛盾,经济基础与上层建筑两者之间的矛盾。"③ 为了解决这一矛盾,必须大力发展生产力。

1980年,邓小平第一次提出"社会主义本质"这一概念,他指出:"社会主义是一个很好的名词,但是如果搞不好,不能正确理解,不能采取正确的政策,那就体现不出社会主义的本质。"④ 社会主义原则,第一是发展生产,第二是共同富裕。邓小平还强调,社会主义经济政策对不对,归根到底要看生产力是否发展、人民收入是否增加⑤。可见邓小平对发展生产力、实现共同富裕的重视,同时,也体现出了社会主义本质的核心内容。

---

① 《马克思恩格斯选集》第1卷,人民出版社1995年版,第294页。
② 《列宁选集》(第3卷),人民出版社1972年版,第509页。
③ 《毛泽东选集》(第5卷),人民出版社1977年版,第373页。
④ 《邓小平文选》(第2卷),人民出版社1983年版,第313页。
⑤ 《邓小平文选》(第2卷),人民出版社1983年版,第314页。

(二) 社会主义本质论的内涵

社会主义本质论的三部分内容是有机统一体。

解放生产力、发展生产力是社会主义的根本任务。空谈社会主义、抓政治和抓经济分离的做法在我国曾经一度十分流行，针对这一情况，邓小平鲜明地指出，"生产力方面的革命也是革命，而且是很重要的革命，从历史的发展来讲是最重要的革命"[1]。从而摆正了经济建设和其他工作的位置。对于我国来说，经济发展起步晚、底子薄，在与资本主义国家的比较之中处于弱势地位，要改变这一现状，必须依靠大力发展生产力。

消灭剥削、消除两极分化是社会主义的根本方向。这是在讲社会主义的生产关系。虽然发展生产力是社会主义的根本任务，但不能陷入"唯生产论"，发展生产力和发展生产关系是同步进行的，只有高度发展的生产力，并不能注定实现共同富裕。发达资本主义国家生产力很发达，但贫富差距悬殊，实行的是剥削制度，"消灭剥削、消除两极分化"是社会主义制度同一切剥削制度的本质区别，要让发达生产力所创造的财富为全社会成员共享，才能最终实现共同富裕[2]。

最终实现共同富裕是社会主义的根本目标。社会主义能够实现共同富裕，是因为建立了生产资料的社会主义公有制，实行按劳分配，每个社会成员对生产资料的占有都是平等的，多劳多得，少劳少得，不会出现剥削制度下部分人富裕、部分人贫穷的现象。这一根本目标决定了在生产资料所有制方面必须坚持生产资料公有制的主体地位，在分配领域必须坚持按劳分配的主体地位[3]。"共同富裕"有以下几层含义。其一，社会主义追求共同繁荣富裕，不是共同贫穷，"没有贫穷的社会主义，社会主义的特点不是穷，而是富，这种富是人民共同富裕"[4]。社会主义的共同富裕不同于中华人民共和国成立后，我国在低生产水平的基础上追求的社会财富分配的均等。其二，共同富

---

[1] 《邓小平文选》（第2卷），人民出版社1983年版，第311页。
[2] 布成良、汪锡奎、王庆丰等：《社会主义本质理论研究》，中国文史出版社2004年版，第53—54页。
[3] 许征帆、陈聿北：《社会主义本质论》，山东人民出版社1999年版，第188—189页。
[4] 《邓小平文选》（第3卷），人民出版社1993年版，第265页。

第二章　农村留守老人养老保障精准供给的含义、理论基础和生成逻辑

裕是全体人民的富裕，邓小平强调，"社会主义不是少数人富裕起来、大多数人穷，不是那个样子"①，劳动者创造的产品不再由剥削者占有，而是由广大劳动者共同享有。其三，共同富裕不是同步富裕、平均富裕，而应允许其"非均衡发展"②。

（三）社会主义本质论视角下的农村留守老人养老保障

综合以上对社会主义本质论的阐述可见，农村留守老人养老保障建设是社会主义建设的重要内容。

一方面，生产力发展能够为农村留守老人养老保障提供物质基础。邓小平曾说："我们只能在发展生产的基础上逐步改善生活。"③只有将"蛋糕"做得更大，才能使每个人都多分一点，从而提高公平水平。构建农村留守老人养老保障，很大程度上需要依赖政府进行资源供给。只有当全社会的经济发展水平得到提高、社会财富极大丰富的条件下，政府才能集中更多的资源，发挥主导作用，提高社会保障的再分配水平，扶弱济困，为农村留守老人这一弱势群体带去福祉。

另一方面，农村留守老人养老保障是实现共同富裕的一个重要内容。在城镇化背景下，完善的养老保障有利于减轻家庭养老的负担，使青年人群能够全身心投入工作，从而进一步促进生产力的解放与发展。在市场经济发展下，容易出现贫富差距扩大的现象，社会保障作为一种再分配机制，其出发点是"以人为本"、维护社会公平，体现着对弱者的照顾。通过改善农村留守老人这一弱势群体的生活状况，有利于缩小城乡养老保障的差距以及贫富差距，从而减少社会不稳定因素，促进社会公平，防止两极分化。因此，无论是对于解放和发展生产力这一根本任务而言，还是对于消除两极分化这一根本保证而言，加强农村留守老人养老保障都是重要的实现途径，进而推动共同富裕。

---

① 《邓小平文选》（第3卷），人民出版社1993年版，第364页。
② 刘光远：《邓小平共同富裕理论研究》，中华工商联合出版社1991年版，第24—29页。
③ 《邓小平文选》（第2卷），人民出版社1983年版，第257页。

二 公平正义理论

公平正义是当代思想家关注的重要问题,诸多思想家对其发表了见解,其中应数马克思和罗尔斯的影响力最为深远。马克思主义公平理论与罗尔斯《正义论》为解决我国当今社会公平正义问题提供了理论素材。

(一) 公平正义理论的内容

1. 马克思主义公平理论

马克思认为,公平是指,一切人,或国家的一切公民,或社会的一切成员,都有平等的社会地位与政治地位[①]。该论述包括以下三方面内容。

公平具有历史性。公平是一个历史范畴,公平观念的形成经历了漫长的历史演进过程。恩格斯指出:"平等的观念,无论以资产阶级的形式出现,还是以无产阶级的形式出现,本身都是一种历史的产物,这一观念的形成,需要一定的历史关系,而这种历史关系本身又以长期的以往的历史为前提。所以这样的平等观念说它是什么都行,就不能说它是永恒的真理。"[②] 公平的内容不是永恒不变的,而是随着社会经济关系、经济结构的变化而不断变化的,应将其放在特定时期的社会发展面貌中进行考察。

公平具有相对性。马克思认为,绝对、统一的公平是不存在的。恩格斯指出:"在国和国、省和省、甚至地方和地方之间总会有生活条件方面的某种不平等存在,这种不平等可以减少到最低限度,但是永远不可能完全消除。"[③] 不同国家、不同地区、不同个体之间都存在先天差异,这种客观存在的差异使得在生产力发展水平和各方面条件有限的情况下,绝对公平不可能存在。"按劳分配"也是基于劳动者不同的个人天赋而提出的相对公平的分配方式。

公平不是平均主义。公平是平等与不平等的统一,列宁指出,平

---

① 《马克思恩格斯选集》(第3卷),人民出版社1995年版,第444页。
② 《马克思恩格斯全集》(第20卷),人民出版社1971年版,第117页。
③ 《马克思恩格斯全集》(第19卷),人民出版社1963年版,第8页。

等是社会地位的平等，绝不是指每个人的智力和体力的平等。公平是允许差距存在的，这些差距是合理均衡的，真正的完全平等要等到共产主义阶段才可能实现。

2. 罗尔斯正义论

罗尔斯正义论的核心思想是：所有的社会基本价值——自由和机会，收入和财富、自尊的基础——都要平等地分配，除非对其中一种或所有价值的一种不平等分配合乎每个人的利益[①]。此正义论是一种继承西方契约论、试图代替功利主义的、有关社会基本结构的正义理论，表达着对社会最不利者的倾斜性照顾。罗尔斯正义论主要包括以下要点。

原初状态。罗尔斯为了更好地证明自己的观点，首先设计了一个原初状态。目标是把对可接受的正义原则有意义的约束连为一体，排列出一些主要的传统的社会观念的次序，并选择最合理、优点最多的正义观作为社会基本结构的正义原则，以此来决定各方所要达成的社会联合的基本合作条件[②]。原初状态是一种契约环境，在这种环境中，个人处于自由、平等的地位，并在这种状态里选择他们认同的原则。

正义的原则。第一个原则：每个人对与他人所拥有的最广泛的基本自由体系相容的类似自由体系，都应当有平等的权利，即平等自由原则。第二个原则：经济和社会的不平等应该这样安排，使它们合乎最少受惠者的最大利益，即差别原则，并且职务和地位应向所有人开放，即机会的公正平等原则[③]。差别原则中，罗尔斯的表述从最初的"合乎每个人的利益"转变为"合乎最少受惠者的利益"，体现出罗尔斯对最少受惠者的偏爱。他总是从最少受惠者的立场来衡量每一种不平等，这是罗尔斯正义论的关键所在。罗尔斯指出，应把自然才能看作一种共同的资产，那些先天有利的人，只能在改善那些不利者的

[①] 何怀宏：《公平的正义——解读罗尔斯〈正义论〉》，山东人民出版社2002年版，第18页。

[②] 何怀宏：《公平的正义——解读罗尔斯〈正义论〉》，山东人民出版社2002年版，第130页。

[③] [美]约翰·罗尔斯：《正义论》，何怀宏等译，中国社会科学出版社1988年版，第60、61、83、84页。

状况的条件下从他们的幸运中得利①。或者说,一个制造出社会经济不平等的基本结构,必须给处于最低社会经济地位的人带来最大可能的利益②。差别原则不同于补偿原则,而是一种互惠和博爱原则。它并不主张消除不平等,而是主张通过一定的社会安排来限制优势者只顾自己获利,也就是说,要让优势者只在增加不利者利益时才能获得自身利益,从而使全社会成员都能获利。因此,差别原则实际上能够达到补偿原则的目的。

形式平等与实质平等。罗尔斯的正义论兼容了形式平等和实质平等。罗尔斯指出,形式的正义要求法律和制度方面的管理平等地(即以同样的方式)适用于那些属于由它们规定的阶层的人们。形式的正义是对原则的坚持,是对体系的服从。但是,法律和制度可能在被平等地实施着的同时还包含着非正义,类似情况并不足以保证实质正义。形式正义要求的力量或遵守制度的程度,有赖于制度的实质性正义③。罗尔斯指出,仅仅在逻辑的真理和定义上建立一种实质性的正义论显然是不可能的,他希望强调研究实质性道德观念的中心地位。因此,《正义论》体现出由形式问题向实质问题转变的倾向④。实质平等是相对于形式平等而言的,它的对象是"最少受惠者",实质平等是在差别原则的基础之上,通过经济领域的分配正义和社会保障的程序正义来实现的。

"形式平等"是对法律和制度的一贯执行,是形式和手段上的平等。而"实质平等"是法律和制度本身的正义,侧重于内容和目的的平等。从正义原则来看,平等自由原则和机会的公正平等原则属于形式平等,保障的是竞争起点上的平等,但是由于人们自然资质的差异和偶然因素的影响,还是会存在竞争结果的不平等。差别原则属于实质平等,力求保障竞争结果的平等,它要求正视个体之间在经济收益上的实际差异,在社会经济领域通过税收等手段来保障实质上处于

---

① [美]约翰·罗尔斯:《正义论》,中国社会科学出版社1988年版,第102页。
② [美]涛慕思·博格:《罗尔斯:生平与正义理论》,顾肃、文雪梅译,中国人民大学出版社2010年版,第111页。
③ [美]约翰·罗尔斯:《正义论》,中国社会科学出版社1988年版,第58—59页。
④ 何怀宏:《公平的正义——解读罗尔斯〈正义论〉》,山东人民出版社2002年版,第174页。

弱势的个体的平等权利①。平等自由原则和机会公正平等原则的优先性体现着形式平等的重要作用，但实质平等是形式平等的重要补充。

（二）公平正义理论视角下的农村留守老人养老保障

1. 历史性地看，农村留守老人养老问题是当下要务

公平的内容是随着历史演变而不断变化的。当下，我国的发展正处于新的历史方位，经济、社会发展呈现出新面貌、新变化，对公平也有了新要求。美好的养老生活需要与养老保障不平衡不充分的发展之间亦存在矛盾，从公平的视角来看，当务之急就是要解决"不平衡"问题。养老保障的不平衡主要表现为城乡发展不平衡、养老供需不平衡，因此，将关注点投向农村、投向留守老人这一弱势群体，着力解决供需不匹配问题，是确保养老保障在当今社会的公平性的重要要求。

2. 相对性地看，西南地区农村留守老人养老问题更值得关注

公平的相对性告诉我们，不同地区、不同个体之间存在先天差异，无法实现绝对公平，但要力求将不公平减小到最低限度。西南地区便是具有特殊性的地区，具有人口输出量大、经济发展欠佳、民族数量众多、地形地貌复杂等特征，以上特征使得西南地区的农村留守老人养老质量较其他地区老人而言不容乐观。农村留守老人是具有特殊性的群体，因具有"农村"和"留守"双重特征而较一般老人而言更加弱势。因此，西南地区农村留守老人养老面临着许多先天的、客观的不利因素，关注该群体，就是要将其不利因素降低到最小限度，以实现全社会老人养老保障的相对公平。

3. 农村留守老人是罗尔斯眼中的"最少受惠者"

关于最少受惠者地位的鉴定，罗尔斯认为，每个人都占据着两种地位，一是平等公民的地位，二是在收入和财富分配中的地位，这样，确定最少受惠者可通过选择某一特定社会地位，或按达不到中等收入水平的一半的标准来进行②。最少受惠者是"基本善"的分配不

---

① 陈一壮、谢新：《资本主义社会的"形式上平等、实质上不平等"问题论析——兼比较马克思和罗尔斯的平等观》，《河北学刊》2011年第4期。

② 何怀宏：《公平的正义——解读罗尔斯〈正义论〉》，山东人民出版社2002年版，第19页。

平衡造成的。所谓"基本善",它包括两方面:一是自然基本善,如健康和精力、理智和想象力;二是社会基本善,如权利和自由、权力和机会、收入和财富①。因此,最少受惠者的成因也有两方面:一是出身、资质、历史、环境等自然因素;二是社会主要制度等因素。

就我国农村居民而言,虽然近年来他们的生活状况有所好转,但是按照罗尔斯的观点来看,"基本善"在城乡之间的分配仍然不平衡,农村居民仍处于弱势地位。从"自然基本善"来看,农村地理位置偏远,较城市而言没有地理优势;农业属于弱质性产业,农村居民极难依靠务农发家致富;农村居民普遍世世代代出身贫穷,掌握的资源较少,改变社会地位较困难。从"社会基本善"来看,一个正义的社会本应使弱势群体获得更多的保障,但是由于我国二元户籍制度的存在,农村居民和城市居民获得的社会保障差距较大;2017年城乡居民人均收入 2.71∶1②,农村居民收入符合罗尔斯在最少受惠者鉴定中所述的"达不到中等收入水平的一半"。

可见,农村居民在社会地位和收入水平上都符合罗尔斯对于最少受惠者的鉴定。且从最少受惠者的成因来看,农村居民也正遭受着"自然基本善"和"社会基本善"的不平衡分配。因此,农村居民属于"最少受惠者",农村留守老人更不例外。根据罗尔斯的"差别原则",要在不必完全消除不平等现象的前提下,养老保障精准供给对农村留守老人提供倾斜性保护,使这种不平等能合乎农村留守老人的最大利益,但也不损害有利者的利益。

(4)农村留守老人养老保障构建过程中应注重实质平等

罗尔斯的"差别原则"给社会中不可避免的不平等提出了限制条件,旨在维护实质平等。

目前,法律和制度平等地覆盖了全体社会成员,形式平等已基本实现。我国宪法规定了"中华人民共和国公民在年老、疾病或者丧失劳动能力的情况下,有从国家和社会获得物质帮助的权利。国家发展

---

① [美]约翰·罗尔斯:《正义论》,何怀宏等译,中国社会科学出版社1988年版,第62页。
② 国家统计局:《2017年经济运行稳中向好、好于预期》,2018年1月18日,http://www.stats.gov.cn/tjsj/zxfb/201801/t20180118_1574917.html,2018年11月11日。

为公民享受这些权利所需要的社会保险、社会救济和医疗卫生事业"。① 从而将全体公民纳入了社会保障制度之内。大体上看,最低生活保障、养老保险、医疗保险等制度也都逐渐覆盖了所有农村地区。理论上,农村居民已能够享受到和城市居民同等的社会保障,农村留守老人也能够享受和其他所有老人一样的养老保障待遇。

但是,形式平等并不能保证结果公平,实质平等的实现任重道远。如今的现实情况是,农村留守老人养老保障政策供给与实际需求并未精准匹配,例如,即便社会保险覆盖了农村留守老人,很多老人却囿于贫苦而无钱购买;即便有最低生活保障的存在,很多真正贫穷的老人由于攀不上关系而无福享受;即便政府增加财政投入为农村居民提供福利服务,很多却只是流于形式,不能满足实质需求。按照罗尔斯的"差别原则",在建立公平的社会保障制度时不能一刀切,应从实际出发,充分考虑城乡二元分割、城乡居民收入差距过大等现实的不平等状况,重视农村留守老人的特殊性,以满足农村留守老人的实质需求。

三 公共财政理论

"公共财政"指各级政府通过税收、经营企事业等办法获得资金并将之用于公共事业,是各级政府对资金的筹集与运用。公共财政的资金用途如下:用于商品和劳务的开支和补贴;用于社会保障的开支;用于政府债券的利息、赠款和其他单方支付的支出;用于政府所有的企事业的投资与支出②。现代社会对公共领域与私人领域的明确划分,决定了公共财政的存在和运行模式,也决定了公共财政必然是民主化和法治化的财政。公共财政应是集众人之财、谋众人之福利,取之于民、用之于民,为实现社会公共利益,满足社会公共需要而提供公共产品和公共服务的政府财政收支活动③。

当代西方公共财政理论认为,公共财政存在的必要性在于弥补"市场失灵"。社会经济的运行应当以市场调节为主,只有在公共产

---

① 《中华人民共和国宪法》,人民出版社2018年版。
② 罗肇鸿、王怀宁等主编:《资本主义大辞典》,人民出版社1995年版,第62页。
③ 高静:《公共财政的政治过程》,南京大学出版社2015年版,第29页。

品供给不足、外部性、经济周期性波动、收入分配不公、垄断、信息不对称等缺陷造成的市场难以调节或者调节不好的领域，才需要政府进行适应性调节，对市场进行干预，而公共财政则是支持政府行使这些职能的主要手段[①]。

（一）公共财政理论的发展

公共财政理论是在自由主义与政府干预主义此消彼长的过程中不断发展和完善的。

1. 自由资本主义时期的公共财政理论

自由资本主义时期，经济秩序主要由市场机制调节。在效率和公平问题上，市场机制的作用强于政府干预。亚当·斯密的《国富论》标志着公共财政理论的诞生。亚当·斯密崇尚"看不见的手"，即市场机制能够对社会资源进行有效配置。亚当·斯密主张限制政府作用，给经济以完全的自由。他认为，政府只需要扮演"守夜人"角色，维持国内治安、防止外来侵略[②]。可见，亚当·斯密对政府职能的认识是有限的。

自由资本主义末期，福利经济学兴起，认为市场机制无法解决收入分配不均等问题，只有政府适当干预才能消除外部性。由此，矫正市场缺陷并消除外部性成为公共财政的目标之一。

2. 垄断资本主义时期的公共财政理论

随着西方资本主义经济的发展，垄断现象开始出现，市场机制的缺陷开始暴露。市场失灵导致严重的两极分化，社会矛盾愈演愈烈，政府不得不介入经济领域，公共财政的作用日益突出。

20世纪30年代，资本主义国家爆发经济危机，自由主义难以为继，凯恩斯主义应运而生。凯恩斯在《就业、利息和货币通论》中指出，市场缺陷造成的宏观经济的大幅波动只能由政府以行政手段来矫正，以实现资源的合理配置、财富的公平分配[③]。凯恩斯主义的诞生标志着政府开始大规模干预经济。

---

① 张莉：《公共财政理论与我国公共财政职能调整》，《社会主义研究》2007年第3期。
② ［英］亚当·斯密：《国富论》，郭大力、王亚南译，商务印书馆2015年版。
③ ［英］约翰·梅纳德·凯恩斯：《就业、利息和货币通论》，魏埙译，陕西人民出版社2004年版。

20世纪50年代，马斯格雷夫在《公共财政理论》中提出政府的三大职能，即配置职能、分配职能和稳定职能。他认为，市场经济不可避免地在公共领域存在缺陷，需要政府进行修正和补充[①]。至此，公共财政理论的框架基本形成。

3. 经济"滞胀"时期的公共财政理论

20世纪70年代，西方国家出现"滞胀"现象，这表明政府干预也存在缺陷，新自由主义开始回潮。以布坎南为代表的公共选择学派认为，市场和政府都存在缺陷，不能对孰优孰劣妄下定论，而应根据实际情况，对市场和政府进行选择。应在对两者的缺陷进行比较之后，再决定政府是否应进行干预，并且要对政府权力作出限定。

（二）公共财政理论的主要内容

1. 公共财政的目的

一是弥补市场失灵。市场经济中，社会资源的配置机制是市场机制。有效的市场机制能带来经济上的高效率，一方面，市场信号能引导资源向高效率的企业、行业和地区流动；另一方面，市场竞争机制可淘汰掉效率低、成本高、技术落后、经营不善的企业[②]。但是，市场并非万能的，也存在局限性，公共产品供给不足、外部性、经济周期性波动、收入分配不公、垄断、信息不对称等都是市场失灵的表现。为了弥补市场机制的不足，就必须依靠另一种力量，即政府的力量，公共财政就是政府介入经济的手段。

二是满足公共需要。公共财政主要承担怎样的任务、达到怎样的目的，需要有一个明确的界定。公共财政理论将社会产品分为私人产品、公共产品和准公共产品。私人产品是具有排他性和竞争性的产品，能够由市场机制来提供；公共产品是具有非竞争性和非排他性的产品，市场不能提供，而应由政府提供；准公共产品指具有有限的非竞争性或有限的非排他性的公共产品，它介于公共产品和私人产品，由市场和政府共同提供。因此，公共财政应提供的就是公共产品和部分准公

[①] 闫卫兵：《外国财政理论与制度》，西北农林科技大学出版社2007年版，第38页。
[②] 刘晓燕、郑敏、严兴华：《公共财政理论的发展与我国公共财政理论基础选择》，《财会月刊》2008年第23期。

共产品。公共需要是市场不能满足的需要,是那些必须由预算来提供并且使用者可以免费得到的需要①,是维持人类社会存在和发展并为实现个人需要创造必要条件和发展环境的基本前提和保障,它包括国家行政管理和保卫国家安全方面的需要,文化教育、医疗卫生、体育艺术等社会服务方面的需要,社会救济、社会保险等方面的需要②。公共财政就是为了满足社会公共需要而对剩余产品所进行的分配活动。也就是说,为了满足公共需要,政府必须提供财政支持。

2. 公共财政的职能

公共财政有三大职能:资源配置职能、收入分配职能、经济稳定职能。

资源配置职能,指将一部分社会资源集中起来,形成财政收入,通过财政支出活动,由政府提供公共产品,对资源配置过程中的市场失灵进行矫正,实现全社会资源最优配置。

收入分配职能,指公共财政通过收入再分配机制,重新调整由市场决定的收入和财富分配的格局,达到社会认可的公平分配状态。政府拥有强制征税的权力,可以大规模介入国民收入的分配过程,通过各类转移性支出,如社会保障制度中的社会保险、社会救助,以及政府间的转移支付制度,来调整收入分配在不同人群和不同地区之间的差别,保证社会的稳定发展③。

经济稳定职能,指政府运用宏观经济手段有意识地影响、调控经济,实现经济的稳定增长,减少经济波动给社会造成的危害。宏观经济稳定的目标包括充分就业、物价稳定、经济增长和国际收支平衡④。

3. 公共财政的准则

公共财政的准则是公平与效率相结合。一方面,公共财政要在配置和分配环节注重公平,尤其是在资源配置过程中,要平等地为社会成员提供公共产品;另一方面,要逐步增加国家财政投资规模,增强

---

① [德]理查德·A.马斯格雷夫:《比较财政分析》,董勤发译,上海人民出版社1996年版,第4页。
② 林白鹏、臧旭恒:《消费经济学大辞典》,经济科学出版社2000年版,第455页。
③ 冯宗容、杨明洪主编:《财政学》,四川大学出版社2010年版,第15—16页。
④ 冯宗容、杨明洪主编:《财政学》,四川大学出版社2010年版,第19页。

公共产品的供给能力，各级政府要关注居民的实际需求，强化公共产品的供给效率。

（三）公共财政理论视角下农村留守老人养老保障

1. 市场失灵对农村人口的影响更加严重

第一，城乡之间及农村内部都存在收入分配不公的现象。城市地区较农村地区而言，经济发展的起点更高，更能吸引优质资源来发展经济；农村地区本身起点低，再加上青年劳动力的流失，经济发展极为缓慢。不同地区甚至同一地区的农村居民之间，也会因区域因素、自然条件因素、人力资本因素、农业技术因素等而存在收入差距较大的现象。对于农村留守老人而言，他们所掌握的赖以增加收入的资源更是少之又少，正所谓"马太效应"，长此以往，农村留守老人将始终处于收入水平的低端。因此，政府有必要为农村留守老人提供保障，在一定程度上缩小收入差距。

第二，商业保险信息不对称现象在农村地区更加严重。由于农村地区经济发展落后、信息较为闭塞、居民文化素质普遍偏低，因此商业保险的信息不对称现象较严重，这就使得农村居民难以通过商业保险来获得充足保障，对于农村留守老人而言更是如此。因此，农村留守老人养老保障必须以政府为主体来提供。

2. 构建农村留守老人养老保障符合权利义务对等原则

公共财政的实质是集众人之财、谋众人之福利，取之于民、用之于民。对于农民而言，他们在生产活动过程中向政府缴纳了税费，因此，从权利义务对等原则来看，公共产品的受益者理应包括广大农民群体。对于农村留守老人这一更加弱势的群体来说，公共产品供给更要体现出经济福利性，权利与义务不必追求绝对的对等，也就是说，要让他们在养老保障方面的所得大于所付。这就要求政府通过公共财政政策来调整社会中的过高收入，对农村留守老人进行适当的倾斜性保护。

3. 构建农村留守老人养老保障是公共财政民生化的要求

公共财政民生化就是要求公共财政在教育、医疗卫生、社会保障、就业、环保等方面的支出要在全部财政支出中占到相当大的比例。早在2006年党的十六届六中全会就提出要完善我国公共财政制度，逐步实现基本公共服务均等化，着力解决县乡财政困难，增强基层政府提供公共服务的能力①。崔惠民等学者提出了公共财政应转型为民生财政的观点,认为应在财政决策上以民生为导向,将"以人为本"作为终极目标,建立充分反映民意的利益表达机制,真正了解民生需求,利用公共资源维护社会公平正义②。可见,我国的公共财政应从以经济增长为导向转变为以实现公共服务均等化为导向,以人为本,维护广大人民群众的根本利益。

然而,农村地区长期以来都是公共财政所忽视的对象。在社会保障方面,公共财政在城乡之间的投入仍处于失衡状态,对于农村留守老人这一特殊群体而言,获得的保障更是微乎其微。要实现基本公共服务均等化、增强公共财政的公平性,就要将农村留守老人养老保障当作重点来把握。

四 马克思主义矛盾论

矛盾的学说是唯物辩证法的实质和核心。学习马克思主义唯物辩证法,就是要掌握分析矛盾、解决矛盾的能力,娴熟地运用矛盾分析方法来认识世界和改造世界③。马克思主义矛盾论指出,矛盾是表示事物内部或事物之间的既互相依存、互相联结,又互相对立、互相排斥的关系的哲学基本范畴。简言之,矛盾就是既对立又统一的关系。对立和统一是事物矛盾固有的两种相反相成的基本属性④。

矛盾具有客观普遍性。它是客观存在的,不以人们的主观意志为转移。世界上一切事物及过程都存在着矛盾,矛盾无处不在、无时不有,任何事物都是在矛盾运动中产生、发展和消亡的;矛盾是事物发展的源泉和动力,对立双方互相依赖又互相斗争,由此推动事物的运动变化和发展,一物向它物的转化,也就是旧矛盾统一体的分解和新矛盾统一体

---

① 《中共中央关于构建社会主义和谐社会若干重大问题的决定》第四条第四项,2008年8月20日,http://www.gov.cn/test/2008-08/20/content_1075519.htm,2018年11月5日。

② 崔惠民、张厚明:《公共财政走向民生财政:基本公共服务均等化的选择》,《经济问题探索》2011年第6期。

③ 廖盖隆、孙连成、陈有进等:《马克思主义百科要览·上卷》,人民日报出版社1993年版,第246页。

④ 刘佩弦主编:《马克思主义与当代辞典》,中国人民大学出版社1988年版,第197—198页。

的建立。矛盾是简单运动形式的基础，更是高级运动形式的基础。

(一) 马克思主义矛盾论的发展

黑格尔在唯心主义基础上全面发展了矛盾学说。他明确提出"一切事物本身都自在地是矛盾的"，"矛盾是一切运动和生命力的根源，事物只因为自身具有矛盾，它才会运动，才具有动力和活动"[①]。他强调矛盾的客观性，"普通的经验本身证明，至少有许多矛盾的事物、矛盾的结构等等是存在着的，它们的矛盾不仅包含在外在思维反思中，而且也包含在它们自身中"[②]。可见，黑格尔认为矛盾是事物本身固有的。此外，黑格尔把矛盾和运动变化与发展联系起来，"矛盾是在其本质规定中的否定的东西，它是一切自己运动的原则，而自己运动就是矛盾的表现。外部的感性运动本身就是矛盾直接的现有的存在"[③]。可见事物之所以能够发展变化，是因为它自身包含着矛盾，事物的运动是事物自己的运动。以上"内在矛盾"和"自己运动"的观点是黑格尔辩证法的最高成就，但由于黑格尔主张唯心主义，他的哲学前提是错误的，因此在矛盾问题上也存在缺点。

马克思和恩格斯在唯物主义的基础上对黑格尔的矛盾学说进行了扶正。马克思指出，"辩证法在黑格尔手中神秘化了，但这决不妨碍他第一个全面地有意识地叙述了辩证法的一般运动形式。在他那里，辩证法是倒立着的。必须把它倒过来，以便发现神秘外壳中的合理内核"[④]。因此，马克思强调，要将矛盾论从唯心主义中解放出来，不能随意编造矛盾，而应将矛盾论建立在现实的物质基础之上；恩格斯在马克思的基础上对矛盾论做了深入阐发，在《反杜林论》《费尔巴哈论》《自然辩证法》等著作中深刻批判了形而上学和唯心主义，他明确提出了矛盾的概念以及矛盾的客观性，"'不变'和'变'的对立——这就是'矛盾'"[⑤]，"矛盾的存在是一种客观的现象并且是实实在在的"[⑥]。

---

① [德] 黑格尔：《逻辑学》，商务印书馆1977年版，第99页。
② [德] 黑格尔：《逻辑学》，商务印书馆1977年版，第99页。
③ [德] 黑格尔：《逻辑学》，商务印书馆1977年版，第99页。
④ 《马克思恩格斯选集》(第2卷)，人民出版社1972年版，第218页。
⑤ 《马克思恩格斯全集》(第20卷)，人民出版社1996年版，第132页。
⑥ 《马克思恩格斯全集》(第20卷)，人民出版社1996年版，第133页。

列宁是矛盾论的集大成者。它不仅强调矛盾的普遍性与客观性，而且指出矛盾问题是辩证法的核心问题，"统一物之分为两个部分以及对它的矛盾着的部分的认识是辩证法的实质"[①]。

毛泽东作为中国的重要领导人，将矛盾学说进行了丰富与深化。"辩证法的宇宙观主要就是教导人们要善于去观察和分析各种事物的矛盾的运动，并根据这种分析，指出解决矛盾的方法。"[②] 由此，毛泽东批判了教条主义有理论而无实践的做法，认为应运用马克思主义矛盾学说客观地、全面地、具体地、发展地研究革命形势。毛泽东从两种宇宙观、矛盾的普遍性与特殊性、主要的矛盾和矛盾的主要方面、矛盾诸方面的同一性和斗争性、对抗在矛盾中的地位等方面，阐述了对立统一规律，为中国共产党人认识并解决社会与革命中的矛盾提供了科学的方法论[③]。

邓小平在马克思主义矛盾论中国化的过程中，抓住了"社会主义最根本的任务就是发展生产力"这个主要矛盾；在矛盾的同一性和斗争性的问题上，邓小平高度重视同一性，但也不忽视斗争性，"和而不同"是邓小平思想的重要特征；邓小平还运用矛盾发展过程的不均衡性，创造性地提出"先富带动后富"的发展方式。

（二）马克思主义矛盾论的内涵

矛盾的普遍性。毛泽东指出矛盾具有普遍性，或者说是矛盾的绝对性，此问题有两方面意义。一方面是矛盾存在于一切事物的发展过程中。不论是简单运动形式，还是复杂运动形式，不论是客观现象，还是思想现象，矛盾都普遍地存在着。一切事物中包含的矛盾各方面的相互依赖和相互斗争，决定一切事物的生命。没有矛盾就没有世界。另一方面是每一事物的发展过程中存在着自始至终的矛盾运动。事物发展各个阶段的差异都是矛盾，只是矛盾差异性的问题，不是矛盾有无的问题[④]。

矛盾的特殊性。任何运动形式的内部都包含本身特殊的矛盾。这

---

① 《列宁全集》（第38卷），人民出版社1959年版，第407页。
② 《毛泽东选集》（第1卷），人民出版社1991年版，第304页。
③ 杨信礼：《重读〈实践论〉〈矛盾论〉》，人民出版社2014年版，第45—46页。
④ 《毛泽东选集》（第1卷），人民出版社1991年版，第57页。

种特殊的矛盾，构成事物区别于其它事物的特殊本质。每一物质运动形式在其发展的不同过程中的矛盾具有特殊性，同一过程中矛盾的双方各有特殊性，同一过程中不同发展阶段上的矛盾具有特殊性，同一发展阶段的矛盾双方也具有特殊性。对于不同质的矛盾，只有用不同质的方法才能解决。研究事物发展过程中的各个发展阶段上的矛盾的特殊性，必须在其联结上、在其总体上去看，且必须从各个阶段中的矛盾的各个方面去看[1]。列宁指出，马克思主义的精髓就是对具体情况作具体分析[2]，因此，要懂得矛盾的普遍性始终寓于特殊性中，没有特殊性，就没有普遍性，而特殊性又为普遍性所制约，把握矛盾的特殊性，才能揭示事物本质。认清中国社会的特殊矛盾，是发挥马克思主义指导作用的关键。

主次矛盾与矛盾的主次方面。主要矛盾是在众多矛盾中起主导性、决定性作用的矛盾；非主要矛盾是处于次要和服从地位的矛盾。在事物发展过程中，有许多矛盾存在，其中必有一种是主要矛盾，由于它的存在和发展，规定或影响着其他矛盾的存在和发展。在各种矛盾之中，矛盾着的两个方面也是不可以平均看待的，在矛盾着的两方面中，必有一方面是主要的，其他方面是次要的，事物的性质，主要由矛盾的主要方面决定。抓住矛盾的主要方面，才能弄清矛盾的性质，抓住事物的本质[3]。

矛盾的同一性和斗争性。同一性是指矛盾诸方面在一定条件下的互相依存、互相渗透和互相转化。同一性包括以下两种情形：第一，事物发展过程中的每一种矛盾的两个方面，各以和它对立着的方面为自己存在的前提，双方共处于一个统一体中；第二，矛盾着的双方，依据一定的条件，各向着其相反的方面转化。斗争性是矛盾诸方面的互相排斥、互相对立和互相否定。斗争性寓于同一性中，没有斗争性就没有同一性，没有同一性，各个事物就不会发生任何联系[4]。

---

[1] 杨信礼：《重读〈实践论〉〈矛盾论〉》，人民出版社2014年版，第62—65页。
[2] 《列宁选集》（第4卷），人民出版社1995年版，第213页。
[3] 杨信礼：《重读〈实践论〉〈矛盾论〉》，人民出版社2014年版，第62—65页。
[4] 《毛泽东选集》（第1卷），人民出版社1991年版，第327—334页。

(三) 马克思主义矛盾论视角下的农村留守老人养老保障

从马克思主义矛盾论的视角来看待问题，就要坚持矛盾分析的方法。在马克思主义矛盾论的视角下，养老保障本身就蕴含着矛盾，养老供给主体也蕴含着矛盾。

1. 养老保障蕴含的矛盾

矛盾存在于一切事物的发展过程中。目前，我国的养老保障尚不成熟，作为一项正在发展中的事业，本身就蕴含着矛盾。

第一，养老保障具有普遍性。"衰老"是人类普遍存在的生理现象，是一个不可避免的、客观存在的生命阶段。"衰老"所带来的生理机能减退、感知功能衰弱等现象也具有不可抗性，是所有人无一例外都会经历的普遍过程。正是这一普遍的生理现象使得老年人在人群中居于弱势，需要受到保护。由此，"养老"也就成为全社会面临的普遍问题。为了解决"养老"这一普遍问题，需要采取一系列措施，这不仅是满足人们美好生活需要的手段，也是构建和谐社会的要求，由此，"养老保障"应运而生。

"养老保障"是为了解决"养老"这一普遍问题而产生的，而"养老"又是基于"衰老"这一普遍现象产生的，因此，养老保障具有普遍性。"养老保障"的普遍性就表现在它是面向全社会老人，而不是面向个别老人的。

第二，农村留守老人作为全体老人中特殊的一部分，其养老保障具有特殊性。农村留守老人具有"农村"和"留守"双重身份特征，因此在全社会老人中属于弱势群体中的更加脆弱的一部分。"用不同的方法去解决不同的矛盾，这是马克思列宁主义者必须严格地遵守的一个原则。"[①]这告诉我们，在解决农村留守老人养老保障的问题时，要采取有针对性的办法，不能将其与城市老人一概而论。农村留守老人更加弱势，这正是其特殊性所在，在社会救助这一基础尚未打牢的情况下，政府更应义务性地承担起兜底责任，增强农村留守老人养老保障的经济福利性。

第三，养老问题已上升为老年问题的主要矛盾，农村留守老人养老问题是全社会养老问题的主要方面。党的十九大提出我国社会主要

---

① 《毛泽东选集》（第 1 卷），人民出版社 1991 年版，第 311 页。

矛盾已经转化为人民日益增长的美好生活需要和不平衡不充分的发展之间的矛盾。提高老年生活质量正是人们的一种美好生活需要,然而养老保障的发展在城乡之间呈现出不平衡的特点,对于农村留守老人而言,养老保障还呈现出不充分的特点。因此,人们日益增长的美好老年生活的需要和养老保障不平衡不充分的发展之间的矛盾就构成了众多老年问题中的主要矛盾,解决好养老问题,老年人所面临的一系列问题就都能迎刃而解。在全社会的养老问题中,农村留守老人的养老保障较之城市老人而言更加不充分,因此,农村留守老人的养老问题也就成了全社会养老问题的主要方面。

总之,农村留守老人养老问题已成为老年问题的主要矛盾的主要方面。毛主席曾说:"多种矛盾中抓住了主要矛盾,主要矛盾中又抓住了主要方面,就能把一切带动起来。"因此,我们要将农村留守老人养老保障建设作为中心任务加以重视。

2. 养老供给主体蕴含的矛盾

第一,集体经济组织普遍存在。集体经济组织是农村最重要的产业组织,但是,却因家庭联产承包责任制的推广而受到长期忽视。在农村养老保障构建过程中,集体经济组织是养老保障赖以建立的经济基础和群众基础,在推广社会养老之时,也离不开集体经济的支持。因此,应重新重视起集体经济组织这一重要的养老供给来源,在看到其普遍性的同时,利用其普遍性,充分发挥集体力量,减轻农村老人养老保障的构建成本。

第二,家庭养老普遍存在,但因家庭状况的差异而具有特殊性。家庭养老仍然是最常见的养老方式,具有普遍性。但是,不同家庭的经济状况、子女特征等因素的差异使得家庭养老水平存异。尤其是对于农村留守老人而言,由于子女不在身边,其家庭养老水平较普通老人而言更加低下。因此,由于家庭养老的特殊性的存在,更需要推广社会化养老方式,来弥补家庭养老的不足,缩小养老水平的差距。

五 马斯洛需求层次理论

1943年,美国心理学家亚伯拉罕·马斯洛在《人的动机理论》论文中提出了"需求层次理论",指出人的需求从低到高分为五个层次,分别是：生理需求、安全需求、社交需求、尊重需求、自我实现需求。

需求层次理论是一种包含多项联系的复杂结构：需求按优势或力量的强弱排列成一种层次系统；层次的顺序是相对的，不是固定不变的；动机的发展是交叠的，即一种需求只要得到某种程度的满足而不是百分之百的满足就可能产生新的更高层次的需求；高层需求与低层需求存在着性质差异①。

（一）马斯洛需求层次理论的内涵

1. 生理需求

生理需求是最优先的需求。它包括对食物、饮料、住所、性交、睡眠和氧气的需求。如果所有的需求都不被满足，人就会被生理需求支配。马斯洛认为，对长期饥饿的人来说，他的理想境界就是拥有丰富的食物，而不企求更多的东西，自由、爱情、团体的感情、尊重、哲学观念都可以置之一旁②。当生理需求得到满足之后，人就会产生更高级的需求。马斯洛指出，生理需求虽是基本的，却不是人类唯一的需求。对人来说，较高层次的需求才是更重要的需求，才能给人们带来持久的欢乐③。

2. 安全需求

安全需求是指避免危险和生活有保险。它包括安全、稳定、依赖、保护、免受恐吓和混乱的折磨、对体制的需求、对秩序的需求、对法律的需求、对界限的需求以及对保护者实力的要求等④。追求安全的一种情况是，人们生活于和平、安定的社会，没有野兽、极冷极热的温度、犯罪、袭击、谋杀、专制等的威胁；另一种情况是，人们偏爱稳定的工作，要求有储蓄和各类保险；此外，受信仰、科学、人生观、世界观的影响，人们总喜欢选择那些熟悉的、已知的事情⑤。

3. 社交需求

社交需求是指对爱、情感和归属的需求。它包括友情、幸福美满

---

① ［美］马斯洛：《马斯洛人本哲学》，成明编译，九州图书出版社2003年版，第61—62页。
② ［美］马斯洛：《人的动机理论（上）》，《经济管理》1981年第11期。
③ ［美］马斯洛：《马斯洛人本哲学》，成明编译，九州图书出版社2003年版，第53页。
④ ［美］马斯洛：《动机与人格》，许金声等译，中国人民大学出版社2013年版，第22页。
⑤ ［美］马斯洛：《人的动机理论（上）》，《经济管理》1981年第11期。

的家庭、社会认同与接受、与同事建立良好和谐的人际关系。如果这一需求得不到满足，人就会产生孤独感、异化感、疏离感。

4. 尊重需求

尊重需求是指人们希望自己有牢固的、稳定的地位。它包括自尊、自重和来自他人的敬重。尊重需求分为两类：第一，在面临的环境中，希望有实力、有成就、能胜任和有信心，以及要求独立和自由；第二，对名誉、威望、赏识、重视和高度评价的渴求。尊重需求的满足能使人们产生自信，使人感到"天生我材必有用"。若这种需求受到挫折，则会使人产生自卑感、弱小感、无能感[1]。

5. 自我实现需求

自我实现的需求是需求的最高阶层。马斯洛认为，自我实现的需求是人对于自我发挥和完成的欲望，也就是一种使他的潜力得以实现的倾向。一个人能够成为什么，他就必须成为什么，他必须忠于他自己的本性[2]。也就是说，这种需求会使人充分发挥潜能，成为他能够成为的一切。

（二）马斯洛需求层次理论视角下的农村留守老人养老保障

1. 养老保障的目的是满足需求

老人的生理需求表现为"衣、食、住、行"，也即"老有所养"。经济收入是老人"衣、食、住、行"等生理需求的物质基础。第一，国家所提供的最低生活保障、"五保"供养等救助制度就是为了满足贫困老人最基本的生理需求，是保障老人生理需求的最后一道防线；养老金也能为大多数老人提供经济支持；宅基地满足了大多数农村居民的住房需求；部分地区实行的老年人公交补贴政策满足了老人的出行需求。第二，虽然农村老人可依靠务农获得经济来源或食物来源，但大多数老人囿于劳动能力的丧失而较难通过务农来满足需求。因此，家庭养老就成了满足老人生理需求的一大依靠。老人不仅需要子女提供经济支持，还需要子女提供照料来满足其基本的"衣、食、住、行"。但是，对于农村留守老人来说，家庭养老日渐式微，生理

---

[1] ［美］马斯洛：《人的动机理论（上）》，《经济管理》1981年第11期。
[2] ［美］马斯洛：《马斯洛人本哲学》，成明编译，九洲图书出版社2003年版，第57页。

需求的满足远不及普通老人。

老人的安全需求主要表现为生病有保障、人身安全有保障。老人由于身体机能衰退，不安全因素随之增多。从身体健康方面的安全来看，城乡居民医疗保险是满足农村老人安全需求的重要方式，有利于实现"老有所医"，但不足的是对农村老人覆盖尚不全面；从财产方面的安全来看，农村老人信息闭塞、文化水平有限，受坑蒙拐骗现象较为普遍，尤其是对于留守老人而言，其子女不在身边，更是给了骗子可乘之机。

老人的社交需求表现为对关爱和归属感的需求，即"老有所乐"。社会性是人的本质属性，对于老人来说也不例外。家庭、亲朋、邻居是老人情感交流的重要来源，但是对于农村留守老人而言，子女不在身边、交际面狭隘等因素构成了他们的社交阻碍。因此，农村留守老人的社交需求还有赖于社会工作、集体活动、基础设施等来自社会和政府的情感支持。

老人的尊重需求表现为"老有所学"。教育是满足人的尊重需求的重要方式。对于农村留守老人而言，虽已无法改善他们的受教育水平，但是可以通过农村基层组织开展的文化宣传活动，让老人获得有关社会发展的最新信息，从而有助于老人提升自我、改变信息闭塞局面，增强自信。

老人的自我实现需求表现为"老有所为"。"面朝黄土背朝天"是大多数农村老人的生活写照，他们一生依土地而作、以土地为生，作物的收获就是对他们劳动价值的肯定，也是满足他们自我实现需求的重要方式。但是，随着劳动能力的丧失，这一自我实现的途径日渐式微，老人易感到自身价值大不如前。而养老保障所构成的"生活安全网"，能够在保障老人老有所养、老有所医、老有所乐、老有所学的基础上，为老人的自我实现提供条件。

2. 高层次需求的满足可能影响低层次需求

对于农村老人来说，他们大多经历了缺衣少食的灾荒年代，甚至战乱年代，习惯了省吃俭用的清贫生活，对物质条件更易满足。在他们眼中，衣暖食饱、和平稳定的生活状态已是今非昔比。因此，他们通常对生理需求、安全需求这类低层次需求的要求并不高。马斯洛曾指出，动机的发展是交叠的，即一种需求只要得到某种程度的满足而不是百分之百的满足就可能产生新的更高层次的需求,并且高级需求的满足能引起更合意的主观效果,即更深刻的幸福感、宁静感以及内心生活的丰富感[①]。对于农村老人而言也同理,他们仅期望低层次需求在一定程度上得到满足即可,因为高层次需求的满足能够带来更大的心理慰藉,并且可能在一定程度上减弱低层次需求。从公共财政的角度来看,农村老人数量庞大,短期内大量增加全体农村老人的收入尚有难度,将保障重心适度转向精神需求不仅贴合实际,或许也是最合意的做法。

因此,农村老人养老保障不应仅仅关注老人的物质需求,还应兼顾精神需求。一方面,子女应摒弃"给钱即尽孝"的观念,给予老人,尤其是农村留守老人更多的照顾和陪伴;另一方面,政府在运用公共财政的过程中,不应一味地将资源用于保障其物质生活,还要加强农村基础设施建设、丰富老人精神生活,将资源用到实处。

第四节 农村留守老人养老需求与供给政策精准化的生成逻辑

一 满足需求"三条路径"的供给精准性及实现条件

市场、计划和自我实现是满足西南农村留守老人养老需求的精准供给三条可能的路径。"三条路径"在精准化供给上需要满足不同的条件,也各有优劣(表2-1)。

表2-1 "三条路径"的对比

	市场供给路径	计划供给路径	自我供给路径
决策机制	分散决策	集中决策	内省决策
路径动机	市场竞争淘汰	行政监督考核	道德情感拷问
核心关注	效率—公平	公平—效率	道德—责任
关键条件	实现市场交易	决策足够理性	有供给的能力
适合内容	舒适性养老服务	基础性养老保障	所有(有能力时)

---

① [美]马斯洛:《马斯洛人本哲学》,成明编译,九州出版社2003年版,第59页。

(一) 市场精准供给路径的优劣及实现条件

所谓市场精准供给路径，是指通过市场机制来满足农村留守老人的养老需求。市场机制在主体利益驱动下、依靠竞争形势改变、通过商品和服务价格的波动来实现供求调节。如果站在需求者的角度看，这种调节的结果即表现为对需求的满足。

1. 市场通过竞争机制自发实现精准供给

市场的作用通过价格、供求和竞争"三大机制"来实现。供求机制是商品及服务的市场需求与供给的矛盾运动，这种矛盾运动带来商品及服务的价格变化。价格机制是市场中商品及服务价格的变动与供求关系变动之间的有机联系的运动，价格变化可以调节供求关系，也是决定商品及服务供给给谁的关键。竞争机制是供给双方、供给者和需求者之间基于自身利益相互竞争。供求机制和价格机制最终都需要通过竞争机制得以实现。市场机制对精准供给的作用通过市场需求者之间的竞争和供给者之间的竞争体现出来。这种精准供给表现为想买的人买到了，想卖的人卖掉了，从而实现了"市场出清"。

（1）市场需求者竞争决定供给对象、数量和内容。

前文已经论及，养老保障精准供给需要精准识别保障对象、科学考量保障力度和合理配置供给内容。市场通过市场需求者之间的竞争来解决这些问题。

首先，哪些市场需求者能够得到供给是由他们的支付能力决定的。在既定的养老保障供给前提下，通过市场需求者之间的出价竞争，最终由价高者得。市场通过这种市场需求主体基于自身利益诉求的竞争出价解决了对保障对象的精准识别。

其次，市场需要提供多少养老保障产品，每一个市场需求者分别得到多少呢？这实际上是一个市场总量供给和对个体市场需求者的个量供给问题。市场机制依然是依靠市场需求者之间的竞争来解决的。所有市场需求者对特定养老保障产品的总体出价决定了社会对该商品的总体供给量；每一个市场需求者能够分得多少则取决于个别的支付能力大小。

最后，合理配置内容即市场机制如何解决不同养老保障产品的供给数量问题。市场机制通过市场需求者之间的出价竞争，最终会形成在不同养老保障供给上的"货币投票",市场按照货币投票提供精准的供给。

(2)供给者竞争决定供给主体。

养老保障供给的实施方案在市场机制下是由供给者之间的竞争决定的。为了获得市场需求者的投票,一方面供给主体之间需要不断优化自身的产品,以得到市场需求者的认可,得到货币投票的意愿;另一方面供给主体也要想方设法降低供给价格,以便让更多的市场需求者有能力进行货币投票。一旦市场需求者将货币投票给了既定的供给者,养老保障即该供给者按照既定的产品设计完成供给。

至于养老保障供给的监督问题,市场通过淘汰机制来实现。不能供给适需的养老产品,不能提供符合市场需求者支付能力的产品,不能实施符合市场需求者期望的服务,消费者即会通过"用脚投票"的方式予以监督。市场监督的结果是客观而残酷的,一旦被市场证明无效的产品和低效率的供给,其最终结果就是被市场淘汰。

2. 市场精准供给路径的实现条件

要依靠市场机制实现养老保障的精准供给,必须满足市场机制高效运行的基本条件。市场是商品交换的关系总和,这种交换关系是通过在经济利益驱动下的公平交换来实现的。

(1)利己性假设。

市场机制运转循环的原动力是市场活动参与者的经济利益,市场不能以利他动机为行动的基础。每一个市场的参与者,也就是市场需求者和供给者,其目的都希望从市场交换中得到自己的经济利益。要深入理解市场的利己性假设,首要关注的是即产权问题。市场中用以交换商品的产权必须是明晰的,市场需求者和供给者都应该对各自的资源拥有明确而完整的产权权利。私有产权的界定是市场交换的前提和基础,也是利己性最直接的表达。

利己性假设给定了市场参与者的行为边界,那就是交换双方至少都能得到比不交换更好的利益。否则,市场机制的作用将会失效。当然,这里得到更好的利益是相对的。有时候的市场交换者看起来亏了本,但是,如果他接受市场交换条件,这也说明此时交换比不交换更为有利,或者说交换使他亏得更少一些。

当然，我们这里所表达的利己性假设是从动机而不是结果考察的。我们不应机械而绝对地理解利己性，不应将它与"利他"的结果对立起来。亚当·斯密在《国富论》中早已指出市场的利己动机会带来"利他"的结果，从而带来社会福利的整体增长，这也是市场经济的价值所在。

（2）需要能够通过市场需求得到有效表达。

市场机制直接考察的是市场需求和供给的问题。虽然从经济学的角度考察，需要固然是市场需求的关键内容，但并非市场机制的直接关注对象。但是，正如前文所述，社会学中并不严格区分需求与需要的使用。那么，在本研究中，市场机制要能够有效运行，社会学中的需要就必须能够转化为经济学中的市场需求。

需要和市场需求之间在量上的差别在于需要者是否有足够的支付能力，也即是其是否拥有参与交换的私有资源，这种资源通常被表达为拥有货币数量的多少。拥有实现市场需求要求的货币数量，即被认为需要能够有效表达为市场需求。

可见，市场机制实现的是对市场需求，而非需求（需要）的精准供给。当二者一致时，市场机制实现对市场需求的精准供给也就实现了对需求（需要）的精准供给；需要（需求）不能有效表达为市场需求，市场机制就无力实现对需求的精准供给了。

3. 市场精准供给路径的优劣

通过市场机制来实现养老保障的精准供给，具有先天的效率优势，同时也存在失灵的地方。

（1）效率是市场精准供给的核心优势。

用市场机制来解决供给问题在微观上是具备效率优势的。这种效率优势在西方经济学中用完全竞争下的帕累托最优予以了表达。虽然完全竞争是一种严格假设，在现实中是无法完全实现的，但还是能够在很大程度上说明市场作为资源配置方式在微观经济运行中的效率优势。这种效率优势也是当今世界普遍将市场作为基础性资源配置方式的原因所在。

市场效率优势的来源之一是将价格作为信息传递和行为调节手段的便利。价格综合反映了市场中的信息，这些信息包括了商品价值、供求和竞争的状态等丰富的内容。市场正是通过价格这一简单直接、快速低廉、交易双方对称的信息传递方式，提高了经济活动当事人的信息获取效率。市场需求者和供给者不但能够通过价格得到市场信息，还能够根据市场价格的变化实时调整自身的市场需求和供给决策，从而实现市场机制的供求机制和竞争机制。价格正是凭借信息传递和调节手段的高效性成了市场运行的核心要素。

市场效率优势的另一个来源在于市场中分散决策带来的对微观市场需求的精准满足。在市场中，大量的微观市场主体在价格信息引导下，根据自身资源约束条件进行利益最大化决策。由于千差万别的市场主体分散地根据价格进行了行为调整，这意味着不需要任何其他安排，供给即已经具备了与微观主体市场需求的"精准匹配"。

（2）失灵是市场精准供给的天然劣势。

人们通常把市场无法覆盖的领域和市场带来低效率情况称为市场失灵，市场失灵是内生于市场机制的客观存在。

首先，市场对产权不明晰的公共品供给是失灵的。由于市场机制需要明晰的产权作为前提，社会生活中很多重要的产品是无法严格界定产权，这些产品主要是公共品，比如国防、基础教育、公园等，市场供给主体无法将这些产品卖给特定的市场需求者以获取利益，从而缺乏行动的驱动力。公共品供给的缺乏当然成为市场供给不精准的表现之一了。

其次，市场对基于公平的非交易性供给是失灵的。交易是市场精准供给的实现手段，但不是所有供给都是通过市场交易来实现的。基于人类社会属性的公平目标，一部分供给是福利和救助性质的，它没有市场交易的双边价值流动，没有价格作为市场信息传递和调节手段，从而使得市场在这些领域的"精准供给"失效。

再次，即使在市场机制能够有效运行的领域，微观主体的最优市场需求和供给决策可能与宏观最优的决策存在冲突，从而表现损失效率。这种个体理性和集体理性的冲突，西方经济学用"囚徒困境"和"节俭是非论"进行了经典的说明。基于微观层面市场"精准供给"在宏观层面则可能失效。

另外，市场运行本身有趋于垄断的趋势。放任的市场竞争，即使被认为帕累托最优的完全竞争，最终也会走向垄断。遗憾的是，垄断通常被认为是低效率的表现。也就是说，市场持续实现"精准供给"是需要有形的手来维持一种持续竞争秩序的。

（二）计划精准供给路径的优劣及实现条件

所谓计划精准供给路径，即是通过组织的计划来满足农村留守老人的养老保障需求。计划通过科层组织安排，通过行政的命令、资源拨付和执行监督来调整供给，实现对需求者的满足。集中决策是计划路径的本质特征。

1. 计划通过组织决策实现精准供给

相对于市场，计划是资源配置的另外一种重要方式。在以科层运行的所有形态中，计划和计划的执行都是重要的内容。政府和企业都是科层组织的典型特征。在实现农村留守老人养老保障精准供给问题上，本研究主要是指政府组织的计划行为，其他类政府的组织（比如公益机构）则不在讨论之列。为了通过计划的方式实现农村留守老人养老保障的精准供给，政府需要通过组织决策来识别供给对象、决定供给形式和供给数量、组织供给实施和监督供给质量。

（1）计划要求通过特定方式识别需要。

精准识别需要是实现精准供给的前提。精确识别需要首要因子在于构建一套科学适用的识别指标体系。指标系统的构建是一个考虑识别对象需求内容的客观过程，也是一个体现指标制定者认知的主观过程。因此，识别指标体系显然是可变的，这种可变性从历史的纵向上反映经济社会演进的变化，从区域横向上反映社会经济结构差异，在随机性上还受到分散制定者或者制定者集体认知结构和态度的影响。

要精准识别需求，在指标体系构建基础上，组织决策还需要完成对供给对象的信息收集、信息传递和整理。组织通常是按照科层组织从下至上汇报的程序完成这种信息识别、传递和处理过程的。这种信息处理系统的效率受到信息收集、传递和处理端多重因素的影响，信息准确性耗散可能性较高。要提高其精准性，既要做好前端的信息收集工作，还要尽量减少信息传递层级，并充分运用现代信息工具提高处理效率。

第二章　农村留守老人养老保障精准供给的含义、理论基础和生成逻辑

（2）综合决定供给的形式和数量。

在获得了供给对象的需要数量之后，究竟会为其提供多少数量、什么形式的养老保障供给，还要受到组织供给能力的约束。组织决策的对象和目标都是多元的，农村留守老人仅仅是其配置资源时需要考虑的一部分，甚至是一小部分对象，满足其养老保障也是政策目标的一部分。向农村留守老人提供多少资源，以什么形式提供服务，政府需要在可配置资源总量约束下，综合考虑当前的工作重点、农村留守老人养老保障的紧迫程度，甚至具体的形势变化等复杂因子。这种复杂性以政府政策的社会、经济和政治背景等形式表现出来。

（3）通常由自上而下的科层执行来实施供给。

政府一旦决定向农村留守老人提供什么样的供给、提供多少供给之后，即会在预算中提供相应的资源配给。但这并非意味着农村留守老人此时就已经得到了相应的供给。无论政府供给的是货币还是其他养老保障产品，都需要一个自上而下的执行过程。政府对农村留守老人的货币支持的过程相对简单，但也还是会面临着被逐层截留的风险。政府对农村留守老人的其他支持（比如精神和日间照料）就更加复杂，通过逐层政府执行之后的相同决策经常会在不同终端出现或多或少的差异。

为了减少这种执行过程中带来的差异，一方面可以尽量减少执行的环节，另一方面则需要加强执行的监管。当然，对执行结果规定的越详细，执行的差异也可能越小。

（4）以组织考核奖惩来监督供给质量。

对计划供给的质量把控，组织是通过事后监督和奖惩来完成的。这是保障精准供给的重要环节，将政策执行效果作为政府考核的重要指标，农村留守老人养老保障的精准供给才有望得到高效执行。因此，考核目标的纳入、考核过程的严格和奖惩制度的执行都事关供给政策的精准执行。

2. 计划精准供给路径的实现条件

为了符合计划精准供给路径要得到充分实现，一方面需要保证集中决策的正确性，另一方面还要强调执行的高效率。这也是计划精准供给路径的实现条件。

(1) 充分理性假设。

计划精准供给是由计划中心集中决策的。集中决策正确性对决策中心提出了极高的要求，这种要求可以归纳为充分理性要求，决策的完全正确性需要纯粹充分理性的保障。因此，计划精准供给路径集中决策的正确性是以充分理性作为假设条件的。

充分理性假设要求完全信息获取。信息是决策中心决策的依据，充分的信息获取是科学决策的前提和基础。但由于完全信息获取的成本趋于无限大，信息总是处于不完全状态，政府决策只可能依据重要信息而不是完全信息。这也导致完美政策只存在于理想之中，但尽量充分获取需求者信息对精准供给显然是非常有益的做法。

充分理性假设要求完备知识掌握。即使拥有充分的信息，也不能保证决策的科学性。因为社会生活方方面面的相互关系错综复杂，政策出台必然带来各种相关变化。完全科学的政策要能够完整评估政策的影响，这要求决策者掌握与之相关的完备知识。从社会复杂性的角度看，这样的要求显然过高。但政策决策者应该拥有与之相关的专业知识，"专业的人做专业的事"就是尽量满足完备知识条件的通常表达。

充分理性假设要求完整道德修养。在完备知识假设条件下，科学的决策还要求决策者有着完整的道德修养，能够按照有利于组织而不是有利于自身的方向决策。决策者往往很难做到完全的大公无私，完备的监督制度是约束决策者利己决策的重要手段。

(2) 科层组织运行的高效率要求。

正确的决策要能够得到预期的良好效果，需要高效的执行保证。既然政府决策依靠科层组织来逐层执行，那么科层组织执行的效率便是农村留守老人养老保障精准供给的内在要求了。

影响科层组织执行政策效率的因素主要有以下几个方面。一是科层的设计，包括层级结构、工作职能安排、工作流程等广泛的内容。二是科层执行人员素质，这种素质损耗是既包括了工作能力上的差异，也因为工作态度的不同。三是科层执行环境，在执行过程中，除了人的因素还存在物的条件，更先进的交通工具、更便利的信息采集和传输手段、更丰裕的配套物资都会对执行带来便捷。

3. 计划精准供给路径的优劣

相对于市场，计划精准供给路径的优劣也非常明显。一方面它可以弥补市场路径的诸多不足，另一方面也带来效率上的损失。

（1）弥补市场失灵。

政府计划的集中决策可以弥补市场失灵带来的诸多损失。

首先，政府计划可以提供公共产品的供给，包括了市场主体在短期内无法或者不愿意投资的公共事业、基础设施、社会公共品或服务等广泛且不可或缺的内容。政府在公共品供给上的优势在投资前期体现得最为充分，随着公共品供给区趋于成熟和稳定，市场主体可以在政府监管下逐步参与供给服务。

其次，提供基于公平的保障性供给。这种供给通常都是政府的转移支付，是供给产品价值的单向流动，没有交易，没有市场机制起作用的基础。政府从社会公平正义的角度出发，会对处于底层的弱势和困难群体给予最低标准的供给。社会救济、最低生活保障、农村留守老人养老保障等都属于这个范畴。

集中力量办大事，实现关键供给的重点突破。政府的集中决策可以依托财政资源优势解决市场主体难以解决的问题。政府利用财政资源集中力量办大事，解决当前突出的社会和经济矛盾，这是马克思主义矛盾论思想的具体体现。当农村留守老人问题逐渐显现并成为当前的重大社会问题时，集中决策、重点投入资源保障他们的养老保障供给正是政府计划供给路径的优势所在。

（2）在微观上存在效率的损失。

与市场相比，政府集中决策和科层执行面临着效率的损失。

首先，集中决策所需的指标体系构建、信息收集和决策过程存在效率不足的可能。相对于市场中价格这个单一、灵活的决策指挥棒，政府集中决策的机制和过程显得复杂而呆板。信息成本高、决策效率低、变化应对迟缓都会成为效率损耗的重要原因。

其次，科层执行带来效率的进一步降低。相对于市场分散的个体决策和分散执行，政府集中决策的科层执行面临低效率的风险，如果讲这种风险成为损耗，损耗主要表现在以下几个方面：科层设计带来的自然损耗，过多的层级、不合理的职能分工和办事程序等都是自然损耗的来源；人员带来的素质损耗，这是因为科层工作人员能力不足和道德水平不够带来的损耗；环境带来的执行损耗，这是因为设施设备条件差而带来的效率损失。

（三）自我精准供给路径优劣及实现条件

自我精准供给是指农村留守老人通过个体行为满足自身的养老需求。这里的个体行为既包括了农村留守老人自己和配偶，也包括了他们的父母、邻里和亲戚的养老保障支持。

1. 留守老人通过自给自足实现精准供给

农村留守老人养老保障的自我供给有着非常鲜明的传统特征。一般而言，这种自给自足供给的"精准"是内省式的，受到伦理道德的驱动和约束。根据提供者与养老保障者关系的亲疏程度，这种驱动和约束力也会不同，从而提供的保障的"精准性"也会体现出差异。

（1）自我服务的精准供给。

自我供给是农村留守老人的自我照顾行为。留守老人自己非常清楚需要什么，应该如何合理安排。因此，这种自我服务不会有其他供给方式中的交易、监督等环节带来的效率损耗，是在主观上"最自觉"，在理论上"最精准"的养老保障方式。

（2）配偶及父母的照顾。

除了配偶外，农村留守老人还可能受到父母的照顾。我们认为配偶和父母的照顾没有本质上的差异，就等同地用配偶照顾替代了。配偶与留守老人的关系亲密，常年的共同生活使他们能够精准地知晓彼此在物质和精神上的需求情况，并能够自觉地为彼此提供相应的供给。

但是，和留守老人自我照顾相比较，配偶的照顾需要亲情维系，受到道德和情感的约束，不同的家庭在自觉性和精准性上会出现较大的差异。夫妻感情好的家庭，配偶的照顾会极尽可能，无微不至。而夫妻感情清淡者，这种照顾就会大打折扣。

（3）邻里及亲戚的供给。

邻里的供给也是农村留守老人的养老保障供给来源之一。但这种供给来源主要基于日常交往的人情世故和道德的同情。邻里虽然对留守老人情况也十分熟悉，但相对于配偶还是要略逊一筹。对邻里是否能够对留守老人在需要时伸出援助之手，只能寄希望于大家日常交往是否良好，道德修养水平是否够高。而且，这种邻里的供给不但精准性不如配偶照顾，稳定性也是极为不足的，不能作为农村留守老人养老保障的主要供给渠道。

2. 自我精准供给路径的实现条件

留守老人对养老自我需求把握的精准性自不待言，配偶和邻里因为经年累月的相互了解，对此也很有优势。因此，影响自我供给精准性的关键因子来自外因而非内因，也就是来自是否有能力供给，而不是识别是否需要、需要多少供给。

（1）留守老人具有自我照料的能力。

在留守老人自我照顾的主观意愿满足的前提下，自我照顾的能力就是影响其供给精准性的最重要的因素。这里的能力包括了经济能力（或者满足物质需要的能力），也包括了自我照料的活动能力。

农村留守老人的经济能力。随着市场经济的触角深入农村的每一个角落，传统的自给自足的生活方式被彻底打破，留守老人需要通过市场交易手段获取各种生活所需物资的程度也越来越高。因此，留守老人养老需求的方方面面通常也需要相应的经济能力予以保障。对农村留守老人而言，这个问题相当于有什么样的经济能力就能够得到什么样的养老保障。当然，这里的经济能力应该理解为农村留守老人有支配权的支付能力，包括了他和他的家庭所有收入和财产。

农村留守老人自我照顾的行动能力。随着年龄渐长，老年人的活动能力总体上都会逐渐下降，几乎每个人都会经历失去自我照料行动能力的时期。当失去配偶，自身也丧失自我照顾行动能力的时候，这种自我供给就显得心有余而力不足了。通常，邻里亲戚或许会提供一些经济上的援助和偶尔的日常照料，但是长期持续的照顾也是不可置信的。因此，农村留守老人自我照顾的行动能力是自我精准供给的先决条件。

（2）道德和情感约束有效。

除了农村留守老人的自我供给养老外，决定配偶和邻里亲戚是否对农村留守老人提供经济支持和日常照料的主要驱动力依赖于道德和情感约束。

虽然配偶在法律上有相互支持照顾的义务，但对于对方能够提供多少和什么质量的照顾，外在判断的信息成本很高，法律监督十分困难，以至于通常都只能依赖于配偶的自觉行动。而熟人社会因为信息收集更为有效，其对配偶的道德监督相对于法律监督也更为充分。亲戚邻里对留守老人的支持和帮助没有法律义务，道德和同情是约束他们行为的唯一条件。

3. 自我精准供给路径的优劣

如果把市场和计划看作农村留守老人养老保障的外部供给路径，自我供给则是一条内部供给路径。正是这种内部供给特性决定了其优势和劣势。

（1）信息和内省式约束带来的微观高效性。

自我供给路径在微观执行层面是高效率的。这里的微观层面是指在既定资源约束条件下做出理性选择，使得资源配置效率更优。虽然农村留守老人整体的综合素质较低，但常年的生活经验给予他们恰当安排有限资源的技能，在这方面他们并不输于其他任何群体。对此，张五常在《佃农理论》中有过精彩的描述。但是，这种微观层面的高效率和整体的高效性并不完全一致，从国家和社会层面考虑，给予微观主体不同的资源安排则可能带来公平的效率，进行养老保障的统筹执行则可能带来规模的效率。

农村留守老人自我供给微观高效性的一个重要来源是对于需求信息掌握的便利和充分性。对于留守老人自身，这种信息获取的便利和充分性是因为主体的同一性；对于配偶和邻里，则是来自长期的共同生活和相互交流。在对留守老人养老保障供给时，来源于道德和情感约束的行为是内驱的，没有投机困境，不需要外在监督，相对更为高效。

（2）能力和软约束带来的低稳定性。

但这种自我供给也有着显然的缺点，那就是因为供给能力的限制和基于道德的约束带来的低稳定性。

在传统熟人社会中，这种基于家族的道德约束十分强烈，家族养老也较为可靠，"养儿防老"成为普遍的法则。但随着现代社会日渐成熟，这种稳固的家族和村落结构被彻底打破，道德和情感的约束力日渐减弱。植根于道德的农村留守老人的自我养老保障当然也会受到挑战。如果配偶或者邻里亲戚的各方面处境并不十分理想，在农村留守老人的经济支持和照料可能会较为显著地影响到他们自身的生活的情况下，这种保障的稳定性就更为不足了。

一方面，相对于群体而言，农村留守老人的家庭情况差异性很大，自我供给会存在着非常显著的个体差异。另一方面，即使是在条件近似的家庭中，每一个留守老人能够得到什么样的养老保障，也会因为成员的不同而呈现出偶然性。在这种不稳定状态下，总有部分农村留守老人无法得到基本的养老保障服务。考虑农村留守老人群体巨大的数量基数，这样的老人规模也不在少数，需要我们认真关注。

二 "供给侧改革"是保障农村留守老人养老的必由之路

我国农村留守老人养老的境况差。无论是历史还是现实考察，我们都不能期望农村留守老人的养老需求在短期内出现显著增长，虽然他们的养老保障需要非常强烈。而在城镇居民看起来顺理成章的市场化养老保障产品的供给显然会因为市场需求的缺乏而失去供给原动力。为了满足农村留守老人的养老需要，构建起基本的基本养老保障供给体系是解决问题的唯一之路。这不但是社会主义共同富裕本质的要求，也是当前国家精准扶贫和乡村振兴政策的重要内容所在。

解决农村留守老人养老保障问题的长远之道在于提高其需求水平，但当务之急则在于通过"供给侧改革"实现基础保障产品的供给。

（一）农村留守老人养老保障的供求失衡

农村留守老人养老保障的关键问题在于供求的失衡，这种失衡表现为养老保障需要与供给的不匹配，而不是养老保障市场需求与供给的不匹配。

1. 强烈的养老保障需要

后文将对我国农村留守老人在养老保障方面的需要做详尽分析。从结果看，在城镇化、人口流动和家庭小型化的社会背景下，农村留守老人和所有老人一样，对自身的养老保障都有着强烈的需要。尤其是当他们的伴侣离开,身体和精神状况变差,逐步丧失自我照顾能力时,养老保障,特别是日常照顾成为刚需。在这个问题上,农村留守老人和所有其他老年人群没有任何质的区别。从后文的问卷调查中我们清楚地可以看到农村留守老人的这种担心。

但是,我们也要认识到,农村留守老人的这种养老保障需要与其他人群还是存在着"量"上的差异。这种差异表现为,相对于城镇留守老人而言,他们在物质生活水平、医疗保障水平、精神文化生活水平、生活照料水平等诸多方面都存在着显著的差距。也就是说,农村留守老人对养老保障的期望是对其现实境况客观考量的结果。具体说来,有三个方面的原因导致了他们对养老保障水平相对较低的期望。一是农村留守老人在历史上的生活经历显著降低了他们对生活的期望,只要能够吃饱穿暖、身体基本健康就很满意了;二是自身的经济收入水平让他们长期生活保持在一个较低的水平,并据此对自身的养老保障进行预期;三是他们大多没有在外面更为发达地区生活的经历,对城镇居民更高的养老保障情况缺乏比较,从而能够保持较为平衡的心态。这种较低的心理期望可能对农村留守老人自我评价产生着重要的影响,一份调查就显示农村留守老人"对自己的生活感到满意,占总样本的83%"[1],这一结论与一些学者和媒体基于纯粹物质条件水平的研究结果和报道是不一致的。

2. 经济水平制约了养老保障需要向市场需求的转化空间

从经济学的角度考虑,这种内源欲望的要求被定义为需要。人类无止境的欲望导致了需要也是难以全面满足的。这种基于欲望的需要往往会随着状态的改变而不断滋长,也就是通常所谓的"欲壑难平"。与城镇相比,农村留守老人现在的养老需要显然还是较低的,但它会随着条件的改善而逐步提高,这是毋庸置疑的。显然,我们是不能立足于满足农村留守老人养老"需要"的,这也是不可能实现的。

经济学将有支付能力的需要定义为市场需求。在市场经济条件

---

[1] 唐浩、施光荣:《农村留守老人的生活满意度及其影响因素分析》,《安徽农业大学学报》(社会科学版)2015年第5期。

第二章 农村留守老人养老保障精准供给的含义、理论基础和生成逻辑

下,这种支付能力直接表现为其经济水平和支付能力。因此,市场经济中的市场需求必须满足两个条件:一是人们有内源性的需要,这是前提条件,没有需要无从谈市场需求;二是人们有支付的能力,这是实现条件,没有支付能力的需要在市场中无法实现①。通常的情况是,人们的需要会受到支付能力的约束而无法转变为市场需求,从而在市场中无法形成购买力。当然,有时也可以通过创造需要而形成市场需求(比如新产品的宣传推广)。

在当前,农村留守老人的养老保障需要很多是无法有效转变为市场需求的。农村留守老人的养老保障市场需求会呈现出两个方面的表现。一方面,从较长的时间看,农村留守老人的养老保障市场需求也会随着他们经济支付能力的改善,城乡二元结构的逐步消除而呈现出增长的趋势。这种增长是农村留守老人养老保障需要向市场需求的有效转化,也是在一定程度上弥合着留守老人养老需求的城乡差距。

另一方面,更为重要的是,短期内农村留守老人的养老保障市场需求会受到支付能力的显著约束。本课题组对川、渝、滇、黔四省市的调查表明,农村留守老人样本人均可支配收入约为6537元,远低于四省市农村9965元的平均值。其他地区农村留守老人的经济状况大体类似,比如湖北省的调查显示,"大多数留守老人的经济状况并没有因为子女外出务工而明显改善,生活水平低,贫困现象普遍"②;山东青岛的调查显示,农村留守老人"经济收入多来自社会保险,收入水平较低"③;山西翼城的调查显示,"目前农村留守老人的收入状况并不乐观,经济状况普遍偏低"④;等等。支付能力不足严重制约农村留守老人的养老保障需要向市场需求的转化,即使这种需要相对于城镇居民显得层次很低。对于养老保障的各种

---

① 罗节礼:《当代西方经济学原理》,四川大学出版社2001年版,第55页。
② 钟曼丽:《农村留守老人生存与发展状况研究——基于湖北省的调查》,《湖北社会科学》2017年第1期。
③ 杨书胜、陈国庆:《青岛农村留守老人生活状况调查》,《中共青岛市委党校·青岛行政学院学报》2018年第4期。
④ 王艺璇、何云峰、王蕾奇:《农村留守老人生存困境及对策研究——基于山西省翼城县的访谈解析》,《云南农业大学学报》(社会科学版)2018年第4期。

产品,农村留守老人不是不要,而是无力得到。"子女有限的经济支持仍然不能满足对老人生活照料的需要",自理能力较差的留守老人虽能勉强照顾自己的一日三餐,但都非常困难,日常起居容易陷入危机①;"作为照料者的配偶也在年老体衰,照料别人也往往力不从心。由于缺乏喘息机会,还使自己身心疲惫。而无配偶的老人可能要面对'久病床前无孝子,躺在床上只等死'的悲惨现实"②;"有的老人甚至因为无人照料,摔倒后无法及时就医而导致半身不遂甚至死亡"③。

3. 养老保障基础性供给不足与商业性供给过剩

从总体上看,养老保障的供给主要有三条路径,即前文所述的家庭自我供给、政府计划供给和市场交易供给。在城镇中,已开始形成家庭养老为核心、社区养老和机构养老并驾齐驱的养老产品供给体系,并处于快速发展之中。河北省在2015年就已经在街道办事处都"建立起一所示范性的居家养老服务中心,80%的城市小区建立起居家养老服务中心"④;一份陕西省的调查显示,家庭养老、社区养老和机构养老的比重为85.94%、7.81%和6.25%⑤。其中,社区养老属于政策性养老供给,主要向失能、空巢老人提供服务;机构养老属于商业性供给,需要通过市场购买实现。

虽然我国城镇居民的养老供给体系尚处于发展之中,与诸如美日等发达国家相比尚有很长的路要走,但与中国农村地区,特别是地处中西部的广大欠发达的农村地区相比,已经走在了很前面。在中西部落后地区的农村地区,我们看到"有83.74%的农村老年人由家庭照料,有14.27%的没有获得任何照料,而只有1.99%的由社会养老服

---

① 王艺璇、何云峰、王蕾奇:《农村留守老人生存困境及对策研究——基于山西省翼城县的访谈解析》,《云南农业大学学报》(社会科学版)2018年第4期。

② 杨书胜、陈国庆:《青岛农村留守老人生活状况调查》,《中共青岛市委党校·青岛行政学院学报》2018年第4期。

③ 钟曼丽:《农村留守老人生存与发展状况研究——基于湖北省的调查》,《湖北社会科学》2017年第1期。

④ 曹佩琪、王菲伊:《河北省城镇居民养老服务体系运行现状与完善对策研究》,《经济研究参考》2015年第40期。

⑤ 郭晨浩、司训练、薛俭:《基于城镇居民养老模式问题的调查分析——以陕西省咸阳市为例》,《管理观察》2018年第15期。

第二章　农村留守老人养老保障精准供给的含义、理论基础和生成逻辑

务提供照料"①；极少的社会服务中，也是"只见政府，不见市场"②；在农村政府服务主要是敬老院等传统的机构，新型的社区服务尚处于探索阶段③。即使在政府政策引导下，少量的商业机构进入农村养老领域，我们也看到"公办养老机构床位'一位难求'，而民办养老机构床位入住率仅有三成"④的景象，其原因在于"需要机构养老的高龄群体普遍贫困，在未富先老的格局下，每月650—800元的收费标准农村家庭还是难以承受的"⑤。

可见，在广大相对落后的农村地区，在不考虑农村留守老人群体最终会受到家庭养老保障供给这种情况下，他们的养老保障产品的供给与需求是割裂的。大量的农村留守老人的需求是基本的养老保障供给，在这方面政府的供给力度显然不足的，大量农村老人无法享受到政策养老服务，"除了敬老院外，农村的养老服务机构和养老服务设施的普及程度普遍远远不及城市"⑥。而较高层次的商业性养老服务供给在农村是缺乏市场基础的。所以，农村留守老人面对的养老保障供给和他们的养老保障需要之间出现了结构性差异：政府提供的基础性保障供给相对于需要严重不足，而更高层次商业保障供给相对于需求则呈现出过剩情况。

（二）通过"供给侧改革"满足农村留守老人养老需要

供给侧改革是扩大有效供给，提高供给结构对需求变化的适应性和灵活性，提高全要素生产率，更好满足广大人民群众的需要，促进经济社会持续健康发展。通常意义的供给侧改革是对市场变化的适

---

① 张娜：《农村社会养老服务需求与发展路径研究》，博士学位论文，南京农业大学，2015年，第62页。
② 张娜：《农村社会养老服务需求与发展路径研究》，博士学位论文，南京农业大学，2015年，第65页。
③ 张娜：《农村社会养老服务需求与发展路径研究》，博士学位论文，南京农业大学，2015年，第55页。
④ 邹楠：《黑龙江省农村居民养老模式研究》，博士学位论文，东北农业大学，2017年，第32页。
⑤ 邹楠：《黑龙江省农村居民养老模式研究》，博士学位论文，东北农业大学，2017年，第32页。
⑥ 张娜：《农村社会养老服务需求与发展路径研究》，博士学位论文，南京农业大学，2015年，第62页。

应，在于提高社会生产力水平，落实好以人民为中心的发展思想①。这里的供给侧改革特指在农村留守老人养老保障供求失衡时，通过改变供给实现均衡。

1. 解决失衡的逻辑路径

我们在前文看到了农村留守老人养老保障需求与供给之间的矛盾。严格地说，这里应该考察的既不是农村留守老人的养老保障需要，也不是养老保障需求，而是他们的养老保障基础性需要。因为从供给的角度看，人类欲望的无限性导致需要是永远无法满足的而基于市场配置资源的供给现在已经出现了过剩。唯一有问题的是，农村留守老人的基础性养老需要（不是需求）该如何满足。

解决这个问题的思路有且仅有两条：第一条是基础性需要的调整，第二条是供给的调整。

2. 短时间内无法提高农村留守老人养老保障的市场需求水平

农村留守老人的养老保障基础性需要是刚性的，是最基本、最低数量和最低质量的要求。

在市场经济框架下，如果农村留守老人的基础性养老需要能够转化为市场需求，市场的资源配置会引导商业机构投入相应的养老产品来满足，至少能够形成类似城镇居民一样的养老体系的服务。从长远看，这样的结果具有可持续性，也能够实现资源的灵活配置，是较为理想的结果。

但是，我们不得不考虑到农村留守老人是一个特殊的群体，历史导致了他们作为一个群体而面临的种种困境。①历史导致他们占有的资源有限、劳动力素质不高，在身体机能日渐衰老的情况下几乎无法实现快速增收；②作为救济性手段，国家给他们提供的基础性社会保险和其他救济方式也最多能够满足他们最为基本的生存需要，他们缺乏更高层次的商业养老服务的购买能力；③发展的路径依赖容易让这种困境出现代际遗传的特性。因此，作为一个群体，农村留守老人在短期内是无法实现养老保障需求快速增长的。

从市场经济的角度看，一旦需要无法有效转化为市场需求，也就

---

① 《坚持以供给侧结构性改革为主线不动摇》，《人民日报》2018年12月26日第1版。

意味着不会有相应的市场供给出现。

3. 增加农村留守老人养老保障政策性供给是必由之路

农村留守老人相对于一般农村居民而言,其经济能力和总体境况更为糟糕,必然对动辄每月上千元的商业机构养老服务价格望而生畏(见表2-2)。

表2-2　　　　　　河北省祥和老年公寓收费标准　　　　单位:元/月

级别	单位/人数	床位	护理	伙食	总计
自理	一人间	700	300	300	1300
	二人间	310	300	300	910
	三人间	280	300	300	880
半自理	一人间	700	500	300	1500
	二人间	380	500	300	1180
	三人间	300	500	300	1100
不能自理	视情况而定				

资料来源:许希《河北省赵县农村民办养老机构发展问题研究》,硕士学位论文,河北师范大学,2017年,第24页。

即使在这样的价格水平下,农村居民养老商业机构也常常难以为继,因为无法实现"惊险的跳跃"[1]而最终陷于困顿。比如,河北赵县的调查数据表明,"农村民办养老机构的经营状况不容乐观","入住率只有三分之一,大量的床位闲置,这反映了农村民办养老机构发展的困境";另一份调查也有类似的结论,"绝大部分养老机构的运营状况均不理想。据PD养老院院长的介绍,"养老院总共25个房间,每个房间可以住2个老人,总共可以住50个老人,但是现在仅住了34个老人,床位空置率高"[2]。

---

[1] 《马克思恩格斯选集》(第2卷),人民出版社1995年版,第19页。
[2] 王三秀、杨媛媛:《我国农村机构养老面临的现实困境及其对策研究——基于Z省B县的个案调查》,《四川理工学院学报》(社会科学版)2017年第3期。

但是，从社会的角度来看，农村留守老人所需要"养、护、医、送"等方面的基本保障却是必需的供给品。那么，我们发现在农村留守老人群体这一个特殊群体上，市场的手段根本无法覆盖和解决其养老保障品的供给。我们知道，这就是典型的市场失灵现象①。当市场失灵时，唯一的弥补举措是通过政府实现公共的计划供给。因此，当前情况下，构建科学的政府政策性供给体系成为解决农村留守老人基础性养老保障服务供给的逻辑结论。

三 构建农村留守老人智慧养老精准供给体系

接下来的问题是，政府该如何构建这样的体系呢？从现有的国际国内经验出发，居民养老保障总体上可以分为居家型养老和集中型养老。我们究竟应该选择哪一条路径呢？

（一）农村留守老人当前养老保障面临的问题

单纯的农村居民集中养老和居家养老都存在着显著的实施障碍。

1. 农村集中计划养老面临的问题

计划的集中型养老的首要条件是建设各式各样的养老服务中心。在我国社会经济发展的客观背景下，这一模式的实现面临着几个很难解决的问题。

首先，短期内完善普遍的集中养老硬软件建设缺乏实践操作性。我国现在有 5000 万左右的农村留守老人②。2013 年我国"农村养老服务机构为 3.3 万个，床位数 261 万张"③，即使近几年增加一些农村养老机构和床位，也不可能有根本性的改观。那么，即使我们所有的农村养老机构的床位全部用来保障农村留守老人，覆盖率也不会超过 6%。我们姑且不论事实上还会有其他的农村老人占用养老资源，仅仅考虑实现农村留守老人集中养老全覆盖就已经是一个任重道远的事情了，想在短期内实现这一目标显然是缺乏现实基础的。

其次，普遍实现农村留守老人集中养老缺乏经济性。农村留守老

---

① 罗节礼：《当代西方经济学原理》，四川大学出版社 2001 年版。
② 李鹏辉：《我国农村留守老人的养老问题探析》，《西部财会》2018 年第 7 期。
③ 王三秀、杨媛媛：《我国农村机构养老面临的现实困境及其对策研究——基于 Z 省 B 县的个案调查》，《四川理工学院学报》（社会科学版）2017 年第 3 期。

人都有自建住宅,如果进入养老机构集中养老,势必离开其住宅。但是,农村居民居住分散、经济和社会发展水平低、交通条件有限等原因,这些住宅基本不会产生效益,并且还会因为无人居住而快速衰败。这从农村留守老人看,是财产的损失;从社会的角度看,是重复建设带来的浪费,都是缺乏经济性的。这种不经济性从公办的养老服务机构不低的价格便可见一斑(见表2-3)。公办养老机构是政府投资并运行,并不以盈利为目标,仅仅覆盖运行成本的价格就已不低。如果再考虑建设成本、政府补贴的费用等,集中养老的不经济性就会更加严重。

表2-3　　　　全国部分省份农村公办养老院护理收费标准

单位:元/人·月

	自理	半护理	全护理
北京市朝阳区小红门乡敬老院	900	1100	1300
湖北省黄石市阳新县社会福利院	500—1000		
河北省焦作市七贤养老院	700	1100	
河北省保定市南市区金秋老年公寓	1250	1350	1550
四川省宜宾市珙县曹营乡敬老院	500—1000		
宁夏固原市泾源县黄花乡敬老院	500—1000		
吉林省白城市通榆县苏公坨乡敬老院	500—1000		
上海市普陀区信谊新村敬老院	500—1000		
贵州省黔南州福泉市牛场镇敬老院	500—1000		
浙江省杭州市江干区笕桥镇老年公寓	580	730—880	980—1580

资料来源:王三秀、杨媛媛:《我国农村机构养老面临的现实困境及其对策研究——基于Z省B县的个案调查》,《四川理工学院学报》(社会科学版)2017年第3期,第4页。

再次,推进农村留守老人集中养老缺乏社会认同的基础。缺乏单独针对农村留守老人的数据,仅在农村老人的情况下,在目前集中养老还是缺乏社会认同基础的。一份湖北省的数据表明,"农村中老年人机构养老的选择意愿很低,大多数人不愿选择机构养老",

有意愿的占比仅为 10.3%①；陕西的调查表明，47.4% 的农村老人拒绝集中养老，仅有 16.7% 非常乐意集中养老②。湖北省和陕西省的情况并不特殊，另一项覆盖全国 12 个省的农村调查数据的分析表明，约 83.4% 的农村老年人不愿意选择机构养老③。更为重要的是，这些调查都表明，让农村老人不愿意去机构养老的原因，居前的是"对子女影响不好""不习惯""对机构不了解"等因素，而经常被认为可能会有重要影响的"住不起"这个因素则被排在了后面。与此同时，我们看到农村老人愿意去机构养老的最重要的原因则是失去了自理能力。可见，农村实现集中养老缺乏社会认同，并非"民心所向"。

因此，"在农村养老服务体系建设中，机构养老很难起到坚实的'支撑'作用，把机构养老定位于'补充'地位，是符合农村老年人的现实需求的，是较为合理和可行的战略安排，可以规范定型"④。

2. 农村居家分散自我养老面临的问题

接下来的问题是，居家分散养老如何呢？

居家分散养老是传统的自我养老模式，在有家庭成员照料的情况下也是我国老年人的普遍选择。农村老人由于受传统观念的影响，居家养老的情节更为浓厚。前文已经提到，农村老人绝大多数是不愿选择机构养老的，除非他们生活已经无法自理。

对于农村留守老人而言，受到更差的经济支付能力的影响，在他们生活能够自理时，居家养老更是不二选择。但在他们逐步丧失生活自理能力，又没有子女及时提供照料时，居家养老就遇到了无法克服的问题。较差的基础设施条件、分散的居住模式和很低的支付能力，使得市场养老机构根本无法（或者没有意愿）及时提供照顾。

---

① 夏春萍、郭从军、蔡轶：《湖北省农村中老年人的机构养老意愿及其影响因素研究——基于计划行为理论的个人意志因素》，《社会保障研究》2017 年第 2 期。
② 田应选、余敏、孙莉等：《陕西农村老年人集中养老意愿调查及影响因素》，《中国老年学杂志》2018 年第 8 期。
③ 吕雪枫、于长永、游欣蓓：《农村老年人的机构养老意愿及其影响因素分析——基于全国 12 个省份 36 个县 1218 位农村老年人的调查数据》，《中国农村观察》2018 年第 4 期。
④ 吕雪枫、于长永、游欣蓓：《农村老年人的机构养老意愿及其影响因素分析——基于全国 12 个省份 36 个县 1218 位农村老年人的调查数据》，《中国农村观察》2018 年第 4 期。

可见，居家型养老在农村具有良好社会基础、经济性高，但当农村留守老人逐渐丧失自理能力时，就不得不转变为集中养老模式。当然，由于受到支付能力的限制，市场养老机构是不愿为他们服务的，由政府提供基础性养老保障就成为当前必须和必然的选择。

3. 居家与集中的有机统一：智慧养老精准供给

构建以居家自我养老为基础、精准考量农村留守老人个体情况提供集中服务的养老体系是客观而适宜的选择。所谓智慧养老精准供给体系是指能够智慧判断农村留守老人的实际需要，并据此提供精准基础性养老保障服务的供给体系。

（1）智慧体系精准供给的是基础养老保障。

总体来看，我们在这里讨论农村留守老人的养老保障，是特指其基础性服务，通过这些服务实现在"养、护、医、送"上的最低保障。

政府支持和家庭自我服务是基础性养老保障服务的两条路径安排。市场交易路径之所以不在讨论之列，是因为很多农村留守老人不具备基础性服务的市场支付能力，市场失效，只能由传统家庭道德和政府公共品的逻辑才能实现供给。①自我保障路径因为其在效率和成本上的优势，在农村留守老人失去自我照顾能力之前，是养老保障的主要供给主体。②政府路径基于公平和共同富裕的行动逻辑，在留守老人失去自我照顾能力之后，是主要的供给主体。③精准供给体系与商业的养老保障供给在逻辑上相互排斥，享受基础性养老保障的留守老人不能要求更高的商业养老保障服务。从这个角度上看，政府提供的基础性保障是一种救助而非福利政策。

（2）精准供给养老保障的关键在于智慧识别需要。

实现农村留守老人精准供给养老保障的关键内容在于掌握他们的实际情况，并以此决定采用居家自我供给方式，还是集中计划供给方式。

智慧识别的前提是充分的信息收集。在完成信息收集的过程有三个方面需要关注：信息要能够及时、充分、准确地反映农村留守老人的综合状态；信息收集体系整体运行要足够高效，从而获得较低的成本优势；信息传递的节点要少，传递速度要快，降低信息失真风险。

智慧识别另一个重要的方面是识别机制的构建。包括两个方面的内容：对获得信息进行结构化处理，充分利用大数据工具智慧识别留守老人的动态信息是整个识别机制的核心内容。根据每一个留守老人的综合评估结果确定相应的养老保障精准供给路径是识别机制的关键环节。

第三章　西南农村留守老人养老供需现状调查

第一节　调研施测与样本情况

"我国西南地区农村留守老人养老需求与政策供给精准化研究"课题组，通过实地问卷调查和个案深度访谈，对川、渝、滇、黔四省市农村留守老人养老保障情况进行深入了解。发现四省市农村地区留守老人在基本物质支持、日常生活照料、精神慰藉等多方面的养老需求尚未得到满足。同时，家庭照顾缺位、社会保障体系不完善、养老服务供给匮乏等现实问题使农村留守老人进一步陷入养老困境。所以精准识别农村留守老人的养老需求，补充并丰富农村养老服务供给，实现农村留守老人对美好生活的向往刻不容缓。

一　问卷设计与施测过程
（一）问卷设计

本次问卷设计是为了深入了解当前我国西南地区农村留守老人养老需求和政策实施的相关情况，以寻求改善我国农村留守老人养老生活现状的途径。问卷设计按照"需求—供给"的主线思路，主要包括三个部分，第一部分是基本情况，主要包含被调查者个人信息、子女情况、居住情况、身体状况等；第二部分是家庭支持，主要包括基本物质支持、日常生活照料、精神慰藉等；第三部分是政策支持，包括被调查者对医疗保险、养老保险等社会政策的使用状况、满意度等。问卷还包含了抑郁量表、孤独量表（UCLA－LS）、自我效能量表（PINE2.0）、孝顺量表、认知功能量表等十余个量表，旨在全面了解西南地区农村留守老人全方位的生存及养老状况。来自美国罗格斯大学的李梦婷老师对问卷总体设计进行了专业的指导和建议，问卷初步形成后，课题组前往四川江油进行了试调研，并且根据实际调研情况，对初步问卷进行了反复修改，最终形成了当前的《我国西南地区农村留守老人养老需求与政策供给精准化研究调查问卷》（详见附件Ⅰ）。

（二）施测过程

"我国西南地区农村留守老人养老需求与政策供给精准化研究"课题组为了解西南地区年满60周岁及以上的农村留守老人的养老保障情况，分别在川、渝、滇、黔四省市开展了实地调研工作。课题组之所以未将西藏纳入调研地，其原因有以下两点：第一，西藏地广人稀，农业生产方式以畜牧业为主，青壮年外出务工人员较少，因此，农村留守老人数量较少；第二，由于西藏特殊的文化和政治环境，国家有专门针对西藏的养老服务政策，因而研究西藏的农村留守老人养老保障不具有普遍性意义。

在县一级抽样上，课题组采用按人口规模成比例的概率抽样，简称为PPS抽样（Probabilities Proportional to Size），以人均GDP的数值作为经济发展水平的衡量标准，分别在每一个省市2016年人均GDP排名第二个三分位点附近选取一个区县作为调查地点，分别是四川省井研县（104/183）、重庆市梁平区（22/38）、云南省云县（81/129）、贵州省绥阳县（59/88）。在镇一级抽样上，同理采用PPS抽样方法。以每个镇2016年人口数量为基础，使用地区和人均GDP为分层指标，采用随机抽样的方式抽取了三个乡镇作为最终调查地点，分别是井研县的研经镇、王村镇和三教乡；梁平区的云龙镇、荫平镇和屏锦镇；云县的茶房乡、晓街镇和大寨镇；绥阳县的太白镇、温泉镇和旺草镇。由于镇与镇之间距离不远、人口流动（赶集、走亲访友）等，四川省调研样本分布超过3个镇。最终调研样本具体情况为：四川井研县最终调研样本包括6个镇，41个村；重庆梁平区最终调研样本包括3个镇，20个村；云南云县最终调研样本包括3个镇，31个村；贵州绥阳县最终调研样本包括3个镇，23个村。本次调研总计覆盖村落115个。

在调研组成员的选取上，由课题主要负责人四川大学劳动与社会保障专业罗亚玲老师带队，同时选择沟通能力好、耐心、熟悉地方方言的四川大学社会保障相关专业数名学生参与，最终，社会保障硕士点在校研究生 10 人，分别为龙伟华、毕凌凌、陈毅、李鹏辉、张玉茹、邹红梅、张哲、秦星、朱杰、卢雨秋，劳动与社会保障专业高年级本科生 6 人，分别为罗浩歌、贺琰迪、刘雨叶、雷针、王茅宁、李雪。由于语言沟通障碍，云南地区的调研由西南林业大学经济管理学院伊文霞老师带队，调研组成员由四川大学 2 名硕士研究生李鹏辉、朱杰和西南林业大学 12 名云南籍本科同学组成，分别是孟泽坤、秦湘云、施辉爽、彭建军、黄雪婷、龚俊洋、黄琳、付先晗、张飞（大）、张飞（小）、史万倩、普云春。

为保证问卷调查的质量，统一组织参与调研的同学进行问卷调查培训，培训时长为 5—6 小时。首先，向参加调研的同学介绍此次调研的主要情况，让同学们初步了解本次调研的目的、意义以及大致内容。其次，对本次调研对象的筛选进行重点说明，即培训参加调研的同学们学会通过户口、年龄、子女等情况来判断所调查的老人是否满足此次调研对象的条件。最后，向参加培训的同学解释调查问卷上每一个问题应该如何向老人进行询问（主要是如何将问卷上的书面语言转化为当地老人能够听得懂的口语，并学习简单的方言），帮助同学们分析通过这些问题能够了解到老人的哪些情况，后续能够用来进行哪些分析等。问卷调查培训主要是帮助同学们了解和熟悉问卷。在调研及调查问卷情况培训结束后，会让同学们互相模拟调查访谈，即同学两两组队，按照培训时的要求，互相询问对方问卷上的问题，进一步熟练掌握调查问卷的内容。此外，在实际调查过程中，带队老师会旁听每位同学调查的第一份问卷，及时发现并帮助他们改正调查过程中存在的不规范语言和行为，进而提高调查问卷的质量。

此次调查共计发放问卷 1040 份，回收有效问卷 1037 份，其中四川省 259 份，重庆市 258 份，云南省 260 份，贵州省 260 份，问卷回收有效率为 99.7%。数据处理软件采用的是 STATA15.0。调查时间为 2017 年 7 月至 2018 年 12 月。

（三）信度效度检验

信度检验主要是评价量表的稳定性与可靠性。此次调研所用的《我国西南地区农村留守老人养老需求与政策供给精准化研究调查问卷》包含了抑郁量表、孤独量表、自我效能量表、孝顺量表、认知功能量表等十余个量表，所以信度的检验更为重要。经筛选，调研组最后选用了Cronbach's系数作为判定量表信度的标准。根据测量学规则，当Cronbach's系数达到0.7时即认为可以接受。结果显示孝顺量表的Cronbach's系数为0.8725、孤独量表的Cronbach's系数为0.8049、抑郁量表的Cronbach's系数为0.9084、生活满意度量表的Cronbach's系数为0.9298、自我效能量表的Cronbach's系数为0.8876、认知功能量表的Cronbach's系数为0.9117、日常活动能力量表（ADL）的Cronbach's系数为0.7801、工具性日常活动能力量表（IADL）的Cronbach's系数为0.8431、隔代支持量表的Cronbach's系数为0.7195、社会支持量表的Cronbach's系数为0.8285、养老生活支持感量表的Cronbach's系数为0.8916。结果显示问卷所用所有量表的Cronbach's系数均大于0.7，由此说明，问卷所用量表具有良好的内部一致性。

在效度检验方面，在设计阶段，调研组查阅了大量的资料进行问卷设计，并邀请相关领域的专家对量表问题进行筛选、修改和补充，并在此基础上进行了预调研，并根据预调研结果对问卷做了进一步修改，由此可以认为量表具有较好的内容效度。结构效度方面，课题组还采用了KMO检验以测定各量表的效度，用以反映测量的准确性。根据测量学规则，当KMO系数值大于0.7时，认为量表的效标关联效度较好，值越大效度越高。结果显示孝顺量表的KMO系数为0.8891、孤独量表的KMO系数为0.6995、抑郁量表的KMO系数为0.9292、生活满意度量表的KMO系数为0.8998、自我效能量表的KMO系数为0.9286、认知功能量表的KMO系数为0.9051、日常活动能力量表的KMO系数为0.8203、工具性日常活动能力量表的KMO系数为0.8536、隔代支持量表的KMO系数为0.7108、社会支持量表的KMO系数为0.8229、养老生活支持感量表的KMO系数为0.7730。结果显示，孤独量表的KMO系数值为0.6995，十分接近0.7，仍在可接受的范围内。除孤独量表外，其他所有量表的KMO系数均大于0.7，由此说明，问卷所用量表具有良好的结构效度。

二 调查对象与样本描述

调研地的选取直接关系着调研数据的科学性和有效性。下文将着重介绍四个调研区县的地理位置、区域面积、民族构成等基本情况，以及地区生产情况、城乡人均收入及支出情况、人口分布情况和城乡居民基本养老保险情况。

（一）调研地基本情况

井研县隶属于四川省乐山市，位于四川盆地西南部，是乐山市东部门户，与仁寿、青神、荣县、犍为、五通桥、乐山市中区等地接壤。全县总面积约840.53平方千米，下辖27个乡镇，由汉族、哈萨克族、回族等19个民族组成。2016年，井研县地区生产总值为866677万元，人均GDP为29181元，城镇居民人均可支配收入为25643元，农村居民人均可支配收入为12314元，城镇居民人均消费支出为16329元，农村居民人均消费支出为10758元。[①]

梁平区位于重庆东北部，东邻万州区，西连四川省大竹县，南靠忠县、垫江县，北接四川省达州市、开江县。全区总面积约1892平方公里，下辖33个乡镇、268个村，全区汉族人口占99.8%。除此之外，梁平区还是全国农村改革试验区。2016年，梁平区地区生产总值为2710170万元，人均GDP为41138元，城镇居民人均可支配收入为28990元，农村居民人均可支配收入为12485元，城镇居民人均消费支出为20568元，农村居民人均消费支出为11147元。[②]

云县位于云南省的西南部，隶属临沧市，位于大理、普洱、临沧3个州市的交界处。全县总面积约3760平方千米，下辖7个镇、5个乡。云县少数民族众多，2016年少数民族人口22.8万人，占总人口的51.8%，包括彝族、白族、傣族、拉祜族、布朗族、回族、傈僳族和苗族等22个少数民族。2016年，云县地区生产总值为981845万

[①]《2017年井研县人民政府工作报告》，2017年7月8日，县情资料网，http://www.ahmhxc.com/gongzuobaogao/7670.html，2019年1月1日。

[②] 梁平区人民政府：《2017年重庆市梁平区人民政府工作报告》，2017年1月7日，http://www.cqlp.gov.cn/zwgk_178/zfgzbg/202002/t20200210_5043762.html，2019年1月18日。

元，人均 GDP 为 22303 元，城镇居民人均可支配收入 23570 元，农村居民人均可支配收入为 9457 元，城乡居民家庭恩格尔系数分别为 35.9% 和 41.9%[①]。直至 2018 年 9 月 29 日，云县达到贫困县退出有关指标，被批准退出贫困县。

绥阳县地处贵州省遵义市东北部，东连湄潭，南临汇川区，西接桐梓，北靠正安。绥阳县总面积约 2566 平方公里，以汉族人口为主，下辖 15 个乡镇和 1 个省级经济开发区，是全国经济发展转型示范县、全国最具投资潜力县、全国生态文明示范县，也是中国的旅游名县。2016 年，绥阳县地区生产总值为 976100 万元，人均 GDP 为 25549 元，城镇居民人均可支配收入为 25279 元，农村居民人均可支配收入为 10470 元。[②]

（二）调研地人口规模及结构

乐山市《统计年鉴 2017》统计数据显示，2016 年乐山市井研县的总人口约为 40.9 万人，其中男性占比 51.6%，女性占比 48.4%。全县农村人口约为 30.6 万人，占全县总人口的 74.8%，全县 60 岁及以上的人口约为 10.2 万人，占比约为 25%，按照国际老龄化标准，井研县老龄化程度较高[③]。

《2017 年重庆统计年鉴》统计数据显示，2016 年梁平区总人口约为 93.01 万人，其中男性占比 52.2%，女性占比 47.8%。全县农村人口为 57.3 万人，占全区总人口的 61.6%，全区 60 岁及以上的人口约为 17.8 万人，占全区总人口的 19.1%，远远超过了国际 10% 的老龄化标准[④]。

《云县 2016 年国民经济和社会发展统计公报》统计数据显示，2016 年云县总计约有人口 46.4 万人，其中男性、女性分别占总人口的 52.8%

[①] 云县人民政府：《2017 年政府工作报告》，2017 年 3 月 4 日，http://www.ynyx.gov.cn/yxrmzf/xxgk4/fzjhbg47/190098/index.html，2019 年 2 月 3 日。

[②] 《2017 年绥阳县人民政府工作报告》，2018 年 7 月 18 日，县情资料网，http://www.ahmhxc.com/gongzuobaogao/11121_2.html，2019 年 2 月 6 日。

[③] 统计年鉴分享平台：《统计年鉴 2017》，2017 年 9 月 18 日，https://www.yearbookchina.com/navibooklist-n3018090301-1.html，2019 年 2 月 24 日。

[④] 经管之家：《2017 年重庆统计年鉴》，2017 年 9 月 25 日，https://bbs.pinggu.org/thread-5992984-1-1.html，2019 年 2 月 28 日。

和47.2%。全县总计拥有农村人口34.6万人，占全县总人口的74.6%。①

《绥阳县2016年国民经济和社会发展统计公报》统计数据显示，2016年绥阳县总计约有人口56万人，其中男性人口占比52.8%，女性人口占比47.2%，乡村劳动力资源总计378896人。②

三 调研样本概况

（一）调研样本在四省市分布均衡

课题组在川、渝、滇、黔四省市共计发放调研问卷1040份，最终回收有效问卷1037份，其中四川259份，重庆258份，云南260份，贵州260份，四省市数量比上接近1∶1∶1∶1，可以较好地反映西南地区农村留守老人的养老状况（图3-1）。

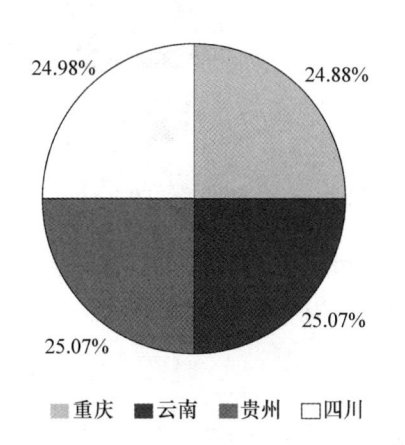

图3-1 西南地区农村留守老人四省市调研样本分布比例

数据来源："我国西南地区农村留守老人养老需求与政策供给精准化研究"课题组调研数据。

（二）样本性别比例分布均衡

在总体上，此次调研被调查男性占比48.6%，人数为504人，女

---

① 《云县2016年国民经济和社会发展统计公报》，2018年11月15日，云县人民政府公众信息网，http：//www.ynyx.gov.cn/yxrmzf/zdlygk66/sjxx0/204946/index.html，2019年1月5日。
② 《绥阳县2016年国民经济和社会发展统计公报》，2017年7月18日，县情资料网，http：//www.ahmhxc.com/tongjigongbao/7775.html，2019年2月6日。

103

性占比51.4%，人数为533人，比例分布均衡。

分省来看，四川省被调查男性占比49.42%，女性占比50.58%；重庆市被调查男性占比51.16%，女性占比48.84%；云南省被调查男性占比47.31%，女性占比52.69%；贵州省被调查男性占比46.54%，女性占比53.46%。所以，从四省市调研性别结构来看，性别分布都相对平均，可以在一定程度上排除性别差异的影响，符合抽样要求（图3-2）。

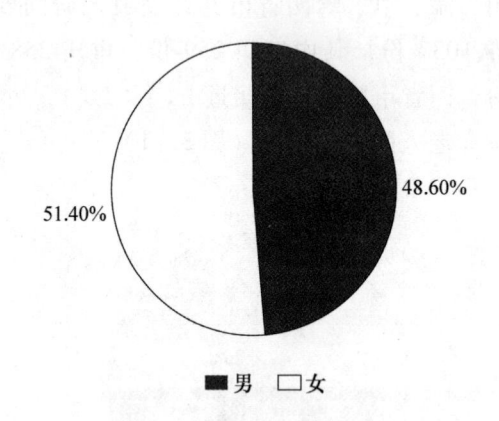

图3-2 西南地区农村留守老人调研样本性别比例

数据来源："我国西南地区农村留守老人养老需求与政策供给精准化研究"课题组调研数据。

（三）样本年龄主要分布于60岁到80岁

此次调查对象针对的是年满60周岁及以上的农村留守老人。从总体年龄分布来看，60—69岁留守老人占到了46.48%，70—79岁留守老人占到了40.50%，80岁及以上的留守老人占比13.02%。调研样本普遍分布于60岁到80岁之间，80岁及以上的老人较少。其主要原因有以下两点：第一，年龄越大，老人数量越少，符合人口金字塔结构特征；第二，由于年龄较大的老人普遍存在听力障碍或表达障碍，无法配合完成调查，所以部分符合调查条件的对象被排除在外（图3-3）。

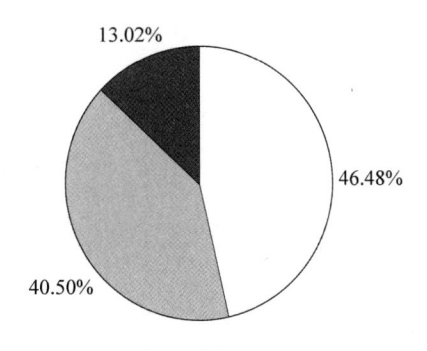

```
         13.02%


                    46.48%

  40.50%


    □60—69岁 ■70—79岁 ■80岁及以上
```

图 3-3　西南地区农村留守老人调研样本年龄分布

数据来源:"我国西南地区农村留守老人养老需求与政策供给精准化研究"课题组调研数据。

从四省市农村留守老人年龄分布来看,四川、重庆、云南、贵州60—69岁留守老人的比例分别为41.70%、45.74%、50.38%、48.08%;70—79岁留守老人的比例分别为42.47%、40.31%、40.39%、38.84%;80岁及以上留守老人的比例分别为15.83%、13.95%、9.23%、13.08%。从年龄结构来看,云南省的年轻人自小就受"家乡宝"观念影响,大多不愿离开家乡外出务工,即使外出务工,其中多数也会返回家乡定居,云南80岁及以上留守老人的比例明显低于其他三省市。从平均年龄来看,四川、重庆、云南、贵州农村留守老人分别为72岁、72岁、70岁、71岁,四省市老人相差不大,可以排除年龄差异的影响(图3-4)。

(四) 六成以上样本配偶健在

婚姻状况是影响农村留守老人生活和养老的重要因素。从调查结果来看,63.74%的留守老人"已婚配偶健在",35.39%的留守老人"已婚丧偶","离异"和"未婚"留守老人分别只占0.58%和0.29%。可以看到,将近四成的留守老人没有配偶陪伴。随着年龄增长,身体机能衰退,这近四成留守老人的生活状况尤其值得我们重点关注(图3-5)。

◆ 精准施策赋能农村养老保障

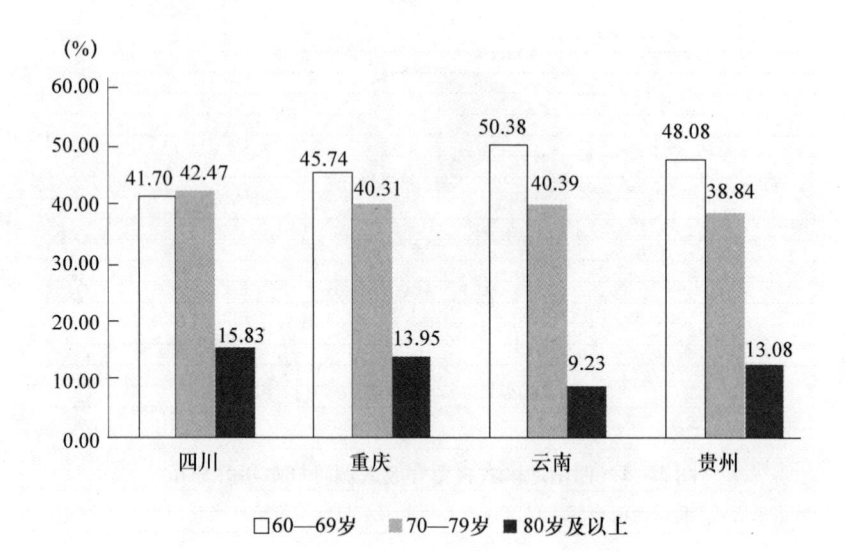

图3-4 四省市农村留守老人调研样本年龄分布

数据来源:"我国西南地区农村留守老人养老需求与政策供给精准化研究"课题组调研数据。

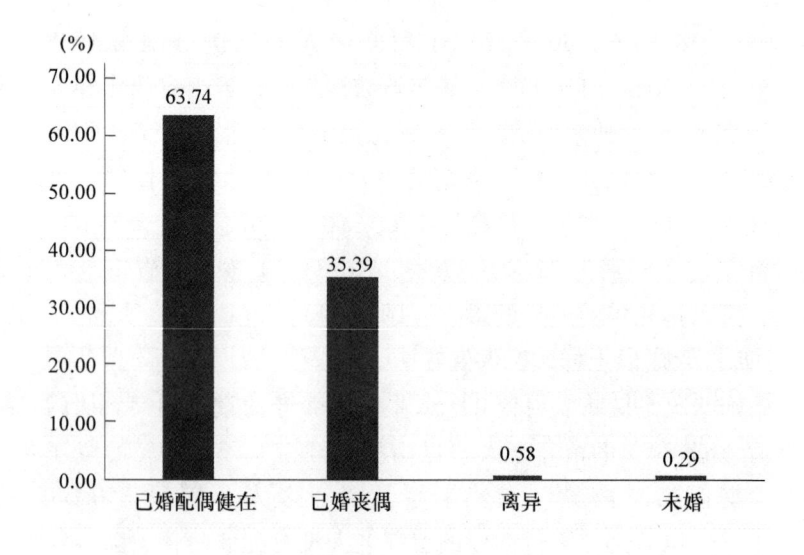

图3-5 西南地区农村留守老人调研样本婚姻状况

数据来源:"我国西南地区农村留守老人养老需求与政策供给精准化研究"课题组调研数据。

（五）样本受教育程度普遍较低

西南地区农村留守老人受教育程度普遍较低。从调查结果来看，42.81%的老人属于"文盲、半文盲"，48.51%的老人受教育程度属于"小学及以下"，只有7.14%的老人接受了初中教育，受过"高中/中专/技校/职高及以上"教育的就更少，只占1.54%（图3-6）。

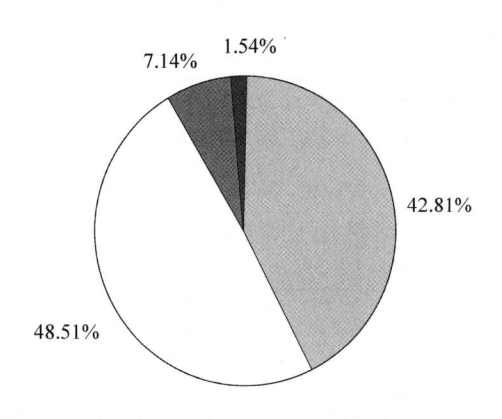

图3-6　西南地区农村留守老人调研样本受教育程度

数据来源："我国西南地区农村留守老人养老需求与政策供给精准化研究"课题组调研数据。

（六）样本普遍生育多个子女

农村留守老人普遍受"多子多福"生育观念影响，大多数老人不只生育一个子女。从调查数据来看，12.05%的留守老人只生育1个子女，22.57%的留守老人生育2个子女，25.17%的留守老人生育3个子女，20.83%的留守老人生育4个子女。还有11.76%的留守老人生育了5个子女，5.98%的留守老人生育了6个子女，1.64%的留守老人生育了7个子女。按照常理，生育子女数量越多，成为留守老人的概率越小。调查数据显示，尽管大多数老人不只生育1个子女，由于农村青壮年劳动力大量转移，大量农村老人依然面临无子女照顾的艰难境地，也印证了农村传统家庭养老的没落（表3-1）。

表 3-1　　西南地区农村留守老人调研样本生育子女情况

生育子女个数	频数（人）	占比（%）
1	125	12.05
2	234	22.57
3	261	25.17
4	216	20.83
5	122	11.76
6	62	5.98
7	17	1.64
合计	1037	100

数据来源："我国西南地区农村留守老人养老需求与政策供给精准化研究"课题组调研数据。

（七）超三成样本独自居住，其余多与配偶或孙子女居住

由于子女外出，农村留守老人原有的居住状况发生改变。调查数据显示，69.63%的留守老人与家人一起居住[①]，其中64.42%的留守老人与家人居住在村落，有5.21%的留守老人与家人居住在集镇。此外，30.37%的留守老人独自居住，其中27.77%居住在村落，2.6%的居住在集镇（图3-7）。独居留守老人通常没有子女照顾，也无人在老人需要帮助时及时出现，这部分老人发生意外的风险最大。此外，长期独自居住，内心话无人倾诉，极有可能造成老人内心孤独、抑郁，后文研究结果印证这一猜测。

与家人一起居住的西南农村留守老人中，与老伴一起居住的情况最为普遍，占非独居老人的73.92%。23.39%的留守老人是和（外）孙子女一起居住。此外，还有1.64%的留守老人与父母一起居住，1.05%的留守老人与其他人，例如兄弟姐妹、朋友亲戚等一起居住（表3-2）。

---

① "家人"指除子女外的配偶、兄弟姐妹、（外）孙子女、朋友亲戚等。

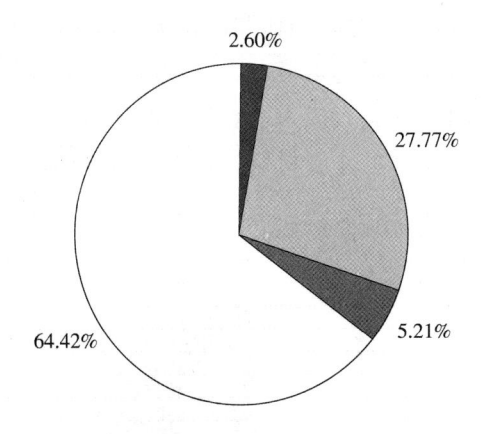

■独居、集镇　■独居，村落　■与家人一起，集镇　□与家人一起，村落

图3-7　西南地区农村留守老人调研样本居住情况

数据来源:"我国西南地区农村留守老人养老需求与政策供给精准化研究"课题组调研数据。

表3-2　西南地区农村留守老人调研样本"与家人一起居住"情况

居住情况	频数（人）	占比（%）
与老伴一起居住	632	73.92
与（外）孙子女一起居住	200	23.39
与父母一起居住	14	1.64
与其他人一起居住	9	1.05
合计	855	100

数据来源:"我国西南地区农村留守老人养老需求与政策供给精准化研究"课题组调研数据。

（八）超四分之一样本隔代照料孙子女

我国城乡二元化导致农村青壮年劳动力大量向城镇转移,农村留守儿童与农村留守老人相伴产生。父母外出打工,农村留守儿童的照顾责任自然就落在农村留守老人身上。根据本课题调研统计数据,

26.90%的农村留守老人存在隔代照料情况。对于农村留守老人来说，一方面面临着无儿女照料的困境，另一方面还要承担隔代照料和农业生产的重任。农村留守老人成为社会发展的牺牲品，在实现人民对美好生活向往的目标下，关注农村留守老人的养老状况，提高其生活质量显得尤为迫切（图3-8）。

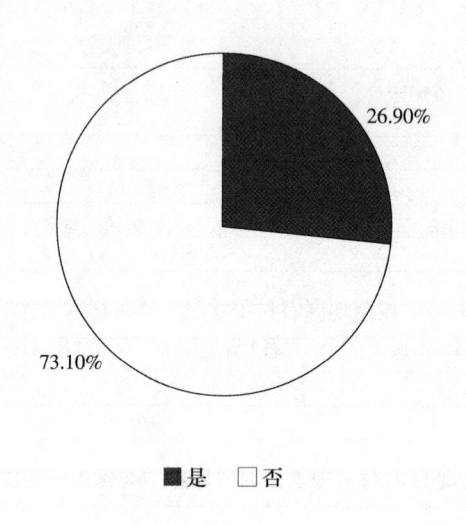

图3-8 西南地区农村留守老人调研样本是否存在隔代照料情况

数据来源："我国西南地区农村留守老人养老需求与政策供给精准化研究"课题组调研数据。

第二节 养老保障供给现状

通过上文叙述我们发现农村留守老人存在基本物质生活、日常生活照料、精神慰藉多方面强烈而急迫的需求。从供给端看，在留守老人日常生活照料、基本物质生活、精神慰藉多方面的供给上，存在供给不足、供需不匹配等现实问题。

一 基本物质生活供给

国家统计局公布的数据显示，2017年城镇居民的可支配收入为

36396元，农村居民人均可支配收入为13432元[1]，城镇和农村存在巨大的收入差距。农村留守老人由于年龄增大，劳动能力衰退，传统务农收入逐渐减少，甚至没有。农村留守老人日常收入来源主要依赖于养老金支付和子女支持。农村留守老人收入直接影响消费水平，进而影响养老生活质量。从实际调查来看，农村留守老人收入并不乐观。

（一）个人年收入与收入差异

1. 调研样本总收入偏低

调研数据统计结果显示，西南农村留守老人年收入水平普遍较低。29.70%的留守老人年收入低于1000元，49.57%的留守老人年收入处于1000—4999元，12.54%的留守老人年收入处于5000—9999元，3.57%的留守老人年收入处于10000—14999元，只有4.63%的留守老人年收入在15000元及以上（图3-9）。根据统计结果计算，被调查农村留守老人年收入平均值为3587元，标准差为5573元，最大值为64800元。据计算，留守老人每月平均收入只有298.9元，收入水平严重偏低。调研组认为主要原因有两点。第一，农村留守老人务农收入减少已是客观事实。随着年龄增大，农村留守老人体力和身体活动能力大不如前，以前依靠种菜养殖增加收入，如今只能供自己消费。第二，农村留守老人收入来源有限，且收入水平较低。年迈的农村留守老人失去务农收入后，收入来源只剩下养老金收入、儿女支持等有限的"被动收入"。如果没有缴纳养老保险，留守老人每月只有国家补贴不足百元的基础养老金。如果儿女不主动支付赡养费，留守老人很可能会面临生存困境。

另外，调研数据显示，当被问到"您认为您现在的收入是否够用"时，19.00%的留守老人表示自己的收入"完全不够用"，48.41%的留守老人表示"不够用"，24.88%的老人表示"一般"（图3-10）。说明农村留守老人普遍认为自己收入水平较低，并不能满足当前日常生活、医疗健康、娱乐等各方面的支出需求。

---

[1] 国家统计局：《2017年居民收入和消费支出情况》，http://www.stats.gov.cn/tjsj/zxfb/201801/t20180118._1574931.html。

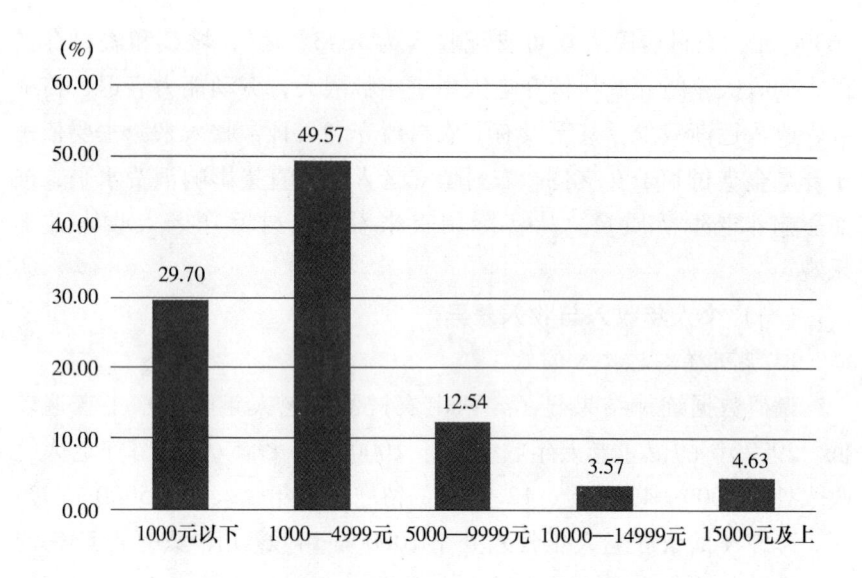

◆ 精准施策赋能农村养老保障

图3-9 西南地区农村留守老人调研样本年收入情况

数据来源:"我国西南地区农村留守老人养老需求与政策供给精准化研究"课题组调研数据。

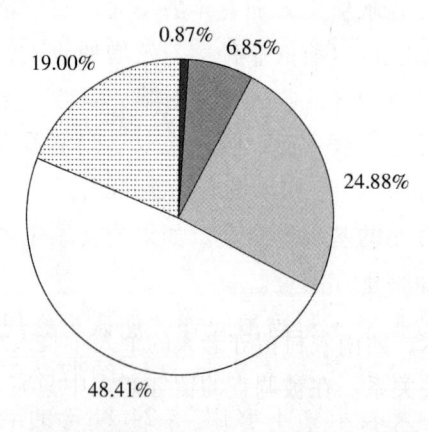

图3-10 西南地区农村留守老人调研样本收入是否够用情况

数据来源:"我国西南地区农村留守老人养老需求与政策供给精准化研究"课题组调研数据。

2. 调研样本男性收入水平高于女性

进一步分析西南农村留守老人年收入均值性别差异，我们发现西南农村男性留守老人平均年收入高于西南农村女性留守老人，西南农村男女留守老人年收入均值分别为3985.8元和3210.2元（图3-11）。主要原因是，男性在传统农村家庭分工中处于"主外"获取收入的角色，男性身体条件和体能条件支持其年老时依然能依靠体力劳动获取一定的经济收入。留守老人收入的性别差异也是影响男女养老状况差异的因素之一。

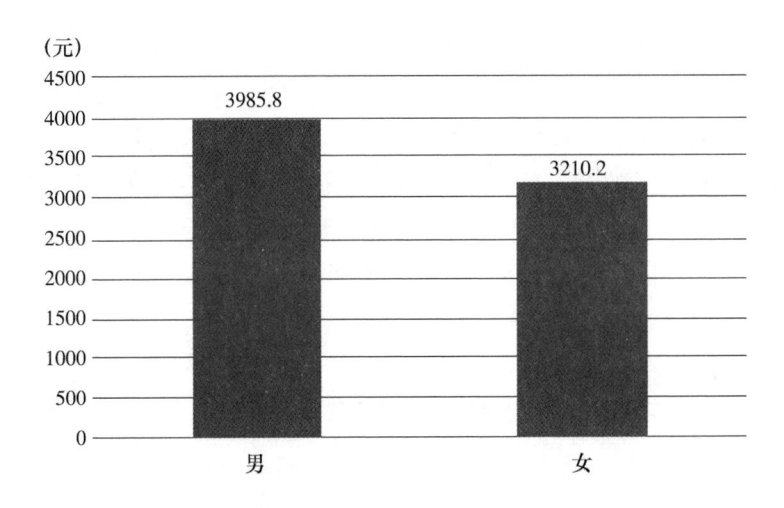

图3-11 西南地区农村留守老人调研样本个人年收入均值的性别差异

数据来源："我国西南地区农村留守老人养老需求与政策供给精准化研究"课题组调研数据。

3. 担任干部职务可提高调研样本收入水平

调研数据显示，西南农村留守老人的个人年收入水平与担任职务之间存在较大的相关关系。在被调查的留守老人中只有0.5%的老人现在正在担任职务，例如担任村长、村支书等。这部分正在担任职务的老人年收入均值为8460元。14.8%的留守老人表示自己曾经担任过某种职务，这部分老人年收入均值为4364.21元。84.7%的留守老人从未担任过任何职务，其年收入均值为3424.16元。据此可见，担任职务的老人年收入水平普遍高于从未担任过职务的老人（表3-3）。

表3-3　　调研样本个人年收入与担任职务的关系

担任职务	频数（人）	人数占比（%）	均值（元）	标准差（元）
现在正在担任	5	0.5	8460.00	9759.51
曾经担任	153	14.8	4364.21	8052.67
从未担任	879	84.7	3424.16	4971.93

数据来源："我国西南地区农村留守老人养老需求与政策供给精准化研究"课题组调研数据。

其中原因，课题组认为：一方面由于担任职务，这部分留守老人社会关系网得以拓展，进而增加其收入来源；另一方面，担任过职务的留守老人对国家养老政策理解更透彻，购买的养老保险层次普遍高于从未担任过职务的老人，因此，这部分留守老人养老金收入普遍高于从未担任过任何职务的留守老人。曾经担任过职务的留守老人养老金年平均值为2340.49元，从未担任过职务的留守老人其养老金年平均值为1805.88元（表3-4）。

表3-4　　调研样本养老金收入水平与担任职务的关系

担任职务	频数（人）	人数占比（%）	年均值（元）	标准差（元）
现在正在担任	5	0.5	960.00	134.16
曾经担任	153	14.8	2340.49	3957.81
从未担任	879	84.7	1805.88	2661.42

数据来源："我国西南地区农村留守老人养老需求与政策供给精准化研究"课题组调研数据。

（二）分项收入情况

西南农村留守老人年龄较大、身体条件较差，依靠体力劳动来主动获取收入已经不太可能，他们收入更多依靠子女支持、政府养老金等被动的来源，农村留守老人经济状况并不乐观。当前西南农村留守老人收入来源主要包括养老金收入、儿女支持、务农收入、亲友资助、高龄津贴、低保收入、临时收入、其他收入等。其中，养老金收入是最普遍的收入来源，99.4%的留守老人拥有此项收入，其次分别是儿女支持，占比为70.0%，务农收入占比为32.3%，亲友资助占比为7.4%，高龄津贴占比为5.9%，低保收入占比为5.4%，临时收入占比为3.4%，独生子女津贴、军人补贴、租金等其他收入占比为12.0%（表3-5）。

表3-5 西南地区农村留守老人调研样本分项年收入情况　　单位：元

序号	项目	频数（人）	占比（%）	平均值	标准差	总人均
1	养老金年收入	1031	99.4	1882.3	2892.9	1816.96
2	儿女支持年收入	726	70.0	3705.8	5118.4	2594.41
3	务农年收入	335	32.3	2555.6	4167.7	825.57
4	亲友资助年收入	77	7.4	582.1	465.0	43.22
5	高龄津贴年收入	61	5.9	867.2	652.7	51.01
6	低保年收入	56	5.4	2612.8	1253.6	141.10
7	临时年收入	35	3.4	7117.1	7114.1	240.21
8	其他年收入	124	12.0	2896.5	6741.0	346.35
	合计					6058.83

数据来源："我国西南地区农村留守老人养老需求与政策供给精准化研究"课题组调研数据。

1. 养老金收入是最重要且普遍的收入来源

养老金收入是西南农村留守老人最重要且普遍的收入来源。调研数据显示，有养老金收入来源的老人比例占99.4%。按照政策规定，凡年满60周岁的老人均可领取城乡居民基本养老保险。调研中0.6%没有养老金收入的留守老人，原因是其年龄刚满60周岁，还没有到统一发放养老金时间，所以暂时还未领取到养老金。从养老金年收入领取水平来看，养老金年收入水平在1000元及以下的留守老人比例最高，达到了60.74%，养老金收入水平在1001—2000元的留守老人占比为24.77%。养老金年收入水平处于2001—3000元、3001—4000元、4001—5000元、5001—10000元、10001元及以上的留守老人比例分别为2.90%、1.70%、2.80%、2.99%、4.10%（表3-6）。

115

表3-6 西南地区农村留守老人调研样本养老金年收入情况

金额范围	频数（人）	占比（%）
1000元及以下	626	60.74
1001—2000元	255	24.77
2001—3000元	30	2.90
3001—4000元	18	1.70
4001—5000元	29	2.80
5001—10000元	31	2.99
10001元及以上	42	4.10
合计	1031	100

数据来源："我国西南地区农村留守老人养老需求与政策供给精准化研究"课题组调研数据。

同时也可得出，当前我国西南农村留守老人养老保险参保水平并不高。根据我国城乡居民养老保险政策规定，年满60周岁的老人，可以通过一次性补足缴纳养老保险金额购买更高层次的养老保险。但是，在调研访谈中发现，这笔可以一次性补足的费用对大多数西南农村留守老人来说还是一笔不菲的支出。在许多留守老人无力承担或者不舍得花钱的情况下，大多数农村留守老人每月只能领取政府补贴的不足100元的基础养老金。经济条件较好或子女愿意出钱补贴的留守老人则有能力选择更高档次的养老保险，继而每月领取养老金的更多。

2. 儿女支付成为调研样本收入的重要组成部分

年富力强的子女为了追求更高的经济收入，更好的生活质量，大多选择远离家乡在城市务工。调研结果显示，外出务工子女对西南农村留守老人的经济赡养支付费用较低。数据显示，35.7%的留守老人其外出子女近一年给老人的现金数额（含实物折算）为1000元及以下（不含0元）。外出子女近一年给老人的现金数额（含实物折算）分别处于1001—2000元、2001—3000元、3001—4000元、4001—5000元的比例为20.9%、10.5%、6.5%、6.6%，随着支付金额增加所占比例逐渐下降。外出子女近一年给留守老人的现金数额（含实物折算）为5001—10000元的95人，所占比例为13.1%，数额超过10000元的49

人，所占比例为 6.7%。说明接近 20% 的农村留守老人可以从外出子女手中获得一笔较高的赡养费，来满足各项生活支出的需求。

整体来看，根据调研数据计算，西南农村留守老人近一年内外出子女支付现金数额（含实物折算）的年平均值为 3705.8 元。根据子女支付费用较少的被调查西南农村留守老人的叙述，其子女大多在过年或者老人生日时才会给一定的生活费，一次也只有几百元人民币，并不能满足老人的支出需求。接受调查的农村留守老人普遍认为，子女都有各自的家庭要照顾，要承担养儿育女的压力，老人若没有大病就不会主动向子女开口索要赡养费。子女支付费用较多的农村留守老人所占比例较小，主要包括两种情况：一种是部分留守老人会定期收到子女支付的赡养费，虽然每次收到的费用并不多，但是全年累计这笔费用足以满足留守老人的日常生活开销；另一种是部分留守老人因为身患疾病，需要长期服药或接受治疗，这部分子女对留守老人提供的物质和费用支持相对偏高。

表 3-7　　　　　调研样本子女给老人提供支持的情况

近一年来，您的子女给您现金数额（含实物折算）多少元？		
金额范围	频数（人）	占比（%）
1000 元及以下	259	35.7
1001—2000 元	152	20.9
2001—3000 元	76	10.5
3001—4000 元	47	6.5
4001—5000 元	48	6.6
5001—10000 元	95	13.1
10001 元及以上	49	6.7
合计	726	100

数据来源："我国西南地区农村留守老人养老需求与政策供给精准化研究"课题组调研数据。

赡养老人是每个子女应尽的责任和义务，调查结果显示，只有 70% 的西南农村留守老人的收入来源包含子女支付。这就意味着

30%的西南农村留守老人既没有子女在身边照顾,其子女也没有提供任何经济支持,留守老人的所有生活花销都只能依靠自己解决。在四川省乐山市的实地调查中,我们还发现了一个较为特殊的案例(详见个案1)。受"养儿防老""多子多福"等传统观念的影响,大多农村家庭会选择生育多个子女。按照常理,老人生育子女数量越多,其老年得到子女回馈的经济支持和物质支持也应该越多。但调研发现,未得到子女赡养的老人并不鲜见。

个案1:乐山市研经镇大团村某留守老人,74岁,男,有4个子女。其配偶(非原配),女,73岁,有3个子女。因两人老伴都去世较早,生活无人照料,二人后在一起生活。二人共同经营了一个杂货小摊,每日推着小车在街上出售老花眼镜、锁等商品,每月收入不超过200元。男方有听力障碍,并且身体状况较差,平时生活全靠女方照料。按理说,二人共有7位子女来赡养自己,但是据老人流着泪介绍,双方子女无一人支付过任何赡养费,并且多年来子女均没有回家看望过老人。

3. 调研样本务农收入占比较低

土地是农民维系生活和增加收入的重要资本要素。对于西南农村留守老人来说,受身体机能限制,没有体力精力继续在田里劳作。对于留守老人的成年子女来说,农业生产既辛苦收入又低。随着城乡经济发展,城市就业机会多,工作比从事农作轻松,收入远比务农高,越来越多的农村青壮年劳动力选择外出务工以获取更高的收入,这些外出务工的子女更不会回到农村种地。所以调查发现西南农村地区尤其是偏远地区土地一片荒芜,没人耕种。我国农村出现了老年农民没有体力种地、中年农民不愿意留在农村种地、年轻农村居民不会种地的尴尬局面。西南农村留守老人务农收入十分微薄。

另外,随着城镇化进程不断发展,大量的农村土地被征用,农村耕地和林地面积不断减少。调研数据显示,1037位被调查的农村留守老人中,拥有集体分配的耕地、林地的老人比例为83.51%(图3-12)。但另一方面,农村留守老人通过务农产生收入的只有335位,所占比例仅为32.3%。并且对于有务农收入的留守老人,其务农年收入均值为2555.6元（表3-5）。也就是说，大多数的农村留守老人尽管还有耕地或林地，但是却没有将务农作为增加收入的途径。大多数的被调查留守老人表示自己年纪大了，没有劳动能力，已经没有力气种地，有劳动能力的子女又不在家，只能看着耕地长草荒芜。还有的老人只种少量的蔬菜，满足自己日常生活所需。调研数据统计，通过务农增加收入的留守老人平均年龄为68.7岁，他们大多身体还算硬朗，可以进行耕作劳动。

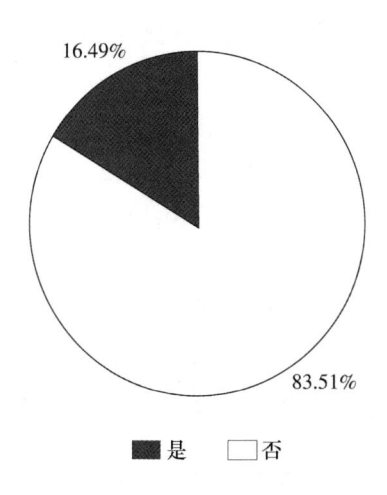

图3-12 西南地区农村留守老人调研样本集体分配的耕地、林地情况

数据来源："我国西南地区农村留守老人养老需求与政策供给精准化研究"课题组调研数据。

4. 极少数调研样本获得亲友资助

农村留守老人普遍收入不高，也缺乏充足的储蓄，当老人因病或突发困境急需用钱时，部分老人会选择向亲友求助。留守老人的亲友通常都是同辈中人，年龄相差无几，往往也是留守老人，也不富裕，能够提供资助的也少。在总收入来源中获得亲友资助的留守老人只有77人，所占比例为7.4%，平均值仅为582.1元，在所有收入来源中数额最少，说明亲友资助并不是农村留守老人经济收入的主要来源（表3-5）。

5. 调研样本高龄津贴领取比例不足一半

高龄老人津贴是一项兼有社会救助和社会福利性质的社会保障措施，其旨在为年满 80 周岁及以上的老人提供政策补贴。调研数据显示，根据老人回答自己拥有高龄老人津贴的只有 61 人，占总体比例的 5.9%，年均值为 867.2 元（表 3-5）。按照政策来说，凡年满 80 周岁及以上的老人均可领取高龄津贴，被调查老人中，年满 80 周岁及以上的老人共计 135 人，但实际只有 61 人明确表示自己拿到了高龄津贴。在询问的过程中，调研组发现，由于高龄老人的思维已经有些混乱，并不能分清自己从政府领取的钱是由哪些部分构成，且部分老人并不知道高龄老人津贴的存在，所以调研结果中高龄津贴的领取比例较真实领取比例偏低。由于 80 周岁及以上的老人健康状况急剧下降，医疗支出快速增加，高龄老人津贴在一定程度上可以补贴高龄老人的额外开销，有助于其渡过生活困境。

6. 约 5% 的调研样本获得低保收入

农村最低生活保障是针对农村困难居民的一项专门的社会救济政策，其主要针对的是因病致残、年老体弱、丧失劳动能力以及生存条件恶劣等原因造成生活常年困难的农村居民，是保障农村贫困居民最低生活保障的最后一张"安全网"。根据各省市政府公布数据，四川省 2018 年低保金标准为每年 3900 元，贵州省 2018 年为每年 3908 元，云南省 2018 年为每年 3500 元，重庆市为每年 4920 元。

调研数据显示，有 56 位西南农村留守老人拥有低保收入，所占比例为 5.4%（表 3-5）。领取低保金的老人认为，每月 300 元左右的低保金是很可观的一笔收入，虽然不能彻底改变其困难的生活状况，但是能够及时补贴他们的生活开支，从很大程度上改变他们困窘的生活。还有一部分受访农村留守老人反映他们收入水平低于最低生活保障线，符合申请低保金的要求，但由于名额限制，最终并未获得低保补贴。这部分留守老人的生活状况尤其值得关注。

7. 部分调研样本依靠打零工获得临时收入

在西南农村地区，受访的部分老人通过"打零工"获取一定的收入，例如帮附近居民修房子、打水井等。调研数据显示，获得临时收入的留守老人有 35 人，所占比例为 3.4%，临时收入水平普遍偏高，年平均值为 7117.1 元（表 3-5）。这部分留守老人身体基本健康，经济水平普遍较好，养老状况优于同年龄留守老人。

除了以上七种常见的收入来源外，退耕还林补贴、土地租金、经营茶馆和小卖铺等也是农村留守老人收入来源的组成部分。

8. 调研样本最主要收入来源

虽然西南农村留守老人的收入来源多样，但是由于收入额度的差异性、收入的稳定性等影响，只有一项收入成了西南农村留守老人最主要的收入来源。如图 3-13 所示，40.51% 的留守老人认为养老保险收入是其最主要的收入来源。34.23% 的留守老人认为儿女支付是其最主要的收入来源。还有 16.49% 的留守老人认为务农收入是其最主要的收入来源。由于只有少数老人有低保金收入、临时收入和高龄津贴，所以总体上只有 3.28% 的农村留守老人认为低保金收入是其最主要的收入来源，2.22% 的留守老人认为临时收入是其最主要的收入来源，以及 0.77% 的留守老人认为高龄老人津贴是其最主要的收入来源。还有 2.50% 的留守老人将其他收入当作其最主要的收入来源。此外，没有留守老人认为亲友资助是其最主要的收入来源。

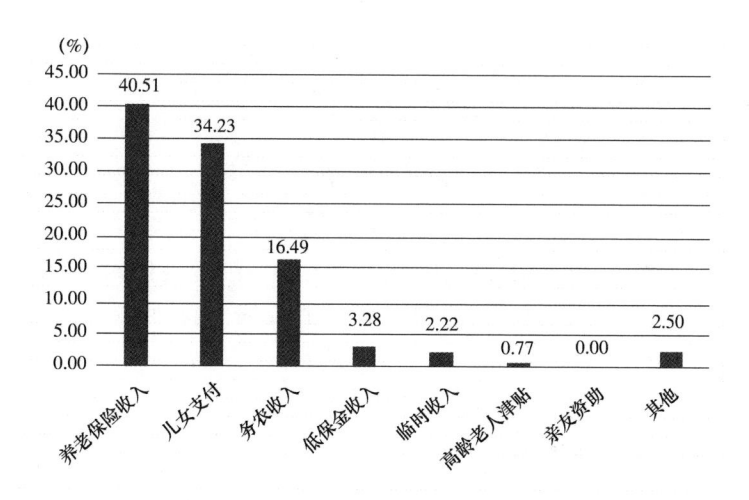

图 3-13　西南地区农村留守老人调研样本最主要的收入来源

数据来源："我国西南地区农村留守老人养老需求与政策供给精准化研究"课题组调研数据。

(三) 西南地区农村留守老人的资产与负债

1. 极少数调研样本有存款

西南农村留守老人的养老资金来源还包括自己多年积攒的存款。调研数据显示，只有 10.80% 的老人表示有存款。在有存款的老人中，存款的均值为 28236.4 元（图 3-14）。留守老人对于有多少存款的问题防范意识较重，在回答该问题时大多回避，可能导致调研数据与真实情况存在偏差。从留守老人存款均值来看，不到 30000 元的存款并不能为农村留守老人的养老生活带来质与量的改变。

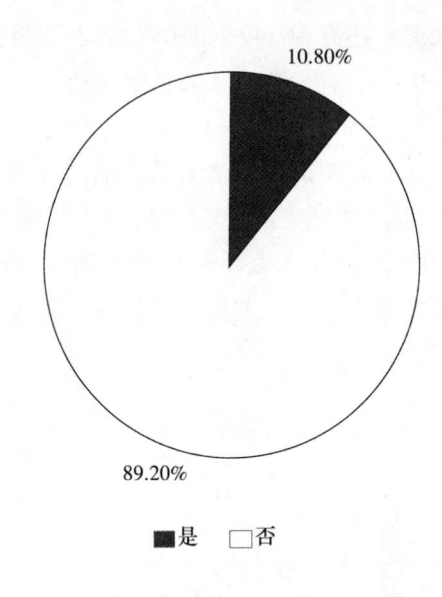

图 3-14　西南地区农村留守老人调研样本是否有存款

数据来源："我国西南地区农村留守老人养老需求与政策供给精准化研究"课题组调研数据。

2. 极少数调研样本存在负债

调研数据显示，12.25% 的西南农村留守老人存在负债。在负债的留守老人中，负债均值为 15432.3 元（图 3-15）。对于农村留守老人来说，他们通常思想淳朴，观念传统保守，不愿意负债。但是，子女不闻不问，每月只有不到 100 元的基础养老金，既要支付生活开支和人情来往的支出，如果生病或者发生意外，还要承担医疗费用及其他支出，种种情况造成农村留守老人收不抵支的窘境，最终迫使他们不得不向亲戚朋友开口借钱。

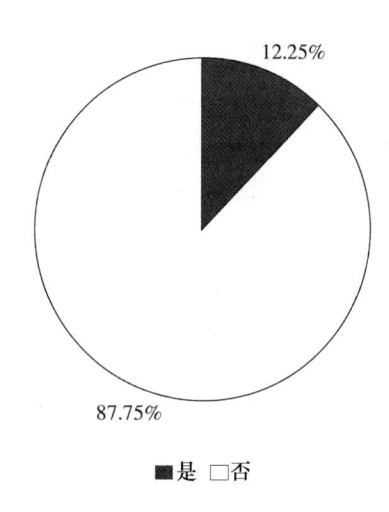

12.25%

87.75%

■是 □否

图 3-15　西南地区农村留守老人调研样本是否有负债

数据来源："我国西南地区农村留守老人养老需求与政策供给精准化研究"课题组调研数据。

3. 仅有超五成调研样本住房产权在本人或老伴手中

从调研结果看，39.25%的西南农村留守老人居住的房屋产权在"本人"名下，16.39%的西南农村留守老人居住的房屋产权在"老伴"名下。在农村，成年子女结婚意味着分房分户。农村老人通常为了成年子女结婚才会耗尽一生积蓄盖新房，新房通常也是给结婚的子女居住，新房通常会落户到"成年子女"名下。从调研数据来看，被调查的农村留守老人这一比例占到27.48%。对于受访的农村留守老人及其成年子女来说，农村住房经济价值较低，留守老人想要依靠住房产权交换子女经济赡养的目的难以实现。还有16.88%的受访农村留守老人居住的房屋产权在"其他人"名下，主要包括兄弟姐妹或其他亲戚等（图3-16）。

16.88%

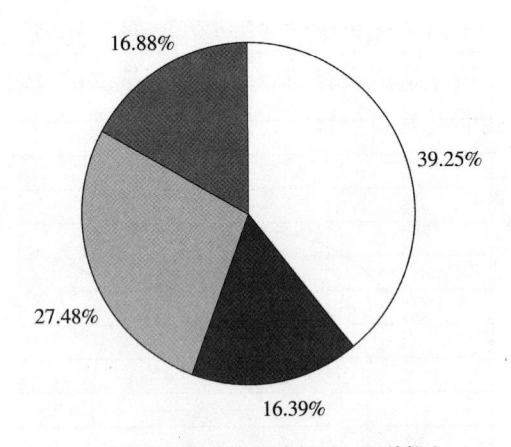

39.25%

27.48%

16.39%

□ 本人 ■ 老伴 ■ 成年子女 ■ 其他人

图3-16 西南地区农村留守老人调研样本的住房产权情况

数据来源:"我国西南地区农村留守老人养老需求与政策供给精准化研究"课题组调研数据。

4. 超过四分之三的调研样本可以完全支配自己的资产

20世纪上半叶,我国农村家庭的亲子关系结构是以家长为中心、上下尊卑分明的金字塔式格局,家长在家庭中拥有财产支配权。但是,在近现代社会生活中,社会大生产和知识、技术的发展,使得老人在生产中的主导作用逐渐丧失,"老人统治"衰落的命运难以回避。生产的社会化使得老人的财产减少,老人对财产的支配权力也在逐渐减弱。根据调研结果看,能够"完全支配"自己资产的西南农村留守老人比例仅为75.70%;能够"较高程度自主支配"自己财产的西南农村留守老人比例为1.54%;能够"一般支配"的西南农村留守老人比例为19.29%,这部分老人支配资产时通常要提前告知自己的老伴或子女;还有3.47%的西南农村留守老人只能"较低程度独立支配"自己的资产,可能这部分留守老人名下资产并不在自己手中,存在对名下资产支配权较弱的现象(图3-17)。

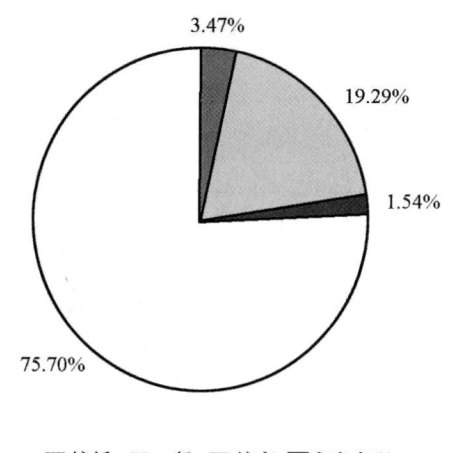

```
        3.47%
              19.29%
                1.54%

   75.70%

   ■较低  ■一般  ■较高  □完全支配
```

图 3-17　西南地区农村留守老人调研样本的资产支配程度

数据来源:"我国西南地区农村留守老人养老需求与政策供给精准化研究"课题组调研数据。

（四）近五成调研样本为成年子女提供物质支持

调研数据显示，子女成年之后，仍有46.67%的调研样本对子女提供过经济上的支持。子女成家即意味着独立，然而46.67%的子女在成年之后又接受了父母经济上的支持，对父母进行经济上的索取（图3-18）。这一现象背后的实质是代际支持失衡，使基于传统代际关系中"抚育—赡养"的家庭养老方式难以为继。"啃老"现象在农村依然普遍，表现形式多样，且持续时间久。对于农村留守老人来说，"啃老"不仅加重经济负担，还进一步破坏家庭赡养功能，使社会养老负担日趋沉重。

（五）调研样本普遍参加城乡居民养老保险

1. 调研样本普遍选择较低层次的养老保险

城乡居民养老保险是为了保障农村及城镇居民年老时的基本生活，而由政府贯彻实施的一项社会保障制度。因此，"保基本"是城乡居民养老保险基本原则之一。根据调研数据计算，西南农村留守老人城乡居民养老保险年收入均值为1882.3元。调研数据显示，大部

◆ 精准施策赋能农村养老保障

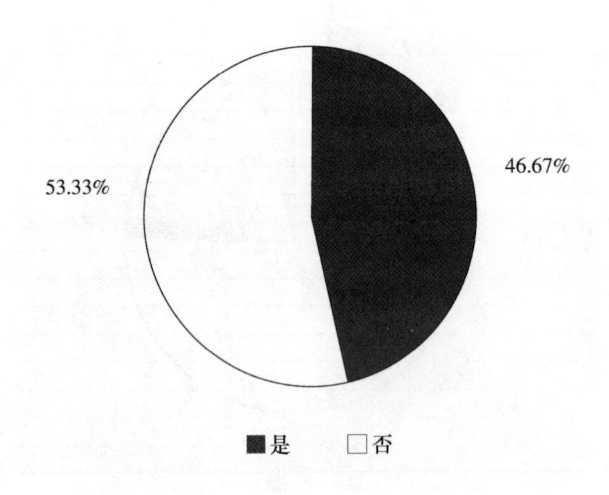

53.33%　　　　　46.67%

■ 是　　□ 否

图3-18　调研样本对成年子女物质生活的支持情况

数据来源:"我国西南地区农村留守老人养老需求与政策供给精准化研究"课题组调研数据。

分西南农村留守老人城乡居民养老保险年收入不到1000元,其占比高达60.74%,24.77%的西南农村留守老人城乡居民养老保险年收入水平处于1001—2000元。城乡居民养老保险年收入水平在2001—3000元、3001—4000元、4001—5000元的西南农村留守老人比例分别为2.90%、1.70%、2.80%。还有7.09%的西南农村留守老人城乡居民养老保险年收入水平高于5000元(图3-19)。总的来看,城乡居民养老保险对西南农村留守老人的保障水平较低。笔者认为主要原因如下:一方面,大多数西南农村留守老人并未缴费参加新农保和城乡居民养老保险,这部分留守老人年满60周岁以后,只能领取国家补贴的基础养老金;另一方面,西南农村留守老人经济能力有限,即使少部分农村留守老人缴费参加了城乡居民养老保险,但这部分农村留守老人大多数缴费档次较低,所以其年满60周岁以后领取到的养老金也并不多。

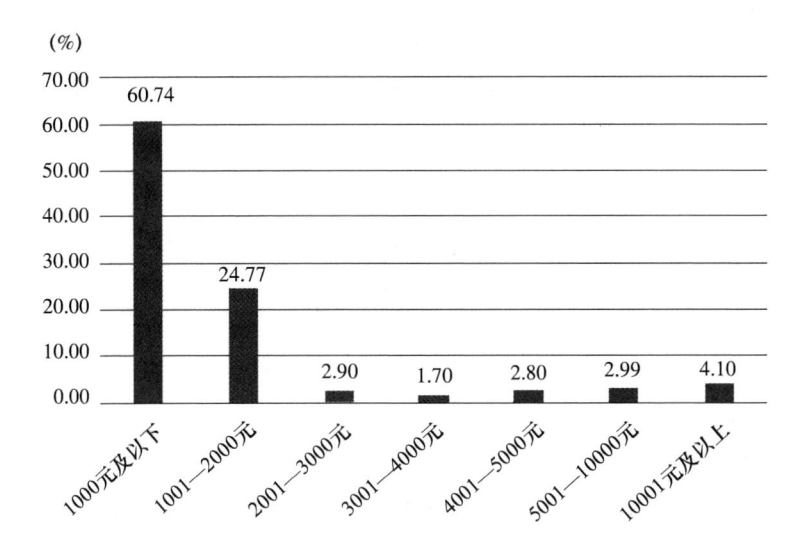

图 3-19 城乡居民养老保险对西南地区农村留守老人的保障水平

数据来源:"我国西南地区农村留守老人养老需求与政策供给精准化研究"课题组调研数据。

2. 调研样本对城乡居民养老保险满意度较高

尽管城乡居民养老保险对西南农村留守老人的保障水平较低,但西南农村留守老人总体对城乡居民养老保险的满意度仍然较高。调研数据显示,28.92%和47.55%的农村留守老人分别表示对城乡居民养老保险"非常满意"和"满意",可见76.47%的受访农村留守老人对城乡居民养老保险满意度较高。另外,17.94%的农村留守老人对城乡居民养老保险满意度"一般",4.22%的农村留守老人对城乡居民养老保险"不满意",还有1.37%的农村留守老人表示"非常不满意"(图3-20)。

3. 调研样本对养老金待遇、宣传和服务态度满意度均较高

从分项满意度来看,西南农村留守老人对城乡居民养老保险的"待遇发放""政府宣传"和"工作人员服务态度"的满意度都在七成左右,其中农村留守老人对"政府宣传"的满意度最高,对"待遇发放"的满意度最低。调研数据显示,66.96%的农村留守老人对"待遇发放"表示"满意"或"非常满意",71.27%的农村留守老人对"政

府宣传"表示"满意"或"非常满意",70.30%的农村留守老人对"工作人员服务态度"表示"满意"或"非常满意"(图3-21)。

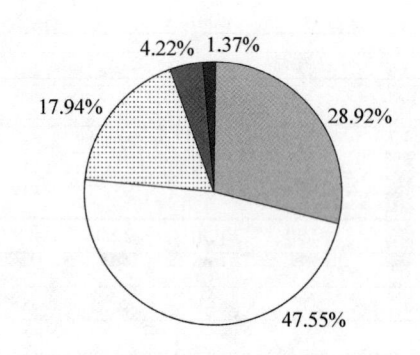

```
        4.22%  1.37%
   17.94%
                  28.92%


          47.55%
```

■非常满意 □满意 ▦一般 ■不满意 ■非常不满意

图3-20 调研样本对城乡居民养老保险的总体满意度

数据来源:"我国西南地区农村留守老人养老需求与政策供给精准化研究"课题组调研数据。

项目	非常满意	满意	一般	不满意	非常不满意
待遇发放	21.18	45.78	21.47	10.20	1.37
政府宣传	24.90	46.37	19.61	8.14	0.98
工作人员服务态度	20.59	49.71	22.74	4.31	2.65

□非常满意 ▨满意 ▦一般 ▧不满意 ■非常不满意

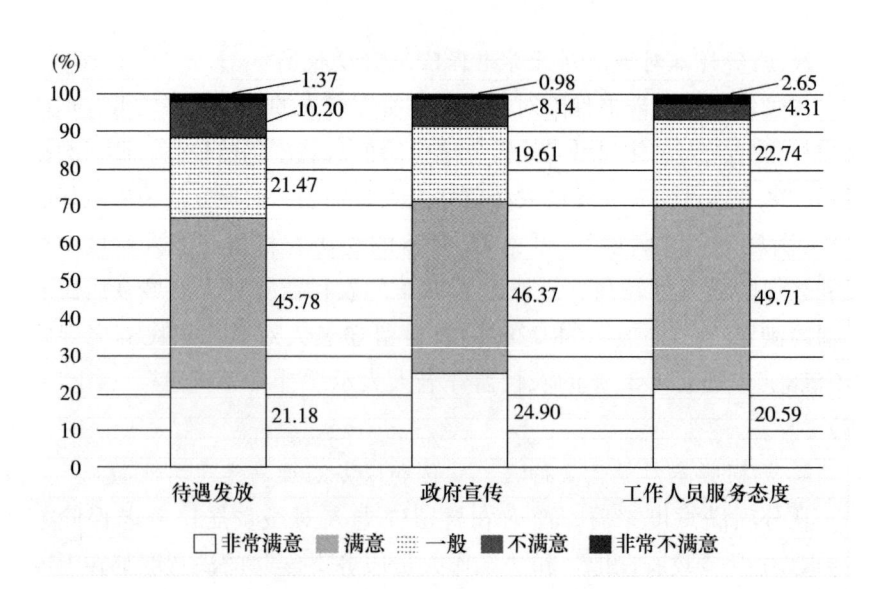

图3-21 调研样本对城乡居民养老保险的分项满意度

数据来源:"我国西南地区农村留守老人养老需求与政策供给精准化研究"课题组调研数据。

(六) 调研样本普遍参加城乡居民医疗保险

1. 城乡居民医疗保险减轻调研样本生病后心理负担

城乡居民医疗保险对农村留守老人生病后心理负担产生积极影响，18.16%和44.64%的西南农村留守老人分别表示城乡居民医疗保险"很大"和"较大"程度上减轻生病后的心理负担。说明医疗报销制度不仅缓解留守老人经济压力，也有助于缓解留守老人心理压力。25.13%的农村留守老人认为城乡居民医疗保险对心理负担减轻作用"一般"，6.47%的农村留守老人表示减轻作用"较小"。此外，5.60%的农村留守老人认为城乡居民医疗保险"没有"减轻其生病后的心理负担（图3-22）。

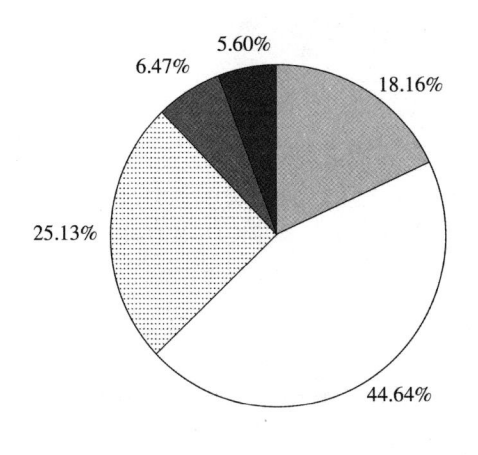

图3-22 城乡居民医疗保险减轻调研样本生病后心理负担

数据来源："我国西南地区农村留守老人养老需求与政策供给精准化研究"课题组调研数据。

2. 四成调研样本认为城乡居民医疗保险参保费用负担过重

调研数据显示，20.19%和43.09%的西南农村留守老人分别认为城乡居民医疗保险参保费用负担"很大"和"较大"。每年180元的参保费用，对于没有收入来源的西南农村留守老人来说依然有压力。另外，部分地区将180元医疗保险费用中的80元放进个人账户，100元放进统筹账户。由于大多数药品只能部分报销，农村留守老人很少买药，没有使用个人账户的钱。既没有住院也很少买药的受访农村留守老人认为，每年固定支出的医疗保险参保费用是一种浪费，也是不必要的"经济负担"。22.32%的农村留守老人表示参保费用增加的经济负担"一般"，8.70%的农村留守老人认为增加的经济负担"较小"，5.70%的农村留守老人认为"没有"经济负担。

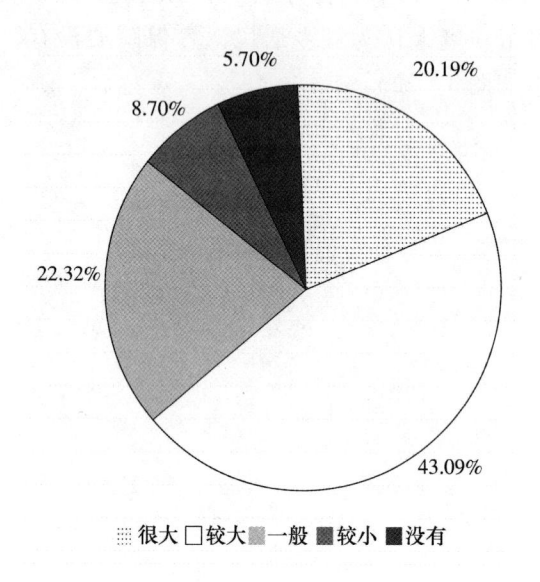

图3-23 城乡居民医疗保险参保费用对调研样本造成的经济负担

数据来源："我国西南地区农村留守老人养老需求与政策供给精准化研究"课题组调研数据。

3. 七成左右调研样本对城乡居民医疗保险满意度较高

城乡居民医疗保险对于保障农村留守老人的老年生活有重要作用。综合城乡居民医疗保险对农村留守老人的生活、心理形成的影响，农村留守老人对城乡居民医疗保险的总体满意度较高。统计调研数据显示，分别有20.87%和47.54%的农村留守老人对城乡居民医疗保险表示"非常满意"和"满意"，可见整体上有68.41%的农村留守老人对城乡居民医疗保险满意度较高。另外，17.78%的农村留守老人对城乡居民医疗保险满意度表示"一般"，10.43%的农村留守老人对城乡居民医疗保险"不满意"，3.38%的留守老人表示"非常不满意"。农村留守老人对城乡居民医疗保险的满意度同样受参保费用、政府宣传、工作人员服务态度等多方面因素影响。

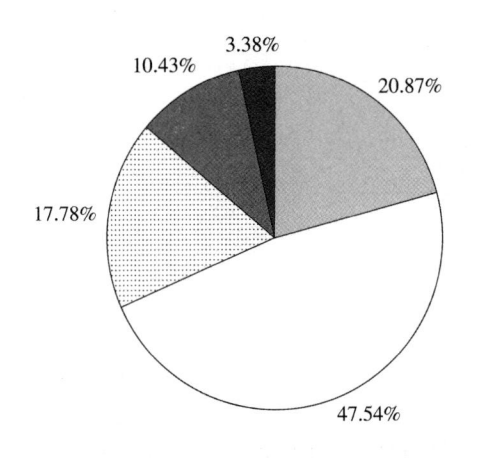

图3-24 调研样本对城乡居民医疗保险的总体满意度

数据来源："我国西南地区农村留守老人养老需求与政策供给精准化研究"课题组调研数据。

4. 调研样本对参保费用、政府宣传、工作人员服务态度满意度均较高

从分项满意度来看，西南农村留守老人对城乡居民医疗保险"参保费用"、"政府宣传"和"工作人员服务态度"满意度处于50%至70%。三者之间，西南农村留守老人对"政府宣传"满意度最高，对"参保费用"满意度最低。调研数据显示，51.89%的农村留守老人对"参保费用"表示"满意"或"非常满意"。可见"参保费用"给不少农村留守老人增加了经济压力，导致只有五成受访对象对"参保费用"满意。64.96%的农村留守老人对"政府宣传"表示"满

意"或"非常满意",64.09%的农村留守老人对"工作人员服务态度"表示"满意"或"非常满意"。

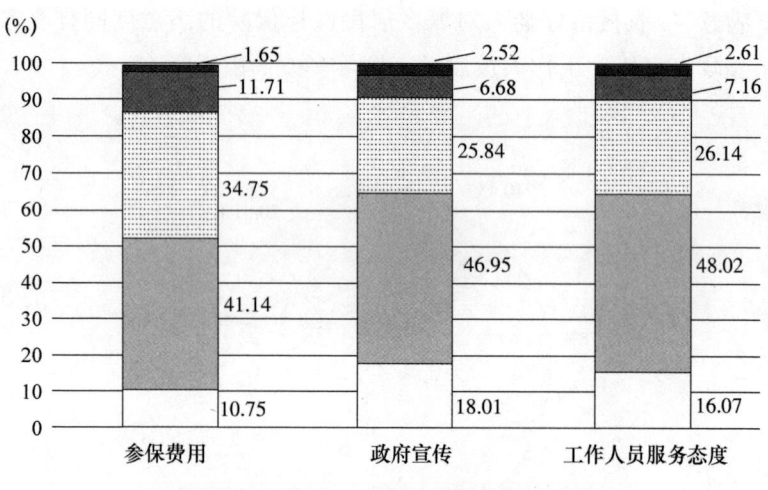

图 3-25　调研样本对城乡居民医疗保险的分项满意度

数据来源:"我国西南地区农村留守老人养老需求与政策供给精准化研究"课题组调研数据。

(七) 调研样本获得社会福利政策支持情况

1. 各地农村留守高龄老人津贴额度存在差异

高龄老人津贴是为了鼓励长寿,形成敬老、尊老的社会风气而建立的津贴制度,既不属于收入型老年津贴,也不属于服务型津贴[①]。目前,我国高龄老年津贴制度未实现全国统一,各地高龄老年津贴标准存在较大差异。根据 2017 年四川省政府发布的《关于建立 80 周岁以上老年人高龄津贴制度的通知》,对四川省符合条件的 80 周岁以上老年人进行补贴,其中,年满 80—89 周岁低收入老年人,每人每月不低于 25 元;90—99 周岁老年人,每人每月不低于 100 元;100 周

---

① 杨立雄:《高龄老年津贴制度研究》,《中州学刊》2012 年第 2 期。

岁及以上老年人每人每月不低于 200 元[①]。根据重庆市梁平区政府公布的政策，2018 年起 80—89 周岁老年人补贴标准为每人每月 40 元；90—99 周岁老年人为每人每月 200 元；100 周岁及以上老年人为每人每月 600 元[②]。2015 年贵州省遵义市对年满 80—89 周岁的高龄老人高龄津贴标准为每人每月 50 元；90—99 周岁的高龄老人为每人每月 100 元；100 周岁及以上的高龄老人为每人每月 200 元[③]。云南省临沧市对年满 80—99 周岁的老人每人每月发放 50 元的保健补助，年满 100 周岁及以上的老人每人每月发放 500 元的长寿补助[④]。从补贴标准来看，四省市对于 80—89 周岁老人的补贴水平虽相差不大，但是普遍较低，均不超过 50 元，而对于 90—99 周岁老人，重庆市的补贴水平最高，而对于 100 周岁及以上的老人，重庆和云南的补贴水平又明显高于四川和贵州（表 3-8）。

表 3-8　　　　西南四省市高龄老人津贴标准　　　　单位：元/月

	80—89 岁	90—99 岁	100 岁及以上
四川	25	100	200
重庆梁平	40	200	600
贵州遵义	50	100	200
云南临沧	50	50	500

数据来源：各省市县政府网站。

---

① 四川省人民政府：《四川建立 80 周岁以上老年人高龄津贴制度》，2017 年 6 月 10 日，http://www.sc.gov.cn/10462/10464/10797/2017/6/10/10424979.shtml，2019 年 10 月 10 日。

② 重庆市人民政府：《〈重庆市梁平区 80 周岁以上老年人高龄津贴管理办法〉政策解读》，2018 年 7 月 23 日，http://lp.cq.gov.cn/html/content/18/07/61314.shtml?WebShieldDRSessionVerify=IB5NxBQH4ykRtzenbJe6，2019 年 10 月 10 日。

③ 遵义市人民政府：《市人民政府关于印发〈遵义市高龄老人生活补贴实施方案〉的通知》2015 年 4 月 27 日，http://www.zunyi.gov.cn/zfxxgk/szfbgszpfp/fgwj_4995/zfbf_5000/201710/t20171025_660327.html，2019 年 10 月 10 日。

④ 临沧日报电子版：《我市规范高龄老人保健补助发放管理》2017 年 12 月 15 日，https://www.lcdaily.cn/index.php?c=article&a=show&id=62411，2019 年 10 月 10 日。

2. 调研样本独生子女津贴享受比例较低

独生子女津贴是我国实行计划生育政策后，对独生子女或二女户家庭①实行的一项奖励政策。

调研数据显示，在被调查的老人中，独子户共计63户，其中四川38户、重庆18户、贵州1户、云南6户；独女户共计62户，其中四川34户、重庆10户、贵州12户、云南6户；二女户共计34户，其中四川8户、重庆17户、贵州1户、云南8户。按照政策规定可以获得独生子女补贴的农村留守老人共计159户，占总体的15.33%（图3-26），可见独生子女补贴政策对于西南农村留守老人的覆盖面还是达到了相当比例。

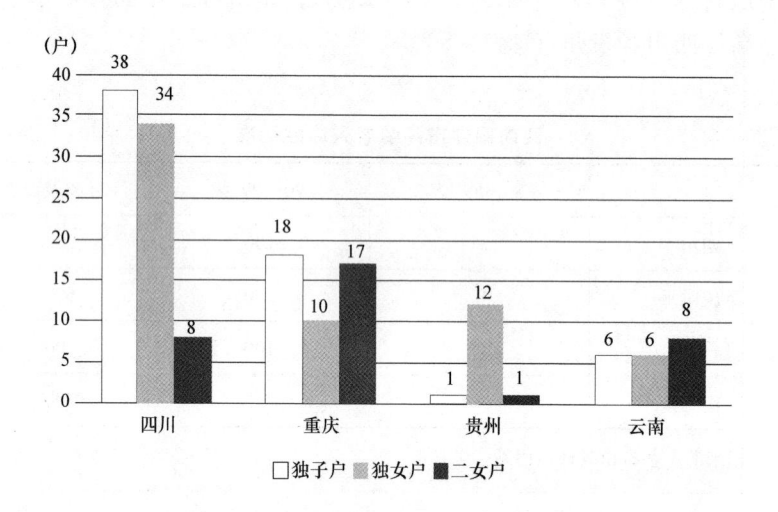

图3-26　西南四省市调研样本独子户、独女户、二女户数量情况

数据来源："我国西南地区农村留守老人养老需求与政策供给精准化研究"课题组调研数据。

（八）西南农村留守老人获得社会救助政策支持情况

1. 各地最低生活保障补贴水平比较均衡

最低生活保障制度是社会保障制度中最后一道安全网，由于城乡和

---

① 由于我国特殊的时代背景，农村纯二女户同样被视为响应国家号召实行计划生育政策，所以地方政府对二女户同样给予独生子女津贴补贴。

地区之间经济发展不平衡，各地城市与农村最低生活保障内容和金额也并不统一。从保障金额来看，根据四川省政府发布的《关于做好农村最低生活保障制度与扶贫开发政策有效衔接的实施方案》，2017年四川省农村居民低保补贴标准为每人每月275元。根据重庆市政府发布的《重庆市城乡居民最低生活保障条例》，2017年重庆市农村居民最低生活补贴标准为每人每月350元。贵州省绥阳县2017年最低生活保障对农村居民的补贴标准为每人每月294元，并且特别规定，符合低保条件的农村留守老人将全部纳入最低生活保障范围并按当地低保标准的10%—30%增发特殊困难补助金。云南省政府信息显示，2017年云南省农村居民最低生活保障补贴标准提高至每人每年3175元，约每人每月265元（图3-27）。综合来看，重庆农村居民的最低生活保障补贴标准最高，贵州其次，四川与云南补贴标准相差不大。

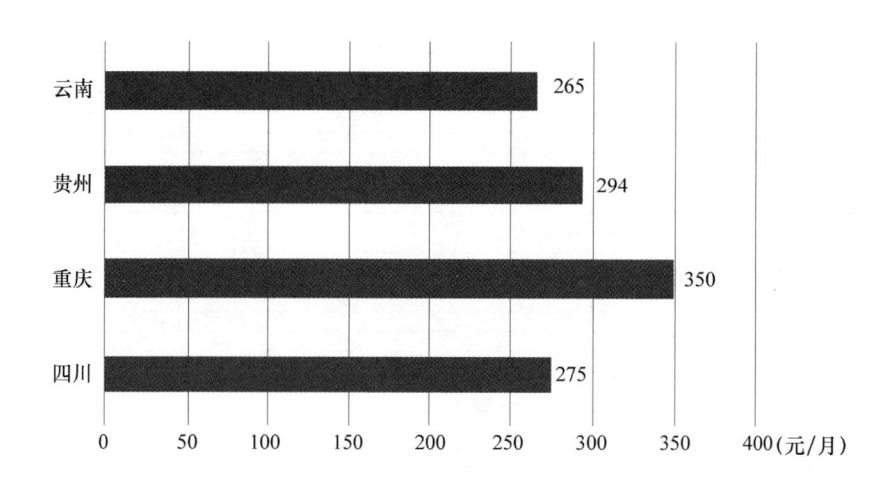

图3-27　西南四省市农村居民最低生活保障金额
数据来源：各省市县政府网站。

调研数据统计，在被调查的农村留守老人中，享受了最低生活保障的共计56人，其中四川20人，重庆9人，贵州11人，云南16人。最低生活保障补助是为了保障贫困老人最基本的正常生活。对于农村贫困留守老人，最低生活保障补贴在一定程度上可以减轻其经济压力，保障其基本物质生活水平。农村贫困留守老人若要依靠最低生活保障补贴彻底摆脱贫困则比较困难。

2. 临时困难救助享受比例很低

为了更好解决城乡困难群众突发性、紧急性、临时性困难境况，我国设置了临时困难救助制度。临时困难救助可采取发放救助金或实物、提供转介服务等方式实施。救助对象和救助内容不同，救助金额、方式也有所不同。调研数据显示，共有10位西南农村留守老人曾获得临时困难救助金，救助金额最低200元，最高8000元（图3-28）。救助原因主要是遭遇突然灾害，如突遭火灾、农作物被毁等。尽管获得临时困难救助的西南农村留守老人比例较少，但是临时困难救助制度对于帮助农村留守老人摆脱生活困境、缓解生活压力具有积极作用。

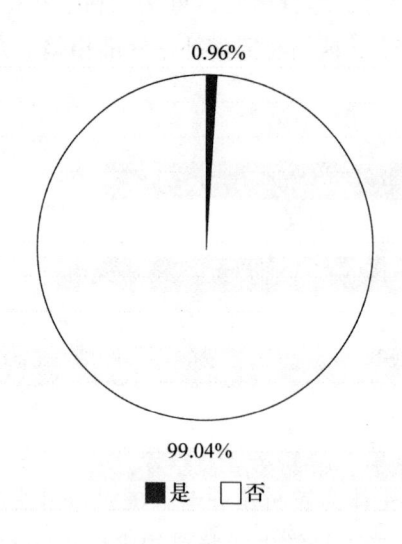

图3-28　调研样本享受临时困难救助比例

数据来源："我国西南地区农村留守老人养老需求与政策供给精准化研究"课题组调研数据。

（九）调研样本基本物质生活需求未完全满足

西南农村留守老人当前基本物质生活供给主体相对单一，主要包括政府和子女，且经济供给水平较低；另外，西南农村留守老人生活开支项目较多，尤其是医疗支出和人情支出开销很大，留守老人储蓄水平较低，致使农村留守老人基本物质生活需求不能完全得到满足。

调研数据显示，29.99%的农村留守老人认为自己的基本物质生活需求"不能满足"，62.87%的农村留守老人认为自己的基本物质生活需求"基本满足"，只有7.14%的农村留守老人认为基本物质生活需求"完全满足"（图3-29）。

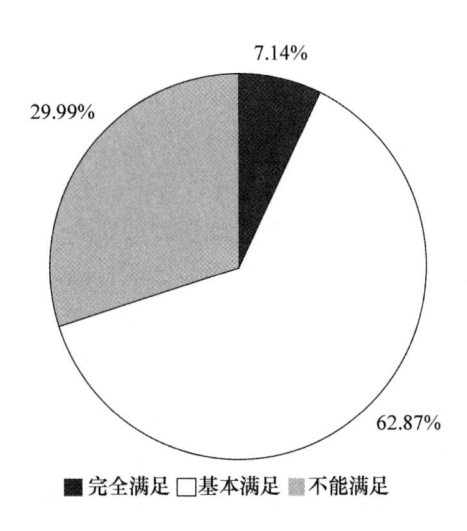

图3-29　调研样本基本物质生活需求满足情况

数据来源："我国西南地区农村留守老人养老需求与政策供给精准化研究"课题组调研数据。

二　日常生活照料供给

（一）非正式主体为农村留守老人提供日常生活照料

西南农村留守老人日常生活照料的供给主体通常包括非正式主体和正式主体。非正式主体主要是指子女、亲戚、朋友和邻居等。正式主体通常包括养老机构、护工、保姆等。资源配置不均衡使得西南农村地区养老机构数量非常少，通过走访调研发现西南农村地区通常只有政府主办的敬老院，社会养老机构数量非常少甚至没有。而敬老院是由民政部主办的，用于收留和供养没有子女的孤寡老人，农村留守老人是有子女的，不被算作敬老院收留和照顾的对象。但在调查中我们发现少部分农村留守老人生活比在敬老院生活的孤寡老人还艰难。养老机构等正式主体不能提供日常照料，农村留守老人只有寻求子女、亲戚、朋友邻居等非正式主体为自己提供日常照料。但是，在非正式主体供给端存在子女照料供给缺位、亲戚朋友邻居等其他非正式主体供给乏力的问题。日常照料供需的严重不匹配使得西南农村留守老人照料质量得不到保障，最终影响老人的养老保障水平。

（二）多主体为农村留守老人提供日常生活照料

西南农村留守老人日常生活照料提供者通常包括老伴、兄弟姐妹、朋友邻居、政府和社区。从调研数据来看，49.66%的留守老人认为"老伴"是其日常生活照料的提供者，8.00%的留守老人认为"朋友邻居"对其日常生活照料提供了帮助。农村留守老人的朋友邻居通常也是年龄相当的老人。受传统观念的影响，老人通常不会主动去麻烦别人。只有在身患疾病，日常生活照料需求严重得不到满足的情况下，农村留守老人才会向朋友邻居求助，或者朋友邻居看着老人可怜主动提供帮助。在缺乏照顾的无奈情况下，农村留守老人可能会选择通过相互帮扶的方式来满足老人自身日常生活照料的需求。3.86%的受访农村留守老人认为政府和社区对其日常生活照料提供了帮助，说明政府和社区等正式主体在满足农村留守老人日常生活照料需求上处于缺位状态。2.99%的受访农村留守老人认为"兄弟姐妹"提供了日常生活照料帮助，这一比例低于朋友邻居提供照料的比例，反映了"远亲不如近邻"的客观现实。

（三）超过四成的农村留守老人无人照顾

根据调研数据显示，42.33%的受访农村留守老人表示日常生活"无人照料"，他们都是自己照顾自己。经深入调查发现"无人照料"的西南农村留守老人主要有以下四种情况：第一种情况是老伴去世或者离异，成年子女外出务工，家里只有老人独自一人生活，老人只能自己照顾自己；第二种情况是老伴去世或者离异，成年子女外出务工，由于经济能力有限，成年子女将年幼的孙子女留在农村和老人一起生活，老人不仅要照顾自己，还要照顾好年幼的孙子女；第三种情况是老伴到城市和外出成年子女一起生活，方便照顾跟随成年子女在城市上学的孙子女，单独留下老人在农村；第四种情况是经济条件许可的成年子女想把两位老人一起接到城市生活，方便照顾孙子女，但是这种情况女性老人通常留在城市，因为需要女性老人干家务和接送孙子女，男性老人一方面没有事情可干，另一方面又不习惯城市生活，往往选择独自一人回到农村生活（图3-30）。

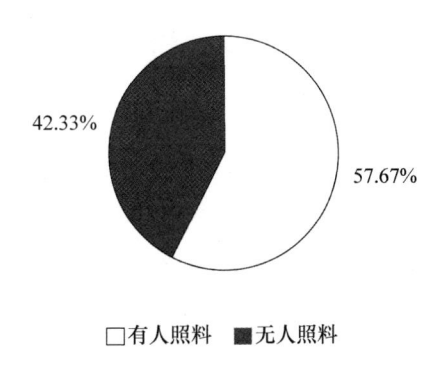

图3-30 调研样本日常生活照料提供情况

数据来源："我国西南地区农村留守老人养老需求与政策供给精准化研究"课题组调研数据。

（四）五成农村留守老人认为老伴是日常生活照料最重要的提供者

西南农村留守老人日常生活照料需求十分强烈，供给却十分有限。根据图3-31，可知，在被调研的农村留守老人中，获得了日常生活照料帮助的老人占比仅为57.67%（图3-30）。进一步分析，这一群体中有81.96%的农村留守老人认为"老伴"是最重要的照料提供者，10.52%的农村留守老人认为"子女"是最重要的照料提供者，选择"朋友邻居""兄弟姐妹"和"政府社区"的农村留守老人比例分别为4.51%、1.84%和1.17%（图3-31）。由此可见，在非正式照料提供者中，"老伴"是农村留守老人日常生活照料最普遍的帮助者，"子女"虽然是农村留守老人主要的求助对象，但是能够从子女处得到的实际照料帮助却是十分有限的，"朋友邻居"和"兄弟姐妹"二者发挥的效用极小。我国政府一直稳步推进养老机构的建设，积极发展养老院、日间照料中心、留守老人之家等，旨在为有生活照料需求的老人提供服务和帮助。但实际调研数据反映，西南地区农村留守老人能够进入这些养老机构并享受到实质性养老服务和帮助的却极少。所以"政府社区"对西南地区农村留守老人日常照料供给的有效性和针对性亟待加强。总体来看，老伴是西南农村留守老人日常生活照料最普遍的提供者，而其他主体，包括子女、兄弟姐妹、朋友邻居、政府社区等，其在满足留守老人日常生活照料需求上发挥的作用都十分有限。

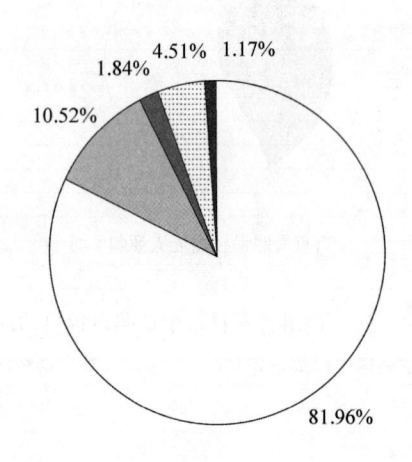

图3-31 调研样本日常生活照料最重要的提供者

数据来源："我国西南地区农村留守老人养老需求与政策供给精准化研究"课题组调研数据。

三 精神慰藉供给

除了提供物质经济赡养，精神慰藉同样是子女的责任和义务。空间距离的限制，使得外出务工的成年子女难以及时对农村留守老人提供高质量的精神慰藉。其他主体诸如亲戚朋友邻居、政府、养老机构等也难以及时为农村留守老人提供精神慰藉。农村留守老人精神慰藉需求未完全得到满足。

（一）农村留守老人精神慰藉需求未完全满足

西南农村留守老人有着强烈而丰富的情感和精神需求。一方面，他们渴望子女的关心与照顾，渴望参与更多的文娱活动和社会交往，期盼丰富的精神生活；另一方面，他们为家庭和社会做出贡献，理应在晚年得到家庭的情感回馈和社会的尊重。但是，调研数据显示，只有12.73%的被访问农村留守老人表示自己的精神需求"完全满足"，73.10%的被访问农村留守老人认为精神需求"基本满足"，14.18%的被访问农村留守老人表示精神需求"不能满足"（图3-32）。可见，当前西南农村留守老人精神慰藉供需不匹配。

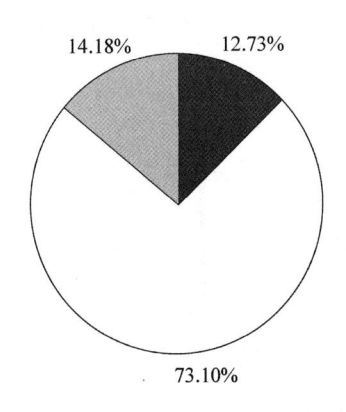

图3-32 调研样本精神慰藉需求的满足情况

数据来源："我国西南地区农村留守老人养老需求与政策供给精准化研究"课题组调研数据。

（二）老伴是农村留守老人情感慰藉最坚实的支持者

家庭是西南农村留守老人主要的情感依托，家庭成员是情感支持必不可少的提供者。调研数据显示，54.14%的受访农村留守老人认为"老伴"是情感支持的主要提供者，35.60%的受访农村留守老人认为"子女"是情感支持的主要提供者（图3-33）。就有老伴的这661位被访问农村留守老人来看（剩下的376位被访问农村留守老人伴侣去世或者离异），84.9%的有老伴的受访者认为"老伴"是他们情感慰藉最有力的支持者。对于西南农村留守老人而言，"老伴"作为主要情感支持者的比例显著高于"子女"。

此外，认为"朋友邻居"和"兄弟姐妹"是其情感支持的主要提供者的西南农村留守老人比例分别为8.38%和1.26%，可见，面对子女忙于工作，难以床前尽孝的无奈，农村留守老人打破血缘关系的束缚，突破对亲情的依赖，邻里的相互扶持也逐渐成为其寻求精神慰藉的重要途径。最后，只有0.62%的农村留守老人认为"政府社区"是其情感支持的主要提供者（图3-33），这也进一步说明当前"政府社区"在情感慰藉作用中的缺位，"政府社区"应该在留守老人寻求满足情感慰藉的过程中，不断积极去思考自己如何发挥效用，以及效用发挥的有效性和针对性。

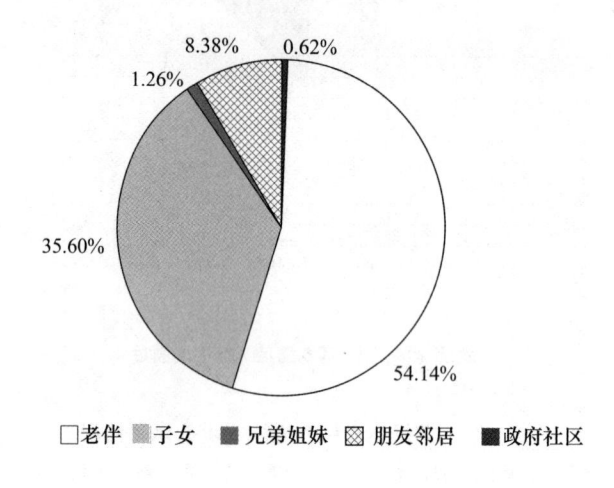

图 3-33　调研样本情感支持最主要的提供者

数据来源："我国西南地区农村留守老人养老需求与政策供给精准化研究"课题组调研数据。

（三）外出子女是农村留守老人精神慰藉的重要支持者

调研数据显示，35.60%的受访农村留守老人认为"子女"是情感支持的主要提供者，这个比例明显低于认为"老伴"是情感支持的主要提供者的受访老人（图3-33）。但是受传统家庭伦理文化以及养儿防老观念影响，农村留守老人依然期待成年子女能够提供精神慰藉和支持。调查问卷中，我们设计了四个分项选择题来考察成年子女为农村留守老人提供精神支持的状况。

1. 外出成年子女电话关心问候农村留守老人频率低

受空间距离限制，电话问候成为成年外出子女对农村留守老人日常问候最便捷的通信工具。调研发现，被访问的大多数农村留守老人配置了手机，这些老人配置手机主要用于接听外出成年子女的电话。调研数据显示，外出成年子女对农村留守老人日常电话的频率并不高。8.89%的被访问农村留守老人表示外出成年子女"从来没有打电话给自己"，1.93%的被访问农村留守老人表示外出成年子女打电话的频率为"超过一年时间才打一次电话"，6.88%的被访问农村留守老人表示外出成年子女打电话的频率是"半年到一年以内打一次电话"。更多的被访问农村留守老人表示外出成年子女打电话的频率包括"一周及一周以内打一次电话"、"一个月及一个月以内打一次电话""一个月到半年以内打一次电话"，其中外出成年子女"一个月及一个月以内打一次电话"比例最高，为38.24%。农村留守老人每天都能接到外出成年子女电话问候的比例只有3.81%（图3-34）。农村留守老人社交圈很小，通常并不需要用手机联系。但是在访谈中我们发现只要配置手机的农村留守老人，他们每天都随身携带手机，目的在于不错过外出成年子女打来的电话。统计结果反映外出成年子女对农村留守老人的关心问候明显不足。

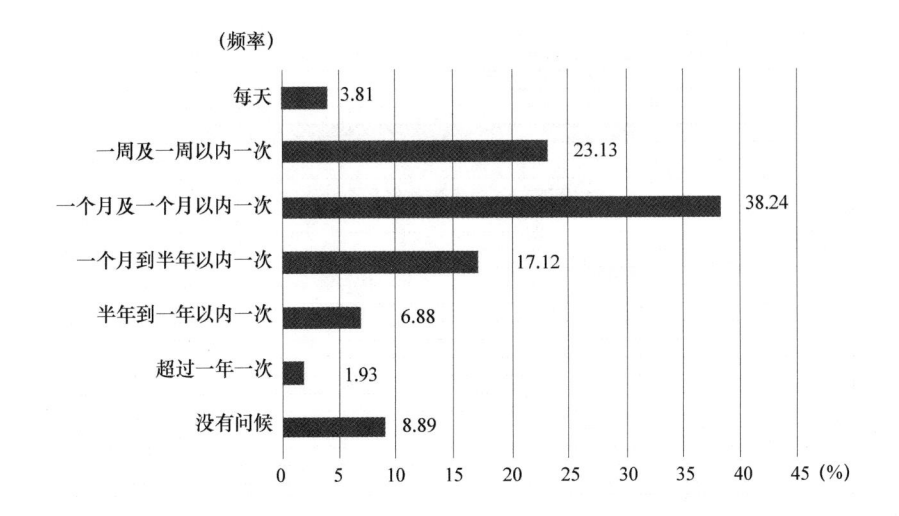

频率	百分比
每天	3.81
一周及一周以内一次	23.13
一个月及一个月以内一次	38.24
一个月到半年以内一次	17.12
半年到一年以内一次	6.88
超过一年一次	1.93
没有问候	8.89

图3-34　调研样本外出成年子女电话问候农村留守老人的频率

数据来源："我国西南地区农村留守老人养老需求与政策供给精准化研究"课题组调研数据。

2. 外出成年子女回家看望农村留守老人频率较低

成年子女外出务工地点大多数远离家乡，回家的经济成本和时间成本较高，导致外出成年子女回家看望农村留守老人的频率偏低。调研数据显示，38.48%的受访农村留守老人表示外出成年子女"半年到一年以内回家一次"，这部分外出成年子女通常在春节以及在农村留守老人生病或有重大事情的时候才回一次家。22.96%的受访农村留守老人表示外出成年子女"一年到两年回家一次"，这部分外出成年子女一般只在过春节的时间才回一次家。外出成年子女回家频率在"一个月到半年以内一次"和"一月及一月以内一次"的农村留守老人比例分别是13.18%和14.04%，这部分外出成年子女回家看望老人的频率较高，通常工作地点离家较近，或者家中老人身体状况不好，需要子女经常回家照看。除此之外，7.56%的受访农村留守老人表示外出成年子女"超过两年才回一次家"，还有3.78%的受访农村留守老人表示成年子女外出后从来"没有回家"（图3-35）。

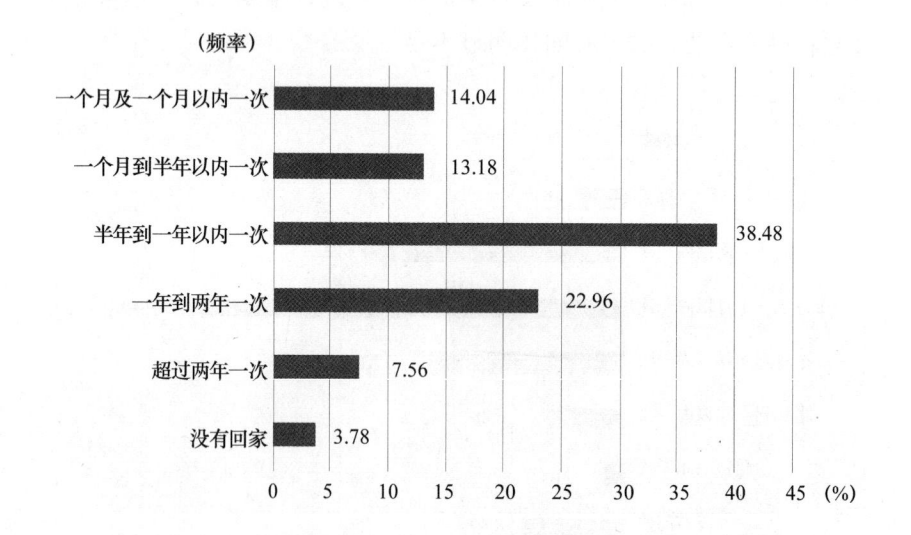

图3-35 调研样本外出成年子女回家看望农村留守老人的频率

数据来源："我国西南地区农村留守老人养老需求与政策供给精准化研究"课题组调研数据。

在调研中，当西南农村留守老人向调查员叙述外出成年子女回家看望自己时手舞足蹈，开心得像个孩子。"他每年过年就回来了，还要给我买好多东西"，这是调研组成员最常听见的一句话，虽然大部分农村留守老人只能在过春节的时候才能和外出成年子女团聚，但这也从很大程度上满足了农村留守老人对外出成年子女回家的期盼。在调查员询问时，我们发现少部分外出成年子女从未回家或很少回家的农村留守老人，他们的心情变得灰暗而沮丧，对生活失去信心，不抱希望，有些老人默默流泪，让人感叹唏嘘不已。

3. 外出子女与农村留守老人亲密程度总体较好

子女是老人最主要的精神支柱和情感寄托，子女与老人的亲密程度直接关系着老人老年生活质量和幸福感。调研数据显示，西南农村留守老人和外出子女的亲密程度总体较好，认为外出和子女关系"很好"和"有点好"的受访农村留守老人比例分别占到了49.02%和22.62%。21.15%的受访农村留守老人认为自己和外出子女的亲密关系"一般"，4.90%的受访农村留守老人认为自己和外出子女的亲密关系"不太好"，还有2.31%的受访农村留守老人认为自己和外出子女关系"很不好"（图3-36）。

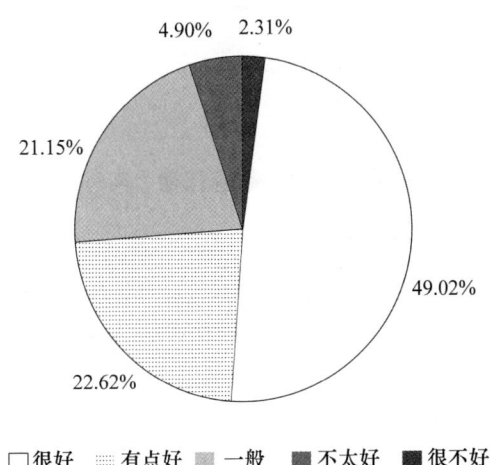

图3-36 调研样本外出子女与农村留守老人的亲密程度情况

数据来源："我国西南地区农村留守老人养老需求与政策供给精准化研究"课题组调研数据。

4. 外出子女与农村留守老人代际冲突较低

此处的代际冲突专指农村"留守"一代和"离乡"一代因价值观念、思维方式和行为方式差异而产生的矛盾关系。从调研数据来看,6.07%的被访问农村留守老人认为和外出子女存在"非常大"或"较大"的代际冲突,14.17%的被访问农村留守老人认为和外出子女代际冲突"一般",17.48%的被访问农村留守老人认为和外出子女代际冲突"较少",62.28%的被访问农村留守老人认为和外出子女"没有"代际冲突(图3-37)。代际冲突是客观存在的,农村留守老人思想行为较为传统,当外出子女提出接老人和自己共同居住时,大多数农村老人因为故土难离,又不想为外出子女增加负担,选择留在农村。子女则希望追求更高收入离乡务工。两代人的思维方式和行为方式虽然存在差异,但农村留守老人没有与成年子女生活在一起,生活中的摩擦较少,很大程度上减少了两代人之间的代际冲突。

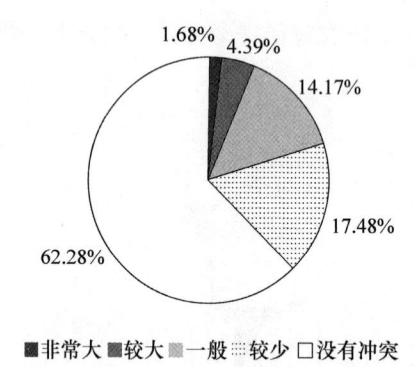

图 3-37 调研样本外出子女与农村留守老人的代际冲突情况

数据来源:"我国西南地区农村留守老人养老需求与政策供给精准化研究"课题组调研数据。

(四)朋友邻居和兄弟姐妹是农村留守老人情感慰藉补充提供者

被访问的农村留守老人除了认为伴侣和子女是重要的精神支持者以外,还有8.38%的受访农村留守老人认为"朋友邻居"是情感支持最主要的提供者,1.26%的受访农村留守老人认为"兄弟姐妹"

是情感支持最主要的提供者（图3-33）。但是相对于伴侣和子女提供的精神支持，"朋友邻居"和"兄弟姐妹"这两者支持的力度明显要弱。究其主要原因在于现在的农村互助关系比较淡漠。通过对比，我们还发现"朋友邻居"对农村留守老人的情感支持力度远大于"兄弟姐妹"，这反映了农村以"亲属关系"为纽带的情感维系作用弱于以"邻里关系"为纽带的情感维系作用。不少受访农村留守老人选择与相处时间长、相处频率高的"朋友邻居"互相慰藉。

（五）政府和社区对农村留守老人情感支持微不足道

只有0.62%的受访农村留守老人认为"政府社区"是情感支持最主要的提供者（图3-33）。农村留守老人主要生活的轨迹围绕家庭，家庭在情感慰藉上也承担了主要作用，目前看来政府和社区为农村留守老人提供情感慰藉方面发挥作用很小。

（六）少数农村留守老人无人提供情感支持

7.91%的受访农村留守老人表示在情感支持上"无人帮助"。这一类老人大多生活孤独、子女冷漠，他们主动向外界获取情感支持的能力较弱，"政府社区"需特别关注这一类农村留守老人的情感需求以提供支持（图3-38）。

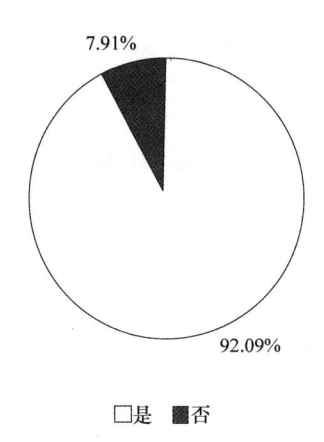

图3-38 调研样本情感支持是否有人帮助

数据来源："我国西南地区农村留守老人养老需求与政策供给精准化研究"课题组调研数据。

(七) 农村留守老人文化娱乐活动单调匮乏

因为环境交通、设施建设等诸多限制，西南地区农村文化娱乐活动单调匮乏，这直接导致农村留守老人精神生活空虚贫瘠。受访的农村留守老人认为常见的娱乐活动主要包括麻将、纸牌、看电视、串门闲聊等。80.91%的受访农村留守老人通过"看电视、听收音机"的方式打发时间；"串门、闲聊"也是农村留守老人常见的娱乐活动，63.93%的受访农村留守老人会选择去邻居亲戚朋友家串门聊天打发时间；16.68%的受访农村留守老人会通过打牌缓解无聊，并且"麻将、纸牌"是男性农村留守老人主要选择的娱乐活动方式；5.30%的农村留守老人选择了跳广场舞、散步、喝茶等其他娱乐活动；还有5.21%的农村留守老人没有参与任何娱乐活动（图3-39）。农村留守老人日常消遣活动地点主要在家里、家附近或者集市，调查中我们发现部分老年活动设施设置因为位置不方便，并不适合农村留守老人使用。

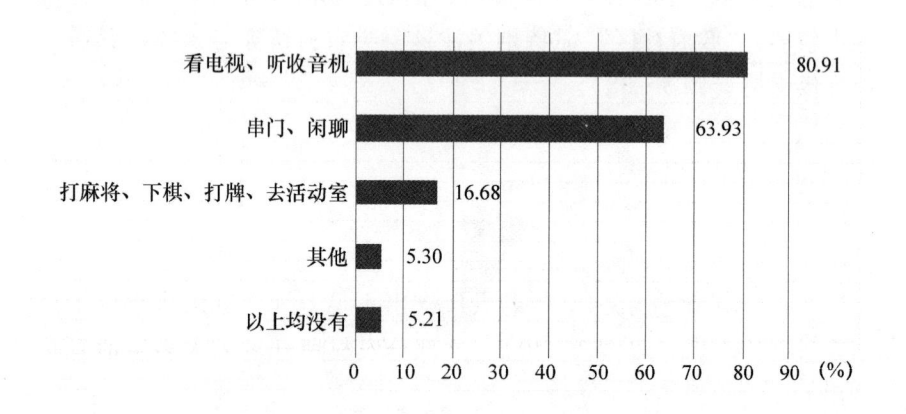

图3-39 调研样本日常消遣活动情况

数据来源："我国西南地区农村留守老人养老需求与政策供给精准化研究"课题组调研数据。

第三节 养老保障需求现状

随着我国城镇化建设不断发展，大量农村青壮年劳动力向城市转移,农村人口老龄化程度愈加严重,农村空心化日益凸显,西南地区农村留守老人养老保障需求越发强烈,并难以得到满足。总体来看,西南地区农村留守老人主要面临基本物质生活、日常生活照料、精神慰藉三方面需求。

一 基本物质生活需求

一方面,由于西南农村留守老人的基本物质生活需求具有较大的主观性,无法客观测量,另一方面,西南农村留守老人支出结构都是基础性支出,反映了最基本的物质生活需要,所以本课题通过西南农村留守老人的总支出水平反映其基本物质生活需求。西南地区农村留守老人作为农村居民中缺乏劳动能力和收入较少的群体,支付能力十分有限,农村居民人均消费支出水平可直接反映西南地区农村留守老人基本物质生活需求。

(一)农村留守老人总支出水平偏低

调研结果显示,受访农村留守老人年支出水平普遍较低,年消费支出均值为9766.37元,比国家统计局2017年公布的农村居民人均消费支出值10954.53元低10.8%。从支出分布来看,68.9%的受访农村留守老人总支出水平低于全国农村平均水平,其中,年支出低于5000元的受访农村留守老人高达36.53%,32.37%的受访农村留守老人支出水平为5000—9999元。进一步分析发现问题更严重。医疗支出属于刚性支出,并不能真实反映其支付能力。剔除医疗支出后,超过85%的被调查农村留守老人年支出不足万元,支出水平低于全国农村平均水平(见图3-40)。这部分农村留守老人大多生活省吃俭用,在收入和储蓄都有限的情况下,他们的基本物质生活需求难以得到满足,只能勉强维持生计。年消费支出在10000—14999元的被调研农村留守老人占比为9.69%,这部分老人消费水平达到或略高于全国农村居民平均支出水平。年消费支出15000—19999元、20000—24999元、25000—29999元、30000元及以上的农村留守老人比例分别为2.61%、0.96%、1.17%、0.49%。从消费数额来看,西南四省市农村留守老人年均支出差异较大,少数农村留守老人的年均支出水平远高于平均值,老年生活相对富足。

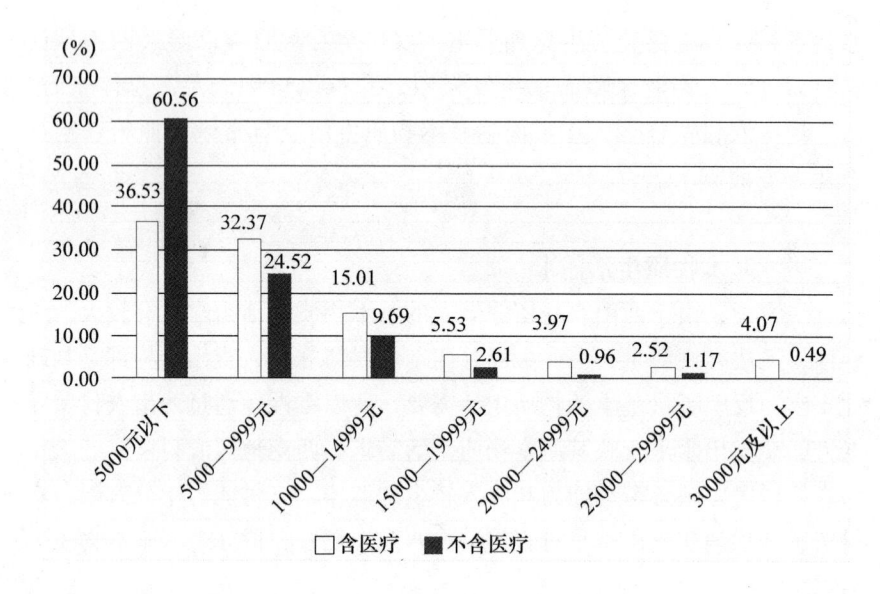

图 3-40　调研样本个人年支出情况

数据来源:"我国西南地区农村留守老人养老需求与政策供给精准化研究"课题组调研数据。

(二) 分项支出情况

西南农村留守老人日常支出项目主要包括水电费支出、食品支出、医疗支出、日常用品支出、人情支出、交通费支出、娱乐支出、耐用品支出、其他支出等 (表 3-9)。

表 3-9　　　　　　　调研样本分项支出情况

序号	项目	频数	占比 (%)	平均值	标准差	总人均 (元)
1	水电费年支出	962	92.77	736.56	1036.58	683.29
2	食品年支出	925	89.20	3023.48	3271.73	2696.93
3	医疗年支出	922	88.91	4649.71	8823.37	4134.07
4	日常用品年支出	868	83.70	1164.76	3535.98	974.94
5	人情年支出	432	41.66	2031.34	1878.44	846.23
6	交通费年支出	201	19.38	589.18	651.04	114.20
7	娱乐年支出	61	5.88	1629.18	2294.64	95.83

续表

序号	项目	频数	占比（%）	平均值	标准差	总人均（元）
8	耐用品年支出	51	4.92	1301.18	1457.97	63.99
9	其他年支出	74	7.14	1617.30	1664.38	115.41
	合计					9724.89

数据来源："我国西南地区农村留守老人养老需求与政策供给精准化研究"课题组调研数据。

1. 水电费支出普遍较低

随着农村基础设施建设发展和"三通"工程推进，西南农村地区基本上能用上电、喝上干净的饮用水。调研结果显示，水电费支出是当前西南地区农村留守老人最普遍的支出项目，覆盖比例为92.77%。从支出水平看，平均年支出额为736.56元，每月约60元。受访农村留守老人普遍表示可以接受水电费支出金额。

2. 食品支出是最主要的支出

根据调研显示，89.20%的受访农村留守老人会产生食品支出，询问发现少部分农村留守老人没有食品支出的原因是自己种地、种果树和饲养家禽，能够自给自足，不需要另外花钱购买食品；还有少部分农村留守老人由于寄宿在亲戚或朋友家中，也不用承担水电费和食品费用支出。受访农村留守老人普遍比较节俭，当调查员问及受访老人是否会买"蔬菜水果"时，大部分老人明确表示"自己种了蔬菜水果，不会再花钱购买"。

根据恩格尔定律，食品支出水平越高，生活水平越低。根据计算受访农村留守老人人均食品年均支出额为2696.93元，是除医疗外占比最高的项目，占总支出比例为27.73%。若总支出不包含医疗支出，则食品支出比例上升至48.24%。西南农村留守老人食品支出比重在总支出所占份额较大，将近50%，可见西南地区农村留守老人生活处于较低水平。

3. 医疗支出压力较大

调研显示，1037位受访农村留守老人中，922位老人产生医疗支出，占比高达88.91%，年均支出额为4649.71元，是受访农村留守老人年支出中最大支出项。随着年龄增长，西南农村留守老人健康状况日渐恶化，很多慢性病开始显现，不少老人需要长期用药，医疗支出已经成为他们最大的支出项目。昂贵的医疗费用成为农村留守老人严重的负担，调查中发现不少农村留守老人"因病致贫"。昂贵的医疗费用，使得西南地区农村留守老人害怕生病，生病也不愿意上医院。

受访西南地区农村留守老人医疗支出普遍表现三种特点。

第一，农村留守老人就医层次低。

调研显示，被问及"您和您的家人生病（一般疾病），一般首选什么就医"时，12.44%的受访农村留守老人选择"不去医院，也不去药店买药"，44.46%的受访农村留守老人选择"去药店买药"，选择"乡镇卫生院或诊所"比例为39.15%，选择"私立医院"比例为1.16%，仅有2.80%的受访者表示会到县级及以上医院就诊（图3-41）。当前西南地区农村留守老人就医层次明显偏低。做出这样的选择一方面受勤俭节约传统观念的影响，更重要的则是直接受制于昂贵医疗费用。西南地区农村留守老人整体收入水平较低，缺乏子女照顾，大部分留守老人生病都是自己硬扛着，能省则省，或简单去药店买点药。

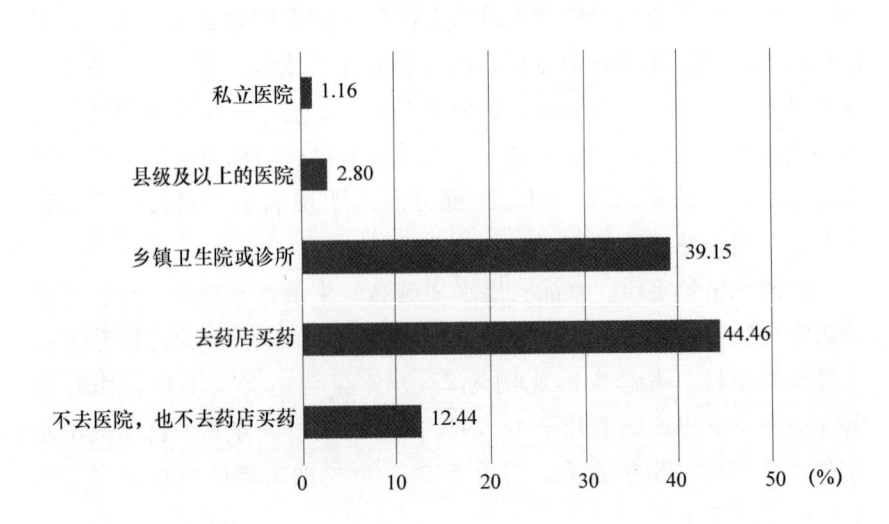

图3-41 调研样本患"一般疾病"的就医选择

数据来源："我国西南地区农村留守老人养老需求与政策供给精准化研究"课题组调研数据。

当被问及"您和您的家人生病（重大疾病），一般首选什么就医"时，30.95%的农村留守老人选择去"乡镇卫生院或诊所"，60.85%的受访老人选择去"县级及以上的医院"，4.34%的受访老人选择"去药店买药"，仍然有3.66%的受访老人选择"不去医院，也不去药店买药"（图3-42）。农村留守老人患的重大疾病通常具有"复杂性"和"持久性"的特点。西南农村地区乡镇卫生院医疗设施和设备普遍不完善，无法完成专业检查和专业手术。如果选择去"县级及以上的医院"，又会面临就诊程序复杂、就诊时间长、费用高等现实问题。部分身患"重大疾病"的农村留守老人往往顾虑医疗费用支出而错过来及时专业的救治。

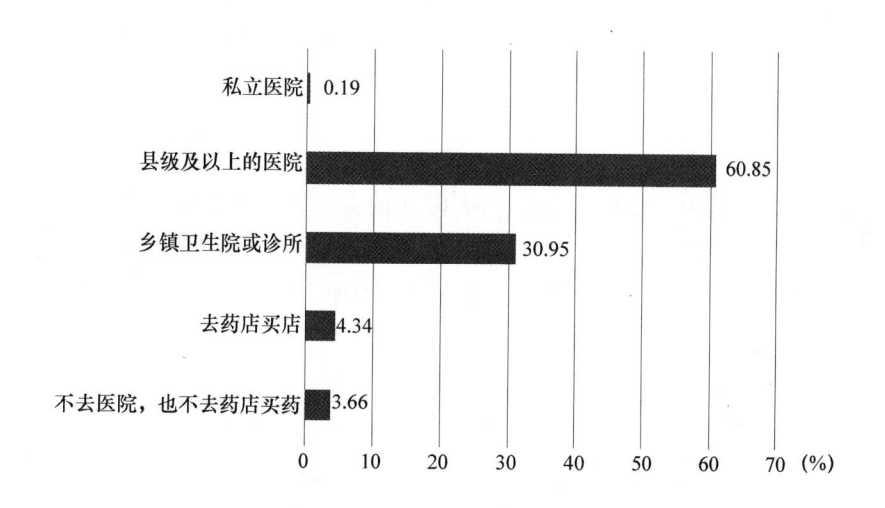

图3-42 调研样本患"重大疾病"的就医选择

数据来源："我国西南地区农村留守老人养老需求与政策供给精准化研究"课题组调研数据。

第二，农村留守老人医疗支出女性高于男性。

从调研数据结果来看，西南农村留守老人医疗支出费用女性高于男性，男性老人医疗支出年均值为4441.6元，女性老人医疗支出年均值为4837.2元，二者相差395.6元（图3-43）。

◇◈ 精准施策赋能农村养老保障

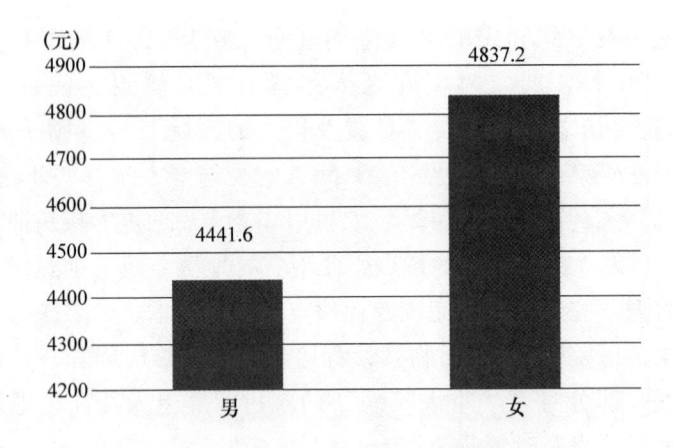

图 3-43　调研样本医疗支出的性别差异

数据来源:"我国西南地区农村留守老人养老需求与政策供给精准化研究"课题组调研数据。

此外,从西南农村留守老人自评健康性别差异情况来看,78.17%的男性老人认为身体状况较差,84.62%的女性老人认为身体状况较差,所以总体男性自评健康水平高于女性(图3-44)。结合医疗支出和自评健康性别差异来看,女性农村留守老人健康水平普遍低于男性。

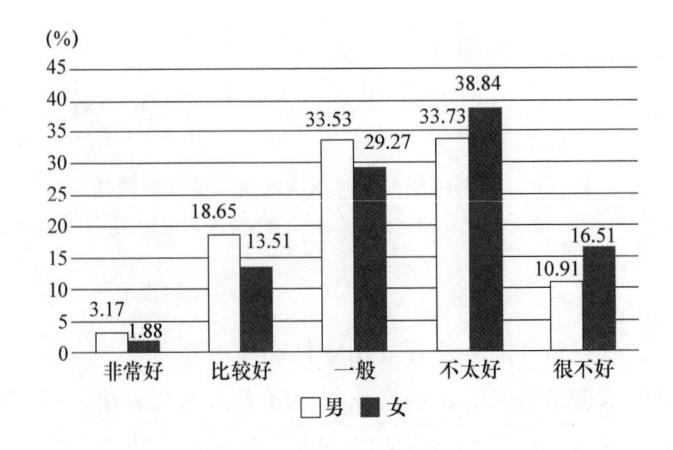

图 3-44　调研样本自评健康的性别差异

数据来源:"我国西南地区农村留守老人养老需求与政策供给精准化研究"课题组调研数据。

第三，低龄农村留守老人医疗支出高于高龄农村留守老人。

根据调研数据计算结果，60—69岁西南农村留守老人医疗支出年均值为4948.9元；70—79岁西南农村留守老人医疗支出年均值为4735.9元；80—89岁西南农村留守老人医疗支出年均值最低，为3097.5元；90岁及以上西南农村留守老人医疗支出年均值为3300.0元（图3-45）。通常，随着老人年龄增长，其身体出现健康问题的概率越大，医疗支出费用也应该更高。但此次调研结果显示，随着西南农村留守老人年龄增长，年均医疗支出费用在逐渐减少。主要原因可能有以下三种情况。第一，年龄越大的农村留守老人支付能力较低，被迫选择较低水平的就医层次。第二，年龄越大的农村留守老人患重大疾病的概率越高。在重大疾病发生时，子女通常都会陪在农村留守老人身边，并支付老人的医疗费，需要老人自己承担的医疗费就会减少。第三，医疗支出费用与住院选择有关。高龄农村留守老人因为身体条件较差，生病时，通常选择住院治疗，而低龄农村留守老人很少选择住院，一般生病都是选择去诊所看病。住院条件下能够报销大部分医疗费用，所以高龄农村留守老人医疗支出很大部分由国家进行报销，个人医疗支出费用较少。

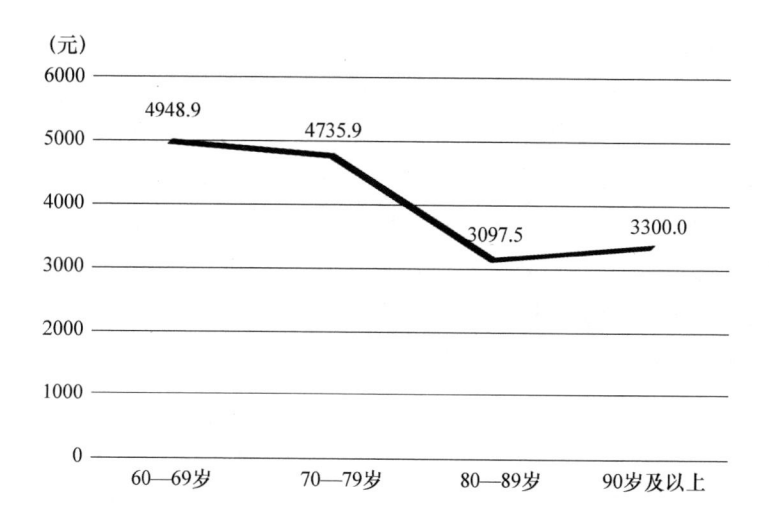

图3-45　调研样本医疗支出的年龄差异

数据来源："我国西南地区农村留守老人养老需求与政策供给精准化研究"课题组调研数据。

4. 日常用品支出普遍较低

日常用品支出包括购买衣服、被子、鞋子、洗漱用品等日常用品的消费支出。在实地调研的过程中发现，西南农村留守老人不仅在"吃"上节俭，在"穿衣用度"上也很节俭。调研数据显示，有83.70%的农村留守老人拥有日常用品支出，其年支出均值为1164.76元。虽然随着经济的发展，农民的收入在不断增加，但是更多的老人还是选择在自己的经济范围内，尽可能在衣食住行上节约，不给子女增加负担。

5. 人情支出压力较大

在西南农村留守老人支出项目中，人情支出最值得关注。随着经济水平提高，人情消费也同步增长，份子钱从过去几十元一路水涨船高到现在几百上千元，西南农村留守老人收入却赶不上份子钱提高的速度，无疑对农村留守老人造成巨大的经济压力。调研数据显示，432位受访农村留守老人支出项目包括人情支出，所占比例为41.66%。受访农村留守老人人情支出年均值为2031.34元，支出金额排第三位。没有产生人情支出的农村留守老人，一部分表示子女会承担"送礼"费用，自己不用额外开支；还有一部分表示没钱送礼，自己也不会收礼。人情支出已经成为西南农村留守老人每年较大的一笔开支，越来越多的农村留守老人感叹，挣钱很难，花钱却很容易。人情往来是我国传统美德，是维持良好社会关系的重要纽带，其本质是为了互帮互助、礼尚往来。但至今日演变成了为了面子相互攀比，使得人情支出成为西南农村留守老人沉重的负担。甚至一些经济困难的西南农村留守老人会把省吃俭用节约的费用当作"人情费"拿去送礼，严重影响了农村留守老人的生活质量。

6. 交通费用支出普遍较低

随着农村"三通"工程的进展，水泥路通到了每户农民家门口，为腿脚有障碍的农村留守老人提供便利。因为开通水泥路，在西南农村地区电动三轮车、摩托车和电动自行车等日常出行工具也得以普及。根据调研结果，有交通费支出的被访问农村留守老人比例为19.38%，交通费年均值为589.18元。尽管现在农村出行方式多样化，但步行仍然是留守老人最主要的出行方式。对于自小生长在农村的留守老人来说,翻山越岭只是家常便饭。云南云县茶房乡的村民居住在大山深处,交通不便且山路崎岖,他们到乡镇集市通常要走四个小时。从村里到乡镇集市的班车很少,如果错过,人们要想到集市买东西就只能选择步行。茶房乡的留守老人年老体弱不能长途跋涉,只能待在家里。

7. 娱乐支出占比较小

随着国家对农村文化设施建设的关注,健身器材、乒乓球台、农家书屋等文化基础设施开始在农村普及。但是在实地调查中,我们发现健身器材、乒乓球台、农家书屋通常都只设置在村上的活动室。居住距离较远的西南农村留守老人,没有办法经常使用这类设施。西南农村留守老人文化水平普遍较低,识字能力有限,对农家书屋兴趣不大,农家书屋对于他们而言形同虚设。女性农村留守老人的主要娱乐方式包括看电视和串门聊天,除了看电视,打牌、喝茶就成了大多数男性农村留守老人的主要娱乐方式,通常这些娱乐方式是免费的。根据调研结果,有娱乐支出西南农村留守的老人为61人,所占比例为5.88%,年均值为1629.18元。这61位被访问农村留守老人经济条件比较好,他们会定期相约到集市茶馆去喝茶打牌,所以会产生极少的娱乐费用。城市物质生活日渐丰富与农村精神文化生活单调匮乏形成鲜明对比。

8. 耐用品支出占比较小

耐用品支出是指购买多次使用、寿命较长的商品,例如购买家具、家电等。调研数据显示,只有4.92%的被调研农村留守老人有此项支出,年均值为1301.18元。所以大部分的西南农村留守老人并不愿意花钱置换家具或家电改善生活环境。

9. 其他支出项目有限

调研中还发现,除了以上八项支出外,部分被访问的农村留守老人还要承担孙子女的学费,少数被访问的农村留守老人为了陪孙子女上学,需要在学校附近的乡镇租房居住,部分老人还要承担房屋租金。总体来看,西南地区农村留守老人支出水平较低,支出结构简单,支出项目有限。

二 日常生活照料需求

随着年龄增长,西南农村留守老人身体机能逐渐衰退,各种慢性疾病逐渐显现,少部分农村高龄留守老人体力和活动能力逐渐丧失。身体条件日益恶化使得西南农村留守老人对日常照料需求与日俱增。

(一)农村留守老人身体健康状况普遍堪忧

1. 农村患病留守老人比例高

总体患病比例超过九成。西南农村留守老人的患病情况直接影响其身体健康状况。调研结果显示,西南农村留守老人的患病率偏高,达到了94.7%,只有5.3%的老人表示自己并没有患病。在患病的农村留守老人中,其患病概率排在前十位的疾病分别是颈腰椎疾病(46.48%)、关节疾病(44.55%)、消化系统疾病(34.52%)、高血压(32.3%)、眼部疾病(16.44%)、心脏病(14.85%)、慢性肺部疾病(12.05%)、脑部疾病(11.25%)、糖尿病(5.98%)、高胆固醇(1.93%)。

近九成患者是慢性病病患。根据2017年国务院发布的《中国防治慢性病中长期规划(2017—2025年)》,心脑血管疾病、癌症、慢性呼吸系统疾病、糖尿病和口腔疾病,以及内分泌、肾脏、骨骼、神经等疾病均属于慢性病范畴。调研数据统计,西南地区农村留守老人患慢性病的概率为87.66%,其健康状况令人担忧。

2. 活动能力受损情况较高

西南农村留守老人的日常活动能力是反映其为了满足日常生活的需要每天所进行必要活动的基本功能情况。日常活动能力包括了日常生活活动能力(ADL)和工具性日常生活活动能力(IADL)。对日常生活活动能力的测量包括了室内活动、穿衣服、吃饭、洗澡、上厕所和控制大小便等基本功能状况。对工具性日常生活活动能力的测量包括了接打电话、乘坐交通工具外出、洗衣服、做家务、做饭、买东西、管理钱财和吃药等基本功能状况。每一项通过"没有困难""有困难仍可完成""有困难且需要帮助"和"无法完成"这四种选项进行测量,如果老人回答是"没有困难"或"有困难仍可完成"则代表该项能力没有受损。

根据数据的统计结果，西南农村留守老人日常生活活动能力存在受损情况的有共计157人，受损比例为15.14%。其中，受损情况最严重的是"洗澡"，受损比例为7.43%，其次是"上厕所"，受损比例为6.94%（表3-10）。

表3-10　调研样本日常生活活动能力（ADL）的受损情况

项目	没有困难	有困难仍可完成	有困难且需要帮助	无法完成
室内活动	441（42.53%）	548（52.84%）	41（3.95%）	7（0.68%）
穿衣服	747（72.03%）	259（24.98%）	20（1.93%）	11（1.06%）
吃饭	904（87.17%）	118（11.38%）	10（0.96%）	5（0.48%）
洗澡	731（70.49%）	229（22.08%）	45（4.34%）	32（3.09%）
上厕所	608（58.63%）	357（34.43%）	56（5.40%）	16（1.54%）
控制大小便	919（88.62%）	80（7.71%）	22（2.12%）	16（1.54%）

数据来源："我国西南地区农村留守老人养老需求与政策供给精准化研究"课题组调研数据。

工具性日常生活活动能力受损情况较日常生活活动能力更严重。工具性日常生活活动能力存在受损情况的老人共计395人，受损比例达到了38.09%。其中"接打电话"受损情况最严重，受损率为29.60%，其主要原因是虽然大多数西南农村留守老人拥有手机，但是手机的使用频率较少，加之老人的文化程度较低，识字有限，不会"接打电话"的老人比例较高。其次，西南农村留守老人"乘坐交通工具外出"和"洗衣服"功能的受损情况也较为严重，受损比例分别为12.44%和10.03%（表3-11）。对于农村留守老人，身体失能现象最明显的体现就是身体活动能力开始退化，尤其是四肢躯干的活动能力，所以在需要长时间使用到四肢的活动上，老人一般显得比较乏力。

表3-11 调研样本工具性日常生活活动能力（IADL）的受损情况

项目	没有困难	有困难仍可完成	有困难且需要帮助	无法完成
接打电话	608（58.63%）	122（11.76%）	178（17.16%）	129（12.44%）
乘坐交通工具外出	742（71.55%）	166（16.01%）	71（6.85%）	58（5.59%）
洗衣服	699（67.41%）	234（22.57%）	57（5.5%）	47（4.53%）
做家务	722（69.62%）	231（22.28%）	46（4.44%）	38（3.66%）
做饭	731（70.49%）	211（20.35%）	41（3.95%）	54（5.21%）
买东西	809（78.01%）	146（14.08%）	54（5.21%）	28（2.7%）
管理钱财	826（79.65%）	126（12.15%）	51（4.92%）	34（3.28%）
吃药	846（81.58%）	118（11.38%）	58（5.3%）	18（1.74%）

数据来源："我国西南地区农村留守老人养老需求与政策供给精准化研究"课题组调研数据。

综合西南农村留守老人日常生活活动能力和工具性日常生活活动能力的受损情况，其对日常生活照料的需求是客观存在的。

3. 认知功能障碍非常严重

认知功能是脑神经功能的重要组成部分，包括注意、集中、记忆、学习、语言、理解、推理、判断、逻辑思维、行为以及执行能力等，反映大脑的功能状况。农村留守老人认知功能状况是反映其身心健康和老年生活质量的重要指标。随着农村留守老人年龄增长，健忘、注意力不集中、表达不清、情绪变化大等现象越来越普遍，这是认知功能障碍的表现，严重者甚至可能出现行为异常。调研组使用国际流行的老年人认知功能智力状态简易评价量表（MMSE）对西南农村留守老人认知功能障碍情况进行测量，量表包含六个维度，分别是时间定向力、地点定向力、注意力及计算力、即刻记忆、延迟记忆和语言能力。量表总共包含30个问题，其中时间定向力5题、地点定向力5题、注意力及计算力5题、即刻记忆3题、延迟记忆3题、语言能力9题。每题回答正确记1分，回答错误或无法回答记0分。最后加总得分，总分 27—30 分为认知功能正常，21—26 分为轻度认知功能障碍，10—20 分为中度认知功能障碍，0—9 分为重度认知功能障碍[①]。

调研结果显示，西南农村留守老人认知功能受损情况普遍严重，总体有 88.91% 的受访农村留守老人存在认知功能障碍，其中 32.88% 的受访农村留守老人为轻度认知功能障碍，47.35% 的受访农村留守老人为中度认知功能障碍，还有 8.68% 的受访农村留守老人属于重度认知功能障碍（图 3－46）。认知功能障碍如果没有得到及时干预和控制，极有可能演变成老年痴呆。

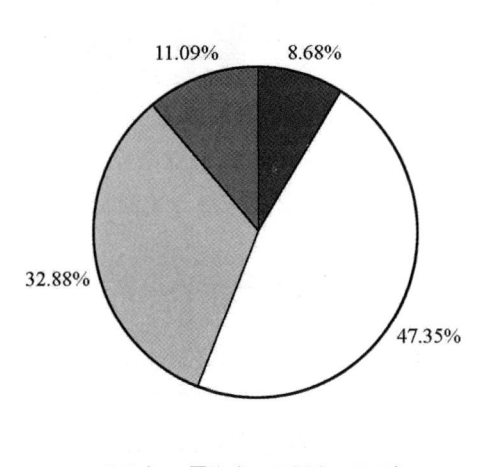

图 3－46 调研样本认知功能受损情况

数据来源："我国西南地区农村留守老人养老需求与政策供给精准化研究"课题组调研数据。

4. 超五成农村留守老人自评健康不好

自评健康是老人对自己健康的整体性评估，是综合评估身体健康、心理健康和社会健康的结果。自评健康状况可以间接反映西南农村留守老人日常生活照料的需求程度和精神慰藉的需求程度。从调研

---

① 张菊霞、徐晓琴、丁兆红等：《医院—社区—家庭护理干预模式在轻度认知功能障碍患者中的应用》，《中国护理管理》2018 年第 9 期。

数据来看，只有16.01%的留守老人认为健康状况"比较好"，2.51%的留守老人认为健康状况"非常好"，不足两成的受访农村留守老人自评健康较好。31.34%的留守老人认为健康状况"一般"。36.35%的留守老人认为健康状况"不太好"，13.79%的留守老人认为健康状况"很不好"，超五成被访问的农村留守老人自评健康不好（图3-47）。

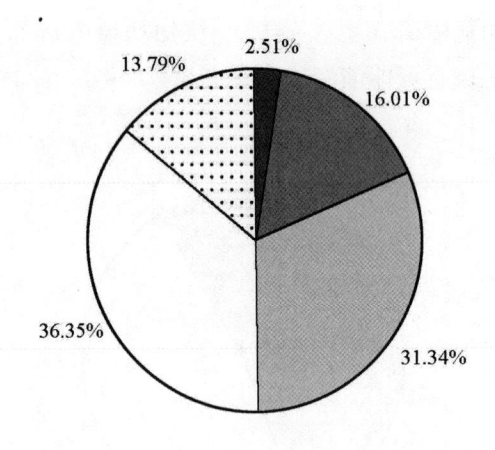

图3-47 调研样本自评健康情况

数据来源："我国西南地区农村留守老人养老需求与政策供给精准化研究"课题组调研数据。

（二）超八成留守老人希望子女养老

子女在承担老人日常生活照料上负有不可推卸的责任。农村留守老人的子女由于外出务工，当老人有生活照料需求时，并不能及时出现在老人身边，所以留守老人惨死家中的悲剧不断在现实中上演。事实证明，西南农村留守老人对于子女提供生活照料的需求是客观存在且强烈的。如图3-48，有82.16%的样本都表示希望子女给自己养老，13.98%的样本选择"自己养老"，3.86%的样本选择"机构养老"。

3.86%
13.98%
82.16%

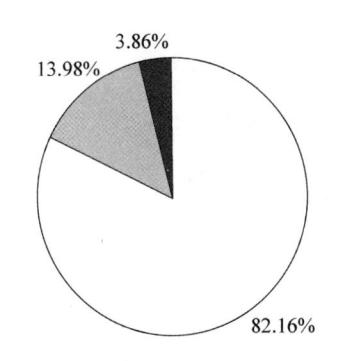

□子女养老　■自己养老　■机构养老

图 3-48　调研样本养老意愿

数据来源:"我国西南地区农村留守老人养老需求与政策供给精准化研究"课题组调研数据。

(三) 农村留守老人日常生活照料需求未完全满足

调查问卷统计数据显示:11.76%的农村留守老人日常生活照料需求"完全满足",71.65%的农村留守老人日常生活照料需求"基本满足"。调查发现西南农村留守老人主要通过和伴侣相互照料以及自我照料的方式满足日常生活照料需求,可见大部分农村留守老人日常生活照料需求是低水平且容易被满足的。就算如此,依然有16.59%的农村留守老人日常生活照料需求"不能满足"(图3-49)。根据马斯洛需求层次理论,农村留守老人日常生活照料需求属于"安全需求",是低层次需求。少数西南农村留守老人日常生活照料需求不能满足,他们的安全也得不到保障。农村留守老人家中去世不被人知的极端案例屡见不鲜,调研组在调研中分别在两个不同村落发现两例农村留守老人因无人照料陪伴在家去世无人发现的悲惨事件。日常照料需求不能被满足的农村留守老人大多年龄较大或身患疾病,他们一旦缺乏照料无人陪伴,就很容易酿成危险。

16.59%　11.76%

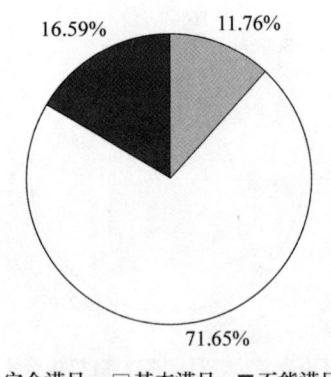

71.65%

■完全满足　□基本满足　■不能满足

图 3-49　调研样本日常生活照料需求满足情况

数据来源:"我国西南地区农村留守老人养老需求与政策供给精准化研究"课题组调研数据。

三　精神慰藉需求

除了基本物质生活需求和日常生活照料需求外,农村留守老人还有着强烈的精神慰藉需求。西南农村地区成年青壮年劳动力外出务工、农村精神文化设施匮乏、娱乐消遣活动单调、空闲时间无法排解等致使农村留守老人精神生活空虚,精神慰藉需求强烈。

(一) 超过七成农村留守老人感到孤独

一直以来家庭承担着情感维系的重要功能,子女外出使得农村留守老人长期以来独自生活,子女最普遍的精神慰藉方式就是打电话。一方面,西南农村留守老人不希望子女为自己担心,在电话里通常报喜不报忧,老人生活的难处和委屈都自己承受;另一方面,受传统观念和成长环境的影响,西南农村留守老人普遍"不喜表达"。长期"不表达"会增加农村留守老人孤独感和抑郁感。调查中我们发现孤独是受访农村留守老人最普遍的内心感受。受访老人表示独处时他们常常思念远离家乡的子女,备感孤独。本研究"孤独感"通过孤独量表(R-UCLA)进行测评,共包含3个题目,分3级评分,量表加总后所得分数大于3分则表示老人存在孤独感。根据调研结果显示,72.32%的受访农村留守老人存在孤独感,孤独现象比较普遍(图3-50)。

27.68%

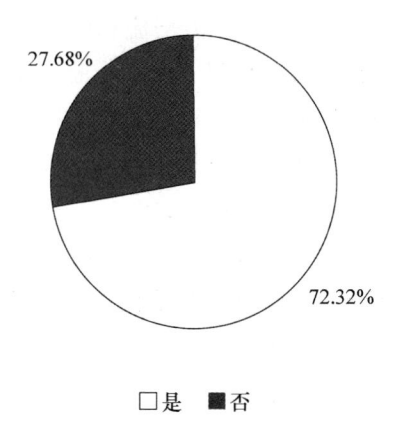

72.32%

□ 是　■ 否

图 3 - 50　调研样本是否存在孤独感情况

数据来源:"我国西南地区农村留守老人养老需求与政策供给精准化研究"课题组调研数据。

存在孤独感的受访农村留守老人中 57.47% 为女性,男性占 42.53%(图 3 - 51)。可见,孤独感存在性别差异,女性农村留守老人孤独感明显强于男性农村留守老人。

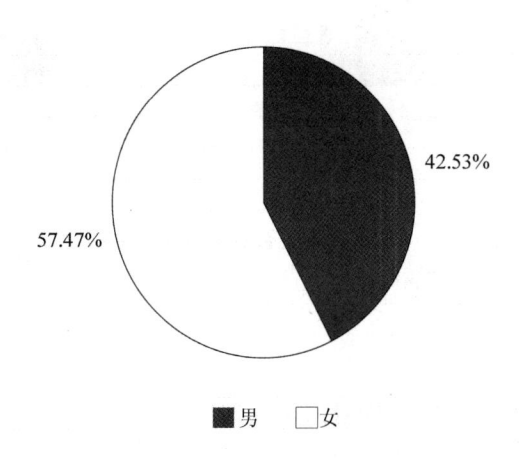

42.53%

57.47%

■ 男　□ 女

图 3 - 51　调研样本孤独感的性别差异

数据来源:"我国西南地区农村留守老人养老需求与政策供给精准化研究"课题组调研数据。

日常生活中，西南农村留守老人交流和倾诉频率最高的对象是伴侣，配偶在农村留守老人精神慰藉中承担着最重要的作用。是否有伴侣也是农村留守老人孤独感差异的重要因素。调研数据显示，有配偶的农村留守老人中，存在孤独感的比例为63.99%；没有配偶的农村留守老人，存在孤独感的比例高达86.97%（图3-52）。配偶尚在的情况下，农村留守老人夫妻在精神上相互支持，孤独感较弱。一旦丧偶或离异，农村留守老人心理会产生强烈的孤独感，严重的可能引发身体疾病和精神疾病。

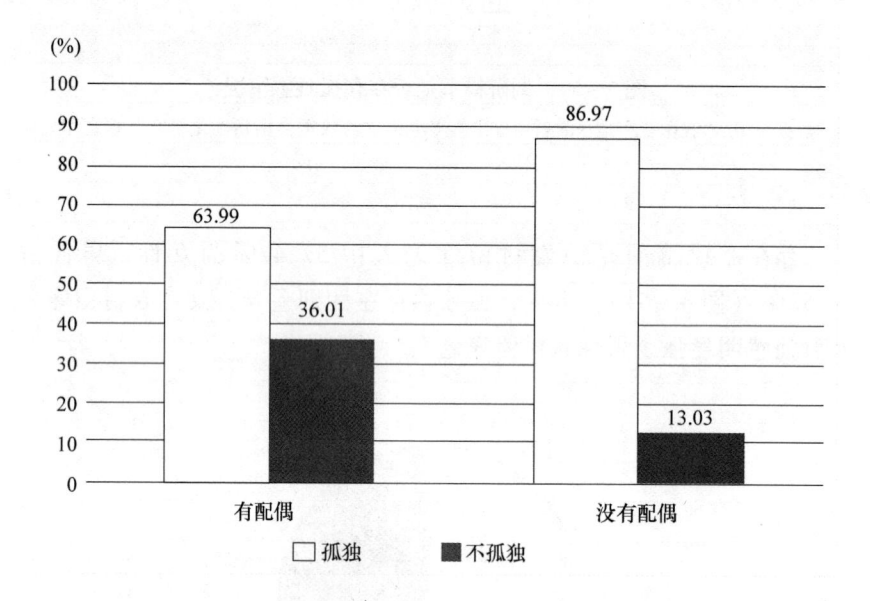

图3-52　调研样本是否有配偶对孤独感的影响

数据来源："我国西南地区农村留守老人养老需求与政策供给精准化研究"课题组调研数据。

（二）近八成农村留守老人存在抑郁

年迈的农村留守老人本应颐养天年，但是子女的离家打拼，使得农村老人还需继续操持家中的大小事务，甚至还有部分老人需要承担抚养孙子女的责任，生活的压力加上对子女长期的思念使得农村留守老人更容易产生各种心理障碍，加之农村单调的生活节奏，以及老人生理功能

第三章 西南农村留守老人养老供需现状调查

的退化，其心理适应能力和防御能力也在逐渐衰弱，所以抑郁现象在农村留守老人中越发普遍。此次研究，课题组通过抑郁量表（CES-D）来对老人的抑郁感进行测评，共包含20个题目，分为4级评分，最终量表得分大于15分则表示老人存在抑郁。调研的数据显示，农村留守老人中有77.38%的老人都存在抑郁（图3-53）。西南农村留守老人的心理健康状况非常严重，其对心理慰藉的需求十分强烈。

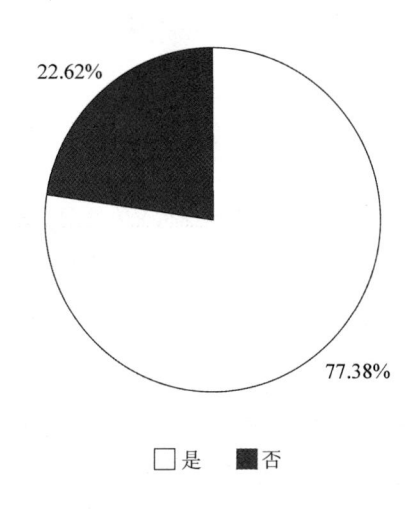

22.62%

77.38%

□ 是　■ 否

图3-53　调研样本是否存在抑郁状况

数据来源："我国西南地区农村留守老人养老需求与政策供给精准化研究"课题组调研数据。

此外，从男女性别来看，感觉抑郁的农村留守老人中女性比例为54.33%，大于男性的45.67%（图3-54）。无论孤独感还是抑郁感，女性农村留守老人心理状况都弱于男性，相比较而言，女性农村留守老人心理承受能力更差。

配偶的存在对西南农村留守老人的抑郁状况也有影响。有配偶的农村留守老人有抑郁症状的比例为74.58%，而没有配偶的农村留守老人的比例为82.71%（图3-55）。农村留守老人抑郁症状比较普遍，配偶的存在在一定程度上可以缓解农村留守老人的抑郁情绪，但作用是有限的，子女对农村留守老人精神慰藉的作用是不可替代的。

■ 男　□ 女

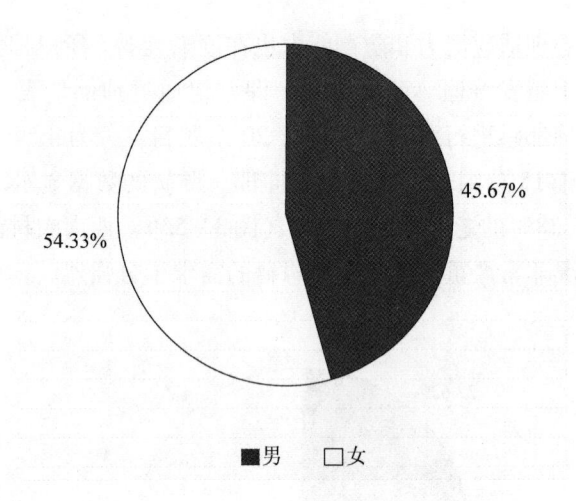

图 3-54　调研样本抑郁状况的性别差异

数据来源:"我国西南地区农村留守老人养老需求与政策供给精准化研究"课题组调研数据。

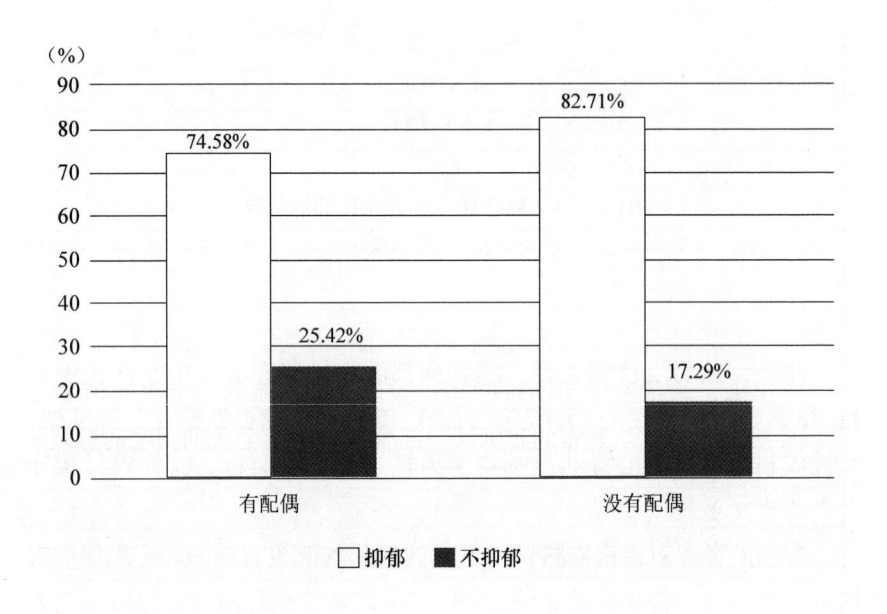

□ 抑郁　■ 不抑郁

图 3-55　调研样本是否有配偶对抑郁的影响

数据来源:"我国西南地区农村留守老人养老需求与政策供给精准化研究"课题组调研数据。

第四章 西南农村留守老人养老保障政策及评价

政策是保障的基础，养老保障供给的现状在很大程度上是养老政策的直接反映，梳理农村养老保障政策有助于我们更加深入理解当前养老保障供给的现状。一般而言，农村地区养老保障政策包括了社会救助政策、社会保险政策和养老服务政策等内容。

第一节 国家层面和西南农村地区社会救助政策及评价

社会救助政策是为了保障居民最低生活水平而实施的一系列制度安排。当前我国农村社会救助政策主要包括最低生活保障、特困人员供养、医疗救助和临时救助等内容。

一 国家层面农村地区社会救助政策及评价

近年来，为帮助生活困难群体我国设立了一系列社会救助制度，国务院在2014年颁布的我国第一部统筹各项社会救助制度的行政法规——《社会救助暂行办法》（国令第649号）就是集中体现，它对不同救助政策的救助对象、救助内容、救助水平等作出明确规定[1]（表4-1）。《办法》没有详细区别城镇和农村人口的差异。但随着社会经济发展，很多救助政策需要与时俱进地改革优化，民政部办公厅在2018年发

---

[1] 国务院：《社会救助暂行办法》，2014年2月27日，http://www.gov.cn/zhengce/content/2014-02/27/content_8670.htm，2019年11月2日。

布《关于开展社会救助综合改革试点的通知》（民办函〔2018〕111号），在通知中针对我国农村地区，特别提出在改革试点过程中要进一步明确县、乡、村三级在社会救助工作中的职责定位，要求积极探索解决针对农村基层人情保、关系保等现存问题的有效解决办法和措施[①]。

表4-1 《社会救助暂行办法》中的有关的救助政策

社会救助政策	救助对象	救助内容及方式	救助水平
最低生活保障	共同生活的家庭成员人均收入低于当地最低生活保障标准，且符合当地最低生活保障家庭财产状况规定的家庭		由省、自治区、直辖市或者设区的市级人民政府按照当地居民生活必需的费用确定、公布，并根据当地经济社会发展水平和物价变动情况适时调整
特困人员供养	无劳动能力，无生活来源且无法定赡养、抚养、扶养义务人，或者其法定赡养、抚养、扶养义务人无赡养、抚养、扶养能力的老年人、残疾人以及未满16周岁的未成年人	1. 提供基本生活条件； 2. 对生活不能自理的给予照料； 3. 提供疾病治疗； 4. 办理丧葬事宜	特困人员供养标准，由省、自治区、直辖市或者设区的市级人民政府确定、公布
受灾人员救助	基本生活受到自然灾害严重影响的人员	受灾地区政府民政等给予资金、物资救助	
医疗救助	可申请对象： 1. 最低生活保障家庭成员； 2. 特困供养人员； 3. 县级以上人民政府规定的其他特殊困难人员	1. 对救助对象参加城镇居民基本医疗保险或者新型农村合作医疗的个人缴费部分，给予补贴； 2. 对救助对象经基本医疗保险、大病保险和其他补充医疗保险支付后，个人及其家庭难以承担的符合规定的基本医疗自负费用，给予补助	医疗救助标准，由县级以上人民政府按照经济社会发展水平和医疗救助资金情况确定、公布

---

① 民政部办公厅：《关于开展社会救助综合改革试点的通知》，2018年8月6日，http://www.mca.gov.cn/article/gk/wj/201809/20180900011590.shtml，2019年11月20日。

续表

社会救助政策	救助对象	救助内容及方式	救助水平
临时救助	对因火灾、交通事故等意外事件，家庭成员突发重大疾病等，导致基本生活暂时出现严重困难的家庭，或者因生活必需支出突然增加超出家庭承受能力，导致基本生活暂时出现严重困难的最低生活保障家庭，以及遭遇其他特殊困难的家庭，给予临时救助		临时救助的具体事项、标准，由县级以上地方人民政府确定、公布

资料来源：《社会救助暂行办法》，中国政府网，http://www.gov.cn/flfg/2014-02/27/content_2624221.htm。

（一）中国农村的最低生活保障政策

最低生活保障制度是社会保障制度中最后一道安全网。2007年国务院发布了《国务院关于在全国建立农村最低生活保障制度的通知》（国发〔2007〕19号），首次提出了要在全国建立农村最低生活保障制度[①]。2012年国务院进一步发布了《国务院关于进一步加强和改进最低生活保障工作的意见》（国发〔2012〕45号），在对未来最低生活保障工作进行规范指导的同时，特别强调了在低保标准制定时注重逐步缩小城乡差距[②]。在国家进入扶贫脱贫工作的关键时期后，农村低保与脱贫就有了天然的联系。国务院办公厅在转发民政部等部门《关于做好农村最低生活保障制度与扶贫开发政策有效衔接指导意

[①] 《国务院关于在全国建立农村最低生活保障制度的通知》，2008年3月28日，中国政府网，http://www.gov.cn/zhengce/content/2008-03/28/content_6245.htm，2019年3月24日。

[②] 《国务院关于进一步加强和改进最低生活保障工作的意见》，2012年9月26日，中国政府网，http://www.gov.cn/zhengce/content/2012-09/26/content_7218.htm，2019年3月24日。

见的通知》（国办发〔2016〕70号）中，特别强调了农村最低生活保障制度在脱贫攻坚战任务中的兜底保障作用。民政部和国务院扶贫办在2017年又共同颁布了《关于进一步加强农村最低生活保障制度与扶贫开发政策有效衔接的通知》（民发〔2017〕152号），明确指出在今后的工作中要妥善处理贫困发生率和农村低保覆盖面的关系，进一步加强了农村最低生活保障制度与扶贫开发政策的有效衔接[①]。当前我国低保制度在致力于帮助农村贫困居民脱贫的基础上，逐步向扩大覆盖面和提高保障标准演进。

（二）中国农村特困人员的救助政策

特困人员是困难群众中最困难、最脆弱的群体，特困人员救助供养制度是我国社会救助制度中的一项基础制度。近年来，我国农村特困人员的救助政策逐步完善起来。国务院在2016年颁布的《关于进一步健全特困人员救助供养制度的意见》（国发〔2016〕14号）中，明确规定了针对农村特困人员可以提供现金形式的保障，也可以提供医疗或日常生活照料方面服务形式的保障[②]。民政部、发展改革委和国务院扶贫办在2018年印发了《深度贫困地区特困人员供养服务设施（敬老院）建设改造行动计划》（民发〔2018〕127号），对农村贫困地区的供养服务中心建设、护理型床位设置等都具体项目提出详细要求[③]。民政部、财政部和人力资源社会保障部在2019年最新颁布的《关于进一步加强特困人员供养服务设施（敬老院）管理有关工作的通知》（民发〔2019〕83号）中，再次针对特困人员供养服务设施（敬老院）提出了建设要求[④]。

[①] 民政部等：《关于进一步加强农村最低生活保障制度与扶贫开发政策有效衔接的通知》，2017年9月13日，http：//www.mca.gov.cn/article/gk/wj/201811/20181100012656.shtml，2019年11月13日。

[②] 中共中央国务院：《关于进一步健全特困人员救助供养制度的意见》，2016年2月17日，http：//www.gov.cn/zhengce/content/2016-02/17/content_5042525.htm，2019年11月13日。

[③] 民政部、发展改革委和国务院扶贫办：《深度贫困地区特困人员供养服务设施（敬老院）建设改造行动计划》，2018年10月30日，http：//www.mca.gov.cn/article/gk/wj/201810/20181000012543.shtml，2019年11月11日。

[④] 民政部、发展改革委和国务院扶贫办：《关于进一步加强特困人员供养服务设施（敬老院）管理有关工作的通知》，2019年9月16日，http：//www.mca.gov.cn/article/gk/wj/201909/20190900019640.shtml，2019年11月14日。

当前，我国针对农村特困人员的救助制度救助形式逐步多样化且服务供给质量稳步提升。

（三）中国农村地区的医疗救助政策

我国医疗救助政策对防止居民因病致贫，陷入生活困境有着重要作用。我国先后颁布了《关于开展重特大疾病医疗救助试点工作的意见》（民发〔2012〕21号）和《关于做好困难群体医疗救治工作的通知》（国卫办医函〔2013〕467号）两项政策，针对特殊病种和特殊群体的医疗救治工作做出了明确部署。在此基础上，国务院办公厅于2015年颁布《关于进一步完善医疗救助制度全面开展重特大疾病医疗救助工作的意见》（国办发〔2015〕30号），明确提出整合城乡医疗救助制度的政策目标，随即将城市医疗救助制度和农村医疗救助制度整合为城乡医疗救助制度[①]。为缓解农村贫困人员的医疗压力，我国于2017年专门发布了《关于印发农村贫困人口大病专项救治工作方案的通知》（国卫办医函〔2017〕154号），规定对患有大病的农村建档立卡贫困户和低保户提供专门的医疗救助[②]。当前我国的医疗救助政策在总体围绕困难群体和重特大疾病两大类普遍开展的基础上，有针对性地开始对农村居民等特殊群体进行了政策倾斜，政策的目的性和灵活性都更加突出。

（四）中国农村地区的临时救助政策

临时救助政策旨在进一步发挥社会救助托底线、救急难作用，解决城乡困难群众突发性、紧迫性、临时性的生活困难。近年来，我国的临时救助政策逐步建立起来，国务院在2014年颁布了《关于全面建立临时救助制度的通知》（国发〔2014〕47号），在明确建立临时救助制度的目标任务和总体要求的基础上，对临时救助制度的主要内

[①] 中央人民政府：《关于进一步完善医疗救助制度全面开展重特大疾病医疗救助工作意见的通知》，2015年4月30日，http://www.gov.cn/zhengce/content/2015-04/30/content_9683.htm，2019年11月14日。

[②] 中央人民政府：《关于印发农村贫困人口大病专项救治工作方案》，2017年2月23日，http://www.nhc.gov.cn/yzygj/s3593/201702/a7acc08691414eb3877dbd968505be04.shtml，2019年11月12日。

容、建立健全临时救助工作机制和强化临时救助制度实施的保障措施等方面都作出了明确部署[1]。当前我国的临时救助政策尚还处于起步阶段，相关制度还有待在实践中不断完善优化。

（五）政策评价

1. 提出精准识别农村低保对象

低保政策对农村弱势群体的社会保障起到了积极的兜底作用，对对象的精准识别越发重视。早在2007年，中央政府就认识到建立农村最低生活保障制度，"是解决农村贫困人口温饱问题的重要举措"[2]；2016年《关于做好农村最低生活保障制度与扶贫开发政策有效衔接指导意见的通知》提出"精准识别农村贫困人口"，"完善农村低保对象认定办法"，并将"农村低保制度与扶贫开发政策的有效衔接"[3]作为政策目标；2017年《关于进一步加强农村最低生活保障制度与扶贫开发政策有效衔接的通知》提出"要改变简单以有无劳动能力区分建档立卡贫困人口和农村低保对象的做法，坚决杜绝搞平衡'二选一'、对象识别'互斥'等问题"[4]。可以看出，近年来政策越发关注精准识别农村低保对象工作。

2. 关注农村特困人员个体需求，救助形式多样化

以上政策注重农村特困人员救助形式的多样化，开始关注个体的差异化需求。2016年《关于进一步健全特困人员救助供养制度的意见》提出，救助供养内容包括"提供基本生活条件""对生活不能自理的给予照料""提供疾病治疗""办理丧葬事宜"和"给予

---

[1] 中央人民政府：《关于全面建立临时救助制度的通知》，2014年10年24日，http://www.gov.cn/zhengce/content/2014-10/24/content_9165.htm，2019年11月14日。

[2] 《关于在全国建立农村最低生活保障制度的通知》，2007年7月11日，中央政府网，http://www.gov.cn/zhengce/content/2008-03/28/content_6245.htm，2019年11月13日。

[3] 中央人民政府：《关于做好农村最低生活保障制度与扶贫开发政策有效衔接指导意见的通知》，2016年9月27日，http://www.gov.cn/zhengce/content/2016-09/27/content_5112631.htm，2019年11月13日。

[4] 民政部：《关于进一步加强农村最低生活保障制度与扶贫开发政策有效衔接的通知》，2017年9月13日，http://www.mca.gov.cn/article/gk/wj/201811/20181100012656.shtml，2019年11月13日。

住房救助"①；2019年《关于进一步加强特困人员供养服务设施（敬老院）管理有关工作的通知》提出"供养服务机构要制定涵盖基本生活保障、照料护理、精神慰藉、丧葬办理等内容的基本服务目录，根据个人实际需求提供服务"②；2018年《深度贫困地区特困人员供养服务设施（敬老院）建设改造行动计划》提出"详细了解本地区特困人员的基本情况和集中供养需求""科学测算本地区特困人员集中供养床位需求"③。

3. 重视医疗救助城乡公平，精准识别救治对象

在医疗救助政策方面，中央更加重视城乡公平。2015年《关于进一步完善医疗救助制度全面开展重特大疾病医疗救助工作意见的通知》提出"在政策目标、资金筹集、对象范围、救助标准、救助程序等方面加快推进城乡统筹，确保城乡困难群众获取医疗救助的权利公平、机会公平、规则公平、待遇公平"④。对于农村贫困人口，中央通过提出"开展农村贫困人口大病专项救治工作"加大了对农村弱势群体的倾斜性救助，2017年《关于印发农村贫困人口大病专项救治工作方案》提出"各地卫生计生、民政部门要对符合救治条件的农村特困人员和低保对象建立救治台账"⑤，对救助对象精准化作出了要求。

4. 临时救助制度发挥救急难功能

2014年《国务院关于全面建立临时救助制度的通知》提出着力

---

① 中央人民政府：《关于进一步健全特困人员救助供养制度的意见》，2016年2月17日，http://www.gov.cn/zhengce/content/2016-02/17/content_5042525.htm，2019年11月13日。
② 中央人民政府：《关于进一步加强特困人员供养服务设施（敬老院）管理有关工作的通知》，2019年9月16日，http://www.mca.gov.cn/article/gk/wj/201909/20190900019640.shtml，2019年11月14日。
③ 中央人民政府：《深度贫困地区特困人员供养服务设施（敬老院）建设改造行动计划》，2018年10月30日，http://www.mca.gov.cn/article/gk/wj/201810/20181000012543.shtml，2019年11月11日。
④ 中央人民政府：《关于进一步完善医疗救助制度全面开展重特大疾病医疗救助工作意见的通知》，2015年4月30日，http://www.gov.cn/zhengce/content/2015年04/30/content_9683.htm，2019年11月14日。
⑤ 中央人民政府：《关于印发农村贫困人口大病专项救治工作方案》，2017年2月23日，http://www.nhc.gov.cn/yzygj/s3593/201702/a7acc08691414eb3877dbd968505be04.shtml，2019年11月12日。

解决"遭遇突发性、紧迫性、临时性生活困难的群众救助问题"①，救助方式包括了"临时救助金""实物""转介服务"，对于强化社会救助兜底功能具有重要意义。

5. 差异化政策安排仍不足

中央的社会救助政策在促进城乡公平、关注农村弱势群体方面做出了努力，但对地域、经济水平等差异造成的救助需求的差异的重视程度仍不足。例如，2014年《关于全面建立临时救助制度的通知》的政策内容笼统地面向城乡，对于生活困难现象更易发生的农村地区未给予倾斜性考虑；西南地区因地域特征，是自然灾害高发地区，但中央政策未对此做出差异化政策安排；在特困人员救助政策方面，农村留守老人作为特困人员的一大构成部分，亦未得到针对性考虑。

二 西南农村地区社会救助政策及评价

在对国家社会救助政策的具体落实和执行过程中，西南四省市结合自身特点，做出了相应的政策细化。

（一）西南四省市农村的最低生活保障政策

四川省政府于2009年发布《四川省农村居民最低生活保障办法》，对农村地区最低生活保障制度的范围和条件、制定标准和审批程序、保障资金管理和发放、监督管理和法律责任等做出了相关规定②。2010年四川省人民政府办公厅颁布《关于进一步加强城乡居民最低生活保障工作的通知》（川办函〔2010〕210号），对农村低保工作执行中出现的各种问题进行了针对性的指导③。2013年四川省人民政府发布了《关于进一步加强最低生活保障工作的实施意见》（川府发〔2013〕28号），在不断细化政策的同时，明确指出最低生活保

---

① 中央人民政府：《关于全面建立临时救助制度的通知》，2014年10月24日，http://www.gov.cn/zhengce/content/2014-10/24/content_9165.htm，2019年11月14日。
② 四川省人民政府：《四川省农村民居最低生活保障办法》，2009年12月2日，http://www.sc.gov.cn/10462/10464/10684/13651/2016/2/16/10368522.shtml，2019年11月14日。
③ 四川省人民政府：《关于进一步加强城乡居民最低生活保障工作的通知》，2010年11月18日，http://www.sc.gov.cn/10462/10464/10684/13655/2010/11/18/10368760.shtml，2019年11月14日。

障工作的重点和难点在基层①。2018 年,四川省民政部发布了《四川省最低生活保障工作规程》,用规程条例的方式对四川省城乡最低生活保障具体实施制度进行明文规定②。

重庆市政府在 2013 年颁布了《关于切实加强和改进最低生活保障工作的意见》(渝府发〔2013〕22 号),对城乡低保工作的开展进行了相关指示。在与扶贫工作衔接方面,重庆市人民政府办公厅 2017 年发布《关于进一步加强农村最低生活保障制度与扶贫开发政策有效衔接的实施意见》(渝府办发〔2017〕30 号),针对如何借助低保手段有效帮助农村居民脱贫做出了部署。同年,重庆市人民政府办公厅又发布《关于印发重庆市最低生活保障条件认定办法(修订)的通知》(渝府办发〔2017〕33 号),为进一步明确最低生活保障条件,保障认定对象的公平公正等政策细节做出了较为明确的规定。与此同时,重庆市民政局和财政局联合发布《关于提高城乡低保标准和特困人员救助供养标准的通知》(渝民发〔2017〕49 号),明确提高城乡低保标准和特困人员救助供养标准。2019 年,重庆市民政局也发布了《重庆市城乡居民最低生活保障条例》,以规程条例的方式对重庆市城乡最低生活保障政策的具体实施进程进行明确。

贵州省政府在 2007 年发布《关于全面建立实施农村居民最低生活保障制度的意见》(黔府发〔2007〕15 号),提出了要在全省范围内全面建立实施农村居民最低生活保障制度③。为进一步将制度落实,贵州省政府于 2010 年发布《关于印发贵州省农村居民最低生活保障工作规程(试行)的通知》(黔府办发〔2010〕16 号),以规程条例的方式对保障标准的制定与调整、保障待遇申请条件、保障对象的确

---

① 四川省人民政府:《关于进一步加强最低生活保障工作的实施意见》,2013 年 6 月 20 日,http://www.sc.gov.cn/10462/10883/11066/2013/6/21/10266764.shtml,2019 年 11 月 15 日。

② 四川省人民政府:《四川省最低生活保障工作规程》,2018 年 11 月 14 日,https://mzt.sc.gov.cn/Article/Detail?id=28676,2019 年 10 月 30 日。

③ 贵州省人民政府:《关于全面建立实施农村居民最低生活保障制度的意见》,2007 年 7 月 12 日,http://www.guizhou.gov.cn/zwgk/zcfg/szfwj_8191/qff_8193/201709/t20170925_821791.html,2019 年 10 月 19 日。

定程序、保障待遇的确定和农村低保金发放等重要内容做了明确界定[1]。同年，又颁布《贵州省农村最低生活保障资金管理暂行办法（暂行）》，对农村低保资金的筹集、管理、监督等进行规定[2]。根据农村低保制度的落实情况，贵州省政府2013年发布《关于进一步加强和改进最低生活保障工作的实施意见》（黔府发〔2013〕14号），重点围绕机制构建、加强和改进低保制度等内容。贵州省民政厅、财政厅联合扶贫办2017年颁布《贵州省2018年城乡低保提标方案》，对提高后的低保待遇做出了明确规定，在2018年将全省农村低保平均标准提高到3908元/年[3]。

云南省政府2007年发布《关于全面建立和实施农村最低生活保障制度的通知》（云政发〔2007〕77号），正式决定在全省全面建立和实施农村最低生活保障制度。在实践经验基础上，云南省政府办公厅在2013年发布《关于进一步加强和改进最低生活保障工作的实施意见》（云政发〔2013〕42号），对低保的申请程序、审核程序、民主评议、审批程序、公示程序等都做出了明确规定[4]。2019年，云南省政府办公厅发布《关于进一步完善农村最低生活保障制度的意见》（云政办发〔2019〕42号），针对农村低保制度实施过程中的现行问题提出了指导性意见[5]。

可见，为了帮助处于最低生活保障线下的农村居民早日摆脱生存

---

[1] 贵州省人民政府：《关于印发贵州省农村居民最低生活保障工作规程（试行）的通知》，2010年5月30日，http：//www.guizhou.gov.cn/zwgk/zcfg/szfwj_8191/qfbf_8196/201709/t20170925_823458.html，2019年10月18日。

[2] 贵州省人民政府：《贵州省农村最低生活保障资金管理暂行办法（暂行）》，2010年11月30日，http：//mzt.guizhou.gov.cn/xxgk/xxgkml/zcwj/fgwj/201702/t20170228_1961053.html，2019年11月10日。

[3] 贵州省人民政府：《贵州省2018年城乡低保提标方案》，2017年12月28日，http：//mzt.guizhou.gov.cn/xxgk/xxgkml/zcwj/fgwj/201801/t20180104_2938224.html，2019年11月15日。

[4] 云南省人民政府：《关于进一步加强和改进最低生活保障工作的实施意见》，2013年4月8日，http：//www.yn.gov.cn/zwgk/zcwj/yzf/201304/t20130408_142900.html，2019年10月19日。

[5] 云南省人民政府：《关于进一步完善农村最低生活保障制度的意见》，2019年4月2日，http：//www.yn.gov.cn/zwgk/zcjd/zcjd1/201904/t20190428_154830.html，2019年11月20日。

困境，西南四省市都在国家宏观政策指引下积极实施和优化适合自身客观实际的农村最低生活保障制度，并随着经济社会的发展不断完善。四川、重庆和贵州三省市还将农村低保制度提升至规程、条例等法规的高度，对保障低保制度的落实和低保工作的切实开展有着重要作用。

（二）西南四省市农村的特困人员供养政策

四川省民政厅2017年发布《四川省特困人员救助供养工作规程》，以规程的形式对城乡特困人员的认定条件、办理程序、生活自理能力评估、救助供养内容、救助供养标准、救助供养形式、救助供养终止、服务管理、资金管理、监督管理等主要内容都做出了明确规定①。

重庆市政府2016年发布《关于进一步健全特困人员救助供养制度的实施意见》（渝府发〔2016〕47号），《意见》不仅明确了救助制度实施的基本原则，对特困人员申请审批程序进行了规范，还对完善特困人员救助供养制度提出了新要求②。同年，重庆市民政局进一步发布《特困人员认定办法》（民发〔2016〕178号），对认定条件、申请和受理、审核、审批、生活自理能力评估、终止救助供养等做出了较为详细的规定③。

贵州省政府2017年发布《关于进一步健全特困人员救助供养制度的实施意见》（黔府发〔2017〕1号），对特困人员救助供养制度的实施做出了明确规定④。同年，贵州省民政厅发布了《贵州省星级特困人员供养服务机构评定办法（试行）》和《贵州省星级特困人员供养服务机构评定标准（试行）》，对供养服务机构的评定和管理等

---

① 四川省民政厅：《四川省特困人员救助供养工作规程》，2017年10月30日，https://mzt.sc.gov.cn/scmzt/zcfg2/2017/10/30/ec1fe2182f444f219243e8d3e313aeaf.shtml，2019年11月14日。
② 重庆市人民政府：《关于进一步健全特困人员救助供养制度的实施意见》，2016年10月17日，http://www.cq.gov.cn/zwgk/zfxxgkml/wlzcxx/hmlm/whszf/20161102_8805747.html，2016年11月2日。
③ 重庆市人民政府：《特困人员认定办法》，2017年12月22日，http://mzj.cq.gov.cn/cqmz/html/tkryzcfg/20171222/9628.html，2019年10月18日。
④ 贵州省人民政府：《关于进一步健全特困人员救助供养制度的实施意见》，2017年2月10日，http://www.guizhou.gov.cn/zwgk/zcfg/szfwj_8191/qff_8193/201710/t20171027_1078606.html，2019年11月9日。

关键环节进行了规定。

云南省政府2016年发布了《关于进一步健全特困人员救助供养制度的实施意见》（云政发〔2016〕73号），强调在落实特困人员救助供养制度的同时，要注重制度的城乡统筹和政策衔接[①]。

西南四省市中，当前只有四川的特困人员供养制度是以规程的形式颁布，重庆、贵州和云南尚还停留在实施意见的层面。此外，贵州在实施特困人员供养制度的同时还尤其注重供养服务机构的建设。

（三）西南四省市农村的医疗救助政策

四川省政府办公厅2015年发布《关于进一步做好医疗救助工作的通知》（川办函〔2015〕186号），提出农村地区在积极落实医疗救助制度的同时，还要注重新型农村合作医疗信息管理平台的搭建和优化，以支持医疗救助平台与其对接[②]。

重庆市政府2012年发布《关于进一步完善城乡居民医疗救助制度的意见》（渝府发〔2012〕78号），重点提出要扩大农村医疗救助范围，其中主要体现在将救助范围覆盖至农村低保对象、"三无"人员、五保对象、重点优抚对象和重度残疾人员等[③]。重庆市民政局等部门2015年发布了《关于进一步完善医疗救助制度意见的通知》（渝府办发〔2015〕174号），对完善医疗救助制度、保障困难群众基本医疗权益等工作提出更高的要求[④]。

贵州省民政厅2017年发布《贵州省加强医疗救助与城乡居民大病保险有效衔接实施方案》，提出医疗救助与城乡居民大病保险两项制度在对象范围、支付政策、经办服务、监督管理等方面实现有效衔接的政策目标。同年，贵州省政府办公厅还发布了《关于印发贵州省

[①] 云南省人民政府：《关于进一步健全特困人员救助供养制度的实施意见》，2016年8月12日，http://www.yn.gov.cn/zwgk/zcwj/yzf/201608/t20160812_143045.html，2019年11月10日。

[②] 四川省人民政府：《关于进一步做好医疗救助工作的通知》，2015年11月16日，http://www.sc.gov.cn/10462/10883/11066/2015/11/16/10358859.shtml，2019年11月10日。

[③] 重庆市民政局：《关于进一步完善城乡居民医疗救助制度的意见》，2012年7月24日，http://www.cq.gov.cn/publicity/mzfpjz/shjz/767，2019年11月10日。

[④] 重庆市人民政府：《关于进一步完善医疗救助制度意见的通知》，2015年11月16日，http://www.cq.gov.cn/publicity_zqsrmzfbgt/mzfpjz/shjz/1778，2019年11月8日。

提高建档立卡农村贫困人口慢性病医疗救助水平促进精准扶贫实施方案的通知》（黔府办发〔2017〕29号），针对性地将农村居民49种发病率高、医疗费用高、严重影响生产生活能力的病种，全部纳入医疗救助的范围[①]。

云南省民政厅、财政厅、人力资源社会保障厅、卫生计生委和云南保监局在2015年联合发布《关于进一步完善医疗救助制度加快推进重特大疾病医疗救助工作的实施意见的通知》（云政办发〔2015〕65号），明确提出将城市医疗救助制度和农村医疗救助制度整合为城乡医疗救助制度的政策目标[②]。同时，《意见》在加快推进重特大疾病医疗救助和健全医疗救助工作机制等方面做出了规定。

当前，西南四省市农村地区的医疗救助制度大多还处于起步阶段，发展程度存在较大差异。四川和云南的医疗救助制度的实施重点在于制度机制的构建，重庆已经开始对医疗救助制度实施中农村地区居民的覆盖范围问题进行特别关注，贵州则更进一步关注到了多发病种，为农村居民切实解决医疗问题。

（四）西南四省市农村的临时救助政策

四川省民政厅2018年发布《四川省临时救助工作规程》，将临时救助的对象范围、救助方式及标准、申请受理、审核审批、资金的筹集使用和管理、监督管理等重要环节的工作要求都进行明确规定[③]。

重庆市人民政府2015年发布《关于进一步健全临时救助制度的通知》（渝府发〔2015〕16号），明确指出临时救助制度的目标是解决困难群众突发性、紧迫性、临时性基本生活困难问题[④]。同时，《通知》还进一步明确了临时救助的对象范围、救助标准、救助程

[①] 贵州省人民政府：《关于印发贵州省提高建档立卡农村贫困人口慢性病医疗救助水平促进精准扶贫实施方案的通知》，2017年8月14日，http://www.guizhou.gov.cn/zwgk/zcfg/szfwj_8191/qfbf_8196/201709/t20170925_823970.html，2019年11月9日。

[②] 云南省民政厅：《关于进一步完善医疗救助制度加快推进重特大疾病医疗救助工作实施意见的通知》，2015年8月30日，http://www.yn.gov.cn/zwgk/zcwj/yzfb/201509/t20150910_144146.html，2015年9月10日。

[③] 四川省民政厅：《四川省临时救助工作规程》，2018年11月14日，https://mzt.sc.gov.cn/Article/Detail?id=28678，2019年11月15日。

[④] 重庆市人民政府：《关于进一步健全临时救助制度的通知》，2015年3月16日，http://www.cq.gov.cn/publicity/mzfpjz/shjz/1953，2019年10月28日。

序、救助方式、工作机制等内容。为确保救助对象更精准，重庆市民政局 2017 年发布《关于进一步完善临时救助工作的指导意见》（渝民发〔2017〕60 号），对救助对象分类和规范救助标准等进行进一步的明确①。

贵州省政府办公厅 2012 年发布《关于健全完善临时救助制度的实施意见》（黔府办发〔2011〕123 号），对救助范围和救助标准做出明确规定。为明确工作细则，贵州省政府 2015 年发布《关于进一步加强和改进临时救助工作的意见》（黔府发〔2015〕37 号），对临时救助范围、救助标准、救助程序、救助方式、救助工作机制、工作目标等提出优化意见②。

云南省政府 2015 年发布《关于全面建立临时救助制度的实施意见》（云政发〔2015〕52 号），对临时救助对象、申请受理条件、审核审批程序、临时救助的标准和方式以及工作机制等做出明确规定③。

当前西南四省市的临时救助制度构建已经起步，一般政策要素都已得到普遍的规定，但政策细化程度还不够，特别是政策对象等核心要素暂时还直接使用全国的固定范畴，缺乏对各自省市具体的研究，尤其是像农村留守老人这样需要临时救助的群体在政策中没有受到关注。

（五）政策评价

1. 进一步加强最低生活保障

自实行农村居民最低生活保障制度以来的十余年里，西南四省市均发布过有关"进一步加强城乡居民最低生活保障"的政策。随社会经济发展，保障水平亦不断提高。例如，2010 年四川省《关于进一步加强城乡居民最低生活保障工作的通知》明确指出，低保实施过

---

① 重庆市民政局：《关于进一步完善临时救助工作的指导意见》，2018 年 5 月 21 日，http：//mzj.cq.gov.cn/cqmz/html/lsjzzcfg/20180521/10893.html，2019 年 11 月 3 日。
② 贵州省人民政府：《关于进一步加强和改进临时救助工作的意见》，2015 年 12 月 7 日，http：//www.guizhou.gov.cn/zwgk/zcfg/szfwj_8191/qff_8193/201709/t20170925_822037.html，2019 年 11 月 16 日。
③ 云南省人民政府：《关于全面建立临时救助制度的实施意见》，2015 年 8 月 14 日，http：//www.yn.gov.cn/zwgk/zcwj/zxwj/201603/t20160330_141757.html，2019 年 11 月 10 日。

程中存在"恶意骗保、人情送保、跨区域重复登记、重复领取低保金等现象"①；2017年重庆市《关于进一步加强农村最低生活保障制度与扶贫开发政策有效衔接的实施意见》还在"应扶尽扶"的原则中融入"精准化"要义，"精准识别农村贫困人口，将符合条件的农村最低生活保障对象全部纳入建档立卡范围"②。可以看出，西南四省市对低保制度存在的问题有一定认识并不断做出进一步改善。

2. 特困人员救助体现差异化和多样性

西南四省市均于近年颁布有关"进一步健全特困人员救助制度的实施意见"，救助内容体现差异化与多样性。2017年四川省《特困人员救助供养工作规程》特别提到要针对差异化的需求提供照料服务，"特困人员照料护理标准应当根据特困人员生活自理能力和服务需求分类分档制定，体现差异性"③。救助内容和形式也具有多样化特点，四川省《特困人员救助供养工作规程》提出，救助供养内容包括"基本生活条件""疾病治疗""丧葬事宜"和"住房救助"④；2016年重庆市《关于进一步健全特困人员救助供养制度的实施意见》提出从"基本生活标准"、"照料护理标准"、"疾病治疗保障"、"丧葬保障""住房保障"及"教育保障"多方面完善救助供养制度⑤；2017年贵州省《关于进一步健全特困人员救助供养制度的实施意见》提出的救助供养内容也同样包括"基本生活条件""照料服务""疾

---

① 四川省人民政府：《关于进一步加强城乡居民最低生活保障工作的通知》，2010年11月18日，http：//www.sc.gov.cn/10462/10464/10684/13655/2010/11/18/10368760.shtml，2019年11月14日。

② 重庆市人民政府：《关于进一步加强农村最低生活保障制度与扶贫开发政策有效衔接的实施意见》，2017年3月14日，http：//www.cq.gov.cn/publicity_zqsrmzfbgt/mzfpjz/shsw/2171，2019年11月14日。

③ 四川省民政厅：《特困人员救助供养工作规程》，2017年10月30日，https：//mzt.sc.gov.cn/scmzt/zcfg2/2017/10/30/ec1fe2182f444f219243e8d3e313aeaf.shtml，2019年11月14日。

④ 四川省民政厅：《特困人员救助供养工作规程》，2017年10月30日，https：//mzt.sc.gov.cn/scmzt/zcfg2/2017/10/30/ec1fe2182f444f219243e8d3e313aeaf.shtml，2019年11月14日。

⑤ 重庆市人民政府：《关于进一步健全特困人员救助供养制度的实施意见》，2016年10月17日，http：//www.cq.gov.cn/publicity/mzfpjz/shjz/2368，2019年11月14日。

病治疗""丧葬事宜""住房救助"及"教育救助"①。

3. 对农村留守老人的救助政策供给精准度较低

各类救助政策均未对农村留守老人做出针对性安排。从特困人员救助政策来看，西南四省市将特困老年人认定条件设定为"无劳动能力、无生活来源、无法定赡养抚养扶养义务人或者其法定义务人无履行义务能力"。很多农村留守老人有法定赡养义务人且其具备履行义务能力，但实质上义务人并没有履行责任。这样来看，很多实质上属于"特困"的农村留守老人可能并不满足第三项条件，从而被排除在政策条件之外。这表明地方政府还未意识到这部分农村留守老人实质上已属于特困群体。

从整个社会救助体系来看，西南四省市也未出台针对农村留守老人的专项救助政策。这表明地方政府还未意识到农村留守老人已是一个庞大的社会弱势群体，并且急需救助政策做出兜底保障。对农村留守老人的救助政策供给精准度较低。

第二节　国家层面和西南农村地区城乡居民养老保险政策及评价

城乡居民养老保险是在城镇居民社会养老保险和新型农村社会养老保险的基础上建立起来的，是我国社会养老保险体系的重要组成部分，在保障劳动者基本生活、促进社会稳定方面起着重要作用。

一　国家层面城乡居民养老保险政策及评价

（一）中国城乡居民养老保险政策

我国从 20 世纪 80 年代中期开始试点探索农村居民的社会养老保险，并不断发展完善。1990 年发布的《关于制定国民经济和社会发展十年规划和"八五"计划的建议》提出"在农村采取积极引导的

---

① 贵州省人民政府：《关于进一步健全特困人员救助供养制度的实施意见》，2017 年 2 月 10 日，http：//www.guizhou.gov.cn/zwgk/zcfg/szfwj_ 8191/qff_ 8193/201710/t20171027_ 1078606.html，2019 年 11 月 14 日。

方针，逐步建立不同形式的老年保障制度"[1]；1992年民政部发布《县级农村社会养老保险基本方案（试行）》（民办发〔1992〕2号），规定了农村社会养老保险实施过程中保险对象、领取保费年龄、交费标准、支付标准、基金管理等内容；2007年劳社部发布《关于做好农村社会养老保险和被征地农民社会保障工作有关问题的通知》（劳社部发〔2007〕31号），开始推进新型农村社会养老保险的试点，并通过2009年发布的《关于开展新型农村社会养老保险试点的指导意见》（国发〔2009〕32号）予以全面落实。

在总结新型农村社会养老保险和城镇居民社会养老保险试点经验的基础上，2014年国务院将新农保和城居保两项制度合并实施，在全国范围内建立统一的城乡居民基本养老保险制度。自此，农村居民养老保险与城镇居民养老保险在政策身份上保持了一致。2018年人社部和财政部印发《关于建立城乡居民基本养老保险待遇确定和基础养老金正常调整机制的指导意见》（人社部发〔2018〕21号），提出要"建立激励约束有效、筹资权责清晰、保障水平适度的城乡居民基本养老保险待遇确定和基础养老金正常调整机制，推动城乡居民基本养老保险待遇水平随经济发展而逐步提高"，特别提出"地方应当根据当地实际提高基础养老金标准，对65岁及以上参保城乡老年居民予以适当倾斜"[2]。

（二）政策评价

1. 重视城乡公平性

国家早在2009年就致力于解决农村居民老有所养问题，愈加重视城乡公平问题。2009年《关于开展新型农村社会养老保险试点的指导意见》以"保基本、广覆盖、有弹性、可持续"[3]为原则提出建

---

[1] 《关于制定国民经济和社会发展十年规划和"八五"计划的建议》，1990年12月30日，人民网，http://www.people.com.cn/GB/shizheng/252/4465/4466/20010228/405430.html，2019年10月18日。

[2] 中华人民共和国人力资源和社会保障部：《关于建立城乡居民基本养老保险待遇确定和基础养老金正常调整机制的指导意见》，2018年3月29日，http://www.mohrss.gov.cn/gkml/zcfg/gfxwj/201803/t20180329_291008.html，2019年11月10日。

[3] 国务院：《关于开展新型农村社会养老保险试点的指导意见》，2009年9月1日，http://www.mohrss.gov.cn/gkml/zcfg/gfxwj/201407/t20140717_136099.html，2019年11月15日。

立新型农村社会养老保险。2014年《关于建立统一的城乡居民基本养老保险制度的意见》更是以"增强公平性、适应流动性、保证可持续性为重点""充分发挥社会保险对保障人民基本生活、调节社会收入分配、促进城乡经济社会协调发展的重要作用"[1]。2018年《关于建立城乡居民基本养老保险待遇确定和基础养老金正常调整机制的指导意见》进一步提出"合理确定全国基础养老金最低标准,地方应当根据当地实际提高基础养老金标准,对65岁及以上参保城乡老年居民予以适当倾斜"[2]。《关于2018年提高全国城乡居民基本养老保险基础养老金最低标准的通知》也提出,"自2018年1月1日起,全国城乡居民基本养老保险基础养老金最低标准提高至每人每月88元""中央财政对中西部地区给予全额补助,对东部地区给予50%的补助"[3]。可见,国家从建立新型农村社会养老保险,到建立统一的城乡居民养老保险,再到提高基础养老金最低标准,对65岁以上居民、中西部地区给予政策倾斜,均体现出对农村老人的重视,对促进养老保险公平性具有积极意义。

2. 对农村弱势群体关注不足

虽然中央重视养老保险的城乡统筹,但对农村弱势群体的政策供给精准度较低。政策内容的描述以"城乡居民""农村居民"为对象,较为泛化,即使关注到农村老人,也是着眼于农村普遍老人,对于农村弱势老人的倾斜性保护,未做出精准化的政策供给。政策设计对农村贫困老人参保激励性较弱,对于农村留守老人的养老保险参与,未做出专门的政策支持,农村弱势群体的老有所养仍缺乏针对性保障。

---

[1] 中央人民政府:《关于建立统一的城乡居民基本养老保险制度的意见》,2014年2月26日,http://www.gov.cn/zhengce/content/2014-02/26/content_ 8656.htm,2019年11月15日。

[2] 中华人民共和国人力资源和社会保障部:《关于建立城乡居民基本养老保险待遇确定和基础养老金正常调整机制的指导意见》,2018年3月29日,http://www.mohrss.gov.cn/gkml/zcfg/gfxwj/201803/t20180329_ 291008.html,2019年11月15日。

[3] 中华人民共和国人力资源和社会保障部:《关于2018年提高全国城乡居民基本养老保险基础养老金最低标准的通知》,2018年5月10日,http://www.mohrss.gov.cn/gkml/zcfg/gfxwj/201805/t20180511_ 293808.html,2019年11月15日。

3. 基础养老金提高幅度较小，正常调整机制尚不完善

虽然中央致力于提高全国城乡居民基本养老保险基础养老金最低标准，但提高幅度仍较小。2018年1月1日开始执行的每人每月88元的标准，仅在原每人每月70元的基础上增加了18元，对于多数未参保贫困老人的经济支持力度较弱。

基础养老金调整机制也尚不完善。虽然中央颁布了《关于建立城乡居民基本养老保险待遇确定和基础养老金正常调整机制的指导意见》，对调整依据、标准确定方法和决策机制有了一定说明，但对于调整水平的确定、调整频次等，没有在实施层面做出更具可操作性的具体安排；对各地人社部门与财政部门缺乏刚性约束，难以杜绝各地在待遇确定和调整方面的随意性现象。

二 西南农村地区城乡居民养老保险政策及评价

在国家统一政策要求下，由于社会经济情况不同，西南四省市的城乡居民养老保险政策的制定及实施情况也存在一定的差异。

（一）四川农村地区的城乡居民养老保险政策

四川省政府在2014年发布《关于建立统一的城乡居民基本养老保险制度的实施意见》（川府发〔2014〕23号），对参保范围、基金筹集、个人账户、养老保险待遇及调整、养老保险待遇领取条件、转移接续与制度衔接、基金管理和运营、基金监督、经办管理服务与信息化建设、组织领导和政策宣传等广泛内容都做出了明确规定[①]。随着经济社会的不断发展，四川省人力资源和社会保障厅和四川省财政厅在2015年联合发布《关于提高城乡居民基本养老保险基础养老金最低标准的通知》（川人社办发〔2015〕12号），将城乡居民基本养老保险基础养老金在原每人每月60元（含四川省自行调整5元）的基础上增加15元，最低标准提高至每人每月

---

① 四川省人民政府：《关于建立统一的城乡居民基本养老保险制度的实施意见》，2014年8月18日，http://www.mohrss.gov.cn/gkml/zcfg/gfxwj/201408/t20140828_139175.html，2019年11月17日。

75元[1]。四川省人力资源和社会保障厅和四川省财政厅2018年联合发布《关于2018年提高城乡居民基本养老保险基础养老金最低标准的通知》(川人社办发〔2018〕154号),再次提高基础养老金最低标准在原每人每月75元的基础上增加18元,提高至每人每月93元[2]。同年底,四川省人力资源和社会保障厅联合四川省财政厅发布《关于2018年进一步提高城乡居民基本养老保险基础养老金最低标准的通知》(川人社办发〔2018〕196号),第三次提高全省城乡居民基本养老保险基础养老金最低标准,在原每人每月93元的基础上增加7元,达到每人每月100元的新高度[3]。

(二)重庆农村地区的城乡居民养老保险政策

重庆市政府在2009年发布《关于开展城乡居民社会养老保险试点工作的通知》(渝府发〔2009〕85号),对城乡居民社会养老保险参保范围、基金筹集、个人账户的建立及管理、养老金待遇、基金管理、养老保险关系的转接、新老制度衔接等内容都做出了明确规定[4]。重庆市政府办公厅在2014年发布《关于完善城乡居民基本养老保险制度的通知》(渝府办发〔2014〕98号),对制度名称、档次调整、补助标准、补贴办法等进行了进一步的说明[5];同年,重庆市人力资源和社会保障局联合财政局发布《重庆市城乡居民基本养老保险实施意见》(渝人社发〔2014〕215号),对参保范围及对象、申报参保、养老保险基金筹集、养老待遇给付、个人账户的建立及管理、养老保

---

[1] 四川省人力资源与社会保障厅:《关于提高城乡居民基本养老保险基础养老金最低标准的通知》,2015年2月5日,http://www.sc.hrss.gov.cn/zwgk/zcwj/201502/t20150205_25105.html,2019年11月13日。

[2] 四川省人力资源和社会保障厅:《关于2018年提高城乡居民基本养老保险基础养老金最低标准的通知》,2018年9月13日,http://www.sc.hrss.gov.cn/zwgk/zcwj/201809/t20180913_77992.html,2019年11月12日。

[3] 四川省人力资源和社会保障厅:《关于2018年进一步提高城乡居民基本养老保险基础养老金最低标准的通知》,2018年11月26日,http://www.sc.hrss.gov.cn/zwgk/zcwj/201811/t20181126_80521.html,2019年11月13日。

[4] 重庆市人民政府:《关于开展城乡居民社会养老保险试点工作的通知》,2009年9月1日,http://www.cq.gov.cn/publicity/ldrsjc/shbz/206,2019年11月13日。

[5] 重庆市人民政府办公厅:《关于完善城乡居民基本养老保险制度的通知》,2014年9月1日,http://www.cq.gov.cn/publicity/zqsrmzfbgt/ldrsjc/shbz/shbz/1415,2019年11月16日。

险关系转移接续等实践细节进一步做出规定①。重庆市人力资源和社会保障局联合重庆市财政局在 2015 年发布《关于提高城乡居民基本养老保险基础养老金最低标准的通知》（渝人社发〔2015〕63 号），将基础养老金从每人每月 80 元增加至 95 元②。重庆市人力资源和社会保障局于 2019 年发布《关于将超龄人员纳入城乡居民基本养老保险参保范围有关工作的通知》（渝人社发〔2019〕9 号），将城乡居民养老保险制度试点后年满 60 周岁、未参加国家规定的基本养老保险的"超龄人员"纳入城乡居民基本养老保险参保范围③。

（三）贵州农村地区的城乡居民养老保险政策

贵州省政府在 2009 年发布《关于开展新型农村社会养老保险试点的意见》（黔府发〔2009〕37 号），从参保范围、个人账户及资金筹集、基础养老金及资金筹集、养老金待遇、养老金待遇领取条件、基金管理、基金监督、经办服务、信息系统建设、相关制度衔接、组织领导等多方面对新型农村社会养老保险做了明确规定④。通过总结实践经验，贵州省人民政府 2014 年印发《贵州省城乡居民基本养老保险实施办法》的通知（黔府发〔2014〕20 号），其对参保缴费、待遇领取、基金监督以及经办服务做出了更为细致的规定⑤。同年，贵州省人社厅联合财政厅发布《贵州省城乡养老保险制度衔接实施意见》（黔人社厅发〔2014〕17 号），对城乡养老保险制度衔接的具体工作提出指导意见。贵州省人社厅和财政厅在 2018 年联合发布《关

---

① 重庆市人力资源和社会保障局：《重庆市城乡居民基本养老保险实施意见》，2015 年 8 月 28 日，http://cq.gov.cn/publicity_srlsbj/ldrsjc/shbz/240675，2019 年 11 月 16 日。

② 重庆市人力资源和社会保障局：《关于提高城乡居民基本养老保险基础养老金最低标准的通知》，2016 年 4 月 22 日，http://cq.gov.cn/publicity_srlsbj/ldrsjc/shbz/240697，2019 年 11 月 9 日。

③ 重庆市人力资源和社会保障局：《关于将超龄人员纳入城乡居民基本养老保险参保范围有关工作的通知》，2019 年 1 月 22 日，http://cq.gov.cn/publicity_srlsbj/ldrsjc/shbz/583167，2019 年 10 月 30 日。

④ 贵州省人民政府：《关于开展新型农村社会养老保险试点的意见》，2010 年 3 月 14 日，http://www.guizhou.gov.cn/zwgk/zcfg/szfwj_8191/wjxgfzqk_8198/sxfzwj/201802/t20180226_1099164.html，2019 年 11 月 17 日。

⑤ 贵州省人民政府：《贵州省城乡居民基本养老保险实施办法》，2014 年 8 月 18 日，http://www.mohrss.gov.cn/gkml/zcfg/gfxwj/201408/t20140828_139166.html，2019 年 10 月 19 日。

于 2018 年提高全省城乡居民基本养老保险基础养老金最低标准的通知》（黔人社发〔2018〕31 号），将城乡居民基本养老保险基础养老金最低标准从每人每月 88 元提高至 93 元①。此外，贵州省档案局颁布了《贵州省城乡居民基本养老保险业务档案管理办法（试行）》，加强和规范贵州省城乡居民基本养老保险业务的档案管理工作②。

（四）云南农村地区的城乡居民养老保险政策

云南省政府早在 1997 年就颁布了《云南省社会养老保险暂行办法》，并于 1998 年开始在农村地区实行社会养老保险制度。随着国家政策不断推进和社会经济的发展，云南省政府在 2009 年发布《关于印发云南省新型农村社会养老保险试点实施办法（试行）的通知》（云政发〔2009〕193 号），对新型农村社会养老保险试点涉及的参保对象、补贴标准、个人账户等重要内容做出明确规定③。云南省政府在 2014 年发布《关于印发云南省城乡居民基本养老保险实施办法的通知》（云政发〔2014〕20 号），对整合后的城乡居民基本养老保险的参保费范围、实施标准、补贴待遇、个人账户、基金管理和监督等多方面做出明确规定④。云南省人力资源和社会保障厅联合云南省财政厅于 2018 年发布《关于印发云南省城乡居民基础养老金提标工作实施方案的通知》（云人社发〔2018〕57 号），将基础养老金标准提高到每人每月 103 元⑤。

---

① 贵州省人力资源和社会保障厅：《关于 2018 年提高全省城乡居民基本养老保险基础养老金最低标准的通知》，2018 年 11 月 9 日，http：//rst. guizhou. gov. cn/zwgk/xxgkml/zcfg_69313/zcwj/shbx/201811/t20181112_ 3686563. html，2019 年 11 月 16 日。

② 贵州省人民政府：《贵州省城乡居民基本养老保险业务档案管理办法（试行）》，2016 年 1 月 3 日，http：//www. guizhou. gov. cn/zwgk/zcfg/gfxwj/201807/t20180712 _ 1429990. html，2019 年 11 月 8 日。

③ 云南省人民政府：《关于印发云南省新型农村社会养老保险试点实施办法（试行）的通知》，2010 年 1 月 20 日，http：//www. yn. gov. cn/zwgk/zcwj/yzf/201001/t20100120 _ 142863. html，2019 年 11 月 13 日。

④ 云南省人民政府：《关于印发云南省城乡居民基本养老保险实施办法的通知》，2010 年 1 月 20 日，http：//www. yn. gov. cn/zwgk/zcwj/yzf/201606/t20160620_ 142914. html，2019 年 11 月 19 日。

⑤ 云南省人力资源和社会保障厅：《关于印发云南省城乡居民基础养老金提标工作实施方案的通知》，2018 年 12 月 19 日，http：//hrss. yn. gov. cn/NewsView. aspx？NewsID = 31669&ClassID = 560，2019 年 11 月 15 日。

第四章　西南农村留守老人养老保障政策及评价

西南四省市城乡居民社会养老保险政策具体实施情况见下表（表4-2）。

表4-2　西南四省市城乡居民社会养老保险政策情况

地区	缴费档次	多缴多补	多缴多得	基础养老金标准
四川	100元、200元、300元、400元、500元、600元、700元、800元、900元、1000元（每档100元）和1500元、2000元、3000元共13个档次	最低档次标准缴费的，补贴标准不低于每人每年40元；500元及以上档次标准缴费的，补贴标准不低于每人每年60元	对缴费超过15年的，每多缴费1年，基础养老金增加2元	75元（2018年12月1日起调至100元）
重庆	100元、200元、300元、400元、500元、600元、700元、800元、900元、1000元（每档100元）和1500元、2000元共12个档次	100元补30元，每提高一档增加10元	对缴费超过15年的，每多缴费1年，基础养老金增加2元	95元（2018年1月1日起调至115元）
贵州	100元、200元、300元、400元、500元、600元、700元、800元、900元、1000元、1200元、1500元、2000元共13个档次	最低档次标准缴费的，补贴标准不低于每人每年30元；500元及以上档次标准缴费的，补贴标准不低于每人每年60元	省级层面未建立（省内部分地区有建立）	70元（2018年10月1日起调至93元）
云南	100元、200元、300元、400元、500元、600元、700元、800元、900元、1000元（每档100元）和1500元、2000元共12个档次	最低档次标准缴费的，补贴标准不低于每人每年30元；500元及以上档次标准缴费的，补贴标准不低于每人每年70元	对缴费超过15年的，每多缴费1年，基础养老金增加2元	75元（2018年1月1日起调至103元）

资料来源：根据人社部《各省（区、市）建立统一的城乡居民养老保险政策特点汇总（2015年）》及各省市政策执行意见整理。

（五）政策评价

1. 重视城乡公平，提高待遇水平

以上西南四省市政策积极响应国家的决策部署，不断提高待遇水平，促进城乡公平。一方面，西南四省市均在 2014 年制定了"建立城乡居民养老保险的实施意见"，对提高养老保险公平性具有重要意义。四川省《关于建立统一的城乡居民基本养老保险制度的实施意见》提出"2020 年前，全面建成公平、统一、规范的城乡居民养老保险制度"[1]；云南省《城乡居民基本养老保险实施办法》[2] 和贵州省《城乡居民基本养老保险实施办法》[3] 均强调"全覆盖、保基本、有弹性、可持续"的方针和原则；重庆市则早在 2009 年就发布了《关于开展城乡居民社会养老保险试点工作的通知》，更早地关注到城乡之间养老保险的统筹与公平。另一方面，西南四省市均于 2018 年进一步提高基础养老金水平，四川省《关于 2018 年进一步提高城乡居民基本养老保险基础养老金最低标准的通知》提出"全省城乡居民基本养老保险基础养老金最低标准提高至每人每月 100 元"[4]；重庆市《关于 2018 年提高城乡居民基础养老金标准的通知》将基础养老金"由原来的每人每月 95 元提高至 115 元"[5]；贵州省《关于 2018 年提高全省城乡居民基本养老保险基础养老金最低标准的通知》将"城乡居民基本养老保险基础养

---

[1] 四川省人民政府：《关于建立统一的城乡居民基本养老保险制度的实施意见》，2014 年 8 月 18 日，http://www.mohrss.gov.cn/gkml/zcfg/gfxwj/201408/t20140828_139175.html，2019 年 11 月 16 日。

[2] 云南省人民政府：《城乡居民基本养老保险实施办法》，2014 年 8 月 18 日，http://www.mohrss.gov.cn/gkml/zcfg/gfxwj/201408/t20140828_139174.html，2019 年 11 月 15 日。

[3] 贵州省人民政府：《城乡居民基本养老保险实施办法》，2014 年 8 月 18 日，http://www.mohrss.gov.cn/gkml/zcfg/gfxwj/201408/t20140828_139166.html，2019 年 11 月 15 日。

[4] 四川省人民政府：《关于 2018 年进一步提高城乡居民基本养老保险基础养老金最低标准的通知》，2018 年 11 月 26 日，http://www.sc.hrss.gov.cn/zwgk/zcwj/201811/t20181126_80521.html，2019 年 11 月 15 日。

[5] 重庆市财政局：《关于 2018 年提高城乡居民基础养老金标准的通知》，2018 年 9 月 5 日，http://czj.cq.gov.cn/zwxx_268/jdtp/202003/t20200313_5713654.html，2018 年 9 月 5 日。

老金最低标准提高至 93 元"[1]；云南省《提高城乡居民基础养老金最低标准实施方案》提出"基础养老金最低标准为每人每月 103 元"。西南四省市积极提高基础养老金的政策充分体现出对城乡老年居民的民生关怀，对提高城乡居民养老保险待遇水平具有积极意义。

2. 对农村弱势群体重视不足

虽然政策关注城乡之间公平性，但是对农村弱势群体重视程度仍不足。政策未对农村弱势群体如农村留守老人的参保做出倾斜性照顾；基础养老金的提高也是面向省市所有老人，未针对农村弱势老人做出差异化安排，2018 年云南省《提高城乡居民基础养老金最低标准实施方案》提出"引导城乡居民早参保、多缴费、持续缴费"[2]，贵州省《关于 2018 年提高全省城乡居民基本养老保险基础养老金最低标准的通知》也提出"积极引导和鼓励城乡居民早参保、勤续保、多缴费，增加个人账户积累，逐步提高待遇水平"[3]，但对于经济水平低下的农村弱势群体来说，"早参保"与"多缴费"的鼓励只是一纸空文。

3. 基础养老金提升幅度有限，调整机制不完善

西南四省市虽然均于 2018 年提高基础养老金最低标准，但提升幅度有限。四川省分别于 2018 年 1 月 1 日和 2018 年 12 月 1 日，对基础养老金进行两次提标，提升幅度分别为从每人每月 75 元增加到 93 元、100 元；云南省提升幅度为从每人每月 75 元增加到 103 元；重庆市提升幅度为从每人每月 95 元增加到 115 元；贵州省分别于 2018 年 1 月 1 日和 2018 年 10 月 1 日，对基础养老金进行两

---

[1] 贵州省人民政府：《关于 2018 年提高全省城乡居民基本养老保险基础养老金最低标准的通知》，2018 年 11 月 9 日，http：//rst.guizhou.gov.cn/zwgk/xxgkml/zcfg_69313/zcwj/shbx/201811/t20181112_3686563.html，2019 年 11 月 15 日。

[2] 云南省人民政府：《提高城乡居民基础养老金最低标准实施方案》，2018 年 12 月 19 日，http：//hrss.yn.gov.cn/NewsView.aspx？NewsID=31669&ClassID=560，2019 年 11 月 15 日。

[3] 贵州省人民政府：《关于 2018 年提高全省城乡居民基本养老保险基础养老金最低标准的通知》，2018 年 11 月 9 日，http：//rst.guizhou.gov.cn/zwgk/xxgkml/zcfg_69313/zcwj/shbx/201811/t20181112_3686563.html，2019 年 11 月 15 日。

次提标，提升幅度分别为从每人每月70元增加到88元、93元。提升后的基础养老金水平对于多数农村贫困老人而言，经济支持力度仍然较弱。

西南四省市在"建立城乡居民基本养老保险制度的实施意见"中均贯彻中央指示，指出"根据经济发展和物价变动等情况，适时调整基础养老金最低标准"，但仍未建立起完善的调整机制，对调整依据等缺乏更加具体的说明。

第三节　国家层面和西南农村地区城乡居民医疗保险政策及评价

统一高效的城乡居民医疗保险政策是保障居民健康、"病有所医"的民生工程。城乡居民医疗保险在农村居民健康保障方面发挥着重要作用。

一　国家层面城乡居民医疗保险政策及评价

（一）中国城乡居民医疗保险政策

我国在20世纪50年代中期起就逐步建立了由农村生产大队、生产队和社员共同筹资兴办的合作医疗保险制度（简称"老农合"）。随着社会经济的发展，老农合制度逐渐不能适应人们医疗需要的升级变化。中共中央国务院于2002年颁布《关于进一步加强农村卫生工作的决定》（中发〔2002〕13号），明确提出建立和完善新型农村合作医疗保险制度和农村医疗救助制度，简称新农合的政策目标[1]。从2003年起，新农合开始按照"自愿参加，多方筹资；以收定支，保障适度；先行试点，逐步推广"的原则在全国范围内普遍展开，参加新农合的人数迅速增加。到2014年，新农合参保率已经达到98.9%[2]，基本实现了制度预设目标。

---

[1] 中央人民政府：《关于进一步加强农村卫生工作的决定》，2002年10月19日，http://www.gov.cn/ztzl/fupin/content_396736.htm，2019年11月16日。

[2] 李全利：《农村合作医疗制度建设历程及发展方向》，《中国国情国力》2018年第9期。

2016年，国务院发布《关于整合城乡居民基本医疗保险制度的意见》（国发〔2016〕3号），提出要"整合城镇居民基本医疗保险（城镇居民医保）和新型农村合作医疗（新农合）两项制度，建立统一的城乡居民基本医疗保险制度"[1]，随后各省市开始了城乡居民医疗保险制度探索。自此，我国进入统一的城乡居民医疗保险政策时期。为了促进制度发展，国家医疗保障局和财政部在2019年联合发布《关于做好2019年城乡居民基本医疗保障工作的通知》（医保发〔2019〕30号），进一步提高城乡居民医保和大病保险筹资标准和待遇保障水平[2]。

（二）政策评价

1. 扩大医疗保险覆盖面，提高公平性

中央医保政策对促进医疗保障城乡公平起到了积极作用。早在2002年，《关于进一步加强农村卫生工作的决定》就提出"对农村贫困家庭实施医疗救助，医疗救助对象主要是农村五保户和贫困农民家庭"[3]，以"资助其参加当地合作医疗"的方式，提高新型农村合作医疗的普及度。2016年《关于整合城乡居民基本医疗保险制度的意见》提出"充分考虑并逐步缩小城乡差距、地区差异"[4]，《关于做好2019年城乡居民基本医疗保障工作的通知》进一步提出"城镇居民基本医疗保险和新型农村合作医疗制度尚未完全整合统一的地区，要按照党中央、国务院部署要求，于2019年年底前实现两项制度并轨运行向统一的城乡居民医保制度过渡"，此外，还对贫困人口加大支付倾斜力度，"起付线降低50%，支付比例提高5个百分点，全面取消建档立卡贫困人口大病保险封顶线"[5]，可见中央对医疗保险公平性的重视以及对贫困人口的倾斜照顾。

---

[1] 国务院：《关于整合城乡居民基本医疗保险制度的意见》，2016年1月12日，http://www.gov.cn/zhengce/content/2016-01/12/content_10582.htm，2019年11月16日。

[2] 国家医疗保障局：《关于做好2019年城乡居民基本医疗保障工作的通知》，2019年5月13日，http://www.nhsa.gov.cn/art/2019/5/13/art_37_1286.html，2019年11月16日。

[3] 中央人民政府：《关于进一步加强农村卫生工作的决定》，2002年10月19日，http://www.gov.cn/ztzl/fupin/content_396736.htm，2019年11月16日。

[4] 国务院：《关于整合城乡居民基本医疗保险制度的意见》，2016年1月12日，http://www.gov.cn/zhengce/content/2016-01/12/content_10582.htm，2019年11月16日。

[5] 国家医疗保障局：《关于做好2019年城乡居民基本医疗保障工作的通知》，2019年5月13日，http://www.nhsa.gov.cn/art/2019/5/13/art_37_1286.html，2019年11月16日。

2. 对农村弱势群体考虑不足，实质公平难以体现

以上政策对于农村弱势群体的考虑仍不足。尽管中央提出"资助贫困人口参加合作医疗""缩小医疗保险城乡差距"等出于公平性的政策内容，但是对于真正的弱势群体，如农村留守老人，政策未做出精准化的倾斜性照顾。

国家对居民医保的财政投入不断加大，但对农村贫困人口参保的实质性激励作用仍有限。《关于做好2019年城乡居民基本医疗保障工作的通知》提出，"2019年城乡居民医保人均财政补助标准新增30元，达到每人每年不低于520元，新增财政补助一半用于提高大病保险保障能力（在2018年人均筹资标准上增加15元）"，国家在医保精准扶贫方面也安排了一系列惠民举措，"加大大病保险对贫困人口的支付倾斜力度"[①]。尽管国家不断增强制度保障能力，但对农村贫困人口的实际经济能力的考虑仍然不足，对农村贫困人口参保行为的激励作用仍然有限，个人缴费的增长更是让部分贫困人群避之不及。在公平性看似不断提高的背后，缺乏参保意识的部分贫困群体仍将游离在制度保障之外。

实质公平较弱的另一表现是，农村医疗服务可及性跟不上城乡居民医保整合的步伐。医保政策的益处需要以医疗服务的可及为前提，而实际当中，在获取医疗资源的便捷性及医疗资源的质量方面，农村地区远不如城市。在这种情况下，对城乡居民采取等额筹资，并不利于缩小城乡差距。在有关城乡居民医疗保险整合看似公平的政策背后，实则隐藏着部分群体未受政策重视的不公平。

二 西南农村地区城乡居民医疗保险政策及评价

在国家统一政策要求下，由于社会经济情况不同，西南四省市的城乡居民医疗保险政策的制定及实施情况会根据各省市特点做出相应调整。

（一）四川农村地区的城乡居民医疗保险政策

四川省政府于2016年发布《关于做好城乡居民基本医疗保险制

[①] 国家医疗保障局：《关于做好2019年城乡居民基本医疗保障工作的通知》，2019年5月13日，http://www.nhsa.gov.cn/art/2019/5/13/art_ 37_ 1286.htm，2019年11月16日。

度整合工作的实施意见》(川府发〔2016〕61号),出台统一的覆盖城乡居民的政策措施①。为了更好保障参保人员权益、规范医疗服务行为、控制医疗费用不合理增长,四川省政府办公厅在2018年发布《关于印发进一步深化基本医疗保险支付方式改革实施方案的通知》(川办函〔2018〕2号),以充分发挥医保在医改中的基础性作用②。同年,四川省政府办公厅还发布了《关于印发四川省深化医药卫生体制改革近期重点工作任务的通知》(川办发〔2018〕87号),针对农村地区重点提出要加强县级医院以及妇幼健康、疾病预防控制等医疗卫生机构建设③。

(二) 重庆农村地区的城乡居民医疗保险政策

重庆市政府在2007年发布《关于开展城乡居民合作医疗保险试点的指导意见》(渝府发〔2007〕113号),正式开展重庆市城乡居民合作医疗保险试点,构建覆盖全体城乡居民的医疗保险制度。重庆市人力资源和社会保障局于2017年发布《关于做好2018年城乡居民合作医疗保险参保筹资工作的通知》(渝人社发〔2017〕220号),主要对2018年重庆市城乡居民参加居民医保个人缴费标准以及特殊困难群体的补贴标准进行了明确规定。重庆市人民政府办公厅在2018年发布《关于印发重庆市进一步深化基本医疗保险支付方式改革实施方案的通知》(渝府办发〔2018〕114号),对农村留守老人慢性病高发的情况做出了具体的规定④。

---

① 四川省人民政府:《关于做好城乡居民基本医疗保险制度整合工作的实施意见》,2017年3月2日,http://wsjkw.sc.gov.cn/zt/ygzl/ygzc/201703/t20170302_13335.html,2019年10月19日。

② 四川省人民政府办公厅:《关于印发进一步深化基本医疗保险支付方式改革实施方案的通知》,2018年1月3日,http://www.sc.gov.cn/zcwj/xxgk/NewT.aspx?i=20180107165206-278455-00-000,2019年11月10日。

③ 四川省人民政府:《关于印发四川省深化医药卫生体制改革近期重点工作任务的通知》,2018年11月23日,http://www.sc.gov.cn/zcwj/xxgk/NewT.aspx?i=20181127080403-692138-00-000,2019年10月18日。

④ 重庆市人民政府办公厅:《关于印发重庆市进一步深化基本医疗保险支付方式改革实施方案的通知》,2018年8月20日,http://www.cq.gov.cn/zwgk/wlzcwj/hlmlm/hmlmszf/content_347925,2019年11月10日。

(三) 贵州农村地区的城乡居民医疗保险政策

贵州省卫生和计划委员会 2016 年发布《关于 2017—2019 年度新农合参合群众个人缴费标准等问题的通知》，规定了新农合参合群众个人年度缴费标准统一明确为 2017 和 2018 年度每人 120 元，2019 年度每人 150 元。同年，贵州省政府办公厅发布了《贵州省整合城乡居民基本医疗保险制度实施方案》（黔府办发〔2016〕52 号），明确城乡居民基本医疗保险市级统筹的政策目标，对整合基本制度政策的内容进行了总结梳理[①]。贵州省卫生和计划委员会在 2018 年发布《2018 年度贵州省新型农村合作医疗补偿指导方案》（黔卫计函〔2018〕23 号），对门诊统筹补偿政策、住院统筹补偿政策、新农合重大疾病（按病种）保障政策等老百姓关注的内容做出了明确规定[②]。

(四) 云南农村地区的城乡居民医疗保险政策

云南省政府在 2016 年发布了《关于整合城乡居民基本医疗保险制度的实施意见》（云政发〔2016〕72 号），从制度层面规定积极推进城镇居民基本医疗保险和新型农村合作医疗制度的整合[③]。为了保障统一城乡居民基本医疗保险目标的顺利实施，云南省政府颁布了一系列的政策予以支持，比如《关于统一城乡居民基本医疗保险定点医疗机构管理的通知》（云人社发〔2016〕308 号）、《关于统一城乡居民基本医疗保险待遇有关问题的通知》（云人社发〔2016〕310 号）和《关于统一城乡居民基本医疗保险用药、诊疗项目和医用耗材支付范围的通知》（云人社发〔2016〕372 号）等。云南省人力资源和社会保障厅联合云南省财政厅在 2017 年发布《关于做好 2017 年城乡居

---

① 贵州省人民政府：《贵州省整合城乡居民基本医疗保险制度实施方案》，2016 年 12 月 28 日，http：//www.gzhfpc.gov.cn/xwzx/tzgg/201702/t20170220_1923291.html，2019 年 11 月 20 日。

② 贵州省卫生和计划委员：《2018 年度贵州省新型农村合作医疗补偿指导方案》，2018 年 3 月 19 日，http：//www.gzhfpc.gov.cn/xwzx/tzgg/201803/t20180319_3214775.html，2019 年 11 月 19 日。

③ 云南省人民政府：《关于整合城乡居民基本医疗保险制度的实施意见》，2017 年 2 月 1 日，http：//ynswsjkw.yn.gov.cn/wjwWebsite/web/doc/UU148695435058958927，2019 年 11 月 19 日。

民基本医疗保险工作的通知》（云人社通〔2017〕36号），对个人缴费标准进行了调整和优化①。

（五）政策评价

1. 重视公平性，力求缩小城乡差距

在中央政策指示下，四省市积极响应，制定了各自省市"整合城乡居民医疗保险的实施意见"及其他相应政策。四省市政策都体现出对城乡之间医疗保险公平性的重视。例如，2016年四川省《关于做好城乡居民基本医疗保险制度整合工作的实施意见》提出"充分考虑并逐步缩小城乡差距、地区差异"②；2016年云南省《关于整合城乡居民基本医疗保险制度的实施意见》"逐步缩小城乡差距、地区差异，促进城乡居民在基本医疗保险领域权利公平和机会公平"③。

四省市都将农村地区贫困人口作为医疗保险工作开展的一大要点。例如，2018年四川省《关于印发四川省深化医药卫生体制改革近期重点工作任务的通知》"打好健康扶贫攻坚战，强化贫困人群医疗救助扶持、贫困人群公共卫生保障、贫困地区医疗能力提升、贫困地区卫生人才培植、贫困地区生育秩序整治五大行动"④，四川省《关于做好2018年城乡居民基本医疗保险工作的通知》提出做好贫困人口医疗保障工作，"2018年城乡居民医保人均新增财政补助中的一半（人均20元）用于大病保险，重点聚焦深度贫困地区和因病因残致贫返贫等特殊贫困人口，完善大病保险对贫困人口降低起付线、提

---

① 《关于做好2017年城乡居民基本医疗保险工作的通知》，2017年7月10日，云南省人力资源和社会保障网，http://hrss.yn.gov.cn/NewsView.aspx?NewsID=23241&ClassID=560，2019年11月10日。

② 四川省卫生健康委员会：《关于做好城乡居民基本医疗保险制度整合工作的实施意见》，2016年12月27日，http://wsjkw.sc.gov.cn/zt/ygzl/ygzc/201703/t20170302_13335.html，2019年11月11日。

③ 云南省卫生健康委员会：《关于整合城乡居民基本医疗保险制度的实施意见》，2016年8月9日，http://ynswsjkw.yn.gov.cn/wjwWebsite/web/doc/UU148695435058958927，2019年11月11日。

④ 四川省人民政府：《关于印发四川省深化医药卫生体制改革近期重点工作任务的通知》，2018年11月23日，http://www.sc.gov.cn/zcwj/xxgk/NewT.aspx?i=20181127080403-692138-00-000，2019年11月11日。

高支付比例和封顶线等倾斜支付政策"①；云南省《关于做好2017年城乡居民基本医疗保险工作的通知》提出"聚焦农村建档立卡贫困人口等完善大病保险"②，《关于做好2019年云南省城乡居民基本医疗保障工作的通知》进一步指出"精准落实医疗保障扶贫待遇"，"用好中央财政提高深度贫困地区农村贫困人口医疗保障水平补助资金"③；2018年重庆市《关于进一步做好城乡居民医疗保险与医疗救助有效衔接的通知》提出"执行与农村建档立卡贫困人口相同的城乡居民基本医疗保险、城乡居民大病保险待遇倾斜性支付政策"④，《关于做好重庆市2019年城乡居民基本医疗保障工作的通知》也将医疗保障与精准扶贫目标相结合，提出"继续加大大病保险对贫困人口的支付倾斜力度"，"从2019年9月1日起，在降低贫困人口起付线、提高报销比例的基础上，全面取消建档立卡农村贫困人口、特困人员等农村贫困人口大病保险封顶线"⑤；贵州省《关于2017—2019年度新农合 参合群众个人缴费标准等问题的通知》提出"各地要针对农村建档立卡贫困人口制定落实取消住院起付线、提高新农合基本医疗保险和大病保险补偿比例、降低大病保险起付线等特殊倾斜政策"⑥；贵州省《2018年度贵州省新型农村合作医疗补偿指导方案》从"落

---

① 四川省医疗保障局：《关于做好2018年城乡居民基本医疗保险工作的通知》，2018年6月6日，http：//ylbzj.sc.gov.cn/scsybj/c100061/2019/2/25/ee22eb7537b84e3880facf440acf4cf1.shtml，2019年11月12日。

② 《关于做好2017年城乡居民基本医疗保险工作的通知》，2017年6月9日，云南省人力资源和社会保障网，http：//hrss.yn.gov.cn/NewsView.aspx？NewsID=23241&ClassID=560，2019年11月12日。

③ 云南省医疗保障局：《关于做好2019年云南省城乡居民基本医疗保障工作的通知》，2019年7月18日，http：//czj.km.gov.cn/upload/resources/file/2019/08/02/2995694.pdf，2019年11月12日。

④ 重庆市人民政府：《关于进一步做好城乡居民医疗保险与医疗救助有效衔接的通知》，2018年8月17日，http：//www.cq.gov.cn/publicity_srlsbj/wsjhsyfnet/ws/558964，2019年11月13日。

⑤ 重庆市医疗保障局：《关于做好重庆市2019年城乡居民基本医疗保障工作的通知》，2019年8月28日，http：//www.cq.gov.cn/publicinfo/web/views/Show！detail.action？sid=4417216，2019年11月12日。

⑥ 清镇市人民政府：《关于2017—2019年度新农合参合群众个人缴费标准等问题的通知》，2016年10月20日，http：//www.gzqz.gov.cn/wsfw/ggfw/ylws/jyzn/201712/t20171206_2917764.html，2019年11月12日。

实住院统筹保障倾斜政策""落实农村贫困人口大病专项救治保障""落实农村贫困人口慢性病医疗救助保障"等方面,提出"落实农村贫困人口医疗保障倾斜政策"[①],贵州省《六部门会签关于做好2019年度城乡居民基本医保工作的通知》提出,"各地要切实抓好特殊困难群众参保资助工作,确保特困人员、低保对象、重度残疾人、建档立卡贫困人口等困难人员纳入城乡居民医保和城乡居民大病保险"[②],并对各类困难人员的资助标准进行了说明。可以看出,为贯彻落实国家脱贫攻坚战略,四省市从健康扶贫的角度对农村地区医疗保险工作的开展给予了重视。

2. 可操作性不强,精准度尚低

尽管四省市医保政策在一定程度上体现了对农村地区的重视,在促进医疗保险公平方面发挥了一定作用,但是仍存在可操作性不强、精准度不够的问题。上述政策大多从城乡居民基本医疗保险一体化的角度提出重视城乡之间的公平性,除贵州省《2018年度贵州省新型农村合作医疗补偿指导方案》针对农村地区医疗保险作出倾斜性指示以外,其他政策对农村地区医疗保险工作的开展缺乏针对性,可操作化的指示内容仍不够具体。例如,四川省《关于印发四川省深化医药卫生体制改革近期重点工作任务的通知》提出"健康扶贫五大行动",对"如何行动"却未做安排。四川省《关于印发四川省深化医药卫生体制改革近期重点工作任务的通知》、云南省《关于做好2019年云南省城乡居民基本医疗保障工作的通知》、重庆市《关于进一步做好城乡居民医疗保险与医疗救助有效衔接的通知》、贵州省《2018年度贵州省新型农村合作医疗补偿指导方案》都专门提到了"农村贫困人口",但却未对诸如农村留守老人这样的贫困人口做出精准识别,导致政策供给精准度不足。

---

① 贵州省人民政府:《2018年度贵州省新型农村合作医疗补偿指导方案》2018年3月19日,http://www.gzhfpc.gov.cn/xwzx/tzgg/201803/t20180319_3214775.html,2019年11月13日。

② 贵州省医疗保障局:《六部门会签关于做好2019年度城乡居民基本医保工作的通知》,2019年4月28日,http://ylbzj.guizhou.gov.cn/zwgk/xxgkml/jcxxgk/zcfg/201904/t20190428_2445980.html,2019年11月14日。

3. 实质公平难以保证

分档缴费虽考虑到城乡居民经济水平，但实则并未体现实质公平。四省市大多地区都划分高低档缴费层次供参保者选择，低缴费低待遇，高缴费高待遇。而农村贫困人群即使参保，也倾向于选择低档。一方面，高低档群体在患病治疗时，经济负担无异，而待遇存异；另一方面，城乡地区医疗资源可及性与质量存异，即使同档缴费，农村居民在享受医保基金整合带来的福利方面也要劣于城镇居民。因此，分档缴费虽暂时考虑了城乡居民经济水平，但对农村居民的益处有限，实质公平难以保证。

第四节　国家层面和西南农村地区社会养老服务政策及评价

社会养老服务是以满足老年人养老服务需求、提升老年人生活质量为目标，面向所有老年人提供的生活照料、康复护理、精神慰藉、紧急救援和社会参与等，有关设施、组织、人才和技术要素等方面的服务[1]。

一　国家层面农村地区社会养老服务政策及评价

（一）中国农村地区社会养老服务政策

当前，我国农村地区对养老服务的需求日益增强，已逐步成为国家政策制度关注的重点内容之一。在国务院 2013 年颁布的《关于加快发展养老服务业的若干意见》（国发〔2013〕35 号）中，就强调了我国养老服务体系必须覆盖城乡，并要从资源利用、资源倾斜两个方面加强农村养老服务的建设[2]。国务院办公厅 2016 年发布《关于全面放开养老服务市场提升养老服务质量的若干意见》（国办

---

[1]《国务院办公厅关于印发社会养老服务体系建设规划（2011—2015 年）的通知》，2011 年 12 月 16 日，中华人民共和国政府网，http://www.gov.cn/zwgk/2011-12/27/content_2030503.htm，2019 年 11 月 12 日。

[2] 国务院：《关于加快发展养老服务业的若干意见》，2013 年 9 月 13 日，http://www.gov.cn/zhengce/content/2013-09/13/content_7213.htm，2019 年 11 月 9 日。

发〔2016〕91号），明确提出要在农村积极建设自助式和互助式的养老服务，要切实关注老年人的心理、安全等问题①。为了实现这一政策目标，民政部联合发展改革委等11部门于2016年发布《关于支持整合改造闲置社会资源发展养老服务的通知》（民发〔2016〕179号），希望通过整合改造和利用闲置的社会资源，来有效增加养老服务的供给总量，满足社会日益增长的养老服务需求。

在2017年发布的《关于印发"十三五"国家老龄事业发展和养老体系建设规划的通知》（国发〔2017〕13号）提出在农村地区首先要针对特殊群体提供养老服务，要通过发挥邻里、亲友相助、志愿者的力量大力发展农村互助养老服务，要在积极发挥农村基层党组织、村委会、老年协会等作用基础上为农村老年人提供丰富多彩的关爱服务②。为尽快破除养老服务业发展瓶颈，激发市场活力和民间资本潜力，促进社会力量逐步成为发展养老服务业的主体，民政部联合发展改革委等13部门发布了《关于加快推进养老服务业放管服改革的通知》（民发〔2017〕25号），进一步简化审批流程，优化政策衔接，为丰富养老服务提供助力③。国务院办公厅在2019年印发《关于推进养老服务发展的意见》（国办发〔2019〕5号），特别指出要促进农村、社区的医养结合，建立村医参与健康养老服务激励机制。针对农村较低的物价承受能力，要发展政府扶得起、村里办得起、农民用得上、服务可持续的互助养老设施，补齐农村养老基础设施短板④。

值得关注的是，在农村养老服务的建设过程中，我国还一直致力于探索养老资源与医疗资源相结合的制度模式，以实现社会资源利用

---

① 国务院：《关于全面放开养老服务市场提升养老服务质量的若干意见》，2016年12月7日，http://www.gov.cn/zhengce/content/2016-12/23/content_5151747.htm，2019年11月10日。
② 国务院：《关于印发"十三五"国家老龄事业发展和养老体系建设规划的通知》，2017年3月16日，http://www.ndrc.gov.cn/gzdt/201703/t20170316_841165.html，2019年11月20日。
③ 中央人民政府：《关于加快推进养老服务业放管服改革的通知》，2017年2月9日，http://www.gov.cn/xinwen/2017-02/09/content_5166789.htm#1，2019年11月20日。
④ 国务院：《关于推进养老服务发展的意见》，2019年4月16日，http://www.gov.cn/zhengce/content/2019-04/16/content_5383270.htm，2019年11月12日。

的最大化。国务院《关于加快发展养老服务业的若干意见》（国发〔2013〕35号）就明确指出要积极推进医疗卫生与养老服务相结合，推动医养融合发展。2015年卫生卫计委等部门发布《关于推进医疗卫生与养老服务相结合指导意见的通知》（国办发〔2015〕84号），开始在农村探索建设兼具医疗卫生和养老服务资质和能力的医疗卫生机构或养老机构，提出到2020年，基本建立符合国情的医养结合体制机制和政策法规体系，建立覆盖城乡、规模适宜、功能合理、综合连续的医养结合服务网络的政策目标①。2016年，民政部和卫生计生委发布《关于做好医养结合服务机构许可工作的通知》（民发〔2016〕52号），提出支持医疗机构设立养老机构，支持养老机构设立医疗机构，提高办事效率②。

（二）政策评价

1. 支持多样化养老服务供给

这些政策的积极一面是，特别关注农村地区养老服务发展的弱势地位，开始关注到老年群体多层次、多样化的养老服务需求，认识到养老服务仍有许多可提升的方面。例如，2013年国务院《关于加快发展养老服务业的若干意见》指出，"养老服务和产品供给不足、市场发育不健全、城乡区域发展不平衡"③，2016年国务院办公厅《关于全面放开养老服务市场提升养老服务质量的若干意见》指出"供给结构不尽合理、市场潜力未充分释放、服务质量有待提高"④，不仅认识到农村地区养老服务业发展不力，还认识到供给侧存在的问题。其次，这些政策尤其关注"医养结合"，2015年《关于推进医疗卫生与养老服务相结合指导意见的通知》提出"鼓励医疗卫生机构

---

① 国务院：《关于推进医疗卫生与养老服务相结合指导意见的通知》，2015年11月20日，http：//www.gov.cn/zhengce/content/2015-11/20/content_10328.htm，2019年11月11日。

② 中央人民政府：《关于做好医养结合服务机构许可工作的通知》，2016年4月18日，http：//www.gov.cn/zhengce/2016-05/22/content_5075667.htm，2019年11月11日。

③ 国务院：《关于加快发展养老服务业的若干意见》，2013年9月6日，http：//www.gov.cn/zhengce/content/2013-09/13/content_7213.htm，2019年11月10日。

④ 国务院：《关于全面放开养老服务市场提升养老服务质量的若干意见》，2016年12月7日，http：//www.gov.cn/zhengce/content/2016-12/23/content_5151747.htm，2019年11月10日。

与养老服务融合发展"①，2016年《关于做好医养结合服务机构许可工作的通知》提出"支持养老机构设立医疗机构"②，为医养结合工作的实际开展作出了指示。

2. 未从地域、年龄、经济水平等方面识别差异化需求

这些政策虽然认识到养老服务城乡发展不平衡，但对农村地区养老服务的发展重视程度仍不足。《关于全面放开养老服务市场提升养老服务质量的若干意见》提出"鼓励各地建设农村幸福院"、"加强农村敬老院建设"和"鼓励专业社会工作者、社区工作者、志愿服务者加强对农村留守、困难、鳏寡、独居老年人的关爱保护和心理疏导、咨询等服务"③，但未从农村老人实际需求的角度对幸福院、敬老院建设作出具体指示，社会工作者、志愿者能否实质性对老人起到关爱作用也仍是未知数；2019年国务院办公厅《关于推进养老服务发展的意见》提出"建立村医参与健康养老服务激励机制"④，对于如何确保农村地区医养结合的实施未作进一步指示。可以看出，养老服务政策是面向城乡的，对于农村地区养老服务工作的开展，缺乏针对性，同时，没有针对老人的年龄层次、经济水平、身体状况等做出差异化的政策安排。

二 西南农村地区养老服务政策及评价

为了积极响应国家建设农村地区养老服务的强烈要求，西南四省市在制定具体实施意见时，也积极结合自身发展现状，出台符合各省市实际的条例和规章。

---

① 国务院：《关于推进医疗卫生与养老服务相结合指导意见的通知》，2015年11月20日，http://www.gov.cn/zhengce/content/2015-11/20/content_10328.htm，2019年11月10日。

② 中央人民政府：《关于做好医养结合服务机构许可工作的通知》，2016年4月18日，http://www.gov.cn/zhengce/2016-05/22/content_5075667.htm，2019年11月11日。

③ 国务院：《关于全面放开养老服务市场提升养老服务质量的若干意见》，2016年12月7日，http://www.gov.cn/zhengce/content/2016-12/23/content_5151747.htm，2019年11月10日。

④ 国务院：《关于推进养老服务发展的意见》，2019年4月16日，http://www.gov.cn/zhengce/content/2019-04/16/content_5383270.htm，2019年11月12日。

（一）四川农村地区的养老服务政策

四川省政府在2014年发布《关于加快发展养老服务业的实施意见》（川府发〔2014〕8号），指出在发展农村养老服务的过程中不仅要督促家庭成员履行对老年人经济供养、生活照料和精神慰藉义务，还要发挥邻里互助的传统，帮助困难老人解决生活困难[①]。四川省政府办公厅在2015年转发民政厅等部门《关于四川省2015—2017年养老服务体系建设重点任务安排意见的通知》（川办函〔2015〕57号）中，提出农村地区每年建设农村社区日间照料中心900个的政策目标。在医疗服务设施建设方面，2018年四川省人民政府办公厅《关于印发四川省医疗卫生与养老服务相结合发展规划（2018—2025年）的通知》（川办发〔2018〕78号）中，也明确提出未来7年（到2025年）所有社区卫生服务机构和乡镇卫生院、90%的村卫生室应具备中医药服务能力[②]。同年，四川省政府办公厅发布《关于制定和实施老年人照顾服务项目的实施意见》（川办发〔2018〕6号），重点强调了"加强农村养老服务"，在发展农村互助养老服务时要重点依托村（社区）"两委"和农村基层老年协会的力量[③]；发布《关于全面放开养老服务市场提升养老服务质量的实施意见》（川办发〔2018〕5号），提出"推进农村养老服务模式创新"，把农村中心敬老院建成农村区域性养老服务中心，重点实现养老服务对象向农村老年人全覆盖转变[④]。

（二）重庆农村地区的养老服务政策

重庆市政府办公厅在2017年发布《关于印发重庆市老龄事业发

[①] 四川省人民政府：《关于加快发展养老服务业的实施意见》，2014年2月14日，http://www.sc.gov.cn/10462/10883/11066/2014/2/17/10293595.shtml，2019年11月14日。

[②] 四川省人民政府办公厅：《关于印发四川省医疗卫生与养老服务相结合发展规划（2018—2025年）的通知》，2018年9月30日，http://www.sc.gov.cn/zcwj/xxgk/NewT.aspx?i=20181009204105-383155-00-000，2019年11月13日。

[③] 四川省人民政府办公厅：《关于制定和实施老年人照顾服务项目的实施意见》，2018年1月12日，http://www.sc.gov.cn/zcwj/xxgk/NewT.aspx?i=20180116200046-376677-00-000，2019年11月16日。

[④] 四川省人民政府：《关于全面放开养老服务市场提升养老服务质量的实施意见》，2018年1月12日，http://www.sc.gov.cn/zcwj/xxgk/NewT.aspx?i=20180116195808-380688-00-000，2019年11月14日。

展和养老体系建设"十三五"规划的通知》(渝府办发〔2017〕153号),对养老服务发展做出了总体规划,其中提到要依靠城乡之间的资源和要素流动,来加强农村养老服务建设[①]。同年,重庆市政府办公厅发布《关于全面放开养老服务市场提升养老服务质量的实施意见》(渝府办发〔2017〕162号),提出要加强农村幸福院改造和管理,整合农村社区服务资源,积极开展自助式、互助式养老服务,以提升农村养老服务能力和水平[②]。

(三) 贵州农村地区的养老服务政策

贵州省政府2014年发布《关于加快发展养老服务业的实施意见》(黔府发〔2014〕17号),针对如何切实加强农村养老服务提出了具体对策,比如,加强农村幸福院等互助性养老服务设施建设,整合农村党建活动室、卫生室、农家书屋、学校等公共设施资源,配备必需的办公及文化娱乐和健身设施,组织开展与老年人相关的活动等[③]。为了鼓励农村养老服务设施建设,贵州省政府办公厅2015年发布《关于支持社会力量发展养老服务业的政策措施的通知》(黔府办发〔2015〕5号),制定了一系列建设用地支持、资金支持、政策优惠等鼓励引导的政策措施[④]。

贵州省人民政府办公厅在2017年发布《贵州省"十三五"老龄事业发展规划》(黔府办发〔2017〕31号),针对养老服务体系建设提出了增加设施建设、多元服务供给、推进养老服务改革、优化服务

[①] 重庆市人民政府:《关于印发重庆市老龄事业发展和养老体系建设"十三五"规划的通知》,2017年10月19日,http://www.cq.gov.cn/publicinfo/web/views/Show! detail.action? sid=4255060,2019年11月14日。

[②] 重庆市人民政府:《关于全面放开养老服务市场提升养老服务质量的实施意见》,2017年11月6日,http://www.cq.gov.cn/publicinfo/web/views/Show! detail.action? sid=4260845,2019年11月14日。

[③] 贵州省人民政府:《关于加快发展养老服务业的实施意见》,2014年6月23日,http://www.guizhou.gov.cn/zwgk/zcfg/szfwj_8191/qff_8193/201709/t20170925_821996.html,2019年11月20日。

[④] 贵州省人民政府:《关于支持社会力量发展养老服务业的政策措施的通知》,2015年2月11日,http://www.guizhou.gov.cn/zwgk/zcfg/szfwj_8191/qfbf_8196/201709/t20170925_823858.html,2019年11月18日。

质量等方面的建设规划①。在提升养老服务质量方面，贵州省政府办公厅在 2018 年发布《关于全面放开养老服务市场提升养老服务质量的实施意见》（黔府办发〔2018〕17 号），提出要在农村建立广覆盖、保基本、多层次的农村养老服务供给体系，积极建设农村幸福院等自助式、互助式养老服务设施②。

（四）云南农村地区的养老服务政策

云南省政府办公厅在 2016 年发布《关于印发云南省养老服务体系建设"十三五"规划的通知》（云政办发〔2016〕91 号），对如何切实提升农村养老服务水平提出学习借鉴河北"集体建院、集中居住、自我保障、互助服务"的"幸福大院"模式，积极探讨契合云南实际的农村互助养老之路③。云南省人民政府在 2018 年发布《关于进一步加快老龄事业发展的实施意见》（云政发〔2018〕42 号），提出要积极通过资源整合推进互助式养老机构、老年活动场所等设施建设，为农村低收入、高龄、独居、残疾、失能老年人提供养老服务④。同年，在养老服务质量提升方面，云南省人民政府办公厅发布《关于全面放开养老服务市场提升养老服务质量的实施意见》（云政办发〔2018〕5 号），明确规定"各级政府要将农村养老服务体系建设纳入乡村振兴战略"，积极利用闲置资源建设服务设施，开展互助养老服务⑤。同年发布的《关于制定和实施老年人照顾服务项目的实施意见》（云政办发〔2018

---

① 六盘水市人民政府：《贵州省"十三五"老龄事业发展规划》，2018 年 1 月 9 日，http：//www.gzlps.gov.cn/fw/zdbsfw/lnryd/zcwj_35384/201804/t20180409_1589664.html，2019 年 11 月 20 日。

② 贵州省人民政府：《关于全面放开养老服务市场提升养老服务质量的实施意见》，2018 年 4 月 26 日，http：//www.guizhou.gov.cn/zwgk/zcfg/szfwj_8191/qfbf_8196/201804/t20180426_1115170.html，2019 年 11 月 14 日。

③ 云南省人民政府：《云南省养老服务体系建设"十三五"规划》，2016 年 9 月 20 日，http：//www.yn.gov.cn/zwgk/zcjd/bmjd/201904/t20190404_154943.html，2019 年 10 月 28 日。

④ 云南省人民政府：《关于进一步加快老龄事业发展的实施意见》，2018 年 8 月 27 日，http：//www.yn.gov.cn/zwgk/zcwj/zxwj/201808/t20180827_142501.html，2019 年 11 月 6 日。

⑤ 云南省人民政府办公厅：《关于全面放开养老服务市场提升养老服务质量的实施意见》，2018 年 8 月 23 日，http：//www.yn.gov.cn/zwgk/zcwj/zxwj/201808/t20180823_142498.html，2019 年 10 月 20 日。

12号)中,明确规定要大力发展以互助养老为重点的农村养老服务,并制定了到2020年达成居家养老服务设施和站点要覆盖90%以上乡镇和60%以上农村社区的政策目标①。

(五) 政策评价

1. 重视农村弱势老人

四省市农村地区养老服务政策贯彻落实了中央政府对农村养老服务建设的指导精神,体现了对农村弱势老人的人文关怀。就中央提出的"养老服务城乡发展不平衡问题",四省市在政策中均作出回应。例如,四川省《关于加快发展养老服务业的实施意见》提出,"健全农村五保供养机构功能""加快农村养老服务设施建设""培育农村为老服务社会组织""开展邻里互助、志愿服务""鼓励城市资金、资产和资源投向农村养老服务"②;四川省《关于制定和实施老年人照顾服务项目的实施意见》提出,"推进农村小型互助式养老机构建设","鼓励开展形式多样的农村留守老年人关爱和志愿服务活动"③;四川省《关于全面放开养老服务市场提升养老服务质量的实施意见》"鼓励社会工作者、社区工作者、志愿者参与对农村留守、困难、鳏寡、独居、计划生育特殊困难家庭老年人的关爱保护和精神慰藉等服务"④;重庆市《关于印发重庆市老龄事业发展和养老体系建设"十三五"规划的通知》提出"加速推进城镇与农村之间养老服务资源和要素的流动"⑤;重庆市《关于全面放开养老服务市场提升养老服

---

① 云南省人民政府办公厅:《关于制定和实施老年人照顾服务项目的实施意见》,2018 年 2 月 24 日,http://www.yn.gov.cn/zwgk/zcwj/zxwj/201802/t20180224_142409.html,2019 年 10 月 18 日。

② 四川省人民政府:《关于加快发展养老服务业的实施意见》,2014 年 2 月 14 日,http://www.sc.gov.cn/10462/10883/11066/2014/2/17/10293595.shtml,2019 年 11 月 14 日。

③ 四川省人民政府:《关于制定和实施老年人照顾服务项目的实施意见》,2018 年 1 月 2 日,http://www.sc.gov.cn/zcwj/xxgk/NewT.aspx?i=20180116200046-376677-00-000,2019 年 11 月 14 日。

④ 四川省人民政府:《关于全面放开养老服务市场提升养老服务质量的实施意见》,2018 年 1 月 12 日,http://www.sc.gov.cn/zcwj/xxgk/NewT.aspx?i=20180116195808-380688-00-000,2019 年 11 月 14 日。

⑤ 重庆市人民政府:《关于印发重庆市老龄事业发展和养老体系建设"十三五"规划的通知》,2017 年 10 月 19 日,http://www.cq.gov.cn/publicinfo/web/views/Show!detail.action?sid=4255060,2019 年 11 月 14 日。

务质量的实施意见》提出"为农村低收入、高龄、失能失智、失独和留守老年人提供便捷可享的养老服务"[①];贵州省《关于加快发展养老服务业的实施意见》提出,"加强行政村、较大自然村的农村幸福院等互助性养老服务设施建设""组织开展邻里互助、志愿服务";贵州省《关于全面放开养老服务市场提升养老服务质量的实施意见》"鼓励社会力量加强对农村留守、困难、鳏寡、独居、残疾等老年人的关爱保护"[②];云南省《云南省养老服务体系建设"十三五"规划》"在农村社区大力推行不离开乡土的农村幸福院和互助养老服务模式"[③]。可以看出,四省市的养老服务政策都将农村地区作为要点列出,并且提到了对农村留守老人的关爱服务,弥补了以往政策重城市、轻农村,重普通老人、轻弱势老人的缺陷。

2. 针对性不足,未对老人实际需求做出精准识别

目前政策制定仍存在针对性不足、老人需求未精准识别等问题。虽然四省市养老服务政策提及农村地区、提及农村留守老人,但是笔墨较轻,难以对工作开展作出实质性指导。例如,上述政策对农村地区养老服务的指示仅以一段话列出,针对性较弱;对农村留守老人养老服务的提及也仅局限于"为农村留守老人提供养老服务""加强对农村留守老人的关爱保护"等一句话指示,对具体"如何做"未做安排;几项政策均提出在农村地区推行"互助养老",但未考虑互助养老在农村地区的可适度,作出的指示易流于形式;以上政策均从供给侧谈论养老服务的供给,未提及对农村老人实际需求的识别。

[①] 重庆市人民政府:《关于全面放开养老服务市场提升养老服务质量的实施意见》,2017年11月6日,http://www.cq.gov.cn/publicinfo/web/views/Show!detail.action?sid=4260845,2019年11月14日。

[②] 贵州省人民政府:《关于全面放开养老服务市场提升养老服务质量的实施意见》,2018年4月26日,http://www.guizhou.gov.cn/zwgk/zcfg/szfwj_8191/qfbf_8196/201804/t20180426_1115170.html,2019年11月14日。

[③] 云南省人民政府:《云南省养老服务体系建设"十三五"规划》,2016年9月20日,http://www.yn.gov.cn/zwgk/zcjd/bmjd/201904/t20190404_154943.html,2019年11月14日。

第五节 国家层面和西南农村留守老人相关政策及评价

农村留守老人作为社会中的弱势群体，日渐受到中央政府重视。中央和政府均出台了农村留守老人相关政策，政策对农村留守老人这一群体的针对性在不断提高。

一 国家层面农村留守老人相关政策及评价

（一）针对农村留守老人的专项政策

近年来，为了能够不断推进对我国农村留守老人的关爱和服务工作，国家民政部发布了一系列政策文件，进行针对性部署（表4-3）。民政部2016年《对"关于加大对农村'三留守'人员关爱服务力度的建议"的答复（摘要）》从农村养老服务设施建设、资金投入、关爱服务网络、整合社会力量等方面展开农村留守老人关爱服务工作安排；2017年《关于加强农村留守老年人关爱服务工作的意见》从发挥家庭、村委会、为老组织和设施、社会、政府等多方力量的角度，对农村留守老人关爱服务工作提出意见；2018年《关于做好农村留守老人关爱服务工作的提案答复的函》也从为老组织、社会力量、政府的角度对农村留守老人关爱服务工作做出指示。

针对农村留守老人的系列政策是对国家总体发展战略和重大发展思路的具体落实，是对农村留守老人关爱服务工作的总体和原则安排，是各省市农村留守老人关爱服务工作的宏观指引。

（二）涉及"农村留守老人"的相关政策

除了上述针对农村留守老人的专项政策外，在国家相关部门还在颁发的各类政策文件中还有大量与农村留守老人相关的内容（表4-4）。其中，《2016年政府工作报告》《关于深入推进农业供给侧结构性改革 加快培育农业农村发展新动能的若干意见》《决胜全面建成小康社会 夺取新时代中国特色社会主义伟大胜利——在中国共产党第十九次全国代表大会上的报告》《关于实施乡村振兴战略的意见》《关于实施乡村振兴战略的意见》及《乡村振

表4-3　　　　中央发布的留守老人专项政策文件

发布年份	文件名称	对农村留守老人关爱服务工作的部署
2016年	民政部《对"关于加大对农村"三留守"人员关爱服务力度的建议"的答复（摘要）》	一是加强农村养老服务设施建设；二是加大农村养老服务资金投入；三是建立健全留守老年人关爱服务网络；四是鼓励社会力量参与农村养老服务发展①
2017年	民政部《关于加强农村留守老年人关爱服务工作的意见》	把握农村留守老年人关爱服务工作的总体要求：一是明确职责、完善机制，二是突出重点、强化服务，三是因地制宜、改革创新，四是加强统筹、综合施策；强化家庭在农村留守老年人赡养与关爱服务中的主体责任；发挥村民委员会在农村留守老年人关爱服务中的权益保障作用；发挥为老组织和设施在农村留守老年人关爱服务中的独特作用；促进社会力量广泛参与留守老年人关爱服务；加强政府对农村留守老年人关爱服务的支持保障②
2018年	民政部《关于做好农村留守老人关爱服务工作的提案答复的函》	发挥为老组织和设施在留守老年人关爱服务中的平台载体作用；支持促进社会力量广泛参与留守老年人关爱服务；加强政府对留守老年人关爱服务的支持保障③

资料来源：根据民政部相关政策文件整理。

兴战略规划（2018—2022年）》将农村留守老人与农村留守儿童、农村留守妇女一并提出，强调加强对农村"三留守"人员的关爱服务；《"十三五"脱贫攻坚规划》从推进农村社区养老服务设施建设的角度对农村留守老人服务工作作出指示；《关于全面放开养老服务市场提升养老服务质量的若干意见》从发挥社会力量的角度强调加强农村留守老人心理关爱；《关于推进深度贫困地区民政领域脱贫攻坚工作的意见》提出加快建立农村留守老人信息台账和探访制度，推动农村留守老人关爱制度落实。

---

① 民政部：《对"关于加大对农村'三留守'人员关爱服务力度的建议"的答复（摘要）》，2016年8月20日，http://www.mca.gov.cn/article/gk/jytabljggk/rddbjy/201610/20161015001989.shtml，2019年10月9日。

② 民政部：《关于加强农村留守老年人关爱服务工作的意见》，2017年12月28日，http://xxgk.mca.gov.cn:8081/new_gips/contentSearch?id=149066，2019年7月11日。

③ 民政部：《关于做好农村留守老人关爱服务工作的提案答复的函》，2018年9月27日，http://www.mca.gov.cn/article/gk/jytabljggk/zxwyta/201811/20181100013102.shtml，2019年10月9日。

表4-4 　　　　　　中央发布的农村留守老人政策一览

发布年份	文件名称	涉及"农村留守老人"的内容
2016年	《政府工作报告——2016年3月5日在第十二届全国人民代表大会第四次会议》	加强对农村留守儿童和妇女、老人的关爱服务①
2016年	《中共中央 国务院关于深入推进农业供给侧结构性改革 加快培育农业农村发展新动能的若干意见》	健全农村留守儿童和妇女、老人、残疾人关爱服务体系②
2016年	《国务院关于印发"十三五"脱贫攻坚规划的通知》	研究制定留守老年人关爱服务政策措施，推进农村社区日间照料中心建设，提升农村特困人员供养服务机构托底保障能力和服务水平。支持各地农村幸福院等社区养老服务设施建设和运营，开展留守老年人关爱行动③
2016年	《国务院办公厅关于全面放开养老服务市场提升养老服务质量的若干意见》	鼓励专业社会工作者、社区工作者、志愿服务者加强对农村留守、困难、鳏寡、独居老年人的关爱保护和心理疏导、咨询等服务④。
2017年	《十九大报告》	健全农村留守儿童和妇女、老年人关爱服务体系⑤
2018年	《民政部关于推进深度贫困地区民政领域脱贫攻坚工作的意见》	推动落实农村留守老人关爱服务政策，建立健全农村留守老人信息台账和定期探访制度，加快农村养老服务体系建设⑥

---

① 李克强：《政府工作报告——2016年3月5日在第十二届全国人民代表大会第四次会议》，《人民日报》2016年3月18日第1版。

② 中央政府门户网站：《中共中央 国务院关于深入推进农业供给侧结构性改革 加快培育农业农村发展新动能的若干意见》，2017年2月5日，http://www.gov.cn/zhengce/2017-02/05/content_5165626.htm，2019年10月9日。

③ 中央政府门户网站：《国务院关于印发"十三五"脱贫攻坚规划的通知》，2016年12月2日，http://www.gov.cn/zhengce/content/2016-12/02/content_5142197.htm，2019年10月9日。

④ 中央政府门户网站：《国务院办公厅关于全面放开养老服务市场提升养老服务质量的若干意见》，2016年12月23日，http://www.gov.cn/zhengce/content/2016-12/23/content_5151747.htm，2019年10月9日。

⑤ 习近平：《决胜全面建成小康社会　夺取新时代中国特色社会主义伟大胜利　在中国共产党第十九次全国代表大会上的报告》，人民出版社2017年版，第44—49页。

⑥ 民政部：《关于推进深度贫困地区民政领域脱贫攻坚工作的意见》，http://xxgk.mca.gov.cn：8081/new_gips/contentSearch？id=150394，2019年10月9日。

续表

发布年份	文件名称	涉及"农村留守老人"的内容
2018年	《中共中央 国务院关于实施乡村振兴战略的意见》	健全农村留守儿童和妇女、老年人以及困境儿童关爱服务体系①
2018年	《中共中央 国务院印发〈乡村振兴战略规划（2018－2022年）〉》	为农村留守儿童和妇女、老年人以及困境儿童提供关爱服务②

资料来源：2016年政府工作报告；十九大报告；民政部及国务院相关政策文件整理。

涉及农村留守老人的相关政策往往从战略性、全局性高度将对农村留守老人关爱服务工作视作养老服务市场、农业农村发展、脱贫攻坚、乡村振兴等重大任务的内容之一，但不会对如何开展工作进行详细的安排指示。

（三）政策评价

1. 提出精准到人，关注多层次需求

这些专项政策的积极一面是，明确了家庭、村委会、为老组织、社会力量的职责；开始关注农村留守老人生活照料、精神慰藉、安全监护、权益维护等多方面需求；对公安部门、民政部门、司法行政部门、人力资源社会保障部门的各部门职责作出分工要求；提出建立信息台账，精准到人。

2. 精准度不足，可操作性不强

这些政策也存在一定不足。政策内容虽广，但却泛泛而谈、点到为止，难以对实际工作展开作出实质性指导。例如，2017年《关于加强农村留守老年人关爱服务工作的意见》虽然提出"精准到人"，却未对农村留守老人做出精准定义；在落实家庭责任部分指出，"子

---

① 中央政府门户网站：《中共中央 国务院关于实施乡村振兴战略的意见》2018年2月4日，http://www.gov.cn/zhengce/2018-02/04/content_5263807.htm，2019年10月9日。

② 中央政府门户网站：《中共中央 国务院印发〈乡村振兴战略规划（2018-2022年）〉》2018年9月26日，http://www.gov.cn/zhengce/2018-09/26/content_5325534.htm，2019年10月9日。

女或其他赡养人、扶养人应当经常看望或者问候留守老年人，不得忽视、冷落老年人"①，仅指出"应当"做什么、"不得"做什么，并未考虑实际中阻碍子女履行赡养的客观因素；在职责分工中，仅分别以一句话提出对公安部门、民政部门、司法行政部门等各部门的职责分工要求，难以将指示落到实处；对于资源支持，提出了"落实相关社会保障政策"，却未提及"如何落实"；在建立信息台账方面提出"精准到村、到户、到人"，却未从实际需求、保障内容、保障力度等其它多方面做出"精准化"的要求；在服务设施建设方面提出"发挥农村各类公共服务设施在留守老年人关爱服务中的支持作用"，却未考虑公共服务设施与需求的匹配度，设施即使建立，也难免流于形式。《对"关于加大对农村'三留守'人员关爱服务力度的建议"的答复》仅一句话提出"组织开展邻里互助"，未提出具体做法，未考虑农村留守老人邻里互助的本土化适应度。

二 西南农村留守老人相关政策及评价

（一）政策内容

为贯彻落实中共中央、国务院对农村留守老人关爱服务工作的部署，西南四省市均因地制宜地发布了自己的农村留守老的专项政策，并制定了农村留守老人关爱服务工作实施意见（表4-5）。

表4-5　　　　　西南四市省留守老人有关政策一览

省份	文件名称	要点
四川省	2018年，《四川省人民政府办公厅关于全面放开养老服务市场提升养老服务质量的实施意见》	推进农村养老服务模式创新：鼓励社会工作者、社区工作者、志愿者参与对农村留守、困难、鳏寡、独居、计划生育特殊困难家庭老年人的关爱保护和精神慰藉等服务②

---

① 民政部：《关于加强农村留守老年人关爱服务工作的意见》，2017年12月28日，http://xxgk.mca.gov.cn:8081/new_gips/contentSearch?id=149066，2019年7月1日。

② 四川省人民政府：《四川省人民政府办公厅关于全面放开养老服务市场提升养老服务质量的实施意见》，2018年1月12日，http://www.sc.gov.cn/zcwj/xxgk/NewT.aspx?i=20180116195808-380688-00-000，2019年10月11日。

续表

省份	文件名称	要点
	2011年，《四川省人民政府批转民政厅省妇儿工委关于进一步加强农村留守儿童和留守老人救助管理工作的意见的通知》	主要措施：落实监护（赡养）责任、完善救助医疗保障、切实维护合法权益、加强农村公共服务建设、努力形成社会关爱氛围 工作要求：建立健全工作机制、充分发挥乡（镇）人民政府的基础作用、注重发挥群团组织的积极作用①
	2018年，《关于加强农村留守老年人关爱服务工作的实施意见》	要落实赡养义务人主体责任；要发挥村（居）民委员会权益保障作用；要整合社会力量广泛参与关爱服务；要建立健全农村留守老年人救助保护机制②
重庆市	2017年，《重庆市人民政府办公厅关于全面放开养老服务市场提升养老服务质量的实施意见》	提升农村养老服务能力和水平；鼓励专业社会工作者、社区工作者、志愿服务者加强对农村留守、困难、鳏寡、独居老年人的关爱保护和心理疏导、咨询等服务③
	2018年，《关于加强农村留守老年人关爱服务工作的实施意见》	主要任务：强化家庭主体责任；履行政府支持职能；发挥村民委员会的权益保障作用；发挥老年协会的关爱服务作用；发挥为老服务设施的保障作用；动员社工组织和志愿者开展关爱服务 保障措施：加强组织领导；加强支持保障；营造良好氛围；加强督促检查④

---

① 四川省人民政府办公厅：《四川省人民政府批转民政厅省妇儿工委关于进一步加强农村留守儿童和留守老人救助管理工作的意见的通知》，2011年6月13日，http：//www.sc.gov.cn/zcwj/t.aspx?i=20110615090312-742183-00-000，2019年10月9日。

② 四川省政府：《关于加强农村留守老年人关爱服务工作的实施意见》，2018年8月31日，http：//www.sc.gov.cn/10462/10464/10797/2018/8/31/10457980.shtml，2019年10月10日。

③ 重庆市人民政府：《重庆市人民政府办公厅关于全面放开养老服务市场提升养老服务质量的实施意见》，2017年11月6日，http：//www.cq.gov.cn/publicinfo/web/views/Show！detail.action?sid=4260845，2019年10月12日。

④ 重庆市民政局：《关于加强农村留守老年人关爱服务工作的实施意见》，2018年9月30日，http：//mzj.cq.gov.cn/cqmz/html/gfxwj/20180930/12258.html，2019年11月8日。

续表

省份	文件名称	要点
云南省	2018年,《云南省人民政府办公厅关于全面放开养老服务市场提升养老服务质量的实施意见》	提升农村养老服务能力和水平:加强农村社会工作服务网络建设,做好留守老年人、贫困老年人的社会关爱服务[1]。
	2018年,《关于加强农村留守老年人关爱服务》	主要工作任务:摸清农村留守老年人基本情况;落实赡养义务人主体责任;发挥村民委员会的权益保障作用;充分发挥农村老年协会作用;动员社会力量开展关爱服务;加快农村养老服务设施建设;加大留守老年人社会救助力度;建立健全农村留守老年人救助保护机制,建立信息台账与定期探访制度。加强组织领导:健全工作机制,形成工作合力;明确职责分工,严格工作责任;完善政策措施,加强资源支持;做好宣传引导,营造良好氛围;加强督促检查,严格责任追究[2]。
贵州省	2018年,《省人民政府办公厅关于全面放开养老服务市场提升养老服务质量的实施意见》	提升农村养老服务能力:鼓励社会力量加强对农村留守、困难、鳏寡、独居、残疾等老年人的关爱保护[3]。
	2015年,《关于进一步加强农村留守老人关爱服务工作的实施意见》	摸清关爱服务对象基本情况;落实赡养义务人主体责任;引导农民工返乡创业就业;动员社会力量开展关爱服务;加大留守老人社会救助力度;提高留守老人社会保障水平;加强留守老人平安守护工作;健全监测评估应急处置机制;加快农村养老服务设施建设;大力提升农村养老服务能力;切实加强组织领导;严格落实责任追究[4]。

资料来源:四省市政府网站相关政策文件整理。

---

[1] 云南省人民政府:《云南省人民政府办公厅关于全面放开养老服务市场提升养老服务质量的实施意见》,2018年8月23日,http://www.yn.gov.cn/zwgk/zcwj/yzbg/201911/t20191101_184112.html,2019年11月9日。

[2] 云南省民政厅:《关于加强农村留守老年人关爱服务》,2018年9月25日,http://ynmz.yn.gov.cn/preview/article/11985.jhtml,2019年10月9日。

[3] 贵州省人民政府:《省人民政府办公厅关于全面放开养老服务市场提升养老服务质量的实施意见》,2018年4月26日,http://www.guizhou.gov.cn/zwgk/zcfg/szfwj_8191/qfbf_8196/201804/t20180426_1115170.html,2019年10月12日。

[4] 贵州省人民政府:《省人民政府办公厅关于进一步加强农村留守老人关爱服务工作的实施意见》,2015年12月30日,http://www.guizhou.gov.cn/jdhywdfl/qfbh/201709/t20170925824233.html,2016年1月27日。

◈◈ 精准施策赋能农村养老保障

西南四省市在"全面放开养老服务市场提升养老服务质量的实施意见"中均鼓励社会和社区工作者、志愿者等社会力量参与农村留守老人关爱服务工作,但对如何工作开展未作出具体指示。特别地,四川省和重庆市在文件中突出了心理疏导与咨询、精神慰藉。

西南四省市均发布了"加强农村留守老年人关爱服务工作的实施意见",从赡养义务人、村(居)民委员会、社会力量等方面提出责任的落实,并强调健全农村留守老人救助机制。具体来看,重庆市从家庭、政府、村民委员会、老年协会、为老组织、社工组织和志愿者等方面提出责任的落实,并从加强组织领导、加强支持保障、营造良好氛围、加强督促检查方面提出保障措施;云南省从摸清基本情况,落实赡养人责任,发挥村委会、老年协会、社会力量的作用,加快农村养老服务设施建设,建立救助机制等方面提出农村留守老人关爱服务的工作任务,从工作机制、职责分工、宣传引导、督促检查等方面提出加强组织领导;贵州省从摸清基本情况、落实赡养人责任、引导农民工返乡创业就业、动员社会力量、加大社会救助力度、提高社会保障水平、加强平安守护工作、健全监测评估机制、加快农村养老服务设施建设、提升农村养老服务能力、加强组织领导、落实责任追究等方面作出部署。四川省早在2011年发布的《关于进一步加强农村留守儿童和留守老人救助管理工作的意见的通知》中,从赡养责任、医疗保障、权益保护、农村公共服务建设、社会力量等方面,将农村留守老人作为社会救助的重点关注对象,并在2018年民政厅等9部门联合发布《加强农村留守老年人关爱服务工作的实施意见》中进一步要求落实赡养义务人主体责任,要发挥村(居)民委员会权益保障作用,整合社会力量广泛参与关爱服务,建立健全农村留守老年人救助保护机制[①]。

(二) 政策评价

1. 注重对象精准,关注多层次需求

这些政策的积极一面是,在中央政策的指导下,因地制宜地做出

---

① 四川省政府:《关于加强农村留守老年人关爱服务工作的实施意见》2018年8月31日,http://www.sc.gov.cn/10462/10464/10797/2018/8/31/10457980.html,2018年8月31日。

了更贴近各地实情的安排，进一步关注多层次需求及对象的"精准化"。四省市的政策关注点都从生产帮助、生活照料上升到精神慰藉、医疗保健、法律援助、安全服务、文化娱乐等方面；四省市将责任进一步细化到县、乡政府，职责更加明确，比如，贵州省《关于进一步加强农村留守老人关爱服务工作的实施意见》在每一项意见后注明了"牵头单位"和"责任单位"。贵州省对落实家庭赡养责任提出了进一步解决办法，"引导农民工返乡创业就业"，有助于实质性消除家庭责任缺失的客观阻碍因素。贵州省还特别提出"各级公安机关要及时排除、化解涉及留守老人的矛盾纠纷"，把对农村留守老人生命财产安全的守护工作纳入了实施意见中。四省市都提出了进行"农村留守老人基本信息摸查"，云南省和贵州省的相关实施意见更加符合对象精准化的要求，如云南省《关于加强农村留守老年人关爱服务》和贵州省《关于进一步加强农村留守老人关爱服务工作的实施意见》明确指出对象是"辖区内因子女或其他赡养义务人全部离开县域范围外出半年以上、留在农村生活的60周岁以上老人"；贵州省《关于进一步加强农村留守老人关爱服务工作的实施意见》和云南省《关于加强农村留守老年人关爱服务》提出要确保"精准界定、精准排查、精准识别""精准到人""准确掌握数量规模、经济来源、家庭结构、健康状况、照料情况等信息"，进一步突出"精准化"要义。

2. 可操作性不强

这些政策也存在一定不足，可操作性不强。四省市《关于加强农村留守老人关爱服务工作的实施意见》沿袭了中央指示，但是对当地农村留守老人实际需求的考虑仍然不足，未能做出贴合实际需求的、具有差异性和创造性的实施意见。如果说中央只是作出宏观性、指示性意见，那么四省市则应该作出操作性更强的安排，而四省市目前都各自仅有一部针对性《实施意见》，且《实施意见》与中央的《实施意见》无异，宽泛地涵盖了"明确各方职责""落实各部门责任分工""加快养老服务设施建设""完善社会保障制度"及"加强监督"等多方面意见，各方面意见均点到为止。意见大多提及"应当"做什么，却未安排"如何做"，比如，云南省和重庆市的《实施意见》提出"加强《中华人民共和国老年人权益保障法》等法律法规宣传，提高子女或其他赡养人守法意识"，类似的意见往往难免流于形式，不具有执行效力，更难与需求形成"精准化"匹配；再比如，四省市均提出"加强农村养老服务设施建设"，但未对"如何加强"做出安排，难以确保"加强"的农村养老服务设施建设符合老人实际需求；又如，云南省、贵州省、重庆市的《实施意见》均"鼓励互助养老"，但对于大多数自身难保的农村留守老人，"互助养老"是否具有本土化的可操作性，《实施意见》中未做进一步考虑；最后，尽管四省市的《实施意见》都提出"严肃处理流于形式的服务工作"，但由于对精准化的考虑不足，各项政策供给与需求的匹配度仍较低，"形式化"能否杜绝尚是未知数。

总体上看，国家和四省市从社会救助、养老保险、医疗保险、社会养老服务四个方面对农村老人养老保障作出政策安排。各类政策均在对农村贫困人群的倾斜性照顾方面做出努力，愈加重视城乡之间的公平性。但在政策具体内容的安排中，对农村贫困人群，尤其是农村留守老人这类弱势群体的养老保障安排精准度较低，未能深刻认识该类群体需求的特殊性，以致上述四类政策对该类群体的针对性不足，实质公平难以体现。

除面向普遍老人的上述四类政策，中央和四省市发布了针对农村留守老人的相关政策，在认识该类群体的弱势性方面有所进步。

国家不仅发布了农村留守老人专项政策，还从战略性、全局性高度在农业农村发展、脱贫攻坚、乡村振兴等方面将对农村留守老人的关爱服务工作作为重要内容，突出了解决农村留守老人养老问题对农业农村发展、脱贫攻坚、乡村振兴的重要意义。西南四省市在国家的战略指导下，因地制宜地制定了适合自身的农村留守老人关爱服务的实施意见和细则。国家和西南四省市在落实家庭的赡养主体责任、发挥村民委员会权益保障作用、发挥动员老年协会志愿者组织等社会力量作用、加快农村养老服务设施建设、加大农村留守老人社会救助力度等方面具有一致性，并都强调建立健全工作机制、明确职责分工、宣传引导、督促检查等方面的组织工作。特别地，云南和贵州省对摸清农村留守老人基本情况，精准界定、精准排查、精准识别，精准定位到村、精准识别到户、精准建档到人有自己的一些规定。贵州省还特别提出通过引导农民工返乡创业就业来支持子女赡养行为回归。

西南四省市现有的针对农村留守老人政策都对家庭、村委会、老年协会、社工组织、政府的责任进行了规定；关注点从生产帮助、生活照料上升到精神慰藉、医疗保健、法律援助、安全服务、文化娱乐等方面；通过任务分解落实责任追究。但是，政策供给的精准化仍不足，除了云南和贵州两省提出对农村留守老人的精准识别之外，其他各项政策均未从对象识别、保障内容、保障力度等方面做出有关精准化的规定；尽管四省市都提出"严肃处理流于形式的服务工作"，但由于对精准化的考虑不足，各项政策供给与需求的匹配度仍较低，"形式化"能否杜绝尚是未知数；此外，尽管关于农村留守老人关爱服务的实施，四省市都提出了多方面意见，但意见宽泛粗略，"精"度不足。

第五章　西南农村留守老人养老不精准的表现及原因

前文分析了西南地区农村留守老人的养老供需现状，本章将进一步探讨养老需求与政策供给匹配不精准的表现及其原因。非特别说明，本章数据来源于本项目调研所得。

第一节　西南农村留守老人养老需求与政策供给匹配不精准的表现

西方学者将养老需求界定为"3M"，即 Money（物质经济保障）、Medical（医疗保障）、Mental（精神需求）[①]；国内大多数研究者将养老需求界定为经济支持、日常照料和精神慰藉。根据已有研究和调研数据，本书认为西南地区农村留守老人养老需求主要表现为基本物质生活需求、日常照料需求以及精神慰藉需求。政府针对西南地区农村留守老人养老需求提供了不少政策支持，但依然存在政策供给与养老需求匹配不精准的问题。此外，本章使用"养老需求的实际供给"来代替"养老需求"，主要原因在于：需求作为一种主观感受，难以准确量化和客观衡量，选择"养老需求的实际供给"这一指标便于数据收集和分析。通过量化后养老需求的实际供给与政策供给可以进行是否匹配的分析，研究更具可行性。

---

① 刘媛媛：《中国当代农村老年人养老现状与需求分析——以大连市旅顺口区柏岚子村为例》，《人民论坛》2014年第19期。

一 西南农村留守老人物质生活需求与政策供给匹配不精准的表现

基本物质生活政策供给是指国家和政府通过制定相应的政策为农村留守老人提供基本物质生活资料,以满足老人的基本物质生活需求,包括货币供给和实物供给。当前我国西南地区农村留守老人基本物质生活需求实际供给与政策供给匹配不精准主要体现为政策供给主体、供给对象、供给内容、供给力度四个方面与需求匹配不精准。

(一) 西南地区农村留守老人物质生活需求实际供给主体与政策供给主体匹配不精准的表现

1. 西南地区农村留守老人物质生活需求的实际供给主体

一般来说,农村留守老人可得到来自家庭、政府和自我三方面的物质生活支持,通过调研发现西南地区农村留守老人物质生活的主要供给主体为子女和政府。调研数据(见图 5-1)显示,74.00%的被调查西南农村留守老人表示"子女"是其物质生活的主要提供者,63.70%的被调查西南农村留守老人表示"政府"是其物质生活的主要提供者,26.80%的被调查西南农村留守老人表示"老伴"是其物质生活的主要提供者,分别有4.10%和2.40%的被调查西南农村留守老人表示"兄弟姐妹"或"朋友/邻居"是其物质生活的主要提供者,此外,8.30%的被调查西南农村留守老人表示无人提供物质生活支持,意味着这部分留守老人的物质生活供给只能依靠自己。

2. 西南地区农村留守老人物质生活需求的政策供给主体

我国相关政策对农村留守老人物质生活供给主体做出了规定,根据政策梳理,家庭与政府应在农村留守老人物质生活支持中发挥重要作用。《老年人权益保护法》规定"赡养人应当履行对老年人经济上供养、生活上照料和精神上慰藉的义务"[1]和"赡养人应当使患病的

---

[1] 《中华人民共和国老年人权益保障法》,2012年12月29日,中国人大网,http://www.npc.gov.cn/npc/c12488/201212/e2d15b3d4b534408b18ff3858d2cc510.shtml,2019年11月12日。

老年人及时得到治疗和护理；对经济困难的老年人，应当提供医疗费用"①。《婚姻法》中也规定子女应对父母履行赡养义务。农村留守老人关爱政策也强调应强化家庭在农村留守老年人赡养与关爱服务中的主体责任。2017年民政部发布的《关于加强农村留守老年人关爱服务工作的意见》指出"家庭是农村留守老年人赡养和关爱服务的责任主体，子女或其他赡养人要依法履行对老年人经济上供养、生活上照料和精神上慰藉的义务"②。除家庭这一主体之外，由政府主导提供的城乡居民基本养老保险、城乡居民基本医疗保险、高龄老人津贴、最低生活保障等政策同样为农村留守老人提供了物质支持，体现了政府对西南农村留守老人的物质生活供给。

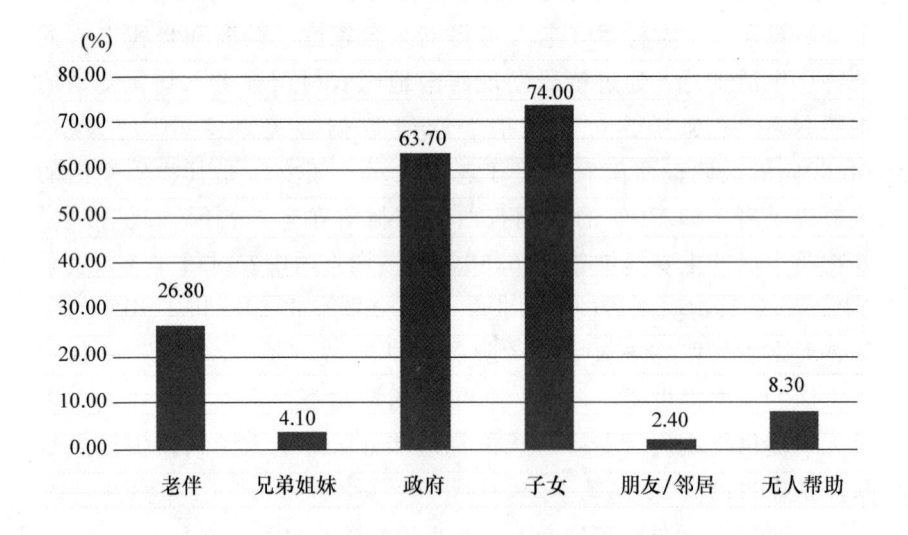

提供主体	比例(%)
老伴	26.80
兄弟姐妹	4.10
政府	63.70
子女	74.00
朋友/邻居	2.40
无人帮助	8.30

图 5-1 西南地区农村留守老人物质生活提供主体

数据来源："我国西南地区农村留守老人养老需求与政策供给精准化研究"课题组调研数据。

---

① 《中华人民共和国老年人权益保障法》，2012年12月29日，中国人大网，http://www.npc.gov.cn/npc/c12488/201212/e2d15b3d4b534408b18ff3858d2cc510.shtml，2019年11月12日。

② 民政部：《关于加强农村留守老年人关爱服务工作的意见》，2017年12月28日，http://xxgk.mca.gov.cn:8011/gdnps/pc/content.jsp?id=14108&mtype=1，2019年11月12日。

3. 物质生活需求实际供给主体与政策供给主体匹配不精准的表现

通过上述西南地区农村留守老人物质生活实际供给主体与政策规定的供给主体对比发现，当前政策供给存在两方面的不精准。一是物质生活政策供给主体少于实际供给主体。当前政策规定的农村留守老人供给主体包括家庭与政府，但在实际情况中，部分西南农村留守老人还会受到来自兄弟姐妹或邻居朋友的物质支持，而政策忽略了这部分供给主体。二是政策对子女实际物质供给标准规定不明确。在针对子女这一供给主体，相关政策的表述为"履行赡养义务"、"提供经济支持"和"发挥家庭的主体责任"等词语，没有对子女须为老人提供的最低物质标准做出规定。在调研中（见表5-1），30.0%的被访问西南农村留守老人明确表示没有获得子女的任何经济支持，25.0%的受访西南农村留守老人表示每年从子女处获得收入低于1000元。对这部分西南农村留守老人来说，子女提供的物质支持难以维持日常生活。缺少子女赡养最低标准的限定，在实际过程中难以界定子女是否给父母提供了足够的经济支持，难以真实监督赡养人责任和义务的履行。由于我国各地区经济发展程度差异较大，各地可依据本地的实际情况，因地制宜地制定指导性的参考标准。

表5-1 西南地区农村留守老人基本物质生活子女经济支持力度

近一年来，您的子女给您现金（包括实物折合）多少元？		
金额范围	频数（人）	占比（%）
1—1000元	259	25.0
1001—2000元	152	14.7
2001—3000元	76	7.3
3001—4000元	47	4.5
4001—5000元	48	4.6
5001—10000元	95	9.2
10001元及以上	49	4.7
没有任何物质支持	311	30.0
合计	1037	100

数据来源："我国西南地区农村留守老人养老需求与政策供给精准化研究"课题组调研数据。

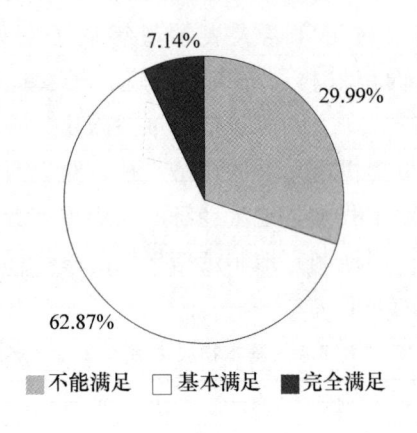

(二) 西南地区农村留守老人物质生活需求实际供给对象与政策供给对象匹配不精准的表现

1. 受访西南地区农村留守老人即物质生活实际供给对象的群体特征

从物质生活角度看,我国西南地区农村留守老人经济收入低,物质生活满足程度较低。调研数据显示,我国西南地区农村留守老人经济收入为3578元,与2017年13432元的农村人均可支配收入相差较大。29.99%的农村留守老人认为自己的基本物质生活需求不能满足,62.87%的农村留守老人认为自己的基本物质生活需求基本满足,只有7.14%的农村留守老人的基本物质生活需求可以完全满足(见图5-2)。

图5-2 西南地区农村留守老人物质生活需求满足情况

数据来源:"我国西南地区农村留守老人养老需求与政策供给精准化研究"课题组调研数据。

西南地区农村留守老人物质生活状况较差具体体现为子女实际经济支持有限与务农收入低两方面。一方面,我国西南地区农村留守老人从子女处获得的实际经济支持有限。在课题组的调研中发现,30.0%的被调查农村留守老人无法从子女处获得任何经济支持,25.0%的被调查西南农村留守老人从子女处获得经济收入低于1000元(见表5-1)。但是,超过五成的被调查西南农村留守老人明确表示为子女提供过物质支持。排除老人为子女提供的物质支持,西南地区农村留守老人从子女处实际获得的经济收入是极低的。另一方面，我国西南农村留守老人务农收入低。对农村老人而言，务农收入仍是重要的经济来源。但对农村留守老人而言，子女长期外出，无法给老人提供劳动支持，农村留守老人的务农收入较低或部分农村留守老人出于身体原因无法获得务农收入。调研数据显示（见图5-3），有83.51%的被调查者拥有集体分配的耕地、林地，但仅有32.3%的被调查对象能通过农业生产获得收入，其务农年收入均值为2555.6元，这说明51.21%的被调查西南农村留守老人尽管还有耕地或林地，但由于身体状况等原因无法通过耕地或林地获得收入。

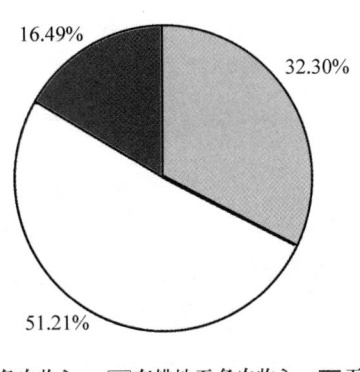

图5-3 西南地区农村留守老人集体分配的耕地、林地及务农收入情况

数据来源："我国西南地区农村留守老人养老需求与政策供给精准化研究"课题组调研数据。

2. 西南地区农村留守老人物质生活政策供给对象的规定

通过政策梳理发现，西南农村留守老人与其他城乡农村居民享受的政策一致，在物质支持方面没有得到特殊政策照顾。当前我国提供物质支持的农村养老保障政策如下（见表5-2），包括城乡居民基本养老保险、城乡居民基本医疗保险、高龄老人津贴、最低生活保障、特困人员救助供养等政策，符合相关条件的农村留守老人自然纳入保障范畴，但当前并没特别为西南农村留守老人提供物质支持的相关政策。

表 5-2　我国提供物质支持的农村养老保障政策的适用对象

我国提供物质支持的农村养老保障政策	适用对象
城乡居民基本养老保险	年满 60 周岁且不属于职工基本养老保险制度覆盖范围的城乡居民
城乡居民基本医疗保险	履行城乡居民基本医疗保险缴费义务且不属于职工基本养老保险制度覆盖范围的城乡居民
高龄老人津贴	年满 80 周岁的全体老人
最低生活保障	共同生活的家庭成员人均收入低于当地最低生活保障标准，且符合当地最低生活保障家庭财产状况规定的家庭
特困人员救助供养	无劳动能力、无生活来源和无法定赡养、抚养、扶养义务人或者其法定义务人无履行义务能力的城乡老年人、残疾人以及未满 16 周岁的未成年人

资料来源：国家政府部门各网站。

3. 物质生活实际供给对象与政策供给对象匹配不精准的表现

通过上述分析，西南农村留守老人物质生活状况较差，但当前缺乏为其提供物质生活保障的特殊政策，反映了物质生活保障政策在供给对象方面的不精准。对于西南农村留守老人而言，其从子女处获得的实际经济支持有限，同时又由于年老身体机能衰退，劳动生产能力下降，又加之子女外出，难以通过农业生产劳动获得经济收入，经济状况相对较差，在缺乏特殊政策为其提供物质生活保障时，老人的物质生活条件无法得到改善。

（三）西南地区农村留守老人物质生活需求实际供给内容与政策供给内容匹配不精准的表现

1. 西南地区农村留守老人物质生活实际供给内容

根据调研，西南地区农村留守老人实际获得的物质生活供给包括货币和实物方面的供给，其中货币主要从政府与子女处获得，实物则主要从子女处获得。调研发现（见图 5-4），35.68% 的西南农村留守老人可以从子女处获得日常生活用品等实物支持，大部分老人只能从子女处获得货币方面的支持。

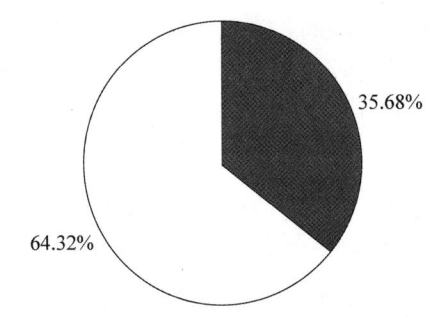

第五章 西南农村留守老人养老不精准的表现及原因

35.68%
64.32%

■从子女处获得实物支持　□未从子女处获得实物支持

图 5-4　西南地区农村留守老人从子女处获得实物支持比例

数据来源:"我国西南地区农村留守老人养老需求与政策供给精准化研究"课题组调研数据。

2. 西南地区农村留守老人物质生活需求的政策供给内容

第五章的政策梳理发现,当前我国农村留守老人物质生活的政策供给内容重货币、轻实物的特征。当前我国农村养老保障政策包括城乡居民基本养老保险、城乡居民基本医疗保险、高龄老人津贴、最低生活保障、特困人员救助供养等政策[1]。其中,城乡居民基本养老保险每月向农村留守老人提供一定的养老金支持,城乡居民基本医疗保险为农村留守老人看病住院提供报销,高龄老人津贴与最低生活保障为特殊农村留守老人提供经济支持,这些政策均为农村留守老人提供货币支持。2016年国务院发布的《关于进一步健全特困人员救助供养制度的意见》提出要为特困供养人员"提供粮油、副食品、生活用燃料、服装、被褥等日常生活用品"[2],其中特困供养人员是指无劳动能力、无生活来源和无法定赡养、抚养、扶养义务人或者其法定义务人无履行义务能力的城乡老年人、残疾人以及未满16周岁的未

---

[1] 农村养老保障官方政策文件不包含最低生活保障和特困人员救助供养,但本书将其纳入农村养老保障政策,原因在于最低生活保障以及特困人员救助供养覆盖部分农村老年群体。

[2] 国务院:《国务院关于进一步健全特困人员救助供养制度的意见》,2017年12月28日,http://www.gov.cn/zhengce/content/2016-02/17/content_5042525.htm,2019年11月12日。

成年人。从政策对象可以推测，部分经济尤为困难的农村留守老人可能被划为特困供养人员范畴，但未考虑农村留守老人普遍收入较低的群体性特征，当前我国也缺乏专门为农村留守老人提供日常生活用品支持的相关政策规定。

3. **物质生活实际供给内容与政策供给内容匹配不精准的表现**

通过对比西南地区农村留守老人物质生活实际供给内容与政策供给内容发现，两者匹配不精准主要体现在当前政策忽视了西南农村留守老人实物方面的供给。货币方面的政策供给能在一定程度上满足西南农村留守老人的物质生活需求，但对于身体状况较差、行动不便的西南农村留守老人，即使能获得政府提供的经济支持，但也难以依靠自身能力将货币交换为日常生活必需用品。调研数据显示（见表5－3），在被调查对象中，12.4%的西南农村留守老人无法独自乘坐交通工具外出，7.9%的西南农村留守老人无法独自购买东西，8.2%的西南农村留守老人无法自我管理钱财。对这部分农村留守老人而言，无法依靠自己获得日常生活必需品，同时子女长期不在身边，在政府仅提供货币支持而不提供实物支持的情况下，其生活难度仍然较大。可见，西南地区农村留守老人物质生活方面的政策供给内容与留守老人的需求匹配不精准。

表5－3　　　　　　西南地区农村留守老人日常活动能力情况

	没有困难	有困难但仍可完成	需要帮助或无法完成
乘坐交通工具外出	71.6%	16.0%	12.4%
自己去买生活用品	78.0%	14.1%	7.9%
自己管理钱财	79.7%	12.2%	8.2%

数据来源："我国西南地区农村留守老人养老需求与政策供给精准化研究"课题组调研数据。

（四）西南地区农村留守老人物质生活需求实际供给力度与政策供给力度匹配不精准的表现

1. **西南地区农村留守老人物质生活实际供给力度**

城乡居民基本养老保险是我国建立的一种普惠性的养老保障制度，旨在为年老失去经济收入的城乡居民提供物质支持，政府为农村留守老人提供的物质支持就集中体现为基本养老保险。从调研来看（见图5-5），基本养老保险收入是西南农村留守老人的主要经济来源之一，40.51%西南农村留守老人表示"养老保险收入"是其最主要的经济收入，被调查西南农村留守老人的养老保险平均年收入为1882.3元。

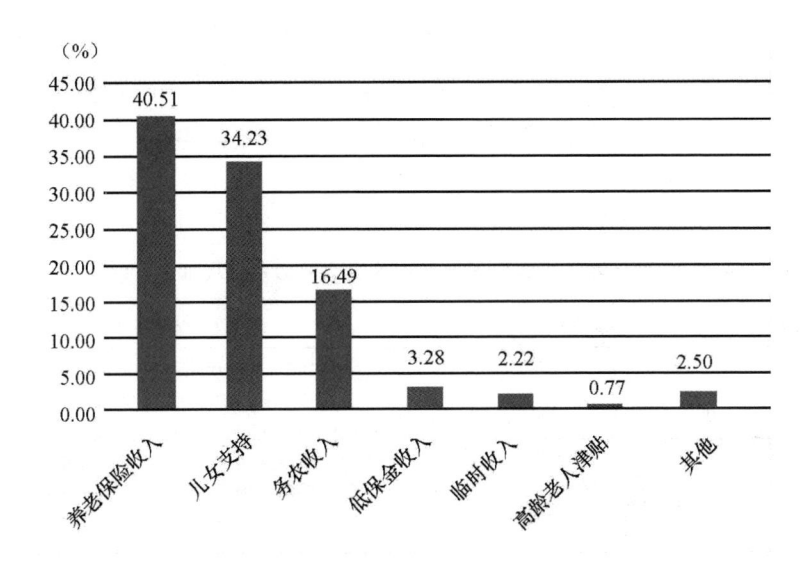

图5-5 西南地区农村留守老人主要经济来源比例

数据来源："我国西南地区农村留守老人养老需求与政策供给精准化研究"课题组调研数据。

2. 西南地区农村留守老人物质生活政策供给力度

人力资源和社会保障部、财政部颁布的《关于提高全国城乡居民基本养老保险基础养老金最低标准的通知》规定2017年我国中央基础养老金为70元，同时提出"各地人力资源社会保障和财政部门要做好提高基础养老金标准的相关工作"[①]。在此基础上，西南四省市分别提高了本省市的基础养老金水平，其中四川省75元，云南省88

---

① 人力资源和社会保障部、财政部：《关于提高全国城乡居民基本养老保险基础养老金最低标准的通知》，2015年1月14日，http://www.mohrss.gov.cn/gkml/xxgk_qt/201501/t20150114_148917.html，2019年11月12日。

元,重庆市95元,贵州省88元。为满足不同经济水平老人的养老需求,城乡居民基本养老保险政策设计了不同的缴费档次,从西南四省市政策来看(见表5-4),重庆、贵州、云南基本养老保险的缴费档次从100元/年到2000元/年不等,四川省的缴费档次从100元/年到3000元/年不等,符合条件的参保对象可以依据自己的经济水平与养老需求自主选择不同的缴费档次。在财政补贴标准方面,四省市按照"多缴多得"的原则,针对不同档次的缴费水平制定了不同的财政补贴标准,每提高一个缴费档次,财政补贴标准相应提高,鼓励城乡居民"多缴多得"。

表5-4　西南四省市城乡居民基本养老保险缴费档次情况

地区	缴费档次	财政补贴标准
四川	100元、200元、300元、400元、500元、600元、700元、800元、900元、1000元、1500元、2000元、3000元13个档次	对选择100元、200元、300元、400元、500元、600元、700元、800元、900元、1000元、1500元、2000元、3000元档次缴费的,政府补贴分别对应为每人每年40元、40元、45元、50元、60元、60元、65元、70元、75元、80元、100元、120元、160元
重庆	100元、200元、300元、400元、500元、600元、700元、800元、900元、1000元、1500元、2000元共12个档次	100元档次标准缴费,补贴标准每人每年30元,每提高一档增加10元
贵州	100元、200元、300元、400元、500元、600元、700元、800元、900元、1000元、1200元、1500元、2000元共13个档次	100元至400元档次标准缴费的,补贴标准不低于每人每年30元;500元至900元档次标准缴费的,补贴标准不低于每人每年60元;1000元至2000元档次标准缴费的,补贴标准每人每年90元
云南	100元、200元、300元、400元、500元、600元、700元、800元、900元、1000元、1500元、2000元12个档次	100元档次标准缴费,补贴标准每人每年30元,每增加缴费100元,给予10元的缴费补贴,但最高补贴标准每人每年不超过100元

资料来源:《贵州省城乡居民基本养老保险实施办法》、《云南省城乡居民基本养老保险实施办法》、《四川省人民政府关于建立统一的城乡居民基本养老保险制度的实施意见》及《重庆市人民政府办公厅关于完善城乡居民基本养老保险制度的通知》。

3. 物质生活实际供给力度与政策供给力度匹配不精准的表现

通过对比西南农村留守老人物质生活实际供给力度与政策供给力度发现，两者匹配不精准主要体现西南农村留守老人自主缴费比例低，养老金收入占其总支出的比例较低，入不敷出。城乡居民基本养老保险秉持着"全覆盖、保基本、有弹性、可持续"的指导方针，旨在保障人民基本生活。参保者的基本养老保险收入来自基础养老金和个人账户两部分，其中个人账户的钱来源于个人缴费，为实现对基本生活的保障，政策设置不同的缴费档次，按照"多缴多得"的激励原则对不同档次进行财政补贴，鼓励城乡居民自主缴费参保。但从实际来看，城乡居民基本养老保险的激励作用不显著，西南农村留守老人实际缴费率低。在调查样本中（见图5-6），仅有18.90%的被调查西南农村留守老人自主缴纳基本养老保险，81.10%的被访问西南农村留守老人每月领取基础养老金。对于只领取基础养老金的西南农村留守老人来说，人均养老保险年收入为1088.3元，其人均年支出为9825元，基础养老金只能覆盖其11.1%的支出。而所有被调查的西南农村留守养老金人均年收入为1882.3元，其人均年支出为9766.4元，养老金收入能覆盖其19.3%的支出。虽然自主缴纳养老保险，提高养老金收入，在一定程度上有助于改善其养老生活，但在实际中愿意自主缴纳养老保险的西南农村留守老人较少，养老保险政策的激励作用不显著。

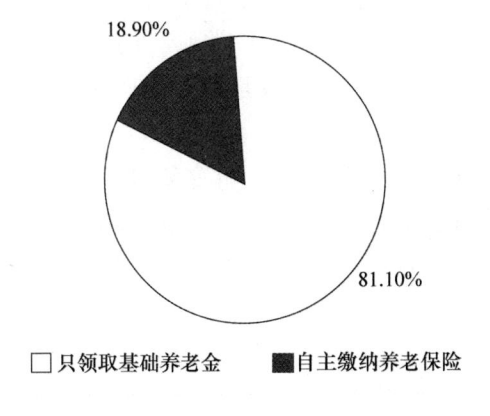

图5-6 西南农村留守老人自主缴纳养老保险情况

数据来源:"我国西南地区农村留守老人养老需求与政策供给精准化研究"课题组调研数据。

二 西南农村留守老人日常照料需求与政策供给匹配不精准的表现

日常照料需求是一个多维度多层次概念,是主观性需求和客观性需求的统一。农村留守老人日常照料需求一般包括身体照料需求、家务照料需求、疾病照料需求、认知护理需求和精神慰藉需求[①]。通过综合分析我国西南地区农村留守老人照料需求和国家及西南四省市(四川、云南、重庆和贵州)政策发现,西南地区农村留守老人日常照料需求实际供给与政策供给匹配不精准主要表现在供给主体、供给对象、供给内容、供给力度四个方面。

(一)西南地区农村留守老人日常照料需求实际供给主体与政策供给主体匹配不精准的表现

1. 西南地区农村留守老人日常照料实际供给主体

根据调研数据,西南地区农村留守老人的日常照料实际供给主要依靠老伴和子女等亲缘关系供给主体,邻居朋友、政府社区等社会供给主体和亲戚等供给主体作用发挥不明显。

老伴和子女是西南地区农村留守老人日常生活照料最主要的提供者(见图5-7)。其中81.96%的受访农村留守老人认为"老伴"提供最主要的日常照料,在各照料主体中占据绝对优势;10.52%的受访农村留守老人认为"子女"是日常照料的最主要提供者。此外,朋友邻居、兄弟姐妹和政府社区也是重要的照料主体,但与老伴和子女这两种亲缘关系供给主体相比,占比较低。根据课题组调研数据,4.51%的受访农村留守老人认为"朋友邻居"是日常照料的最主要提供者,1.84%的受访农村留守老人认为"兄弟姐妹"是最主要提供者,1.17%的受访农村留守老人认为"政府社区"是日常照料的最主要提供者。

---

① 精神慰藉需求将在本章第三节详述,此处不赘述。

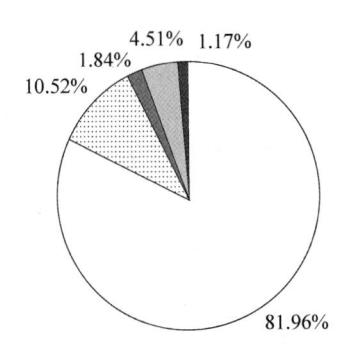

第五章　西南农村留守老人养老不精准的表现及原因

4.51%　1.17%
1.84%
10.52%
81.96%

□老伴　子女　■兄弟姐妹　■朋友邻居　■政府社区

图 5-7　农村留守老人日常生活照料最主要的提供者

数据来源："我国西南地区农村留守老人养老需求与政策供给精准化研究"课题组调研数据。

2. 西南地区农村留守老人日常照料政策供给主体

通过分析中央和四省市关于农村留守老人日常照料供给主体的政策内容发现，供给主体主要分为亲缘关系供给主体和社会供给主体。前者包括子女等有赡养义务的家庭成员、家族成员和亲戚；后者包括村委会、老年协会或其他老年人组织、养老机构（敬老院、农村特困人员供养服务机构和专业化为老机构等）、志愿者以及其他个人、团体等社会力量等。

（1）国家层面政策规定的农村留守老人日常照料供给主体

国家层面政策对农村留守老人日常照料的亲缘关系供给主体和社会供给主体均进行了相关规定。

政策强调子女等家庭成员的主体赡养责任和亲戚在内的家族成员的赡养义务。2016 年 12 月，国务院办公厅发布《关于全面放开养老服务市场提升养老服务质量的若干意见》提出"积极开发老年人力资源，为老年人的家庭成员提供养老服务培训，倡导老年人互助养老"[①]；2017 年 12 月，民政部等九部门《关于加强农村留守老年人关

---

① 中华人民共和国中央人民政府：《国务院办公厅关于全面放开养老服务市场提升养老服务质量的若干意见》，2016 年 12 月 23 日，http：//www.gov.cn/zhengce/content/2016-12/23/content_5151747.htm，2019 年 11 月 9 日。

爱服务工作的意见》明确"子女或其他赡养人要依法履行对老年人经济上供养、生活上照料和精神上慰藉的义务"①和"支持家族成员和亲友对留守老年人给予生活照料和精神关爱……避免让生活不能自理的老年人单独居住生活,对不依法履行赡养义务的子女等家庭成员依法进行治安处罚或追究刑事责任"②。

国家政策对村委会、老年协会等老年组织、养老机构和志愿者等社会供给主体也做了相关规定。

村委会：2017年12月,民政部等九部门《关于加强农村留守老年人关爱服务工作的意见》要求村委会"以电话问候、上门访问等方式,定期探访留守老年人,及时了解留守老年人生活情况……将关爱服务纳入村规民约"③。

老年组织：2017年12月,民政部等九部门《关于加强农村留守老年人关爱服务工作的意见》"鼓励和引导农村老年协会积极参与和组织留守老年人关爱服务,开展老年人喜闻乐见的文体娱乐……互助养老等服务"④。

养老机构：2016年11月,国务院印发《"十三五"脱贫攻坚规划》提出"支持各地农村幸福院等社区养老服务设施建设和运营,开展留守老年人关爱行动"⑤。2016年12月,国务院办公厅《关于全面放开养老服务市场提升养老服务质量的若干意见》鼓励"各地建设农村幸福院等自助式、互助式养老服务设施"⑥。2017年12月,民

---

① 民政部：《关于加强农村留守老年人关爱服务工作的意见》,2017年12月28日,http://xxgk.mca.gov.cn:8081/new_gips/contentSearch?id=149066,2019年11月7日。
② 民政部：《关于加强农村留守老年人关爱服务工作的意见》,2017年12月28日,http://xxgk.mca.gov.cn:8081/new_gips/contentSearch?id=149066,2019年11月7日。
③ 民政部：《关于加强农村留守老年人关爱服务工作的意见》,2017年12月28日,http://xxgk.mca.gov.cn:8081/new_gips/contentSearch?id=149066,2019年11月7日。
④ 民政部：《关于加强农村留守老年人关爱服务工作的意见》,2017年12月28日,http://xxgk.mca.gov.cn:8081/new_gips/contentSearch?id=149066,2019年11月7日。
⑤ 民政部：《关于加强农村留守老年人关爱服务工作的意见》,2017年12月28日,http://xxgk.mca.gov.cn:8081/new_gips/contentSearch?id=149066,2019年11月7日。
⑥ 中华人民共和国中央人民政府：《国务院办公厅关于全面放开养老服务市场提升养老服务质量的若干意见》,2016年12月23日,http://www.gov.cn/zhengce/content/2016-12/23/content_5151747.htm,2019年11月9日。

政部等九部门《关于加强农村留守老年人关爱服务工作的意见》"鼓励有条件的农村特困人员供养服务机构……为经济困难家庭的高龄、失能留守老年人提供服务……持续推进农村互助幸福院建设"[1],"加快孵化培育专业化为老社会服务机构,提升其开展农村留守老年人安全防护、生活照料等专业服务的能力"[2]。2018年9月,中共中央、国务院印发《乡村振兴战略规划(2018—2022年)》,提出"推进农村幸福院等互助型养老服务发展,建立健全农村留守老年人关爱服务体系"[3]。

志愿者:2016年11月,国务院印发《"十三五"脱贫攻坚规划》,提出"引入社会工作专业人才和志愿者等方式,为"三留守"人员提供关爱服务"[4]。2016年12月,国务院办公厅《关于全面放开养老服务市场提升养老服务质量的若干意见》鼓励"专业社会工作者、社区工作者、志愿服务者加强对农村留守老年人的关爱保护和心理疏导、咨询等服务"[5]。2017年12月,民政部等九部门《关于加强农村留守老年人关爱服务工作的意见》"引导城市和农村志愿者和志愿服务组织为留守老年人提供内容丰富、形式多样、符合需要的志愿服务;鼓励低龄健康老年人为高龄、失能留守老年人提供力所能及的志愿服务,探索建立志愿服务互助循环机制"[6],鼓励农村经济合作社、农村电商组织乡贤人士、社会爱心企业和个人资助开展留守老年人关爱服务。2018年9月,中共中央、国务院印发《乡村振兴战略规划(2018—2022年)》,提出

---

[1] 民政部:《关于加强农村留守老年人关爱服务工作的意见》,2017年12月28日,http://xxgk.mca.gov.cn:8081/new_gips/contentSearch?id=149066,2019年11月7日。

[2] 民政部:《关于加强农村留守老年人关爱服务工作的意见》,2017年12月28日,http://xxgk.mca.gov.cn:8081/new_gips/contentSearch?id=149066,2019年11月7日。

[3] 中共中央国务院编:《乡村振兴战略规划(2018—2022年)》,人民出版社2018年版。

[4] 中共中央国务院编:《"十三五"脱贫攻坚规划》,人民出版社2016年版。

[5] 中华人民共和国中央人民政府:《国务院办公厅关于全面放开养老服务市场提升养老服务质量的若干意见》,2016年12月23日,http://www.gov.cn/zhengce/content/2016-12/23/content_5151747.htm,2019年11月9日。

[6] 民政部:《关于加强农村留守老年人关爱服务工作的意见》,2017年12月28日,http://xxgk.mca.gov.cn:8081/new_gips/contentSearch?id=149066,2019年11月7日。

"通过邻里互助、亲友相助、志愿者服务等模式大力发展农村互助养老服务"①。

（2）西南四省市政策规定的农村留守老人日常照料供给主体

在国家政策文件的指导下，四川、贵州、云南和重庆四省市对农村留守老人日常照料的亲缘关系供给主体和社会供给主体也做了相关规定。

四川省政策鼓励子女、村委会、社会工作者、志愿者等个人和团体积极为农村留守老人提供日常照料服务。第一，亲缘关系供给主体。2018年8月，四川省制定出台《关于加强农村留守老年人关爱服务工作的实施意见》，明确"子女或其他赡养人要依法履行对老年人经济上供养、生活上照料和精神上慰藉的义务"②。第二，社会供给主体。政策鼓励村委会、社会工作者、志愿者等个人和团体积极为农村留守老人提供日常照料服务。四川省民政厅、省妇儿工委于2011年6月发布《关于进一步加强农村留守儿童和留守老人救助管理工作的意见的通知》，要求村委会"做好留守老人的管理服务工作……开展对农村留守老人随访工作……依法督促留守老人子女有效履行赡养义务"③，"推动养老服务社会化，倡导志愿者以及其他个人、团体等社会力量为留守老人提供照料服务，通过家庭养老与社会养老相结合的方式加强对农村留守老人的照料"④。2018年1月，四川省人民政府办公厅《关于全面放开养老服务市场提升养老服务质量的实施意见》提出"鼓励社会工作者、社区工作者、志愿者参与对农村留守、困难、鳏寡、独居、计划生育特殊困难家庭老年人的关爱

---

① 中共中央国务院编：《"十三五"脱贫攻坚规划》，人民出版社2016年版。
② 四川省人民政府：《关于加强农村留守老年人关爱服务工作的实施意见》，2018年8月31日，http：//www.sc.gov.cn/10462/10464/10797/2018/8/31/10457980.shtml，2019年11月8日。
③ 四川省人民政府办公厅：《四川省人民政府批转民政厅省妇儿工委关于进一步加强农村留守儿童和留守老人救助管理工作的意见的通知》，2011年6月13日，http：//www.sc.gov.cn/zcwj/t.aspx？i＝20110615090312－742183－00－000，2019年11月8日。
④ 四川省人民政府办公厅：《四川省人民政府批转民政厅省妇儿工委关于进一步加强农村留守儿童和留守老人救助管理工作的意见的通知》，2011年6月13日，http：//www.sc.gov.cn/zcwj/t.aspx？i＝20110615090312－742183－00－000，2019年11月8日。

保护和精神慰藉等服务"①。2018年8月,四川省制定出台《关于加强农村留守老年人关爱服务工作的实施意见》,明确"村(居)民委员会可采取电话问候、上门看望等方式,定期探访留守老年人……要将留守老人关爱服务纳入村规民约……推动形成孝敬父母、尊重老人、互帮互助、邻里乡亲的良好乡村社会风尚"②,"鼓励农村基层组织组建志愿者队伍……与留守老年人结对帮扶,为留守老年人提供内容丰富、形式多样的志愿服务"③。

贵州省政策强调子女积极承担农村留守老人照料责任、强化村委会监督子女赡养义务实施、鼓励社会志愿者个人和团体参与留守老人关爱服务、拓宽为老设施覆盖至留守老人等群体。第一,亲缘关系供给主体。贵州省人民政府办公厅于2016年1月发布《关于进一步加强农村留守老人关爱服务工作的实施意见》,提出"留守老人养老赡养主体责任在家庭,子女或其他赡养义务人要依法履行对老人的赡养义务。子女因外出务工等原因不能履行赡养义务的,应委托亲属等其他有能力的人代为照顾并妥善安排老人生活……对患有严重疾病、已经丧失自理能力老年人,家庭内部应协商至少留下1名子女在家照料"④。第二,社会供给主体。贵州省人民政府办公厅《关于进一步加强农村留守老人关爱服务工作的实施意见》,要求村委会"要将赡养孝敬老人作为村规民约的重要内容,增强村规民约对落实赡养人责任的约束力……鼓励公益性社会组织、社会工作者积极参与留守老人关爱服务工作……继续深化'和谐贵州·三关爱'绿丝带志愿服务

---

① 四川省人民政府:《四川省人民政府办公厅关于全面放开养老服务市场提升养老服务质量的实施意见》,2018年1月12日,http://www.sc.gov.cn/zcwj/xxgk/NewT.aspx?i=20180116195808-380688-00-000,2019年11月8日。

② 四川省人民政府:《四川省人民政府办公厅关于全面放开养老服务市场提升养老服务质量的实施意见》,2018年1月12日,http://www.sc.gov.cn/zcwj/xxgk/NewT.aspx?i=20180116195808-380688-00-000,2019年11月8日。

③ 四川省人民政府:《四川省人民政府办公厅关于全面放开养老服务市场提升养老服务质量的实施意见》,2018年1月12日,http://www.sc.gov.cn/zcwj/xxgk/NewT.aspx?i=20180116195808-380688-00-000,2019年11月8日。

④ 贵州省人民政府:《省人民政府办公厅关于进一步加强农村留守老人关爱服务工作的实施意见》,2016年1月27日,http://www.guizhou.gov.cn/zwgk/zcfg/szfwj_8191/qfbh_8197/201709/t20170925_824233.html,2019年11月7日。

行动、关爱'留守妇女老人'巾帼志愿服务活动和'邻里守望'等志愿服务活动"①,"建立关爱留守老人志愿者队伍……为留守老人提供生活照料等关爱服务"②。2018年4月,贵州省人民政府办公厅《关于全面放开养老服务市场提升养老服务质量的实施意见》提出"加强农村敬老院基础设施建设并提高服务水平……对经济困难的失能半失能农村留守老人提供低收费照料服务","鼓励社会力量加强对农村留守、困难、鳏寡、独居、残疾等老年人的关爱保护,提供心理疏导、咨询等服务"③。

云南省政策对子女、村委会、老年协会、为老设施建设和志愿者在留守老人关爱服务中如何发挥作用均做了相关规定。第一,亲缘关系供给主体。云南省民政厅于2018年9月发布《关于加强农村留守老年人关爱服务》的文件,提出落实赡养义务人主体责任,"子女或其他赡养人要依法履行对老年人经济上供养、生活上照料和精神上慰藉的义务……子女因外出务工等原因不能履行赡养义务的,应委托亲属等其他有能力的人代为照顾并妥善安排老人生活……对患有严重疾病、已经丧失自理能力的老年人,家庭内部应协商至少留下1名子女在家照料"④。第二,社会供给主体。云南省民政厅《关于加强农村留守老年人关爱服务》提出村委会"以电话问候、上门访问等方式、定期探访留守老年人,及时了解留守老年人生活情况……将赡养孝敬老人作为村规民约的重要内容,推动形成孝敬父母、尊重老人、互帮

---

① 贵州省人民政府:《省人民政府办公厅关于进一步加强农村留守老人关爱服务工作的实施意见》,2016年1月27日,http://www.guizhou.gov.cn/zwgk/zcfg/szfwj_8191/qfbh_8197/201709/t20170925_824233.html,2019年11月7日。

② 贵州省人民政府:《省人民政府办公厅关于进一步加强农村留守老人关爱服务工作的实施意见》,2016年1月27日,http://www.guizhou.gov.cn/zwgk/zcfg/szfwj_8191/qfbh_8197/201709/t20170925_824233.html,2019年11月7日。

③ 贵州省人民政府:《省人民政府办公厅关于全面放开养老服务市场提升养老服务质量的实施意见》,2018年4月26日,http://www.guizhou.gov.cn/zwgk/zcfg/szfwj_8191/qfbf_8196/201804/t20180426_1115170.html,2019年11月9日。

④ 云南省民政厅:《关于加强农村留守老人关爱服务》,2018年9月25日,http://ynmz.yn.gov.cn/preview/article/11985.jhtml,2019年11月7日。

第五章　西南农村留守老人养老不精准的表现及原因

互助、邻里相亲的良好乡村社会风尚"①，鼓励农村老年协会"积极参与和组织留守老年人关爱服务……提供权益维护、互助养老等服务……采取以老助老、结对帮扶、抱团养老等方式，重点开展留守老年人关爱服务"②，"加强农村敬老院基础设施建设并提高服务水平……向有需求的农村留守老人开放，对经济困难的失能半失能农村留守老人提供低收费照料服务"③，"加快孵化培育专业化为老社会服务机构，提升其开展农村留守老年人安全防护、生活照料等专业服务能力"④，"引导志愿者和志愿服务组织与留守老人结对帮扶，为留守老年人提供内容丰富、形式多样、符合需要的志愿服务，探索推动社会工作专业力量参与农村留守老年人关爱服务"⑤。

重庆市政策鼓励家庭、村委会、公立和私营养老机构和志愿者组织积极参与农村留守老人关爱服务。第一，亲缘关系供给主体。重庆市民政局等9个部门于2018年9月印发《关于加强农村留守老人关爱服务工作的实施意见》，提出强化家庭主体责任，"子女或其他赡养人要依法履行对老年人经济上供养、生活上照料和精神上慰藉的义务……避免让生活不能自理的老年人单独居住生活"⑥，"支持家族成员和亲友对留守老年人给予生活照料和精神关爱，鼓励邻里乡亲为留守老年人提供关爱服务"⑦。第二，社会供给主体。重庆市民政局等9

---

① 云南省民政厅：《关于加强农村留守老人关爱服务》，2018年9月25日，http://ynmz.yn.gov.cn/preview/article/11985.jhtml，2019年11月7日。
② 云南省民政厅：《关于加强农村留守老人关爱服务》，2018年9月25日，http://ynmz.yn.gov.cn/preview/article/11985.jhtml，2019年11月7日。
③ 云南省民政厅：《关于加强农村留守老人关爱服务》，2018年9月25日，http://ynmz.yn.gov.cn/preview/article/11985.jhtml，2019年11月7日。
④ 云南省民政厅：《关于加强农村留守老人关爱服务》，2018年9月25日，http://ynmz.yn.gov.cn/preview/article/11985.jhtml，2019年11月7日。
⑤ 云南省民政厅：《关于加强农村留守老人关爱服务》，2018年9月25日，http://ynmz.yn.gov.cn/preview/article/11985.jhtml，2019年11月7日。
⑥ 重庆市民政局等：《重庆市民政局等9个部门关于加强农村留守老年人关爱服务工作的实施意见》，2018年9月30日，http://mzj.cq.gov.cn/cqmz/html/gfxwj/20180930/12258.html，2019年11月8日。
⑦ 重庆市民政局等：《重庆市民政局等9个部门关于加强农村留守老年人关爱服务工作的实施意见》，2018年9月30日，http://mzj.cq.gov.cn/cqmz/html/gfxwj/20180930/12258.html，2019年11月8日。

个部门《关于加强农村留守老人关爱服务工作的实施意见》，提出村委会定期进行农村留守老人探访，"及时了解或评估农村留守老年人生活情况、家庭赡养责任落实情况……为留守老年人提供相应援助服务，切实防范安全风险、解决生活困难……将对留守老年人关爱服务纳入村规民约"[1]，鼓励"有条件的农村特困人员供养服务机构……为经济困难家庭的高龄、失能留守老年人提供服务……充分发挥现有农村幸福院等养老服务设施作用，为留守老年人提供文化娱乐、生活照料、精神关怀等服务"[2]，"加快孵化培育专业化为老社会服务机构，提升其开展农村留守老年人安全防护、生活照料等专业服务的能力"[3]，引导"志愿者和志愿服务组织为留守老年人提供生活服务等内容丰富、形式多样、符合需要的志愿服务……鼓励低龄健康老年人为高龄、失能留守老年人提供力所能及的志愿服务……要积极动员周边邻居加入志愿者队伍，为老年人开展生活照料、精神慰藉、爱心帮扶、紧急救助等服务"[4]。2017年11月，重庆市人民政府办公厅印发《关于全面放开养老服务市场提升养老服务质量的实施意见》，提出"加强乡镇敬老院建设和改造，推动服务设施达标……为农村低收入、高龄、失能失智、失独和留守老年人提供便捷可享的养老服务……加强农村幸福院改造和管理"[5]，"鼓励专业社会工作者、社区工作者、志愿服务者加强对农村留守、困难、鳏寡、独居老年人的关爱保护和

---

[1] 重庆市民政局等：《重庆市民政局等9个部门关于加强农村留守老年人关爱服务工作的实施意见》，2018年9月30日，http：//mzj.cq.gov.cn/cqmz/html/gfxwj/20180930/12258.html，2019年11月8日。

[2] 重庆市民政局等：《重庆市民政局等9个部门关于加强农村留守老年人关爱服务工作的实施意见》，2018年9月30日，http：//mzj.cq.gov.cn/cqmz/html/gfxwj/20180930/12258.html，2019年11月8日。

[3] 重庆市民政局等：《重庆市民政局等9个部门关于加强农村留守老年人关爱服务工作的实施意见》，2018年9月30日，http：//mzj.cq.gov.cn/cqmz/html/gfxwj/20180930/12258.html，2019年11月8日。

[4] 重庆市民政局等：《重庆市民政局等9个部门关于加强农村留守老年人关爱服务工作的实施意见》，2018年9月30日，http：//mzj.cq.gov.cn/cqmz/html/gfxwj/20180930/12258.html，2019年11月8日。

[5] 重庆市政府办公厅：《重庆市人民政府办公厅关于全面放开养老服务市场提升养老服务质量的实施意见》，2017年11月6日，http：//www.cq.gov.cn/publicinfo/web/views/Show！detail.action？sid＝4260845，2019年11月7日。

心理疏导、咨询等服务"①。

3. 日常照料实际供给主体与政策供给主体匹配不精准的表现

通过分析西南地区农村留守老人日常照料需求实际供给主体和政策供给主体发现,两者匹配不精准主要体现在以下四个方面。

第一,日常照料政策亲缘供给主体少于实际供给主体。国家和西南四省市政策对留守老人日常照料亲缘供给主体的规定中,将照料责任承担者聚焦于子女,使用诸多笔墨对子女的赡养和照料责任进行规定,此外对兄弟姐妹等亲戚主体责任也进行了界定。但根据调研发现,西南农村地区承担留守老人主要照料责任的主体为配偶(81.96%),子女位列第二照料主体但比例远低于配偶(10.52%);此外,兄弟姐妹等亲戚也提供了少量照料服务(1.84%)。综上,政策缺乏对主要照料责任承担者——配偶的重视和明确规定,政策所强调的照料主体——子女未充分承担照料责任,亲戚在日常照料实际供给中也非常少见。

第二,日常照料政策社会供给主体多于实际供给主体。国家和西南四省市规定社会供给主体包括村委会、老年协会或其他老年人组织、养老机构和志愿者等。但调研数据显示,仅1.17%的受访农村留守老人认为"政府社区"是日常照料的最主要提供者,其余受访老人主要受到配偶、子女等家庭成员的照料,可见政策所规定的社会供给主体作用发挥不明显。政策规定与实际供给之间存在偏差,无法达到多元主体协同发力、充分满足农村留守老人日常照料实际需求的目的。

第三,日常照料政策供给主体中"志愿者"的范畴比实际供给主体中"志愿者"范畴更广泛。政策提出鼓励志愿者和志愿者组织在农村留守老人关爱服务中发挥作用,其中的志愿者除了低龄、健康的老人或者邻居外,更强调社会工作者、义工以及专门的志愿者组织成员。而在西南农村地区,真正承担志愿者职能、发挥志愿者作用的大

---

① 重庆市政府办公厅:《重庆市人民政府办公厅关于全面放开养老服务市场提升养老服务质量的实施意见》,2017年11月6日,http://www.cq.gov.cn/publicinfo/web/views/Show! detail.action? sid=4260845,2019年11月7日。

多数是低龄、健康的老人或者邻居，为高龄、无自理能力的留守老人提供照料服务，但政策对这一志愿群体不够重视。

第四，政策文件更强调农村社区组织和养老机构等社会供给主体，与西南地区农村留守老人日常照料对实际供给主体的偏好不符。从上述政策梳理可以看出，政策更加强调农村社区和养老机构等社会主体的日常照料功能。但根据调研组数据，仅5.68%的农村受访留守老人认为"朋友邻居"和"政府社区"等社会主体是最重要的日常照料供给者。课题组在西南农村调研地区发现，村委会、老年人协会等社区组织提供日常照料的作用微乎其微，村委会委员整体年龄偏大，人数有限，没有能力为全村留守老人提供日常照料，西南地区村级组织基本没有建立老年人协会。此外，志愿者、社会工作者和社会化养老机构进入西南偏远农村地区村级组织的概率很小（在1037名受访留守老人中，仅1位留守老人入住养老院），通常志愿者、社会工作者和社会化养老机构会选择经济较为发达、交通便利、养老基础设施较完善的地区开展照护服务。而经济欠发达、交通不便、人口分散居住、青壮年劳动力大量外流、基础设施不完善的西南农村地区，农村社区、志愿者和社会养老机构等社会力量目前尚不能成为该地区农村留守老人日常照料的主力军。由于政策未充分考虑上述情况，政策规定与西南地区农村留守老人实际偏好匹配不精准，该地区农村留守老人的日常照料需求无法充分满足。

（二）西南地区农村留守老人日常照料需求实际供给对象与政策供给对象匹配不精准的表现

1. 西南地区农村留守老人日常照料供给对象群体健康状况

西南地区农村留守老人患病比例高达94.7%，健康状况不容乐观，其中绝大多数患颈腰椎等关节疾病、高血压、心脏病等慢性病。如表5-5，农村受访留守老人中关节及骨科疾病患病率最高，其中49.18%的受访留守老人患有颈腰椎疾病，47.24%的老人患骨质疏松/关节炎，这和农村留守老人长期从事重体力劳动有关。其次，患消化系统疾病的农村留守老人比例也较高，占受访群体的36.61%，主要患有食道炎、慢性胃炎、胃癌、胆囊炎、肝炎等，多为慢性病。同时，受访老人高血压、心脏病、脑溢血等心脑血管疾病患病率也不低，其中高血压患病率34.25%、心脏病15.75%、脑出血8.18%。6.34%的受访留守老人患有糖尿病，且多为Ⅱ型糖尿病，与长期不良饮食习惯有关。此外，23.42%的受访留守老人患有其他疾病，主要包括高血脂、低血压等心脑血管疾病以及由此导致的头晕头痛症状（35.48%），白内障、视网膜受损、失明、眼压高等眼部疾病（21.31%），腿骨折、腿残疾等腿部疾病（19.1%）。综上所述，西南地区农村受访留守老人多患有骨关节疾病、消化系统疾病和心脑血管疾病，糖尿病、眼部疾病等也占一定比例，且多为慢性病。

表5-5 　　　　　农村受访留守老人患病种类及比例

病种	比例（%）
颈部/腰椎疾病	49.18
骨质疏松/关节炎	47.24
消化系统疾病	36.61
高血压	34.25
心脏病	15.75
脑出血	8.18
糖尿病	6.34
其他疾病	23.42
头晕头痛、高血脂、低血压等	35.48
眼部疾病	21.31
腿部疾病	19.1

数据来源："我国西南地区农村留守老人养老需求与政策供给精准化研究"课题组调研数据。

从病理学角度分析，患有上述疾病的老人将有以下风险。骨关节疾病不但会引起关节疼痛，严重时将导致行动不便，走路不稳甚至无法行走，并引起冠心病、脑血管病等并发症，进而危及生命。消化系统疾病对影响患者消化及吸收营养，导致食欲下降、发热、出血，严重时甚至引起穿孔、腹膜炎、癌变等症状，此外可能引起贫血、脑出血、高血压、视力损伤等并发症，对患者日常生活能力造成影响。心脑血管疾病会引起患者胸闷、晕厥、心绞痛等症状，导致患者行动不便、语言能力下降、意识模糊、记忆力和视力下降、大小便失禁等。该类疾病具有高患病率、高致残率和高死亡率的特点，即使应用目前最先进、完善的治疗手段，仍可有50%以上的脑血管意外幸存者生活不能完全自理。糖尿病的典型临床表现为多饮、多尿、多食和体重下降，最大的风险在于导致失明、心脏病、截肢、心脏病、高血压、中风等多种并发症。白内障、视网膜受损、失明等眼部疾病和腿骨折、腿残疾等腿部疾病均可能导致患者日常活动能力障碍，需要从外部获得帮助。

上述疾病会导致西南地区农村留守老人面临失能、失明、失智、死亡等风险，需要相应类型的照料。例如，骨关节疾病和腿部疾病主要导致患者行动不便或无法行走，无法从事繁重劳动，需要获得身体护理和家务活动方面的帮助；心脑血管疾病会使得患者行动、语言、记忆力和视力障碍，认知功能受损和自理能力缺陷等，需要获得身体照料、家务照料、疾病照料和认知护理等；糖尿病患者通常需要注射胰岛素、调整饮食结构等，需要较为专业的疾病照料服务，此外出现截肢、中风等并发症时，需要获得身体和家务方面的照料。此外，老人可能因患病导致精神紧张、抑郁等心理疾病，需要对此进行心理干预。

2. 西南地区农村留守老人日常照料政策供给对象

通过分析国家和西南四省市关于农村留守老人日常照料政策供给对象相关规定发现，政策内容主要强调以经济困难家庭的高龄、失能留守老年人为重点对象提供日常照料。

在国家层面，2017年12月，民政部等9个部门在《关于加强农村留守老年人关爱服务工作的意见》中提出村委会定期探访留守老人时要"将存在安全风险和生活困难的留守老年人作为重点帮扶对象……乡镇政府在组织排查时重点排查经济困难家庭的高龄、失能留

第五章　西南农村留守老人养老不精准的表现及原因

守老年人,做到精准到村、到户、到人……探索建立留守老年人风险评估制度,制定风险等级标准,对风险等级高的留守老年人及时进行干预,实施关爱救助"①。

贵州省人民政府于2016年1月在《省人民政府办公厅关于进一步加强农村留守老人关爱服务工作的实施意见》中提出"根据留守老人经济收入、赡养、健康等情况,由县级人民政府每年至少组织开展1次留守老人风险等级评估……对独居、失能、贫困、高龄等特殊困难留守老人要随时跟踪掌握情况并及时实施关爱救助"②,"为农村贫困残疾留守老人免费配发居家康复器材和辅助器具……加强农村敬老院基础设施建设并提高服务水平……对经济困难的失能半失能农村留守老人提供低收费照料服务"③。

云南省民政厅于2018年9月发布《关于加强农村留守老年人关爱服务》,强调"对患有严重疾病、已经丧失自理能力的老年人,家庭内部应协商至少留下1名子女在家照料……乡镇政府对农村留守老年人进行摸底时重点排查经济困难家庭的高龄、失能留守老年人,做到精准到村、到户、到人"④,村委会定期探访留守老年人时"将存在安全风险和生活困难的留守老年人作为重点帮扶对象"⑤,"加强农村敬老院基础设施建设……对经济困难的失能半失能农村留守老人提供低收费照料服务……为农村贫困残疾留守老人免费配发居家康复器材和辅助器具"⑥,"对独居、失能、贫困、高龄等特殊困难留守老年

---

① 民政部:《关于加强农村留守老年人关爱服务工作的意见》,2017年12月28日,http://xxgk.mca.gov.cn:8081/new_gips/contentSearch?id=149066,2019年11月7日。
② 贵州省人民政府:《省人民政府办公厅关于进一步加强农村留守老人关爱服务工作的实施意见》,2016年1月27日,http://www.guizhou.gov.cn/zwgk/zcfg/szfwj_8191/qfbh_8197/201709/t20170925_824233.html,2019年11月7日。
③ 贵州省人民政府:《省人民政府办公厅关于进一步加强农村留守老人关爱服务工作的实施意见》,2016年1月27日,http://www.guizhou.gov.cn/zwgk/zcfg/szfwj_8191/qfbh_8197/201709/t20170925_824233.html,2019年11月7日。
④ 云南省民政厅:《关于加强农村留守老年人关爱服务》,2018年9月25日,http://ynmz.yn.gov.cn/preview/article/11985.jhtml,2019年11月7日。
⑤ 云南省民政厅:《关于加强农村留守老年人关爱服务》,2018年9月25日,http://ynmz.yn.gov.cn/preview/article/11985.jhtml,2019年11月7日。
⑥ 云南省民政厅:《关于加强农村留守老年人关爱服务》,2018年9月25日,http://ynmz.yn.gov.cn/preview/article/11985.jhtml,2019年11月7日。

人要随时跟踪掌握情况并及时实施关爱救助"[1]。

重庆市民政局等9个部门于2018年9月发布《关于加强农村留守老年人关爱服务工的实施意见》，提出区县、乡镇要建立农村留守老年人信息台账，"重点排查经济困难家庭的高龄、失能留守老年人，做到精准到村、到户、到人"[2]，村委会协助做好辖区内留守老年人基本信息摸查，并将"存在高龄、失能、失智、独居和生活困难的留守老年人作为重点帮扶对象"[3]，"鼓励有条件的地区探索建立留守老年人风险评估制度，制定风险等级标准，对风险等级高的留守老年人及时进行干预，实施关爱救助"[4]，"鼓励有条件的农村特困人员供养服务机构……为经济困难家庭的高龄、失能留守老年人提供服务"[5]。

3. 日常照料实际供给对象与政策供给对象匹配不精准的表现

通过对西南地区农村留守老人日常照料需求实际供给对象和政策供给对象分析发现，两者匹配不精准主要体现在以下两个方面。

第一，政策忽视非重点对象的日常照料。从上一节的政策梳理发现，政策强调将独居、失能、贫困、高龄等风险等级高的特殊困难留守老人作为重点对象提供日常照料，未提及非重点对象或低风险留守老人的照料服务供给。而实际上，低风险留守老人也存在家务劳动、身体护理、疾病护理、精神慰藉等方面的照料需求。政策按照风险因素将留守老人群体分成高低等级，忽视低风险老人照料需求，不符合公平原则。

---

[1] 云南省民政厅：《关于加强农村留守老人关爱服务》，2018年9月25日，http://ynmz.yn.gov.cn/preview/article/11985.jhtml，2019年11月7日。

[2] 重庆市民政局：《重庆市民政局等9个部门关于加强农村留守老年人关爱服务工作的实施意见》，2018年9月30日，http://mzj.cq.gov.cn/cqmz/html/gfxwj/20180930/12258.html，2019年11月8日。

[3] 重庆市民政局：《重庆市民政局等9个部门关于加强农村留守老年人关爱服务工作的实施意见》，2018年9月30日，http://mzj.cq.gov.cn/cqmz/html/gfxwj/20180930/12258.html，2019年11月8日。

[4] 重庆市民政局：《重庆市民政局等9个部门关于加强农村留守老年人关爱服务工作的实施意见》，2018年9月30日，http://mzj.cq.gov.cn/cqmz/html/gfxwj/20180930/12258.html，2019年11月8日。

[5] 重庆市民政局：《重庆市民政局等9个部门关于加强农村留守老年人关爱服务工作的实施意见》，2018年9月30日，http://mzj.cq.gov.cn/cqmz/html/gfxwj/20180930/12258.html，2019年11月8日。

第二，政策忽视风险分类和失能程度分级。首先，从横向看，政策忽视西南地区农村留守老人存在不同类型的健康风险，未进行风险分类。根据调研数据，西南农村受访留守老人多患有骨关节疾病、消化系统疾病和心脑血管疾病等，上述疾病可能导致留守老人行走不便或瘫痪、认知功能受损、语言交流困难等健康风险。政策未提及根据病种进行风险分类，以提供不同种类的照料服务。其次，从纵向看，政策未针对农村留守老人的失能情况确定失能等级，供给不同类型和程度的照料服务。国家和四省市政策文件均提出建立留守老人信息台账制度，收集留守老人基本情况并动态更新，但未提出对"失能"留守老人进行分级，势必导致无法实现日常照料服务供给精准化。课题组在调研中发现，西南地区农村留守老人的日常生活活动能力（ADL）和工具性日常生活活动能力（IADL）存在不同程度的受损情况。其中日常生活活动能力受损率15.14%，工具性日常生活活动能力受损率38.09%。不同的生活能力受损程度的老人需要的日常照料供给类型和力度存在差异，但中央和地方政策均未提及针对农村留守老人的失能状况确定照料服务供给类别和力度。

（三）西南地区农村留守老人日常照料需求实际供给内容与政策供给内容匹配不精准的表现

1. 西南地区农村留守老人日常照料实际供给内容

通过整理访谈中关于日常照料的内容发现，西南地区农村留守老人日常照料供给内容主要为村卫生室医生上门看病、康复治疗和农村幸福院提供的照料服务。

如表5-6，上门看病项目的供给率为44.44%，在五个项目中占比最高；康复治疗项目供给率为13.33%，农村幸福院供给率为4.65%，比例均较低；此外，居家养老服务和日间照料中心供给率为0，受访留守老人均未获得这两项服务。提供的服务仅涉及留守老人疾病护理和少量身体护理服务，居家养老服务基本未提供，并且所供给的服务远未满足农村留守老人的需求。课题组在调研中发现，西南地区农村留守老人实际获得的日常照料主要从老伴和子女处获得，其中邻居亲朋偶尔会提供生活帮助。此外，据部分留守老人反映，乡镇和村委会偶尔会进行入户访问并提供一定的实物。由此可见，政府、农村社区等主体提供的日常照料服务基本缺位,无法满足留守老人的日常照料需求。

表5-6　　　　　　　农村受访留守老人日常照料供需率

项目	需求率(%)	供给率(%)
上门看病	71.11	44.44
康复治疗	66.67	13.33
居家养老服务	48.89	0
日间照料中心	55.81	0
农村幸福院	67.44	4.65

数据来源:"我国西南地区农村留守老人养老需求与政策供给精准化研究"课题组调研数据。

2. 西南地区农村留守老人日常照料政策供给内容

通过分析国家和西南四省市政策发现,对农村留守老人日常照料供给内容的规定集中于疾病护理、生活照顾和紧急援助等方面。

在国家层面,民政部等9个部门于2017年12月联合发文《关于加强农村留守老人关爱服务工作的意见》,支持"农村卫生服务中心提升服务能力……为农村留守老年人提供健康管理、基本医疗和长期护理服务"[1],"为留守老年人提供心理疏导、情绪疏解、精神慰藉、代际沟通、家庭关系调适、社会融入等服务"[2],"专业化为老社会服务机构……开展农村留守老年人安全防护、生活照料、紧急援助、康复护理等专业服务"[3]。

四川省人民政府于2011年6月在《四川省人民政府批转民政厅省妇儿工委关于进一步加强农村留守儿童和留守老人救助管理工作的

---

[1] 重庆市民政局:《重庆市民政局等9个部门关于加强农村留守老年人关爱服务工作的实施意见》,2018年9月30日,http://mzj.cq.gov.cn/cqmz/html/gfxwj/20180930/12258.html,2019年11月8日。

[2] 重庆市民政局:《重庆市民政局等9个部门关于加强农村留守老年人关爱服务工作的实施意见》,2018年9月30日,http://mzj.cq.gov.cn/cqmz/html/gfxwj/20180930/12258.html,2019年11月8日。

[3] 重庆市民政局:《重庆市民政局等9个部门关于加强农村留守老年人关爱服务工作的实施意见》,2018年9月30日,http://mzj.cq.gov.cn/cqmz/html/gfxwj/20180930/12258.html,2019年11月8日。

第五章 西南农村留守老人养老不精准的表现及原因

意见的通知》提出"农村医疗机构要加强对老人慢性病的防治与保健，降低患病率；定期对登记在册的留守老人进行健康检查，及时发现，及时治疗，并提供上门诊治服务"①，此外还关注到留守老人隔代照料问题，强调"加强农村寄宿制中小学的建设和管理，扩大留守儿童寄宿规模，努力解决好寄宿制学生的食宿问题"②，减轻留守老人的照护负担。

贵州省人民政府办公厅于2016年1月发布《省人民政府办公厅关于进一步加强农村留守老人关爱服务工作的实施意见》提出"动员广大志愿服务组织和志愿者……为留守老人提供生活照料、生产帮助、精神慰藉、医疗保健、法律援助、安全服务、文化娱乐等关爱服务"③，为农村贫困残疾留守老人"免费配发居家康复器材和辅助器具，对有康复需求的提供康复训练指导等服务"④。

重庆市民政局等9个部门于2018年9月联合发布《重庆市民政局等9个部门关于加强农村留守老年人关爱服务工作的实施意见》，提出"充分发挥现有农村幸福院等养老服务设施作用，为留守老年人提供文化娱乐、生活照料等服务……支持农村卫生服务中心……为农村留守老年人提供健康管理、基本医疗和长期护理服务"⑤；"引导城市和农村志愿者、志愿服务组织为留守老年人提供生活服务、精神抚慰、健康

---

① 四川省人民政府：《四川省人民政府批转民政厅省妇儿工委关于进一步加强农村留守儿童和留守老人救助管理工作的意见的通知》，2011年6月13日，http://www.yn.gov.cn/zwgk/zcwj/zxwj/201808/t20180823_142498.html，2019年11月8日。

② 四川省人民政府：《四川省人民政府批转民政厅省妇儿工委关于进一步加强农村留守儿童和留守老人救助管理工作的意见的通知》，2011年6月13日，http://www.yn.gov.cn/zwgk/zcwj/zxwj/201808/t20180823_142498.html，2019年11月8日。

③ 贵州省人民政府：《省人民政府办公厅关于进一步加强农村留守老人关爱服务工作的实施意见》，2016年1月27日，http://www.guizhou.gov.cn/zwgk/zcfg/szfwj_8191/qfbh_8197/201709/t20170925_824233.html，2019年11月7日。

④ 贵州省人民政府：《省人民政府办公厅关于进一步加强农村留守老人关爱服务工作的实施意见》，2016年1月27日，http://www.guizhou.gov.cn/zwgk/zcfg/szfwj_8191/qfbh_8197/201709/t20170925_824233.html，2019年11月7日。

⑤ 重庆市民政局：《重庆市民政局等9个部门关于加强农村留守老年人关爱服务工作的实施意见》，2018年9月30日，http://mzj.cq.gov.cn/cqmz/html/gfxwj/20180930/12258.html，2019年11月8日。

帮助等内容丰富、形式多样、符合需要的志愿服务"①;"动员周边邻居加入志愿者队伍,为老年人开展生活照料、精神慰藉、爱心帮扶、紧急救助等服务"②;"专业化为老社会服务机构……开展农村留守老年人安全防护、生活照料、紧急援助、康复护理等专业服务"③。

云南省民政厅于2019年9月发布《关于加强农村留守老年人关爱服务》,要求"专业化为老社会服务机构……开展农村留守老年人安全防护、生活照料、紧急救援、康复护理等专业服务"④,"为农村贫困残疾留守老人免费配发居家康复器材和辅助器具,对有康复需求的提供康复训练指导等服务"⑤。

3. 日常照料实际供给内容与政策供给内容匹配不精准的表现

通过对比西南地区农村留守老人日常照料需求实际供给内容和政策供给内容发现,两者匹配不精准主要体现为日常照料实际供给内容要多于政策供给内容:西南地区农村留守老人实际日常照料需求供给包括疾病护理、身体照料、家务帮助等多维度内容,但政策规定的日常照料内容十分粗略且缺乏准确性,不具备对现实的指导性。西南地区农村留守老人日常照料需求集中在身体照料、疾病护理以及日常生活帮助等方面,包括助餐、助洁、助浴、助医、助行、助购、助急。从访谈中了解到,一方面,留守老人实际享受到的服务仅有上门看病,且主要由村卫生室提供;另一方面,居家养老服务基本未提供,未考虑到行动不便、缺乏生活自理能力的留守老人对其的需求。这一

---

① 重庆市民政局:《重庆市民政局等9个部门关于加强农村留守老年人关爱服务工作的实施意见》,2018年9月30日,http://mzj.cq.gov.cn/cqmz/html/gfxwj/20180930/12258.html,2019年11月8日。
② 重庆市民政局:《重庆市民政局等9个部门关于加强农村留守老年人关爱服务工作的实施意见》,2018年9月30日,http://mzj.cq.gov.cn/cqmz/html/gfxwj/20180930/12258.html,2019年11月8日。
③ 重庆市民政局:《重庆市民政局等9个部门关于加强农村留守老年人关爱服务工作的实施意见》,2018年9月30日,http://mzj.cq.gov.cn/cqmz/html/gfxwj/20180930/12258.html,2019年11月8日。
④ 云南省民政厅:《关于加强农村留守老人关爱服务》,2018年9月25日,http://ynmz.yn.gov.cn/preview/article/11985.jhtml,2019年11月7日。
⑤ 云南省民政厅:《关于加强农村留守老人关爱服务》,2018年9月25日,http://ynmz.yn.gov.cn/preview/article/11985.jhtml,2019年11月7日。

第五章 西南农村留守老人养老不精准的表现及原因

现象的重要原因是政策缺乏对包括身体照料、疾病护理、家务照料、认知护理等在内的日常生活照料内容的详细规定。从国家和西南四省市政策来看，针对农村留守老人日常照料服务供给内容多使用"生活照料""安全防护""康复护理"或"护理服务"等表达，未对照料的具体内容进行规定和细化，导致实际供给至留守老人的日常照料服务内容单一，无法充分满足留守老人照料需求。

（四）西南地区农村留守老人日常照料需求实际供给力度与政策供给力度匹配不精准的表现

1. 西南地区农村留守老人日常照料需求的实际供给力度

西南农村地区留守老人的日常照料需求实际供给力度不足。实际供给老人的照料服务单一，且子女照料主体缺位，政府提供的正式照料服务不足，导致留守老人日常照料需求的满足度较低。根据课题组调研数据，仅11.76%的农村受访留守老人表示自己的日常照料需求"完全满足"，71.65%的被访老人认为自己的日常照料需求"基本满足"，16.59%的被访老人表示日常照料需求完全"不能满足"（如图5-8）。上述数据表明政策对留守老人日常照料需求的供给力度不足，对充分满足农村留守老人日常照料需求还有一定差距。

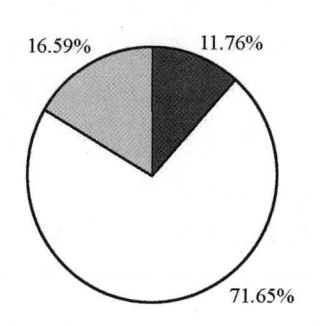

图5-8 农村留守老人日常生活照料需求满足情况

数据来源："我国西南地区农村留守老人养老需求与政策供给精准化研究"课题组调研数据。

2. 西南地区农村留守老人日常照料政策供给力度

通过梳理中央和西南四省市留守老人日常照料相关政策发现，政策对于如何保障西南农村留守老人日常照料供给力度缺乏直观且明确的表述。但深入分析发现，中央和西南四省市政策主要在以下三个方面体现农村留守老人日常照料供给力度。

第一，政策强调对缺乏自我生活能力及无人照顾的农村留守老人的照顾，避免恶性事件的发生。

国家政策重点关注生活不能自理的留守老人的生活安全并对风险等级高的留守老年人进行干预。2017年12月，民政部等9个部门《关于加强农村留守老年人关爱服务工作的意见》提出"子女或其他赡养人、扶养人应当经常看望或者问候留守老年人……避免让生活不能自理的老年人单独居住生活"[1]，"建立农村留守老年人定期探访制度……为留守老年人提供相应援助服务"[2]，"探索建立留守老年人风险评估制度，对风险等级高的留守老年人及时进行干预，实施关爱救助"[3]，等等。

贵州省政策强调子女为丧失自理能力老人提供基本照料并对遭遇重大困境的留守老人进行关爱救助。贵州省人民政府于2016年1月发布《省人民政府办公厅关于进一步加强农村留守老人关爱服务工作的实施意见》，强调赡养义务人主体责任，提出"子女因外出务工等原因不能履行赡养义务的，应委托亲属等其他有能力的人代为照顾并妥善安排老人生活……对患有严重疾病、已经丧失自理能力的老年人，家庭内部应协商至少留下1名子女在家照料。村（居）民委会要……增强村规民约对落实赡养人责任的约束力"[4]；"健全监测评估

---

[1] 民政部：《关于加强农村留守老年人关爱服务工作的意见》，2017年12月28日，http://xxgk.mca.gov.cn：8081/new_gips/contentSearch? id=149066，2019年11月7日。

[2] 民政部：《关于加强农村留守老年人关爱服务工作的意见》，2017年12月28日，http://xxgk.mca.gov.cn：8081/new_gips/contentSearch? id=149066，2019年11月7日。

[3] 民政部：《关于加强农村留守老年人关爱服务工作的意见》，2017年12月28日，http://xxgk.mca.gov.cn：8081/new_gips/contentSearch? id=149066，2019年11月7日。

[4] 贵州省人民政府：《省人民政府办公厅关于进一步加强农村留守老人关爱服务工作的实施意见》，2016年1月27日，http://www.guizhou.gov.cn/zwgk/zcfg/szfwj_8191/qfbh_8197/201709/t20170925_824233.html，2019年11月7日。

应急处置机制,由县级人民政府每年至少组织开展 1 次留守老人风险等级评估。民政、公安等部门……对独居、失能、贫困、高龄等特殊困难留守老人要随时跟踪掌握情况并及时实施关爱救助……发现留守老人外出流浪乞讨、遭受非法侵害、发生危重病情、严重精神疾患、面临重大困境等情况时……县级民政部门、乡(镇)人民政府要及时了解情况并实施关爱救助"①。

重庆市政策强调保证缺乏生活自理能力的老人有人照顾、在遭遇极端天气和重大困境时为留守老人解决生活困难。重庆市于 2018 年 9 月发布《重庆市民政局等 9 个部门关于加强农村留守老年人关爱服务工作的实施意见》,与中央政策取向一致,提出"子女或其他赡养人、扶养人应当经常看望或者问候留守老年人……避免让生活不能自理的老年人单独居住生活……妥善安排老年人生活"②,"建立农村留守老年人定期探访制度,及时了解或评估农村留守老年人生活情况、家庭赡养责任落实情况……为留守老年人提供相应援助服务,切实防范安全风险、解决生活困难"③,"在火灾高风险、极端恶劣天气等灾害多发季节……组织人员入户开展探访关爱活动"④,村委会在"发现留守老年人外出流浪乞讨、遭受非法侵害、发生危重病情、患有严重精神疾病、面临重大困境等情况时……紧急处置后由乡镇人民政府依据有关要求和分工实施关爱救助"⑤,"将存在高龄、失能、失智、

---

① 贵州省人民政府:《省人民政府办公厅关于进一步加强农村留守老人关爱服务工作的实施意见》,2016 年 1 月 27 日,http://www.guizhou.gov.cn/zwgk/zcfg/szfwj_8191/qfbh_8197/201709/t20170925_824233.html,2019 年 11 月 7 日。

② 重庆市民政局:《重庆市民政局等 9 个部门关于加强农村留守老年人关爱服务工作的实施意见》,2018 年 9 月 30 日,http://mzj.cq.gov.cn/cqmz/html/gfxwj/20180930/12258.html,2019 年 11 月 8 日。

③ 重庆市民政局:《重庆市民政局等 9 个部门关于加强农村留守老年人关爱服务工作的实施意见》,2018 年 9 月 30 日,http://mzj.cq.gov.cn/cqmz/html/gfxwj/20180930/12258.html,2019 年 11 月 8 日。

④ 重庆市民政局:《重庆市民政局等 9 个部门关于加强农村留守老年人关爱服务工作的实施意见》,2018 年 9 月 30 日,http://mzj.cq.gov.cn/cqmz/html/gfxwj/20180930/12258.html,2019 年 11 月 8 日。

⑤ 重庆市民政局:《重庆市民政局等 9 个部门关于加强农村留守老年人关爱服务工作的实施意见》,2018 年 9 月 30 日,http://mzj.cq.gov.cn/cqmz/html/gfxwj/20180930/12258.html,2019 年 11 月 8 日。

独居和生活困难的留守老年人作为重点帮扶对象，及时通知并督促其子女和其他家庭成员予以照顾"[1]。

云南省政策强调子女和村委会等主体充分发挥在保证农村留守老人基本生活的作用，并提出为老人提供经济补贴。云南省民政厅于2018年9月发布《关于加强农村留守老年人关爱服务》，提出落实赡养义务人主体责任，"子女因外出务工等原因不能履行赡养义务的，应委托亲属等其他有能力的人代为照顾并妥善安排老人生活……对患有严重疾病、已经丧失自理能力的老年人，家庭内部应协商至少留下1名子女在家照料"[2]；村委会"以电话问候、上门访问等方式、定期探访留守老年人……将存在安全风险和生活困难的留守老年人作为重点帮扶对象"[3]；"加大留守老年人社会救助力度……将符合条件的农村留守老人全部纳入最低生活保障范围……对符合条件的残疾留守老人发放残疾人补贴，及时将符合条件的农村留守老人住房纳入农村危房改造补助范围"[4]。

第二，政策规定为农村留守老人提供多样化的照料设施场所，以满足其多方面照料需求。

国家政策强调推进农村社区日间照料中心、农村幸福院、农村社区综合服务中心、村卫生室和专业化为老服务机构的发展。国务院于2016年11月印发《"十三五"脱贫攻坚规划》，提出"推进农村社区日间照料中心建设……支持各地农村幸福院等社区养老服务设施建设和运营，开展留守老年人关爱行动"[5]；2018年9月，中共中央国务院印发《乡村振兴战略规划（2018—2022年）》，提出"推进农村幸福院等互助型养老服务发展，建立健全农村留守老年人关爱服务体

---

[1] 重庆市民政局：《重庆市民政局等9个部门关于加强农村留守老年人关爱服务工作的实施意见》，2018年9月30日，http：//mzj.cq.gov.cn/cqmz/html/gfxwj/20180930/12258.html，2019年11月8日。

[2] 云南省民政厅：《关于加强农村留守老人关爱服务》，2018年9月25日，http：//ynmz.yn.gov.cn/preview/article/11985.jhtml，2019年11月7日。

[3] 云南省民政厅：《关于加强农村留守老人关爱服务》，2018年9月25日，http：//ynmz.yn.gov.cn/preview/article/11985.jhtml，2019年11月7日。

[4] 云南省民政厅：《关于加强农村留守老人关爱服务》，2018年9月25日，http：//ynmz.yn.gov.cn/preview/article/11985.jhtml，2019年11月7日。

[5] 中共中央国务院编：《"十三五"脱贫攻坚规划》，人民出版社2016年版。

系……依托农村社区综合服务中心……村卫生室……等,为老人提供关爱服务"[1];2017 年 12 月,民政部等 9 个部门《关于加强农村留守老年人关爱服务工作的意见》提出"加快孵化培育专业化为老社会服务机构,提升其开展农村留守老年人安全防护、生活照料……的能力"[2]。

贵州省政策强调促进敬老院、农村幸福院等养老服务设施建设,满足农村留守老人提供照料需求。2016 年 1 月,贵州省人民政府办公厅《省人民政府办公厅关于进一步加强农村留守老人关爱服务工作的实施意见》提出加快农村养老服务设施建设,"加强农村敬老院基础设施建设……向有需求的农村留守老人开放,对经济困难的失能半失能农村留守老人提供低收费照料服务……继续推进农村互助幸福院建设"[3];2018 年 4 月,贵州省人民政府办公厅发布《省人民政府办公厅关于全面放开养老服务市场提升养老服务质量的实施意见》,"鼓励各地利用闲置的村集体土地、房屋、农家院等场所建设农村幸福院等自助式、互助式养老服务设施……用于养老服务的财政性资金和福利彩票公益金要重点向农村养老服务建设项目倾斜"[4]。

重庆市政策提出加强乡镇养老院、农村幸福院、农村特困人员供养机构等农村区域性养老机构的建设改造。2017 年 11 月,重庆市人民政府办公厅《重庆市人民政府办公厅关于全面放开养老服务市场提升养老服务质量的实施意见》提出提升农村养老服务能力和水平,"加强乡镇敬老院建设和改造……打造农村区域性养老机构……为农

---

[1] 中共中央国务院印发:《乡村振兴战略规划(2018—2022 年)》,人民出版社 2018 年版。
[2] 民政部:《关于加强农村留守老年人关爱服务工作的意见》,2017 年 12 月 28 日,http://xxgk.mca.gov.cn:8081/new_gips/contentSearch?id=149066,2019 年 11 月 7 日。
[3] 贵州省人民政府:《省人民政府办公厅关于进一步加强农村留守老人关爱服务工作的实施意见》,2016 年 1 月 27 日,http://www.guizhou.gov.cn/zwgk/zcfg/szfwj_8191/qfbh_8197/201709/t20170925_824233.html,2019 年 11 月 7 日。
[4] 贵州省人民政府:《省人民政府办公厅关于全面放开养老服务市场提升养老服务质量的实施意见》,2018 年 4 月 26 日,http://www.guizhou.gov.cn/zwgk/zcfg/szfwj_8191/qfbf_8196/201804/t20180426_1115170.html,2019 年 11 月 9 日。

村留守老年人提供便捷可享的养老服务……加强农村幸福院改造和管理"[1]；2018年9月，重庆市民政局等9个部门联合发布《重庆市民政局等9个部门关于加强农村留守老年人关爱服务工作的实施意见》，提出"有条件的农村特困人员供养服务机构……为经济困难家庭的高龄、失能留守老年人提供服务……利用地理位置较好、周边人口相对集中的闲置房屋改建为社区养老服务设施、老年活动中心……充分发挥现有农村幸福院等养老服务设施作用，为留守老年人提供生活照料等服务"[2]。

四川省政策强调整合老年协会、照料中心等为老设施，加快农村区域性养老服务中心建设。2018年1月，《四川省人民政府办公厅关于全面放开养老服务市场提升养老服务质量的实施意见》提出推进农村养老服务模式创新，"整合基层老年协会、日间照料中心、村（社区）综合服务设施等涉老资源，把农村中心敬老院建成农村区域性养老服务中心……建设托老所、老年活动站等自助式、互助式养老服务设施"[3]。

云南省政策提出加快建设乡镇养老院和农村敬老院、强化农村社区为老设施管理、孵化专业化为老机构。2018年8月，《云南省人民政府办公厅关于全面放开养老服务市场提升养老服务质量的实施意见》提出"各级政府用于养老服务的财政资金应重点向农村倾斜，加大乡镇敬老院建设和改造力度"[4]，"加强农村社区居家养老服务中

---

[1] 重庆市政府办公厅：《重庆市人民政府办公厅关于全面放开养老服务市场提升养老服务质量的实施意见》，2017年11月6日，http://www.cq.gov.cn/publicinfo/web/views/Show! detail.action? sid=4260845，2019年11月9日。

[2] 重庆市民政局：《重庆市民政局等9个部门关于加强农村留守老年人关爱服务工作的实施意见》，2018年9月30日，http://mzj.cq.gov.cn/cqmz/html/gfxwj/20180930/12258.html，2019年11月8日。

[3] 四川省人民政府：《四川省人民政府办公厅关于全面放开养老服务市场提升养老服务质量的实施意见》，2018年1月12日，http://www.sc.gov.cn/zcwj/xxgk/NewT.aspx? i=20180116195808-380688-00-000，2019年11月9日。

[4] 云南省人民政府：《云南省人民政府办公厅关于全面放开养老服务市场提升养老服务质量的实施意见》，2018年8月23日，http://www.yn.gov.cn/zwgk/zcwj/yzbg/201911/t20191101_184112.html，2019年11月9日。

心、农村互助老年服务站的建设和管理"[①];2018年9月,云南省民政厅《关于加强农村留守老人关爱服务》提出"加快孵化培育专业化为老社会服务机构,提升其开展农村留守老年人安全防护、生活照料等专业服务能力……加强农村敬老院基础设施建设并提高服务水平……向有需求的农村留守老人开放,对经济困难的失能半失能农村留守老人提供低收费照料服务"[②]。

第三,政策倡导较全面的农村留守老人照料方式,为老人提供充分照料服务。

国家政策强调发挥志愿者和志愿者组织以及邻里亲友的作用,提倡互助养老。2017年12月,民政部等9个部门联合发布《关于加强农村留守老年人关爱服务工作的意见》,提出"引导城市和农村志愿者和志愿服务组织为留守老年人提供内容丰富、形式多样、符合需要的志愿服务。鼓励低龄健康老年人为高龄、失能留守老年人提供力所能及的志愿服务,探索建立志愿服务互助循环机制"[③];2018年9月,中共中央国务院印发《乡村振兴战略规划(2018—2022年)》,提出"通过邻里互助、亲友相助、志愿者服务等模式大力发展农村互助养老服务"[④]。

四川省政策主要强调发挥社会工作者、志愿者以及其他个人、团体等社会力量助力农村留守老人关爱服务。2011年6月,四川省民政厅、省妇儿工委《四川省人民政府批转、民政厅省妇儿工委关于进一步加强农村留守儿童和留守老人救助管理工作的意见的通知》倡导"志愿者以及其他个人、团体等社会力量为留守老人提供照料服务,

---

[①] 云南省人民政府:《云南省人民政府办公厅关于全面放开养老服务市场提升养老服务质量的实施意见》,2018年8月23日,http://www.yn.gov.cn/zwgk/zcwj/yzbg/201911/t20191101_184112.html,2019年11月9日。

[②] 云南省民政厅:《关于加强农村留守老人关爱服务》,2018年9月25日,http://ynmz.yn.gov.cn/preview/article/11985.jhtml,2019年11月7日。

[③] 民政部:《关于加强农村留守老年人关爱服务工作的意见》2017年12月28日,http://xxgk.mca.gov.cn:8081/new_gips/contentSearch?id=149066,2019年11月7日。

[④] 中共中央国务院编:《乡村振兴战略规划(2018—2022年)》,人民出版社2018年版。

通过家庭养老与社会养老相结合的方式加强对农村留守老人的照料"①；2018年1月，四川省人民政府办公厅发布《关于全面放开养老服务市场提升养老服务质量的实施意见》，鼓励"社会工作者、社区工作者、志愿者参与对农村留守等特殊困难家庭老年人的关爱保护和精神慰藉等服务"②。

贵州省政策提出建立留守老人志愿者队伍提供照料等服务。2016年1月，贵州省人民政府办公厅《省人民政府办公厅关于进一步加强农村留守老人关爱服务工作的实施意见》提出"建立关爱留守老人志愿者队伍，加大对志愿者招募和培训力度……为留守老人提供生活照料等关爱服务"③。

重庆市政策注重发挥健康、低龄老人和邻居朋友等主体的作用为留守老人提供照料。2018年9月，重庆市民政局等9个部门《重庆市民政局等9个部门关于加强农村留守老年人关爱服务工作的实施意见》提出"大力推行'老友助老'等活动……探索建立志愿服务互助循环式帮扶机制；大力推行'邻里守望'等志愿服务活动……为老年人开展生活照料等服务"④。

云南省政策提出以老助老、结对帮扶、抱团养老等照料方式。2018年9月，云南省民政厅《关于加强农村留守老人关爱服务》文件提出"采取以老助老、结对帮扶、抱团养老等方式，重点开展留守老年人关爱服务……引导志愿者和志愿服务组织与留守老人结对帮扶，为留守

---

① 四川省人民政府：《四川省人民政府批转民政厅省妇儿工委关于进一步加强农村留守儿童和留守老人救助管理工作的意见的通知》2011年6月13日，http：//www.sc.gov.cn/zcwj/t.aspx？i=20110615090312－742183－00－000，2019年11月9日。

② 四川省人民政府：《四川省人民政府办公厅关于全面放开养老服务市场提升养老服务质量的实施意见》，2018年1月12日，http：//www.sc.gov.cn/zcwj/xxgk/NewT.aspx？i=20180116195808－380688－00－000，2019年11月9日。

③ 贵州省人民政府：《省人民政府办公厅关于进一步加强农村留守老人关爱服务工作的实施意见》，2016年1月27日，http：//www.guizhou.gov.cn/zwgk/zcfg/szfwj_8191/qfbh_8197/201709/t20170925_824233.html，2019年11月7日。

④ 重庆市民政局：《重庆市民政局等9个部门关于加强农村留守老年人关爱服务工作的实施意见》，2018年9月30日，http：//mzj.cq.gov.cn/cqmz/html/gfxwj/20180930/12258.html，2019年11月8日。

老年人提供内容丰富、形式多样、符合需要的志愿服务"①。

3. 日常照料实际供给力度与政策供给力度匹配不精准的表现

通过对西南地区农村留守老人日常照料需求实际供给力度和政策供给力度分析发现，两者匹配不精准主要体现在以下两个方面。

第一，政策只对农村留守老人无人照料等极端情况进行关注和应对，对绝大部分留守老人缺乏关注。政策对象主要聚焦于独居、贫困、高龄、患有严重疾病、丧失生活自理能力等特殊困难留守老人；对上述老人出现外出流浪乞讨、遭受非法侵害、发生危重病情、严重精神疾患、面临重大困境等情况时，设置相应机制和流程进行应对和处理。政策倾向于避免特殊困难的留守老人出现极端情况和恶劣事件，而对除此之外的农村留守老人重视不够，日常照料供给力度不足。受访的1037位农村留守老人中特困留守老人所占比例较小，绝大多数老人没有得到政策的关注，但这些老人依然存在轻中度失能、孤独抑郁、隔代照料负担等问题，需要政策提供更多地支持和帮助。

第二，政策规定大多使用"大力加强""积极推进"等程度副词，缺乏具体明确的量化指标和相关规定，对供给力度的政策描述缺乏精准性，进而对实际供给力度缺乏指导性。政策的精准性是政策执行和供给精准化的前提，但纵观国家和西南四省市农村留守老人日常照料相关政策条例发现，在供给力度的表述上缺乏量化指标，绝大多数使用定性表达和程度副词。例如，大力推行老友助老和邻里守望等活动、大力发展农村互助养老、提升社会服务机构开展农村留守老年人安全防护、生活照料等专业服务能力等。缺乏供给力度的具体数据和标准，一方面无法为地方政府制定关于日常照料供给规划提供参考，另一方面使得基层缺乏政策执行标准，最终导致实际供给给农村留守老人的日常照料服务力度不够。

三 西南农村留守老人精神慰藉需求与政策供给匹配不精准的表现

从课题组调研数据来看，72.32%的西南地区受访农村留守老人

---

① 云南省民政厅：《关于加强农村留守老人关爱服务》，2018年9月25日，http://ynmz.yn.gov.cn/preview/article/11985.jhtml，2019年11月7日。

明确表示感到孤独，77.38%的西南地区受访农村留守老人存在抑郁，87.27%的西南地区受访农村留守老人认为精神慰藉需求没有完全得到满足。仔细推敲西南地区农村留守老人精神慰藉需求的实际供给与中央及西南地区对农村留守老人精神慰藉的相关政策规定发现，从供给主体、供给对象、供给内容、供给力度四个方面均体现出西南地区农村留守老人精神慰藉需求的实际供给与政策供给不匹配。

（一）西南地区农村留守老人精神慰藉需求实际供给主体与政策供给主体匹配不精准的表现

1. 西南地区农村留守老人精神慰藉实际供给主体

第一，老伴和子女是西南地区农村留守老人精神慰藉实际供给的最主要主体。根据课题组调研数据（如图5-9），有54.14%的受访农村留守老人认为"老伴"是情感支持的主要提供者，有35.60%的受访农村留守老人认为"子女"是情感支持的主要提供者。由此可见，西南地区农村留守老人在寻求满足精神慰藉需求的实际供给对象时，体现出了对配偶和子女的高度依赖性。

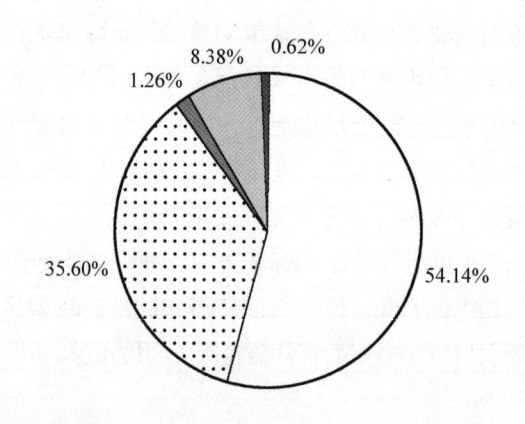

图5-9 西南地区农村留守老人情感支持最主要的提供者

数据来源："我国西南地区农村留守老人养老需求与政策供给精准化研究"课题组调研数据。

第二，除了老伴和子女外，兄弟姐妹、朋友邻居和政府社区也是西南地区农村留守老人精神慰藉需求的重要供给主体。根据课题组调研数据（如图5-9），有8.38%的受访农村留守老人认为"朋友邻居"是情感支持的主要提供者，有1.26%的受访农村留守老人认为"兄弟姐妹"是情感支持的主要提供者，有0.62%的受访农村留守老人认为"政府社区"是情感支持的主要提供者。

2. 西南地区农村留守老人精神慰藉政策供给主体

子女是国家政策规定中农村留守老人精神慰藉的重要供给主体。在2017年民政部发布的《关于加强农村留守老年人关爱服务工作的意见》（民发〔2017〕193号）中，对于家庭中子女应该如何履行自己的精神赡养责任，做出了几点重要指示，例如"强化家庭和子女在赡养、扶养留守老年人中的主体责任和法定义务"，"子女或其他赡养人、扶养人[①]应当经常看望或者问候留守老年人，不得忽视、冷落老年人"[②]。除子女外，《意见》中还提到要充分发挥邻里乡亲、老年人组织、村民互助服务组织、社会工作服务机构等其他主体在提供精神慰藉支持中的作用[③]。

子女、邻里乡亲、志愿者、老年人组织、社会工作者、志愿服务组织、村民互助服务组织、社会工作服务机构等是西南四省市政策规定的农村留守老人精神慰藉重要供给主体。在四川省发布的《关于印发四川省"十三五"老龄事业发展和养老体系建设规划的通知》（川府发〔2017〕55号）中，明确提出"鼓励成年子女与老年父母共同居住或就近居住"以及"督促与老年人分开居住的家庭成员履行精神慰藉义务，加强与外出务工人员用人单位合作，督促外出务工人员经常与在家留守老人通过电话、书信等方式进行联系"[④]。重庆市《重庆市人民政府办公厅关于印发重庆市老龄事业发展和养老体系建设"十三五"规划的通

[①] 其他赡养人、扶养人包括：非婚生子女，有负担能力的孙子女、外孙子女等。
[②] 民政部：《关于加强农村留守老年人关爱服务工作的意见》，2017年12月28日，http://xxgk.mca.gov.cn：8081/new_gips/contentSearch？id=149066，2019年11月1日。
[③] 民政部：《关于加强农村留守老年人关爱服务工作的意见》，2017年12月28日，http://xxgk.mca.gov.cn：8081/new_gips/contentSearch？id=149066，2019年11月1日。
[④] 四川省政府：《关于印发四川省"十三五"老龄事业发展和养老体系建设规划的通知》，2017年10月26日，http://www.sc.gov.cn/zcwj/xxgk/NewT.aspx？i=20171101191403-261510-00-000，2019年11月1日。

知》(渝府办发〔2017〕153号)中则提出要"推动专业社会工作者和心理工作者开展老年人精神关爱服务,关注老年人心理健康,引导家庭成员对老年人进行精神关怀和心理沟通"①。在贵州省《省人民政府办公厅关于进一步加强农村留守老人关爱服务工作的实施意见》(黔府办函〔2015〕218号)中,重点提出了要充分动员广大志愿服务组织和志愿者对农村留守老人提供精神慰藉方面的关爱服务②。在云南省发布的《云南省人民政府关于进一步加快老龄事业发展的实施意见》(云政发〔2018〕42号)中,为进一步加强老年人精神关爱,其主张"坚持政府关爱为主导、社会关爱为主体、社区关爱为重点、家庭关爱为基础,突出加强高龄、空巢、失能半失能和农村留守老年人的精神关爱,推进全社会老年人的精神关爱"③。

3. 西南地区农村留守老人实际供给主体与政策供给主体匹配不精准的表现

第一,政策规定中精神慰藉供给的主要主体是子女,但现实中子女和配偶均为西南地区农村留守老人精神慰藉的最主要提供者,而政策则没有提及配偶这个主体。从国家和西南四省市的政策中我们可以看出,为了满足农村留守老人的精神慰藉需求,政策主要主张以子女为主要供给主体,其他邻里乡亲、志愿者、老年人组织、社会工作者、志愿服务组织、村民互助服务组织、社会工作服务机构等为补充供给主体。实际西南地区农村留守老人最主要的供给主体是配偶和子女,根据课题组调研数据(如图5-9),有54.14%的受访农村留守老人认为"老伴"是情感支持的主要提供者,有35.60%的受访农村留守老人认为"子女"是情感支持的主要提供者,二者相差18.54%,西南地区农村留守老人

---

① 重庆市人民政府:《重庆市人民政府办公厅关于印发重庆市老龄事业发展和养老体系建设"十三五"规划的通知》,2017年10月14日,http://www.cq.gov.cn/zwgk/fdzdgknr/lzyj/xzgfxwj/szfbgt_38656/202001/t20200115_4753846.html,2019年11月1日。

② 贵州省人民政府:《省人民政府办公厅关于进一步加强农村留守老人关爱服务工作的实施意见》,2016年1月27日,http://www.guizhou.gov.cn/zwgk/zcfg/szfwj_8191/qfbh_8197/201709/t20170925_824233.html,2019年11月1日。

③ 临沧市审计局:《云南省人民政府关于进一步加快老龄事业发展的实施意见》,2018年8月28日,http://www.lincang.gov.cn/lcsrmzf/11633/11636/11639/84680/index.html,2019-11-01,2019年11月1日。

对配偶的精神慰藉依赖大于子女。但是,政策在对供给主体的规定中仅提到了子女而没有提及配偶,这也侧面说明了政策在制定过程中忽视了配偶在农村留守老人精神慰藉供给中的重要作用。

第二,兄弟姐妹和朋友邻居是西南地区农村留守老人精神慰藉的实际供给主体,但西南四省市中除了重庆市,其余四川、贵州和云南三省均未提及把兄弟姐妹和朋友邻居作为供给主体。西南地区农村留守老人精神慰藉需求的实际供给主体包括了兄弟姐妹和朋友邻居,根据课题组调研数据(如图5-9),有8.38%的受访农村留守老人认为"朋友邻居"是情感支持的主要提供者,有1.26%的受访农村留守老人认为"兄弟姐妹"是情感支持的主要提供者。在中央和西南四省市的相关政策中,只有民政部发布的《关于加强农村留守老年人关爱服务工作的意见》中提到了"邻里乡亲",重庆市发布的《重庆市人民政府办公厅关于印发重庆市老龄事业发展和养老体系建设"十三五"规划的通知》中提到了"家庭成员",在此我们可以认为家庭成员包含兄弟姐妹,视为认同这个主体。其他四川、云南和贵州三省政策却并未提及。所以政策在对农村留守老人精神慰藉实际供给主体的规定中,对兄弟姐妹和朋友邻居的重视程度不高,没有充分从政策引导和规定角度,去发挥兄弟姐妹和朋友邻居在满足农村留守老人精神慰藉需求方面的重要作用。

(二)西南地区农村留守老人精神慰藉需求实际供给对象与政策供给对象匹配不精准的表现

1. 西南地区农村留守老人即精神慰藉对象的群体特征

第一,相较于城镇老人,西南地区农村留守老人的精神慰藉需求更为强烈。西南地区农村留守老人已经解决了最基本的温饱问题,基本物质生活需求得到初步满足,开始寻求更高层次的精神慰藉需求。然而,由于子女常年在外,老人长期独自生活,加之乡村单调的生活内容,以及老人生理功能退化,农村留守老人更容易产生各种心理障碍,其心理适应能力和防御能力也在逐渐衰弱,所以孤独和抑郁现象在农村留守老人中越发普遍。调研结果显示,有72.32%的农村留守老人存在孤独感,77.38%的农村留守老人有抑郁状况(如图5-10),反映出西南地区农村留守老人精神慰藉需求十分强烈。

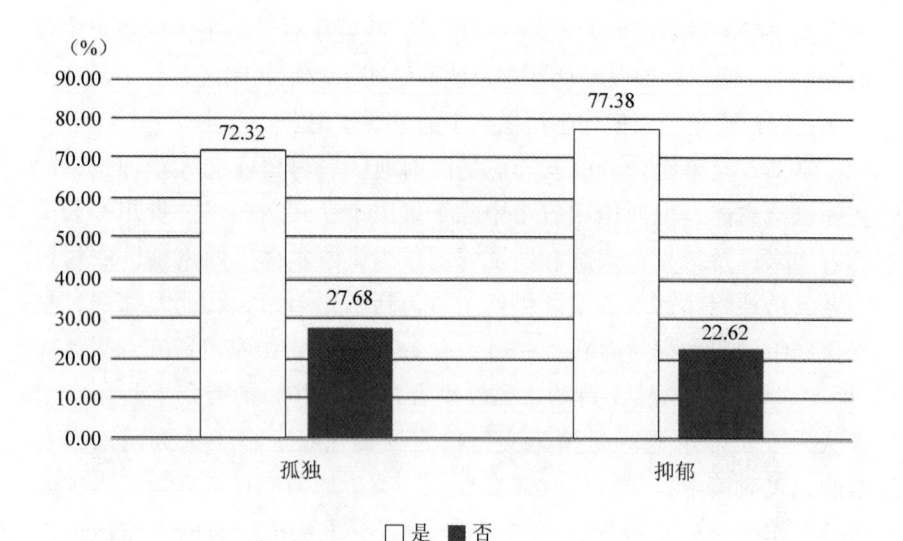

图 5-10　农村留守老人孤独与抑郁状况

数据来源："我国西南地区农村留守老人养老需求与政策供给精准化研究"课题组调研数据。

第二，西南地区农村留守老人精神慰藉需求具有明显的性别差异，女性的精神慰藉需求大于男性农村留守老人。从性别差异角度来看，有孤独感的受访农村留守老人中有 57.47% 为女性，男性占 42.53%，二者比例相差 14.94%。而感到抑郁的受访农村留守老人中有 54.33% 为女性，男性占 45.67%，二者比例相差 8.66 个百分点（如图 5-11）。

第三，是否有配偶也严重影响西南地区农村留守老人精神慰藉需求程度，我们发现无配偶的农村留守老人的精神慰藉需求大于有配偶的农村留守老人。由于配偶在农村留守老人精神慰藉中承担着最重要的作用，是否有配偶也是农村留守老人孤独感和抑郁感差异的重要因素。调研数据显示，无配偶老人中感到孤独的比例为 86.97%，有配偶老人中感到孤独的比例为 63.99%，二者相差了 22.98 个百分点。同样，无配偶老人中感到抑郁的比例为 82.71%，有配偶老人中感到抑郁的比例为 74.58%，二者相差了 8.13 个百分点（如图 5-12）。

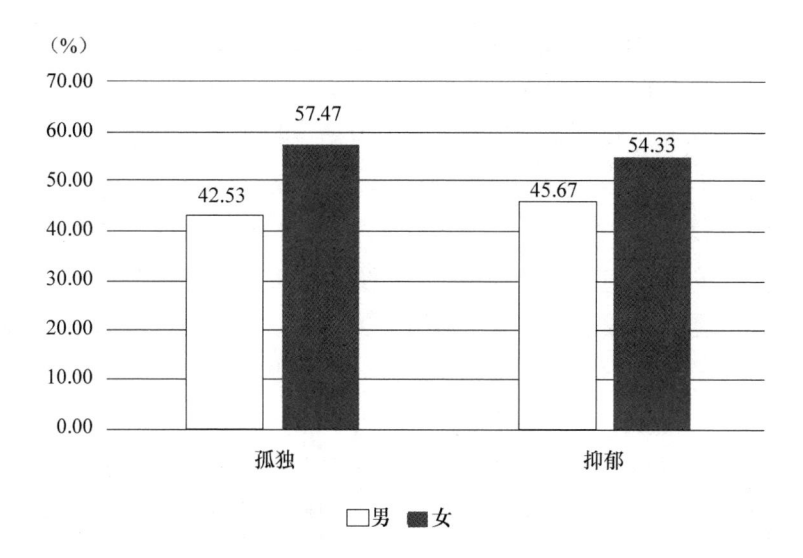

第五章　西南农村留守老人养老不精准的表现及原因

图 5-11　农村留守老人孤独与抑郁状况的性别差异

数据来源:"我国西南地区农村留守老人养老需求与政策供给精准化研究"课题组调研数据

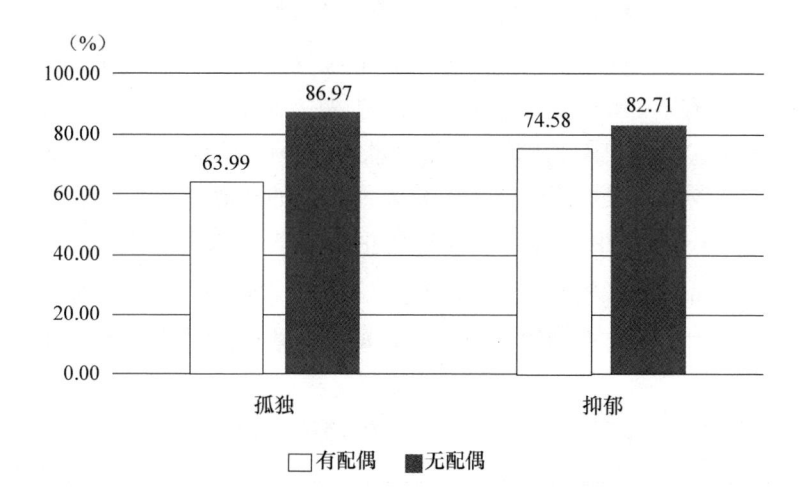

男:孤独 42.53,抑郁 45.67
女:孤独 57.47,抑郁 54.33

图 5-12　有无配偶的农村留守老人孤独与抑郁状况的差异

数据来源:"我国西南地区农村留守老人养老需求与政策供给精准化研究"课题组调研数据。

有配偶:孤独 63.99,抑郁 74.58
无配偶:孤独 86.97,抑郁 82.71

2. 西南地区农村留守老人精神慰藉政策供给对象规定

国家政策以经济状况为前提对政策关注的重点对象进行区分。我国及西南四省市均对政策关注的重点对象进行了区分，主要体现为把"经济困难的高龄、失能留守老年人"作为精神慰藉的重点对象。在民政部《关于加强农村留守老年人关爱服务工作的意见》（民发〔2017〕193号）中，明确提到"以经济困难家庭的高龄、失能留守老年人为重点对象，督促各方履行关爱职责，增强生活照料、精神慰藉、安全监护、权益维护等基本服务，防止冲击社会道德底线的问题发生"[①]。

西南四省市政策均重视以经济状况为前提对政策关注的重点对象进行区分。在四川省制定出台《关于加强农村留守老年人关爱服务工作的实施意见》中，指出"村（居）委会要跟踪掌握独居、失能、贫困、高龄等特殊困难留守老年人情况，及时向乡（镇）政府或民政部门报告，相关单位和部门要依据有关要求和分工实施关爱救助"[②]。在重庆市《重庆市民政局等9个部门关于加强农村留守老年人关爱服务工作的实施意见》（渝民发〔2018〕30号）中，为了更好履行政府支持职能，提出"鼓励有条件的地区探索建立留守老年人风险评估制度，制定风险等级标准，对风险等级高的留守老年人及时进行干预，实施关爱救助"[③]。在贵州省发布的《省人民政府办公厅关于进一步加强农村留守老人关爱服务工作的实施意见》（黔府办函〔2015〕218号）中，提到"各地要根据留守老人经济收入、赡养、健康等情况，由县级人民政府每年至少组织开展1次留守老人风险等级评估。民政、公安等部门要根据监测评估情况及时采取有针对性措

[①] 民政部：《关于加强农村留守老年人关爱服务工作的意见》，2017年12月28日，http：//xxgk.mca.gov.cn：8011/gdnps/pc/content.jsp? id=14108&mtype=1，2019年11月1日。

[②] 四川省政府：《关于加强农村留守老年人关爱服务工作的实施意见》，2018年8月31日，http：//www.sc.gov.cn/10462/10464/10797/2018/8/31/10457980.shtml，2019年10月10日。

[③] 重庆市民政局：《重庆市民政局等9个部门关于加强农村留守老年人关爱服务工作的实施意见》，2018年9月30日，http：//mzj.cq.gov.cn/cqmz/html/gfxwj/20180930/12258.html，2019年10月9日。

施排除隐患、实施救助关爱，对独居、失能、贫困、高龄等特殊困难留守老人要随时跟踪掌握情况并及时实施关爱救助，做到发现、报告、转介、救助工作有效衔接"①，从此可以看出贵州省重点关注对象为独居、失能、贫困、高龄等特殊困难留守老人。在云南省《关于加强农村留守老年人关爱服务》（云民福〔2018〕19号）中，针对重点关注对象的规定为"以经济困难家庭的高龄、失能留守老年人为重点对象"②。

四川和贵州两省政策考虑到农村留守老人配偶状况，将困难独居留守老人列为重点关注对象。在四川省制定出台《关于加强农村留守老年人关爱服务工作的实施意见》中，指出"村（居）委会要跟踪掌握独居、失能、贫困、高龄等特殊困难留守老年人情况，及时向乡（镇）政府或民政部门报告，相关单位和部门要依据有关要求和分工实施关爱救助"③。在贵州省发布的《省人民政府办公厅关于进一步加强农村留守老人关爱服务工作的实施意见》（黔府办函〔2015〕218号）中，具体规定"民政、公安等部门要根据监测评估情况及时采取有针对性措施排除隐患、实施救助关爱，对独居、失能、贫困、高龄等特殊困难留守老人要随时跟踪掌握情况并及时实施关爱救助，做到发现、报告、转介、救助工作有效衔接"④。

3. 西南地区农村留守老人精神慰藉实际供给对象与政策供给对象匹配不精准的表现

第一，国家及西南四省市政策的关注点和出发点均考虑的是农村留守老人的经济困难程度，而未根据农村留守老人精神慰藉需求的强

---

① 贵州省人民政府：《省人民政府办公厅关于进一步加强农村留守老人关爱服务工作的实施意见》，2016年1月27日，http：//www.guizhou.gov.cn/zwgk/zcfg/szfwj_8191/qfbh_8197/201709/t20170925_824233.html，2019年11月1日。
② 云南省民政厅：《关于加强农村留守老人关爱服务》，2018年9月25日，http：//ynmz.yn.gov.cn/preview/article/11985.jhtml，2019年10月9日。
③ 四川省政府：《关于加强农村留守老年人关爱服务工作的实施意见》，2018年8月31日，http：//www.sc.gov.cn/10462/10464/10797/2018/8/31/10457980.shtml，2019年10月10日。
④ 贵州省人民政府：《省人民政府办公厅关于进一步加强农村留守老人关爱服务工作的实施意见》，2016年1月27日，http：//www.guizhou.gov.cn/zwgk/zcfg/szfwj_8191/qfbh_8197/201709/t20170925_824233.html，2019年11月1日。

烈程度来确定对象,这与客观实际不符,也缺乏科学性。在具体规定中,国家层面重点关注对象为经济困难家庭的高龄、失能留守老人,四川省重点关注对象为独居、失能、贫困、高龄等特殊困难留守老人,重庆市重点关注对象为风险等级高的留守老年人,贵州省重点关注对象为独居、失能、贫困、高龄等特殊困难留守老人,云南省重点关注对象为经济困难家庭的高龄、失能留守老人。从各地区重点关注对象的选择来看,其重点工作在于解决重点关注对象的实际生活困难问题,针对的是低层次的基本物质需求,但是却忽视了从精神慰藉需求的层面来考量设定其对应的重点关注对象。在实际情况中,西南地区农村留守老人的精神慰藉情况具有异质性特征,所以仅从经济状况的层面进行区分,并不能充分有效满足有强烈精神慰藉需要的农村留守老人的需求。

第二,西南四省市无配偶农村留守老人实际精神慰藉需求强烈,但只有四川省和贵州省的政策对其进行了重点关注。调研数据显示,无配偶老人中感到孤独的比例为86.97%,有配偶老人中感到孤独的比例为63.99%,二者相差了22.98个百分点。同样,无配偶老人中感到抑郁的比例为82.71%,有配偶老人中感到抑郁的比例为74.58%,二者相差了8.13个百分点(如图5-12)。从被访问的西南四省市农村留守老人的实际精神慰藉需求的内部差异看,无配偶独居的农村留守老人精神慰藉需求明显高于有配偶的农村留守老人。在国家及西南四省市专门出台的关爱留守老人服务工作的文件中,只有四川省和贵州省的政策条文中,将"独居留守老人"明确了政策的重点关注对象。

第三,西南四省市女性农村留守老人实际精神慰藉需求比男性强烈,但国家及西南四省市政策均缺乏对农村留守老人精神慰藉需求的性别区分。在国家及西南四省市明确规定的留守老人关爱重点对象中均未涉及农村女性留守老人。从性别差异角度来看,有孤独感的受访农村留守老人中有57.47%为女性,男性占42.53%,二者比例相差14.94个百分点;在所有感到抑郁的受访农村留守老人中有54.33%为女性,男性占45.67%,二者比例相差8.66个百分点。因此,从实际精神慰藉需求的性别差异角度分析,女性农村留守老人较男性拥有更为强烈的实际需求。所以当实际政策制定时忽视性别差异,就会直接导致女性农村留守老人的精神慰藉需求很难得到满足。

（三）西南地区农村留守老人精神慰藉需求实际供给内容与政策供给内容匹配不精准的表现

1. 西南地区农村留守老人精神慰藉实际供给内容

看电视、串门聊天、到茶馆或活动室参加棋牌麻将娱乐是西南地区农村留守老人日常的文化娱乐活动。西南农村地区因为环境、交通设施建设等诸多限制，农村留守老人的生活娱乐十分单调，导致西南地区农村留守老人精神慰藉需求满足受限。根据调研数据，有80.91%的受访农村留守老人通过"看电视或听收音机"的方式打发时间；63.93%的受访农村留守老人会选择去邻居亲戚朋友家串门聊天打发时间；16.68%的受访农村留守老人会通过打牌缓解无聊，并且"麻将、纸牌"是男性农村留守老人主要选择的娱乐活动方式；有5.30%的农村留守老人选择"其他"方式的娱乐活动，例如跳舞、玩电脑等。还有5.21%的农村留守老人表示日常没有参与任何的娱乐活动（如图5-13）。从农村留守老人日常消遣活动地点来看，主要集中在家里、家附近老年活动中心或者集市上的茶馆。如此，我们看出农村留守老人可选择的文化娱乐活动方式和地点都十分有限。

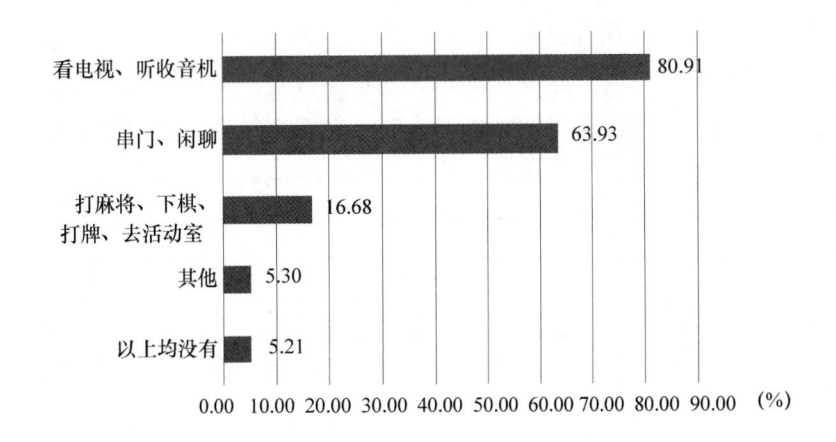

活动	百分比
看电视、听收音机	80.91
串门、闲聊	63.93
打麻将、下棋、打牌、去活动室	16.68
其他	5.30
以上均没有	5.21

图5-13　农村留守老人日常消遣活动情况

数据来源："我国西南地区农村留守老人养老需求与政策供给精准化研究"课题组调研数据。

2. 西南地区农村留守老人精神慰藉政策供给内容

第一,在关于老龄事业发展的"十三五"规划性文件中,四川、重庆、贵州和云南四省市均针对城乡老人参与文化体育等娱乐活动进行了相关规定。在四川省发布的《关于印发四川省"十三五"老龄事业发展和养老体系建设规划的通知》(川府发〔2017〕55号)中,具体规定为"广泛开展老年人体育健身活动,引导老年人养成健康、文明、科学的生活方式。加强老年人体育健身交流活动,持续举办四川省老年人运动会。推广适合不同年龄阶段老年人的体育健身方法和健身项目"[1]。在《重庆市人民政府办公厅关于印发重庆市老龄事业发展和养老体系建设"十三五"规划的通知》(渝府办发〔2017〕153号)中,具体规定为"实施全民健身计划,丰富完善全民健身活动体系;继续办好老年人运动会;加强适合老年人体育健身的场地设施建设和使用;鼓励发展老年人体育组织"[2]。贵州省发布的《省人民政府办公厅关于印发贵州省"十三五"老龄事业发展规划的通知》(黔府办发〔2017〕31号)中,具体规定为"完善老年体协组织,建立健全乡镇(街道)老年人基础体育组织,城乡社区普遍建立老年人健身活动站点和体育团体"[3]。云南省发布的《云南省人民政府关于进一步加快老龄事业发展的实施意见》(云政发〔2018〕42号)中,具体规定为"加强老年人体育健身场地设施建设,鼓励发展多种老年人体育组织,城乡社区广泛建立老年人健身活动站点和体育健身团队。加强基层老年体育健身骨干培训,组织编排创作云南民族特色健身操,举办全省老年人体育健身大会、老年体育节等重大活动,推

---

[1] 四川省政府:《关于印发四川省"十三五"老龄事业发展和养老体系建设规划的通知》,2017年10月26日,http://www.sc.gov.cn/zcwj/xxgk/NewT.aspx?i=20171101191403-261510-00-000,2019年11月1日。

[2] 重庆市人民政府:《重庆市人民政府办公厅关于印发重庆市老龄事业发展和养老体系建设"十三五"规划的通知》,2017年10月14日,http://www.cq.gov.cn/publicinfo/web/views/Show!detail.action?sid=4255060,2019年11月1日。

[3] 贵州省人民政府:《省人民政府办公厅关于印发贵州省"十三五"老龄事业发展规划的通知》,2017年8月21日,http://www.guizhou.gov.cn/zwgk/zcfg/szfwj_8191/qfbf_8196/201709/t20170925_823973.html,2019年11月1日。

动城乡基层老年人体育健身活动常态化"①。

第二,在具体的政策规定中,除了对体育文化娱乐活动的规定,还主要体现于对活动承载平台的相关规定。在我国发布的《"十三五"国家老龄事业发展和养老体系建设规划》(国发〔2017〕13号)中,具体规定为"要积极发挥农村基层党组织、村委会、老年协会等作用,为农村老年人提供丰富多彩的关爱服务"②。在四川省发布的《关于印发四川省"十三五"老龄事业发展和养老体系建设规划的通知》(川府发〔2017〕55号)中,具体规定为"社区、养老机构要积极引入社会工作者、心理咨询师等力量开展心理健康服务。加强社区对老年严重精神障碍患者的服务管理和康复治疗,开展老年心理健康服务示范项目试点"③。在《重庆市人民政府办公厅关于印发重庆市老龄事业发展和养老体系建设"十三五"规划的通知》(渝府办发〔2017〕153号)中,则对如何进一步增加老年公共文化产品供给提出了新要求,"积极创作老年人喜闻乐见的优秀文艺作品;创新体制机制,整合资源,推进公共文化设施向老年人免费或优惠开放,为老年人开展文化活动提供便利;实施全民健身计划,丰富完善全民健身活动体系;继续办好老年人运动会;加强适合老年人体育健身的场地设施建设和使用;鼓励发展老年人体育组织"④。贵州省则通过发布《省人民政府办公厅关于印发贵州省"十三五"老龄事业发展规划的通知》(黔府办发〔2017〕31号),提出"完善覆盖城乡的公共文化设施网络,积极推进城乡文化站、文化活动室建设,为老年人参与文化活动搭建平台。完善老年体协组织,建立健全乡镇(街道)老年人基础体育组织,城

---

① 临沧市审计局:《云南省人民政府关于进一步加快老龄事业发展的实施意见》,2018年8月28日,http://www.lincang.gov.cn/lcsrmzf/11633/11636/11639/84680/index.html,2019年11月1日。
② 《"十三五"国家老龄事业发展和养老体系建设规划》,2017年7月6日,中国政府网,http://www.gov.cn/xinwen/2017-03/06/content_5174100.htm,2019年11月1日。
③ 四川省政府:《关于印发四川省"十三五"老龄事业发展和养老体系建设规划的通知》,2017年10月26日,http://www.sc.gov.cn/zcwj/xxgk/NewT.aspx?i=20171101191403-261510-00-000,2019年11月1日。
④ 重庆市人民政府:《重庆市人民政府办公厅关于印发重庆市老龄事业发展和养老体系建设"十三五"规划的通知》,2017年10月14日,http://www.cq.gov.cn/publicinfo/web/views/Show!detail.action?sid=4255060,2019年11月1日。

乡社区普遍建立老年人健身活动站点和体育团体"[1]。同样，云南省发布了《云南省人民政府关于进一步加快老龄事业发展的实施意见》（云政发〔2018〕42号），指出"通过新建、改造和整合等途径，增加老年文化活动设施和场所，积极开展老年文化服务。推动各级各类公共文化服务设施向老年人免费或优惠开放。加强老年文体活动骨干培训，组织开展全省老年春晚、老年艺术节、老年合唱大赛、老年舞蹈大赛等大型活动，指导开展形式多样的城乡基层老年文化艺术活动"[2]。

3. 西南地区农村留守老人实际供给内容与政策供给内容匹配不精准的表现

第一，国家和西南四省市政策主要针对文化体育类活动做了明确的内容规定，但与西南地区农村留守老人实际精神慰藉需求内容严重不匹配。从城乡客观的现实发展来看，政策中明确提到的体育类活动大多是针对城市老人。而农村因为场地限制，以及老人身体条件的限制，"老年人运动会""老年人运动节"等活动在农村地区开展并不具有较大的可行意义，同时也并不是农村留守老人实际需要的体育类活动。

第二，国家和西南四省市政策重视精神慰藉服务平台建设，但现实中这些服务平台使用率低，西南地区农村留守老人获得感不强。中央和西南四省市相关政策积极促进老年人文化娱乐活动的平台建设，未对精神慰藉具体内容进行具体规定，造成很多服务设施"挂牌营业"，而未发挥其实际丰富老人娱乐活动的作用。从国家和西南四省市具体政策条例可以看出，各地区对于农村老人日常生活的丰富是非常重视的，基层党组织、老年协会、老年活动中心、村文化活动室、农家书屋、健身器材设施、老年大学等都是以为农村老人提供更加丰

---

[1] 贵州省人民政府：《省人民政府办公厅关于印发贵州省"十三五"老龄事业发展规划的通知》，2017年8月21日，http://www.guizhou.gov.cn/zwgk/zcfg/szfwj_8191/qfbf_8196/201709/t20170925_823973.html，2019年11月1日。

[2] 临沧市审计局：《云南省人民政府关于进一步加快老龄事业发展的实施意见》，2018年8月28日，http://www.lincang.gov.cn/lcsrmzf/11633/11636/11639/84680/index.html，2019年11月1日。

富的文化娱乐活动而服务的。但在实际调研过程中,我们却发现西南农村地区既有的精神养老服务项目使用率较低。老年活动中心和村文化活动室是农村最为普遍的设施设置,但是内部硬件和软件配置却十分匮乏,来此的老人大多数只是打牌、喝茶和聊天。当前的政策制定多集中于服务供给平台的搭建,而忽视了服务内容的具体化,这也是当前很多服务设施只是"挂牌营业",而没有发挥其实际丰富老人娱乐活动作用的重要原因之一。

(四) 西南地区农村留守老人精神慰藉需求实际供给力度与政策供给力度匹配不精准的表现

1. 西南地区农村留守老人精神慰藉实际供给力度

西南地区农村留守老人精神慰藉需求未被完全满足。调研数据显示,只有12.73%的被访问农村留守老人表示自己的精神慰藉需求"完全满足",73.10%的被访问农村留守老人认为自己精神慰藉需求"基本满足",14.18%的被访问农村留守老人表示精神需求完全"不能满足"(图5-14)。所以,当前我国距离充分满足农村留守老人对于精神慰藉需求还有一定的差距。

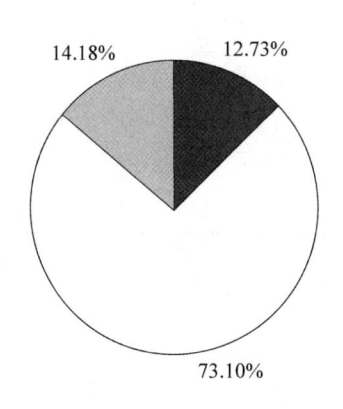

图5-14 农村留守老人精神慰藉需求的满足情况

数据来源:"我国西南地区农村留守老人养老需求与政策供给精准化研究"课题组调研数据。

2. 西南地区农村留守老人精神慰藉政策供给力度

梳理中央和西南四省市制定的"西南地区农村留守老人精神慰藉相关政策",我们发现,政策对于"西南地区农村留守老人精神慰藉供给力度"没有直接的文字规定,但是对提供精神慰藉的老年志愿者占老年人口总数的比例、精神慰藉赖以存在的平台之一"基层老年协会"覆盖率都做出了明确的规定。各省市根据自身情况,还对建有老年学校的乡镇(街道)比例、全省老年人入学率、经常性参与教育活动的老年人口比例、经常参加体育锻炼的老年人口比例和乡镇(街道)老年体育组织建立率做出了明确的规定。

中央和西南四省市政策文件对于提供精神慰藉的老年志愿者占老年人口总数的比例都做了明确规定,且各地政策对比例的规定一致。在国务院发布的《"十三五"国家老龄事业发展和养老体系建设规划》(国发〔2017〕13号)中,具体规定为"到2020年老年志愿者注册人数达到老年人口总数的12%"[1]。四川省政府发布的《关于印发四川省"十三五"老龄事业发展和养老体系建设规划的通知》(川府发〔2017〕55号)中,具体规定为"老年志愿者注册人数占老年人口比例达到12%以上"[2]。重庆市政府发布的《重庆市人民政府办公厅关于印发重庆市老龄事业发展和养老体系建设"十三五"规划的通知》(渝府办发〔2017〕153号)中,具体规定为"老年志愿者注册人数占老年人口比例达到12%"[3]。贵州省政府发布的《省人民政府办公厅关于印发贵州省"十三五"老龄事业发展规划的通知》(黔府办发〔2017〕31号)中,具体规定为"老年志愿者数量达到

---

[1] 《"十三五"国家老龄事业发展和养老体系建设规划》,2017年7月6日,中国政府网,http://www.gov.cn/xinwen/2017-03/06/content_5174100.htm,2019年11月1日。

[2] 四川省政府:《关于印发四川省"十三五"老龄事业发展和养老体系建设规划的通知》,2017年10月26日,http://www.sc.gov.cn/zcwj/xxgk/NewT.aspx?i=20171101191403-261510-00-000,2019年11月1日。

[3] 重庆市人民政府:《重庆市人民政府办公厅关于印发重庆市老龄事业发展和养老体系建设"十三五"规划的通知》2017年10月14日,http://www.cq.gov.cn/publicinfo/web/views/Show!detail.action?sid=4255060,2019年11月1日。

老年人口的12%"①。云南省政府发布的《云南省人民政府关于进一步加快老龄事业发展的实施意见》（云政发〔2018〕42号）中，具体规定为"老年志愿者注册人数达到老年人口总数的12%"②。

中央和西南四省市政策文件对于精神慰藉赖以存在的平台之一"基层老年协会"覆盖率都做出了明确规定。在具体比例设置上，四川、重庆和云南三地政策规定比例与国家政策一致，贵州省则进一步针对基层老年协会覆盖率进行了城乡差异化的规定。在国务院发布的《"十三五"国家老龄事业发展和养老体系建设规划》（国发〔2017〕13号）中，具体规定为"城乡社区基层老年协会覆盖率达到90%以上"③。四川省政府发布的《关于印发四川省"十三五"老龄事业发展和养老体系建设规划的通知》（川府发〔2017〕55号）中，具体规定为"城乡社区基层老年协会覆盖率达到90%以上"④。重庆市政府发布的《重庆市人民政府办公厅关于印发重庆市老龄事业发展和养老体系建设"十三五"规划的通知》（渝府办发〔2017〕153号）中，具体规定为"城乡社区基层老年协会覆盖率超过90%"⑤。贵州省政府发布的《省人民政府办公厅关于印发贵州省"十三五"老龄事业发展规划的通知》（黔府办发〔2017〕31号）中，具体规定为"城镇和农村基层老年协会覆盖率分别达到98%和96%"⑥。云南省

---

① 贵州省人民政府：《省人民政府办公厅关于印发贵州省"十三五"老龄事业发展规划的通知》，2017年8月21日，http：//www.guizhou.gov.cn/zwgk/zcfg/szfwj_8191/qfbf_8196/201709/t20170925_823973.html，2019年11月1日。

② 临沧市审计局：《云南省人民政府关于进一步加快老龄事业发展的实施意见》，2018年8月28日，http：//www.lincang.gov.cn/lcsrmzf/11633/11636/11639/84680/index.html，2019年11月1日。

③ 《"十三五"国家老龄事业发展和养老体系建设规划》，2017年7月6日，中国政府网，http：//www.gov.cn/xinwen/2017-03/06/content_5174100.htm，2019年11月1日。

④ 四川省政府：《关于印发四川省"十三五"老龄事业发展和养老体系建设规划的通知》，2017年10月26日，http：//www.sc.gov.cn/zcwj/xxgk/NewT.aspx？i=20171101191403-261510-00-000，2019年11月1日。

⑤ 重庆市人民政府：《重庆市人民政府办公厅关于印发重庆市老龄事业发展和养老体系建设"十三五"规划的通知》，2017年10月14日，http：//www.cq.gov.cn/publicinfo/web/views/Show!detail.action？sid=4255060，2019年11月1日。

⑥ 贵州省人民政府：《省人民政府办公厅关于印发贵州省"十三五"老龄事业发展规划的通知》，2017年8月21日，http：//www.guizhou.gov.cn/zwgk/zcfg/szfwj_8191/qfbf_8196/201709/t20170925_823973.html，2019年11月1日。

政府发布的《云南省人民政府关于进一步加快老龄事业发展的实施意见》（云政发〔2018〕42号）中，具体规定为"城乡基层老年协会覆盖率达到90%以上"[①]。

  针对老年大学的相关政策目标，四川省、云南省和重庆市对建有老年学校的乡镇（街道）比例做出了明确的规定，此外，重庆市则针对老年大学覆盖率做出了明确的规定，贵州省对全省老年人入学率做出了明确的规定。四川省政府发布的《关于印发四川省"十三五"老龄事业发展和养老体系建设规划的通知》（川府发〔2017〕55号）中，具体规定为"建有老年学校的乡镇（街道）比例达到50%"[②]。云南省政府发布的《云南省人民政府关于进一步加快老龄事业发展的实施意见》（云政发〔2018〕42号）中，具体规定为"建有老年学校的乡镇（街道）比例达到50%"[③]。重庆市政府发布的《重庆市人民政府办公厅关于印发重庆市老龄事业发展和养老体系建设"十三五"规划的通知》（渝府办发〔2017〕153号）中，具体规定为"建有老年学校的乡镇（街道）比例达到50%，乡镇老年大学覆盖率达100%"[④]。贵州省政府发布的《省人民政府关于印发贵州省"十三五"老龄事业发展规划的通知》（黔府办发〔2017〕31号）中，具体规定为"全省老年人入学率达到9%"[⑤]。

  四川省、重庆市和云南省对经常性参与教育活动的老年人口比例

[①] 临沧市审计局：《云南省人民政府关于进一步加快老龄事业发展的实施意见》，2018年8月28日，http://www.lincang.gov.cn/lcsrmzf/11633/11636/11639/84680/index.html，2019-11-01，2019年11月1日。

[②] 四川省政府：《关于印发四川省"十三五"老龄事业发展和养老体系建设规划的通知》，2017年10月26日，http://www.sc.gov.cn/zcwj/xxgk/NewT.aspx?i=20171101191403-261510-00-000，2019年11月1日。

[③] 临沧市审计局：《云南省人民政府关于进一步加快老龄事业发展的实施意见》，2018年8月28日，http://www.lincang.gov.cn/lcsrmzf/11633/11636/11639/84680/index.html，2019年11月1日。

[④] 重庆市人民政府：《重庆市人民政府办公厅关于印发重庆市老龄事业发展和养老体系建设"十三五"规划的通知》，2017年10月14日，http://www.cq.gov.cn/publicinfo/web/views/Show!detail.action?sid=4255060，2019年11月1日。

[⑤] 贵州省人民政府：《省人民政府办公厅关于印发贵州省"十三五"老龄事业发展规划的通知》，2017年8月21日，http://www.guizhou.gov.cn/zwgk/zcfg/szfwj_8191/qfbf_8196/201709/t20170925_823973.html，2019年11月1日。

做出了明确的规定,且各地政策对比例的规定一致。四川省政府发布的《关于印发四川省"十三五"老龄事业发展和养老体系建设规划的通知》(川府发〔2017〕55号)中,具体规定为"经常性参与教育活动的老年人口比例达到20%以上"[1]。重庆市政府发布的《重庆市人民政府办公厅关于印发重庆市老龄事业发展和养老体系建设"十三五"规划的通知》(渝府办发〔2017〕153号)中,具体规定为"经常性参与教育活动的老年人口比例达到20%以上"[2]。云南省政府发布的《云南省人民政府关于进一步加快老龄事业发展的实施意见》(云政发〔2018〕42号)中,具体规定为"经常性参与教育活动的老年人口比例达到20%以上"[3]。

此外,贵州省对乡镇(街道)老年体育组织建立率和经常参加体育锻炼的老年人口比例做出了明确的规定。贵州省政府发布的《省人民政府办公厅关于印发贵州省"十三五"老龄事业发展规划的通知》(黔府办发〔2017〕31号)中,具体规定为"乡镇(街道)老年体育组织建立率达到90%,经常参加体育锻炼的老年人达到50%"[4]。

3. 西南地区农村留守老人实际供给力度与政策供给力度匹配不精准的表现

第一,中央和西南四省市关于精神慰藉政策都没有对供给力度进行直接规定,进而导致精神慰藉实际供给力度严重不满足。政策对于"西南地区农村留守老人精神慰藉供给力度"没有直接的文字规定,但是对提供精神慰藉的老年志愿者占老年人口总数的比例、精神慰藉

---

[1] 四川省政府:《关于印发四川省"十三五"老龄事业发展和养老体系建设规划的通知》,2017年10月26日,http://www.sc.gov.cn/zcwj/xxgk/NewT.aspx?i=20171101191403-261510-00-000,2019年11月1日。

[2] 重庆市人民政府:《重庆市人民政府办公厅关于印发重庆市老龄事业发展和养老体系建设"十三五"规划的通知》,2017年10月14日,http://www.cq.gov.cn/publicinfo/web/views/Show!detail.action?sid=4255060,2019年11月1日。

[3] 临沧市审计局:《云南省人民政府关于进一步加快老龄事业发展的实施意见》,2018年8月28日,http://www.lincang.gov.cn/lcsrmzf/11633/11636/11639/84680/index.html,2019年11月1日。

[4] 贵州省人民政府:《省人民政府办公厅关于印发贵州省"十三五"老龄事业发展规划的通知》,2017年8月21日,http://www.guizhou.gov.cn/zwgk/zcfg/szfwj_8191/qfbf_8196/201709/t20170925_823973.html,2019年11月1日。

赖以存在的平台之一——基层老年协会覆盖率都做出了明确的规定。各省市根据自身情况，还对建有老年学校的乡镇比例、全省老年人入学率、经常性参与教育活动的老年人口比例、经常参加体育锻炼的老年人口比例和乡镇老年体育组织建立率做出了明确的规定。所以，政策只对设施建设、人数占比进行数字量化规定，缺乏对精神慰藉供给力度的明确规定，导致政策执行过程中无法对政策实施效果进行科学把控和评估，使得西南地区农村留守老人精神慰藉满足程度严重不足。

第二，国家和西南四省市政策对精神慰藉供给力度片面规定为"经常性参与教育活动的老年人口比例"，西南地区受访农村留守老人很少有机会参加教育活动。受访西南地区农村留守老人参与教育活动的情况几乎没有，一方面农村老年教育资源的投入本就存在巨大的缺口，老年教育设施设置及配置的教育人员均较少，另一方面农村留守老人的文化教育程度进一步限制了其参与教育活动的主动性。调研数据显示，农村留守老人文盲和半文盲的比例占到了91.32%。所以西南地区农村留守老人很少参加教育活动，即使参加教育活动，也收效甚微。

第二节　西南农村留守老人养老不精准的原因

在挖掘西南地区农村留守老人养老供需匹配不精准的表现的基础上，我们进一步探究这些问题背后的深层次原因。总体而言，西南地区农村留守老人养老保障供需不精准的原因主要包括养老政策理念、养老政策层级、养老政策区域、养老投入规模、农村人口特征和文化变迁六个方面。

一　养老政策理念缺乏前瞻性

滞后的养老政策理念难以产生出与西南地区农村养老形势相适应的政策，更不能充分满足西南地区农村留守老人的养老需求，进而导致养老需求与政策供给匹配不精准。

滞后的政策理念与我国典型的"回应式"政策制定模式休戚相关，即我国制定政策通常倾向于"治疗"问题，而非"预防"问题。政府往往习惯于在问题出现后被动做出回应，寻求解决问题的途径和方法。这就导致我国政策制定不能站在较高的起点，从长远出发来考虑问题。尽管我国政府在满足公共服务需求、改善民众物质生活、处置个体权益诉求以及公共舆论批评等方面取得引人注目的成绩，但"回应式"政府治理模式不可避免地存在一定的时滞，致使已经出台的政策常与快速发展的经济社会实际产生冲突，这种冲突必将随着转型期社会公共事务与风险治理难度不断增加而愈加严重[①]。

我国农村养老政策的理念也缺乏前瞻性，大多具有"回应性"特质。我们发现相关农村养老政策的推出和调整通常是作为其他政策改革的配套措施，抑或是问题积累到必须解决才不得不出台，农村养老政策往往具有"补课"性质。养老政策理念缺乏前瞻性，现有政策对"如何精准识别老人需求、以及如何实现供需匹配"并未涉及。此外，"回应性"农村养老政策供给使得农村养老产品供给结构与供给方式显露疲态。这一方面可能导致农村有限的养老资源供给滞后而低效，另一方面还难以实现农村地区公共物品的有效供给。既浪费了农村地区的公共资源又降低了农村地区老人的老年福利[②]。政策理念滞后带来的弊端和冲突十分明显。

二 养老政策层级性较低制约政策供给效力

中央和地方的养老政策层级性较低，限制政策供给效力，使得政策供给难与需求有力对接，削弱供需匹配精准度。

国家的养老政策层级性不高。目前，我国养老政策体系主要包括第一层级的法律与第二层级的规范性文件，而养老政策的效力等级与政策数量构成了一个金字塔结构，呈现出负相关关系。通常国家将先通过低政策效力的政策文件（譬如意见、通知、通报、通告及决定）

[①] 张春敏、张领：《前瞻性治理：风险社会背景下我国政府治理范式的有效选择》，《甘肃理论学刊》2017年第6期。

[②] 李金龙、武俊伟：《前瞻性政府：农村公共物品供给侧改革的必然选择》，《理论与改革》2016年第2期。

进行相应的政策实验，再总结试点经验的得失，进而将成功可行的经验提升至法律法规层面①。政策的层级性较低也会增加政策的随意性和实施效力，影响落实②。我国在国家层面上已出台数量众多的养老政策，但政策的层级普遍较低，规范性文件占绝大部分。一份调查显示，在2000年1月至2017年8月，国务院、民政部、人社部等官方网站公开发布的养老政策文件数量高达203件（详见表5-7），其中各种通知、意见、批复、函等政策文件数量为188件，占比92.61%；还有14份层级更低的通知类文件；法律文件仅有《中华人民共和国老年人权益保障法》保障老年人的合法权益③。中央政策的层级性较低进一步限制地方政策的层级性。

表5-7　养老政策议题与政策类型分布（2000.1—2017.8）

政策议题	规范性文件								法律
	通知	意见	批复	函	决定	通报	通告	公告	办法	法律
老年社会保障体系	48	9		8	2	1				
养老服务体系	23	3	1		1				3	
老年健康支持体系	11	2	1			2				
老年消费市场建设	12	5								
老年宜居环境建设	5	2		1				1		
老年精神文化生活	4	2								
老年合法权益		2								1
老年工作基础和规划实施	28	13	8		1	2		1		
合计	131	38	10	9	4	3	2	2	3	1

资料来源：汪波、李坤：《国家养老政策计量分析：主题、态势与发展》，《中国行政管理》2018年第4期。

---

① 汪波、李坤：《国家养老政策计量分析：主题、态势与发展》，《中国行政管理》2018年第4期。
② 甄小燕、刘立峰：《我国养老政策体系的问题与重构》，《宏观经济研究》2016年第5期。
③ 甄小燕、刘立峰：《我国养老政策体系的问题与重构》，《宏观经济研究》2016年第5期。

地方的养老政策层级性更低。我国养老政策的基本逻辑为"摸着石头过河"的发展路径[①]，各级政府通常是通过试错性探索来学习掌握相应的实践性知识，根据经济社会的发展进程不断调整政府的政策。由于国家层面的政策文件层级较低，文件到地方后的层级自然较低，甚至更低。西南四省市的养老政策文件自然也不例外，主要针对农村留守老人的养老政策也主要以通知、意见、批复、函等规范性文件形式发布，层级较低、政策效力有限。西南地区的农村留守老人养老保障政策自源头便开始呈现出"后劲不足"的情况，其保障力度可见一斑，政策供给难与需求形成有力匹配，匹配的精准度更是难以保证。

三 养老政策区域差异导致供需匹配精准度的区域差异

目前，由于人口、经济、社会状况各异，地方出台的各项养老政策也存在较大的区域差异性。这不仅表现在不同省市和地区之间，也表现于同一省市内部。这种差异性使得西南农村地区养老政策"碎片化"特征明显，进一步导致不同区域的供需匹配精准度存异。无论是城乡居民基本养老保险，还是养老服务等方面，西南地区的政策供需匹配精准度在全国各地当中均处于落后之列。

（一）城乡居民基本养老保险待遇和缴费补贴水平差异明显

城乡居民基本养老保险基础养老金存在明显省域差异，西南地区处于中后之位。2018年5月，人社部发布《关于2018年提高全国城乡居民基本养老保险基础养老金最低标准的通知》以后，各省市都在逐步调整提高本省的城乡居民基本养老保险基础养老金水平，但调整后的省际差距仍然比较大（图5-15）。其中，上海和北京两地的城乡居保基础养老金水平分别以每人每月930元和710元在全国遥遥领先，而重庆、云南、四川、贵州四省市的城乡居保基础养老金水平分别位列第14、20、26、28位，处于比较低的水平。对于西南地区的农村留守老人而言，养老金的增速远远赶不上老龄化和劳动能力退化

---

① 甄小燕、刘立峰：《我国养老政策体系的问题与重构》，《宏观经济研究》2016年第5期。

的速度,甚至赶不上 CPI 的增速。

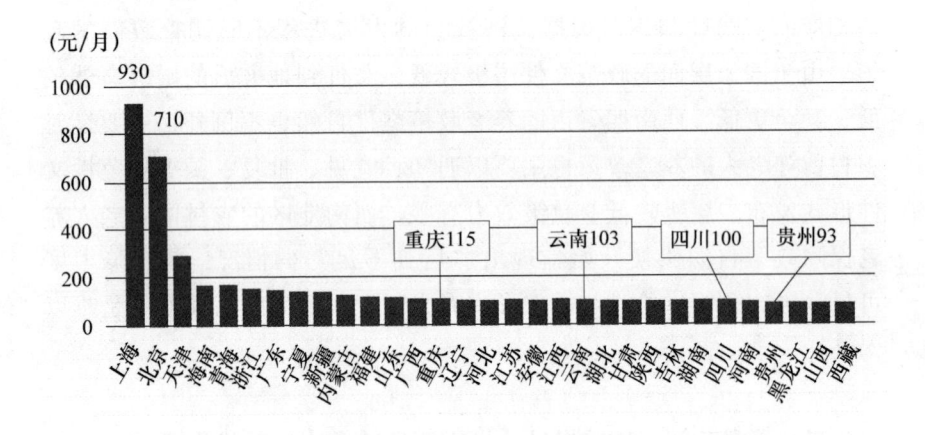

图 5-15　2018 年各省市城乡居民基本养老保险基础养老金标准

资料来源:由各省关于 2018 年提高城乡居民基本养老保险基础养老金标准的有关规定整理。

与此同时,西南四省市城乡居民基本养老保险的缴费补贴水平也存在一定的差异。在财政补贴方面(表 5-8),各省市因政府财力的区别因而补贴也有所不同。总体来看,西南四省市的补贴水平仍然较低。

表 5-8　西南四省市城乡居民基本养老保险缴费补贴一览(元)

缴费档次	四川	重庆	贵州	云南
100	40	30	30	30
200	40	40	30	40
300	45	50	30	50
400	50	60	30	60
500	60	70	60	70
600	60	80	60	80
700	65	90	60	90
800	70	100	60	100

续表

缴费档次	四川	重庆	贵州	云南
900	75	110	60	110
1000	80	120	90	120
1500	100	130	90	130
2000	120	140	90	140
3000	160		90	

资料来源：由西南四省市政府网站收集整理而得。

（二）养老服务补贴政策的区域差异明显

鉴于中国不同地区的经济、社会与文化背景差异较为显著，各地的养老服务管理与发展的政策也有所不同[①]。因此，近年来，各地的养老服务补贴政策实践也存在明显差异。有研究表明，其差异性主要表现在：1.是否把"经济困难""生活自理困难""家庭居住方式"作为给予养老服务补贴的必要条件；2.是否对本地区户籍的农村老人、计划生育困难（尤其是"失独"和"残独"）家庭老人给予养老服务补贴；3.养老服务补贴的资金来源是否仅限于地方财政补贴[②]。在此情形下，一方面，我们要看到，处在不同经济社会发展水平的地区是可以整合辖区内的养老资源用于老龄群体养老，这对缓解我国的养老压力和养老资源供给负担有着重要影响，对于突破养老资源限制的瓶颈有着重要意义；另一方面，我们也应该注意到，政策的差异性容易造成不同民众对政策"公平性"的误解以及弱化养老政策的系统性。就西南地区而言，政策的差异性使得西南地区的农村养老政策体系缺乏系统性。尽管各地情况不一，地方政策会有差异性，但政策的"碎片化"特征明显，缺乏系统性使得养老政策的保障和服务效果甚微。

[①] 潘屹：《优化整合城乡资源，完善社区综合养老服务体系——上海、甘肃、云南社区综合养老服务体系研究》，《山东社会科学》2014年第3期。

[②] 桂世勋：《应对老龄化的养老服务政策需要理性思考》，《华东师范大学学报（哲学社会科学版）》2017年第4期。

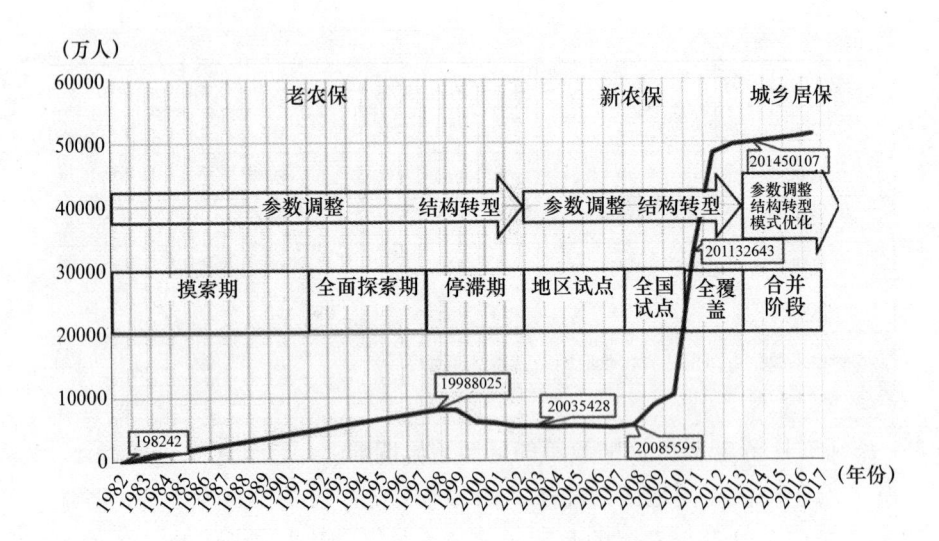

图 5-16 农村养老保险历程回顾与参保人数

资料来源：米红、刘悦：《参数调整与结构转型：改革开放四十年农村社会养老保险发展历程及优化愿景》，《治理研究》2018年第6期。

四 农村养老政策供给受投入规模制约

政策的精准供给需要财政投入加以保证。西南地区农村留守老人养老保障政策精准供给的实施成本是较高的。一方面，受技术水平约束，精准匹配的成本很高；另一方面，西南地区农村留守老人分散居住状态的客观条件也会提高精准施策的成本。

（一）社会保险投入不足

社会保险是养老保障的重要方面。而我国社会保险总体投入不足、增幅下降，制约着社会保险政策供给力度，形成需求较盛而供给不足的不匹配局面。受老龄化、长寿风险的影响，我国社会保险的财政负担也在持续加重。加之其规模、边界以及产生时点具有不确定性，已成为未来财政运行与经济发展的潜在风险点之一①。

1. 我国养老保险投入偏低

和其他国家相比，我国养老金支出占 GDP 的比重偏低。OECD 成

---

① 石晨曦：《城乡居民基本养老保险隐性财政负担——基于长寿风险背景下的精算分析》，《兰州学刊》2018年第12期。

员养老金支出占 GDP 的比重的平均水平要高于我国，与主要发达国家相比，我国养老金支出明显处于低位（图 5-17）。自 2010—2015 年，我国的公共养老金支出占 GDP 比重为 3.4%，远低于欧盟 28 国平均 11.3%、OECD 国家平均 9% 的支出水平[1]。由此来看，进一步增加公共养老金支出水平，保障老龄群体养老金收入的充足性是我国亟待解决的问题。

2. 社会保险投入持续增长面临着较大压力

根据 OECD 发布的《2017 年养老金展望》报告，自 2000 年以来，OECD 国家整体养老金支出增长约 1.5%[2]。但我国的养老金收支缺口使得我国正在面对着未来养老金收支不平衡的巨大压力。无论从增幅还是从绝对数量看，我国社会保险持续快速增长的可能性很低。尽管从 2010 年到 2017 年全国各级财政补贴居民基本养老保险、基本医疗保险的额度在逐年增长，而财政补贴增幅在 2012 年之后呈缓慢下降趋势（图 5-18）。

（二）养老服务投入较少

财政资金对养老服务体系建设的投入规模相对较小，制约养老服务政策供给力度。床位建设不足，难从"量"上与需求精准匹配；专业化服务人员队伍建设不足，难从"质"上与需求精准匹配。从 2010 至 2013 年，我国 65 岁以上老年人口养老服务人均财政投入分别为 14 元、21 元、29.9 元和 40.4 元，增长还是很快，但绝对值不高——美国 2008 年就已达到 54.3 美元，远高于我国[3]。

1. 养老床位投入力度不足

尽管近年来国家正在加大养老服务投入，但养老床位数量水平仍较低（图 5-19）。在总量上，从 2011 年到 2017 年，我国提供住宿的养老床位数量波动变化，在 2014 年下降后又逐步回升。千人养老

---

[1] 郝君富：《世界老龄人口的贫困特征与反贫困公共政策》，《浙江大学学报》（人文社会科学版）2016 年第 6 期。

[2] 北京国家会计学院：《OECD 国家养老金改革放缓》，2017 年 12 月 6 日，http://www.nai.edu.cn/index.php?m=content&c=index&a=show&catid=36&id=3535，2019 年 6 月 30 日。

[3] 甄小燕、刘立峰：《我国养老政策体系的问题与重构》，《宏观经济研究》2016 年第 5 期。

◈ 精准施策赋能农村养老保障

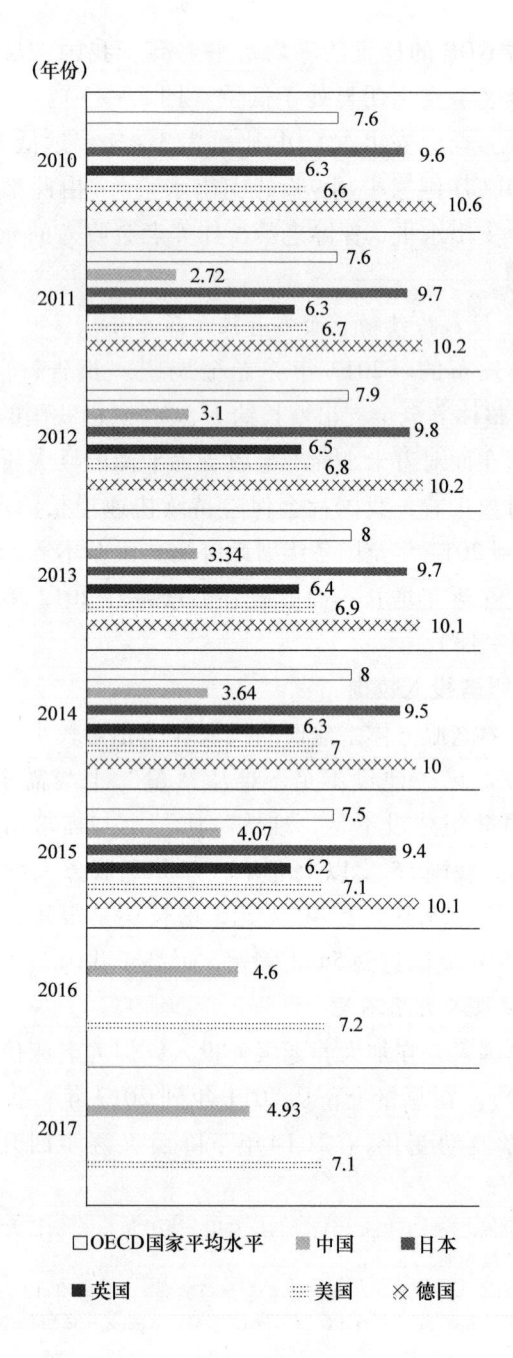

(年份)

2010
- OECD国家平均水平: 7.6
- 日本: 9.6
- 英国: 6.3
- 美国: 6.6
- 德国: 10.6

2011
- OECD国家平均水平: 7.6
- 中国: 2.72
- 日本: 9.7
- 英国: 6.3
- 美国: 6.7
- 德国: 10.2

2012
- OECD国家平均水平: 7.9
- 中国: 3.1
- 日本: 9.8
- 英国: 6.5
- 美国: 6.8
- 德国: 10.2

2013
- OECD国家平均水平: 8
- 中国: 3.34
- 日本: 9.7
- 英国: 6.4
- 美国: 6.9
- 德国: 10.1

2014
- OECD国家平均水平: 8
- 中国: 3.64
- 日本: 9.5
- 英国: 6.3
- 美国: 7
- 德国: 10

2015
- OECD国家平均水平: 7.5
- 中国: 4.07
- 日本: 9.4
- 英国: 6.2
- 美国: 7.1
- 德国: 10.1

2016
- 中国: 4.6
- 美国: 7.2

2017
- 中国: 4.93
- 美国: 7.1

□OECD国家平均水平　■中国　■日本
■英国　美国　⊗德国

图 5-17　部分国家 2010—2017 年养老金支出占 GDP 比重的情况

资料来源：中国国家统计局，https://stats.oecd.org/。

288

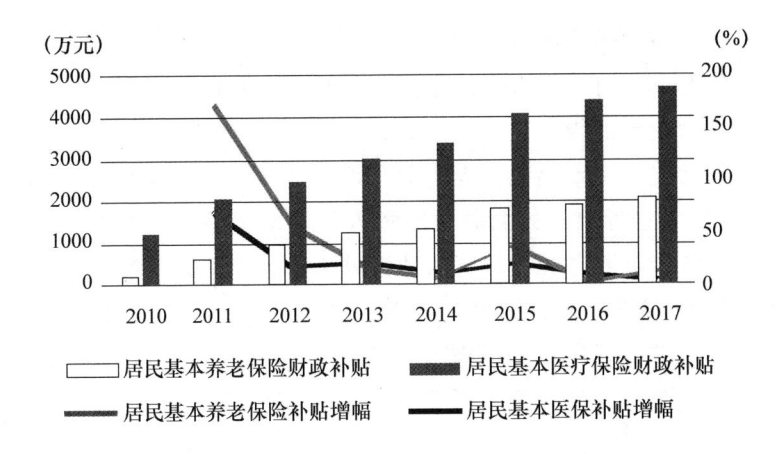

图 5-18 2010—2017 年全国城乡居民基本养老、医疗保险的财政补贴情况
资料来源：根据财政部历年全国财政决算数据整理而成。

床位数大体呈稳步上升趋势，到 2017 年达到千人 30.9 张，但与"十三五"规划的发展指标"每千名老年人口拥有养老床位数 35—40 张"相比，尚有不小差距。与发达国家 50—70 张/千名老年人的平均水平差距就更大。

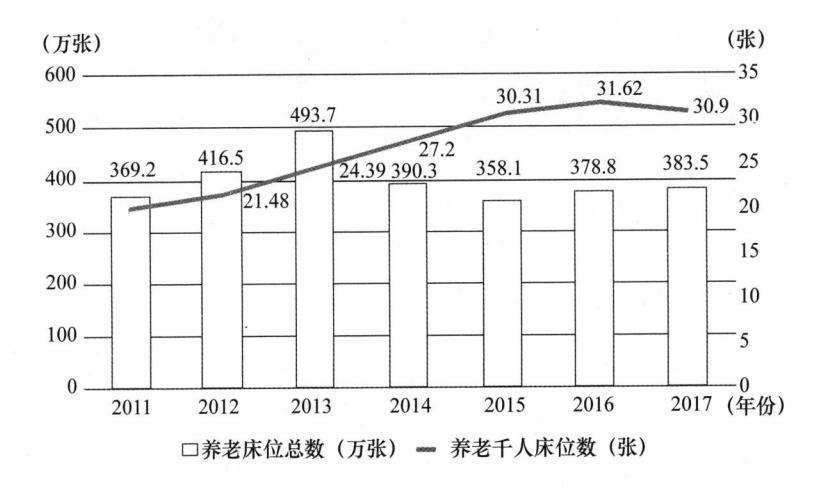

图 5-19 2011—2017 年我国提供住宿的养老床位数变化情况
资料来源：根据中国统计年鉴 2012—2018 整理。

2. 养老服务人员经费支持力度不高

新常态下，财政收入开始中低速增长，政府在养老服务业领域也无力维持大规模的投入。在有限的投入中，各级财政对农村养老服务业的支持力度也主要集中在养老服务设施建设上，对人员经费的支持力度有限[1]。这导致一方面养老服务人员短缺，另一方面人员流失也很严重。从全国养老职业教育人才统计来看，到岗第一年的人员流失率可能达到30%，第二年50%，第三年70%甚至更高，仅北京、上海、天津等城市每年养老护理人员流失就达1/3以上[2]。薪酬待遇在很大程度上制约着我国养老服务人员的从业稳定性和职业素养[3]。西南地区用于发展农村养老服务业的人员经费更是捉襟见肘，农村社区等基层单位的专业化护理队伍尚未建立，养老服务的技术含量较低，农村养老服务人员的社会认同度不高，收入待遇更差[4]。

（三）分散居住状态增加养老政策运行成本

西南地区农业生产特征客观决定了农民的分散居住状态，这在很大程度上加大了养老服务和养老设施的供给成本，增加了与需求精准匹配的难度。

西南地区的地形条件较为复杂特殊，以山地丘陵为主，盆地、高原、山地、丘陵、坝子等纵横交错。小起伏（0—200平方米）面积占30.34%，人口数量高达11282.35万人，占比43.89%，人口集中程度74.47%；中起伏（200—400平方米）面积占30.33%，人口数量占比39.67%，人口集聚程度18.36%；在大起伏和极大起伏地区，人口比例之和占比为16.45%，而人口集中度仅为7.17%，分布稀疏[5]。西南地区的农业生产来一直以小农户分散化的家庭承包经营模

---

[1] 国家信息中心：《我国养老事业发展存在问题及政策落实难点》，2016年11月25日，http://www.sic.gov.cn/News/459/7212.htm，2019年1月5日。

[2] 郭丽君、鲍勇、黄春玉等：《中国养老人才队伍培养体系》，《中国老年学杂志》2019年第14期。

[3] 赵晓芳：《健康老龄化背景下"医养结合"养老服务模式研究》，《兰州学刊》2014年第9期。

[4] 宋川、周丽敏：《人口老龄化趋势下农村养老服务的优化对策分析》，《农业经济》2019年第6期。

[5] 钟静、卢涛：《基于地形起伏度的中国西南地区人口格局分析》，《干旱区资源与环境》2018年第11期。

式为主，这形成了分散化居住局面。西南地区农业生产条件艰苦，人地矛盾比较突出，农业生产效益低，大量农村青壮年劳动力外出务工。大部分农村留守老人分散居住在较为落后的山地、丘陵地区，交通条件落后，经济水平差。调研发现，西南地区农村绝大部分的留守老人仍然在务农，并依靠务农维持生存。为这些分散留守老人提供同样的养老保障服务，其成本当然会远远高于人口集中的城镇地区——分散居住状态必然给农村留守老人的养老带来不利影响。

五 农村人口特征变化显著

改革开放以来，我国社会文化发生了深刻变化，农村空心化、农民老龄化以及农村家庭空巢化愈加凸显。从需求侧来看，随人口特征变化，养老问题日益复杂，养老需求不断变化，养老负担不断加重；为应对需求侧动态变化的养老问题，从供给侧寻求政策供给对需求的精准匹配，难度不断加大。

（一）农村人口结构老化加速

尽管人口老龄化作为全球人口结构发展的一大基本趋势，但我国"未富先老"的人口老龄化问题更为严重。老龄化使得需求增加且更多样化，对供给侧来说，与需求的精准匹配难度加大。联合国统计数据显示，2017年我国人口老龄化率17.3%，人均GDP为8583美元，与日本1990年老龄化程度相似，而人均GDP却只有日本1990年的1/3；2017年我国与美国2005年老龄化程度相似，而人均GDP却为美国2005年的1/5[1]。国家统计局数据显示，截至2018年年底，我国60周岁及以上人口达24949万人，占总人口的17.9%；其中，65周岁及以上人口16658万人，占总人口的11.9%[2]。在世界主要老龄化国家里面，我国进入老龄化社会历时最短，仅用了18年。

我国的人口老龄化在城市与农村的分布并不均衡，农村老龄化形

---

[1]《图说养老：独家！养老需求新形势》，2018年10月31日，新浪网，http://k.sina.com.cn/article_6586575291_1889729bb00100enr8.html，2019年8月13日。

[2] 国家统计局：《2018年国民经济和社会发展统计公报》，2019年2月28日，http://www.stats.gov.cn/tjsj/zxfb/201902/t20190228_1651265.htm，2019年4月10日。

势更为严峻。据统计,早在2000年我国农村地区人口老龄化水平便已经超过城镇1.05%(其中,农村为7.35%,城镇为6.30%);2010年农村地区60岁以上人口比重为14.98%,老龄化水平高于城镇3.3%,农村老龄化速度明显快于城镇[1]。在农村养老保障体系尚不完善的情况下,更为严重的人口老龄化将对经济发展、农村劳动力供给、养老服务需求、社会保障制度风险等产生深远影响[2]。

(二)家庭结构小型化、核心化趋势加强

家庭结构小型化减弱家庭养老功能,加大政策供给的责任和难度。随着社会转型,农村地区的家庭结构特征也同样发生着巨大改变。传统的联合多子大家庭逐渐瓦解,以核心家庭、主干家庭为主,同时空巢家庭、隔代家庭不断增加。有学者认为,夫妇家户和单人户这两类家户的增长可视为中国家庭极小化的表现,二者之和由1982年的12.77%上升至2010年的32.13%,其中2010年较2000年增长了49.44%,由此也可见一斑[3]。

家庭小型化、核心化在很大程度上能够满足人们对相对自由生活方式的追求,但这是以相对完善的社会服务基础为前提的[4]。在西南农村地区,社会服务结构仍不完善,服务水平低,家庭结构的变化整体上使得子代"回馈"亲代的功能下降,子代代际功能关系履行不断降低[5]——这就为农村留守老人带来了养老的风险。

六 文化变迁改变农村养老观念

社会文化变迁在一定程度上影响着农村养老观念和行为的演变,西南农村留守老人当前正面临着社会养老文化尚处在转型的"空窗期"。传统孝文化的衰退加大老人对政策供给的需求,社会化养老观念尚未形成,加大政策供给的实施难度。

---

[1] 国家统计局:《第五次人口普查数据》,http://www.stats.gov.cn/tjsj/pcsj/5rp/index.htm,2019年4月10日。
[2] 林宝:《中国农村人口老龄化的趋势、影响与应对》,《西部论坛》2015年第2期。
[3] 王跃生:《中国家庭结构变动与特征》,《人口与计划生育》2017年第9期。
[4] 王跃生:《中国家庭结构变动与特征》,《人口与计划生育》2017年第9期。
[5] 王跃生:《中国家庭代际功能关系及其新变动》,《人口研究》2016年第5期。

（一）孝文化衰退加大养老政策需求

随着社会变迁、制度转换以及社会环境的变化，人们的价值观念多元化，而"孝"的观念则趋于淡薄[1]，孝文化逐渐衰落。在城镇化和工业化浪潮的推动下，社会流动日趋加强。受市场经济的影响，西南农村地区进城务工的年青一代价值观念趋于多元化，农村传统的孝文化受到影响，孝道实践也逐渐弱化[2]。随着进城务工子辈的经济实力与独立性逐渐增强，父辈权威日益减弱，农村留守老人的家庭地位逐渐边缘化，这使得孝文化的基础越发脆弱[3]。尽管农村传统文化与舆论监督力量在一定程度上维系着传统的家庭养老，但社会经济发展仍然对农村传统的家庭养老产生强烈冲击[4]，越来越多的农村留守老人难以享受到子女的物质支持和精神慰藉。

有限的经济条件和在此基础上的"代际倾斜"，使农村留守老人缺少子女赡养成为趋势，养老需求的满足越发依赖政策供给。调研发现，西南地区农村子女对留守老人尽孝的程度总体上与其经济水平成正相关，农村经济发展水平落后，无力行孝问题凸显[5]。因此，西南农村地区的贫穷落后使得众多贫困家庭无力行孝，其孝文化流于形式甚至衰落，这在本质上也是一种符合理性精神的经济均衡[6]。此外，从人类进化的本能来看，在资源有限的情况下，家庭优先考虑将更多资源投入后代身上，家庭重心逐渐出现"代际倾斜"。传统孝文化逐渐呈现失范状态，甚至出现代际关系"断裂"，依赖孝文化的"反哺式"家庭养老模式也开始异变，由"价值性"向以孝获利的"工具性"转变[7]。

---

[1] 刘瑞娟：《孝文化与新型农村社会养老保障建设》，《调研世界》2010年第5期。

[2] 孙玉娟、周蕊：《社会转型时期农村孝文化的缺失及构建》，《安徽农业科学》2013年第3期。

[3] 程静：《农村家庭养老的孝文化剖析》，《农业经济》2014年第2期。

[4] 罗玉峰、孙顶强、徐志刚：《农村"养儿防老"模式走向没落？——市场经济冲击VS道德文化维系》，《农业经济问题》2015年第5期。

[5] 郭玲、孙金华：《农村养老问题与新型孝文化的倡行》，《求索》2009年第5期。

[6] 宋圭武：《乡村振兴背景下的农村孝文化建设对策》，《甘肃农业》2018年第2期。

[7] 李升、方卓：《农村社会结构变动下的孝文化失范与家庭养老支持困境探析》，《社会科学文摘》2018年第4期。

（二）新的社会养老文化尚在形成之中

在农村传统的家庭养老模式受到冲击，孝文化、家庭养老文化衰落的同时，社会化养老的文化也在逐步酝酿形成中。当前正好处于农村养老文化演变的"空窗期"。一方面农村留守老人的养老需求极为强烈，另一方面他们又难以很快适应社会文化变迁所带来的农村养老观念和行为的改变。社会化养老观念的不完备限制着老人对政策供给的适应性，加大政策供给实施难度。

第六章　发达国家养老保障政策和经验借鉴

我国养老保障体系正在不断地完善，但还存在一些问题。"他山之石，可以攻玉"，其他国家的先进经验，可以为解决我国养老问题提供指导和方向。纵观全球养老保障发展情况，不同国家根据本国的实际情况做出了不同的制度选择和实践。由于政治制度、经济发展状况、文化传统等方面的差异，完全照搬其他国家的养老经验是不现实的。因此我们综合考虑了国家经济发展状况、人口状况、文化传统、养老制度和体系、实践效果等因素，选择了日本、新加坡和德国作为重点借鉴对象。

上述三个国家均属于发达国家，经济发展水平高，在一定程度上为社会保障的稳定发展提供了基础。在人口状况方面，三个国家均面临不同程度的人口老龄化问题（日本尤为严重，截至2017年年底，65岁及以上人口占比27.6%[1]），而我国也已进入老龄化社会，并且老龄化程度越来越严重（截至2017年年底，60岁及以上人口占总人口17.3%[2]）。上述三个国家应对人口老龄化问题的一些做法能够为我国所借鉴。日本、新加坡均位于亚洲，与我国同属于东方文化体系，在养老制度设计和价值取向上有一定相似之处，存在借鉴的可能；尤其是新加坡与我国均深受儒家文化影响。而德国是现代社会保

---

[1]　National Institute of Population and Social Security Research, "Population and social security in Japan2019" 2019 – 07 – 26, http：//www.ipss.go.jp/s – info/e/pssj/pssj2019.pdf, 2019 – 07 – 29.

[2]　民政部：《2017年社会服务发展统计公报》，2018年8月2日，http：//www.mca.gov.cn/article – /sj/tjgb/2017/201708021607.pdf, 2018年12月11日。

险制度的发源地，其社会保险制度具有100多年的历史，已形成种类丰富、体系完备、法律健全、运行良好的社会保险制度。在养老制度、体系以及实践效果方面，三个国家的养老实践和经验被世界上许多国家借鉴。日本、新加坡和德国的社会保障体系健全，虽然没有显著的城乡二元经济结构差异，但是对于我国如何应对人口老龄化、完善老年人保障让其安度晚年具有借鉴意义。

第一节　日本、新加坡和德国的养老保障政策

本节主要对日本、德国和新加坡的养老保险、医疗保险及护理保险等政策变迁及目前状况进行梳理。

一　日本的养老保障政策

日本社会保障体系涉及老年人的制度主要包括养老保险、医疗保险和护理保险。该节主要对这三个制度的政策演变及主要内容进行分析。

（一）日本养老保险政策

日本的养老保险制度又被称为"年金制度"，由政府建立并运行，旨在为退休人员年老时提供生活保障，使其安度晚年。自20世纪80年代的年金制度改革之后，其年金体系基本稳定，分为上中下三个层次。第一层为国民年金制度，要求全体国民强制加入；第二层是被用者年金制度，覆盖企业雇员、公务员和私立学校教职工群体；第三层是以企业雇员为对象的企业年金制度，使其可以在保障基本的基础上获得更高需求的满足[1]。其中第一、二层统称为公共年金（图6-1），公共年金制度具有强制性，资金来源于个人缴费与国库负担，给付额根据物价和工资进行调整。而企业年金等非公共年金具有自愿性，旨在进一步提高老年人的生活水平。

---

[1] 「日本の年金制度とその展望」，2019-02-05，http://www.ec.kagawa-u.ac.jp/~tetsuta/jeps/no3/hama.pdf#search=日本の年金制度'。

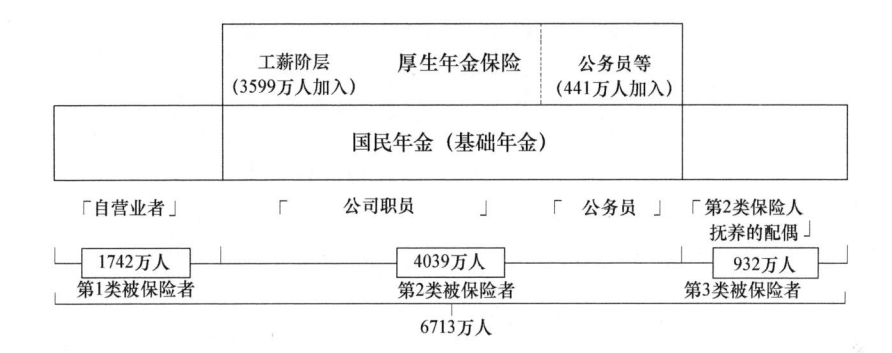

```
┌─────────────────────┬──────────────┬──────────┐
│                     │   工薪阶层    │ 公务员等  │
│                     │ 厚生年金保险  │          │
│                     │ (3599万人加入)│(441万人加入)│
├─────────────────────┴──────────────┴──────────┤
│             国民年金（基础年金）                │
└───────────────────────────────────────────────┘
 「自营业者」    「  公司职员  」   「公务员」  「第2类保险人
                                              抚养的配偶」
 ├─1742万人─┤  ├─────4039万人────┤  ├─932万人─┤
 第1类被保险者     第2类被保险者       第3类被保险者
                    6713万人
```

图 6-1 日本公共年金制度结构

资料来源：https://translation.mhlw.go.jp/LUCMHLW/ns/tl.cgi；https://www.mhlw.go.jp/stf/seisakunitsuite/bunya/nenkin/nenkin/zaisei01/index.html。

注：数据截至 2015 年 3 月末。

1. 日本养老保险政策变迁

本部分主要对公共年金制度和企业年金制度的变迁作简要介绍，从纵向概览两种制度在具体背景下作出的政策调整。

（1）公共年金制度

公共年金制度起源于以军人、官吏为对象的优抚制度，也称恩给制。明治初期日本开始实行征兵制，1875 年建立了以军人为对象的恩给制度，1884 年运用于文官，1923 年颁布《恩给法》，明治末期形成了各种共济组合。1941 年，为完善工人的福利以提高劳动力生产率，日本通过《劳动者年金保险法》，建立了以工厂男性工人为保障对象的劳动者年金保险制度，在年老、受伤或死亡时本人或其家属可以获得补偿[1]。1944 年该法律将受益者扩大到白领工人和女性。

20 世纪 50—60 年代，日本经济高速增长，人们生活水平不断提高，平等意识不断提高，要求建立覆盖全民、对年老后收入进行保障的制度呼声日益高涨。在此背景下，日本政府在 1959 年建立《国民年金法》，于 1961 年实施。该法律使养老金参保对象覆盖了农林渔业

---

[1] 财经网杂志：《日本养老金制度镜鉴》，2013 年 3 月 31 日，http://misc.caijing.com.cn/chargeFullNews.jsp?id=111793381&time=2012-03-31&cl=106，2019 年 1 月 3 日。

从业人员和个体经营者,实现了"全民皆年金"[1]。随着社会经济的发展,家庭结构逐渐小型化,老年家庭不断增加,老年生活靠子女和个人储蓄无法满足养老需求;此外,人们的养老观念逐渐从"依赖子女"转向"自力更生"。面对这种现实状况,日本政府决定提高年金给付。并在1973年将厚生年金给付水平与工资、物价等经济指标连动,把收入替代率定为60%[2]。1973年,日本经济开始滑坡的同时面临人口老龄化加速推进,这对公共年金制度的可持续发展带来巨大影响,亟须改革。于是日本政府在1985年修订《国民年金法》,要求凡居住在日本国内年满20—59周岁的人均强制加入;1989年,又要求年满20岁的在校生纳入国民年金[3]。

在这些改革基础上,2004年又做出了较大改革。这次改革主要是为解决养老金负担问题,保证制度的可持续发展。2004年2月通过《年金改革相关方案》,该方案的主要改革内容包括:对个人、企业和国家的保费负担比例进行调整;从2007年开始,减少一部分人(70周岁以上有一定工资收入的退休者、领取遗属年金的家属中年满30周岁的无子女女性)的保险额给付。2010年取消社会保险厅,建立日本年金机构;从2015年10月1日起,公务员及私立学校教职员(原共济年金覆盖对象)加入厚生年金[4]。

(2)企业年金制度

日本关于企业年金最早的法律是为强制企业对支付退职金所需费用进行积累而于1936年制定的《退职累积金及退职补贴法》,但该法随着1944年《厚生年金保险法》的制定而废除。在第二次世界大战后的经济恢复期,该制度得到充分发展,1959年诞生了《中小企业退职金共济法》。20世纪50年代末,由于物价上涨以及劳动力供求

---

[1] 财经网杂志:《日本养老金制度镜鉴》,2013年3月31日,http://misc.caijing.com.cn/chargeFullNews.jsp?id=111793381&time=2012-03-31&cl=106,2019年1月3日。

[2] 宋健敏:《日本社会保障制度》,上海人民出版社2012年版,第123页。

[3] 马光焱、李中义:《人口老龄化下日本农村社会养老保险制度分析及启示》,《中国经贸导刊》2009年第23期。

[4] 厚生劳动省,「公的年金制度の仕組み」,2018-10-09,https://www.mhlw.go.jp/file/06-Seisakujouhou-12500000-Nenkinkyoku/0000126679.pdf,2019-01-23。

关系日益紧张，工人工资大幅上涨，退职金一次性支付费用不断提高。为抑制其费用的上涨，部分企业引入了年金制度。1965年，建立了以企业年金代替厚生年金保险中收入比例部分业务的厚生年金基金制度；之后在1982年，建立了勤劳者财产形成年金储蓄制度①。

经济危机导致许多企业年金制度资金状况恶化，企业年金制度如何应对人口老龄化和雇员流动等问题引起人们的注意。在1995年，政府采取了放松对资产运用以及给付水平的规制，加强对企业年金财政的检查，改革免税年金制度。2001年制定了确定支出年金法和确定给付企业年金法，引入了章程型确定给付企业年金制度②。按照相关法律，日本企业年金制度包括内部保留型企业年金制度、中小企业退职金共济制度、特定退职金共济制度、免税年金制度、厚生年金基金制度、章程型确定给付企业年金制度、基金型确定给付企业年金制度、企业型确定支出年金制度以及勤劳者财产形成年金储蓄制度。除了勤劳者财产形成年金储蓄制度不要求企业进行缴费以外，企业年金制度必须主要由企业进行缴费。其中，中小企业退职金共济、特定退职金共济和企业型确定支出年金等制度不允许员工缴费。通过对企业年金制度的一系列改革，实现了控制员工离职行为、稳定员工队伍、提高年金资产的利用效率、吸引优秀人才的正面效应。

2. 当前日本养老保险制度体系

目前日本的养老保险制度体系包括国民年金、厚生年金和企业年金，覆盖日本全体国民。

（1）国民年金

第一层的国民年金也称"基础年金"，是日本养老金制度中最基础的部分，由国家直接管理和运作。国民年金的参保人员分为三类，分别是第1号被保险人、第2号被保险人、第3号被保险人③。第1

---

① 养老金融50人论坛：《日本企业年金税收优惠制度及对我国的启示》，2017年8月21日，https：//www.sohu.com/a/166109369_759437，2019年1月24日。

② 养老金融50人论坛：《日本企业年金税收优惠制度及对我国的启示》，2017年8月21日，https：//www.sohu.com/a/166109369_759437，2019年1月24日。

③ 日本年金機構，「公的年金の種類と加入する制度」，2017-08-01，https：//www.nenkin.go.jp/service/seidozenpan/shurui-seido/20140710.html，2018-10-09。

号被保险人是指在日本国内拥有住址的 20 岁以上 60 岁以下的人员中，不属于第 2 号和第 3 号的个体经营者、农林渔业从业人员、学生以及无业人员；第 2 号被保险人是指有关被用者的各种年金法令所规定的被保险人；第 3 号被保险人是指第 2 号被保险人所抚养的配偶中 20 周岁以上未满 60 周岁的人员（但年收入在 130 万日元以上，无法获得健康保险补偿的不属于第 3 号被保险人，属于第 1 号被保险人）。其中农民作为第 1 号被保险人是在 1959 年之后，并且可以申请加入覆盖第 1 号参保人的、具有补充性质的国民养老金基金制度，采取自愿原则，但不能退出。

国民年金来源于被保险人缴纳的保险费、各种被用者年金制度所支付的基础年金支出费、国库负担和积累基金的运营收入。保险费金额根据发放年金所需预期资金量、积累基金预期收入和国库负担金额测算得出。国民年金所进行的给付，包括老龄基础年金、残疾人基础年金、遗属基础年金、第 1 号被保险人的单独给付[1]。

（2）厚生年金

第二层为被用者年金，包括厚生年金和共济组合年金。厚生年金的保险对象是正式员工在 5 人以上企业中的 70 周岁以下雇员，属于强制性保险，收益与收入挂钩，参与厚生年金的同时就自动加入了国民年金[2]。共济组合年金包括国家公务员共济组合、地方公务员共济组合和私立学校教职员共济组合，保险对象分别是国家公务员、地方公务员和私立学校教职员。其中，在被用者年金中，针对农民这个群体，日本政府在 1970 年颁布《农业劳动者年金基金法》，将农民作为覆盖对象，且可以自行决定是否参保。在 2002 年进行改革后覆盖对象为年龄不满 60 周岁，属于国民年金第 1 号被保险人且不享受豁免缴费者；此外，每年进行农业劳动 60 天及以

---

[1] 原创力文档：《关于国民年金（养老金）》，https://max.book118.com/html/2019/0120/8130031005002003.shtm，2019 年 2 月 3 日。

[2] 北京大学中国教育财政研究所：《日本高校教师养老金制度》，2013 年 12 月 23 日，http://ciefr.pku.edu.cn/cbw/kyjb/2016/kyjb_8184.shtml，2019 年 2 月 4 日。

上的劳动者也可以参加该制度①。

厚生年金来源于国库负担、基金运营收入和企业及雇员个人缴费（企业和雇主各负担一半）。厚生年金保险给付主要包括老龄厚生年金、残疾人厚生年金以及遗属厚生年金。针对农民，农业者年金基金给予经营转移年金、农业者老龄年金、退休一次性补贴和死亡补贴。此外，2015年起原来的共济年金制度（包括国家公务员年金、地方公务员年金、公营企业雇员年金以及私立学校教职员工年金）并入厚生年金。共济年金的职域加算部分被废除，新设立了年金支付退休补助金。但在平成二十七年9月30日之前加入共济养老金的人在平成二十七年10月之后，仍然可以获得加入期限相对应的职域加算部分。

（3）企业年金

企业年金制度是日本年金制度体系的第三层，被称为"私的年金"，是企业实施的作为对员工劳动进行补偿的一种给付制度。按照相关法律，日本企业年金制度包括内部保留型企业年金制度、中小企业退职金共济制度、特定退职金共济制度、免税年金制度、厚生年金基金制度、章程型确定给付企业年金制度、基金型确定给付企业年金制度、企业型确定支出年金制度以及勤劳者财产形成年金储蓄制度。除了勤劳者财产形成年金储蓄制度不要求企业进行缴费以外，企业年金制度必须主要由企业进行缴费。其中，中小企业退职金共济、特定退职金共济和企业型确定支出年金等制度不允许员工缴费。

（二）日本医疗保险政策

该部分主要对日本的医疗保险政策变迁进行梳理，并简要介绍包括职域保险、地域医疗保险和高龄者医疗制度的医疗保险体系。

1. 日本医疗保险政策变迁

一战后，日本政府为了平息高涨的工人运动，于1922年颁布《健康保险法》，该法适用于从业者15人以上的工厂和矿山劳动者及其家属。1927年适用对象扩大到从业者10人以上的矿工企业，并要

---

① 主流关注：《日本养老金制无三轨制 政府大投入农民退休生活有基本保障》，2018年6月30日，http://dy.163.com/v2/article/detail/DLGOON9P0521W8M3.html，2019年2月10日。

求其强制加入；1934年适用对象扩大至5人上从业者的事业所。1938年，为了救助在"昭和恐慌"[①]中陷入贫困和疾病的农民，日本政府创立了针对农民、渔民及城市工商业个体经营者在内的《国民健康保险法》。1939年设立以服务业从业人员为对象的《职员健康保险法》和面向船员的《船员健康保险法》。在1942年将《健康保险法》和《职员健康保险法》合并，并在1943年将被保险者家属也列为覆盖对象。至此，该保险覆盖对象接近国民皆保险体制水平。

第二次世界大战结束后，面对大多数大城市尚未设立国民健康保险、以个体经营者为主体的分散人员未加入任何健康保险的现实情况，日本在1958年全面修订《国民健康保险法》并于1961年实施，要求所有市町村必须设立国民健康保险，未被其他健康保险覆盖的人群必须强制加入[②]。这样，日本建立起了全民皆保险的体制。

20世纪70年代起，为应对人口老龄化，1982年日本政府制定了《健康和医疗服务法》，为老年人提供医疗和卫生服务[③]。1986年，修订《老年人保健法》，恢复医疗费用自费负担、逐步实现100%退休者加入医疗保险，设立老人保健设施；1991年，对《老年人保健法》进行再次修订，自费负担比例并引入物价联动制，提高对护理的财政投入、开设老人访问看护制度。2003年3月，根据《关于医疗保险制度体系及诊疗费用体系的基本方针》，创立"高龄老人医疗制度"，将75岁高龄老人的医疗费用单列，其中患者负担10%，其余90%由国家财政、地方财政、医疗保险机构以及高龄老人保费支付[④]。2013年提出《社会保障与税制一体化改革》方案，其中涉及医疗保险的内容有：首先，建立都道府县医疗信息报告制度；其次，加强都道府

[①] 昭和恐慌：1930－1931年日本发生的经济大危机。1929年从美国开始的世界经济危机于1930年波及日本，股票及各种商品价格暴跌，国际收支恶化。1月解除黄金出口禁令后，黄金大量外流，更加深危机。但日本帝国主义于1931年发动"九一八事变"，侵略我国东北，同时再度禁止黄金出口，并实行军需通货膨胀政策，1932年后暂时复苏和景气。农业因1931年歉收，危机持续到1932年。

[②] 李长远：《日本国民健康保险制度探析》，《国外医学（卫生经济分册）》2010年第3期。

[③] 《海外养老产业扫描》，2019年5月2日，中国养老金网，https：//www.cnpension.net/gjzx/38237.html，2019年6月10日。

[④] 王伟：《日本社会保障制度》，世界知识出版社2014年版，第65—66页。

县的作用，使其成为地区医疗提供体系的责任主体，市町村和都道府县转移要合理分工；再次，对医疗法人制度、社会福利法人制度进行统合，以实现医疗、护理服务和网络化，同时加强医疗和护理的衔接，构建各地区集医疗、护理、预防、生活、救助等为一体的综合体系，市町村要根据本地实际情况提供灵活高效的服务①。

2. 当前日本医疗保险体系

目前，日本的医疗保险体系包括职域保险、地域医疗保险（国民健康保险）和高龄者医疗制度。

日本的职域保险以职业或行业为单位建立，主要包括健康保险、船员保险和各种共济以及由各种相同业务的单位成员参加的国民健康保险组合②。健康保险主要涵盖企业在职员工；船员保险使用范围狭窄，参保者为船员或海员及其家属，人数非常有限。鉴于船员工作特殊型，该保险除了提供常规医疗保险外，还提供雇佣保险和工伤保险。共济组合医疗保险主要包括国家公务员医疗保险、地方公务员医疗保险和私立学校教职员医疗保险。国家公务员医疗保险费由单位和个人各承担50%。私立学校教职员医疗保险保费也由单位和个人各承担一半③。

国民健康保险属于地域医疗保险制度，是当参保者因生病、受伤、生育以及死亡时由政府提供医疗费用等相关补助的一种制度，面向非薪金收入者（包括农业劳动者、个体经营者、律师、个体医生等独立职业者、小微企业退职人员、无业人员以及投保者家属）。该种保险制度的费用征收、管理及服务主要由参保者所居住的市町村政府进行。国民健康保险资金主要来源于被保险人、国家和地方政府，国民健康保险给付项目具体包括医疗给付和现金给付。前者包括治疗、住院伙食疗养费、住院生活疗养费（65岁以上老人）、保险医疗以外

---

① 厚生劳动省，"医療・福祉サーヒ・ス改革フ・ラン"，2018 – 10 – 10，https：//www.mhlw.go.jp/content/12601000/000513536.pdf，2019 – 01 – 03.

② 赵永生：《劳者有其保——日本职域医疗保险的发展与改革》，《中国医疗保险》2009 年第 3 期。

③ 车刚：《中国与西班牙、韩国等国公务员医疗保障制度的比较研究》，《卫生软科学》2005 年第 2 期。

发生的治疗费用（高技术治疗费用和特别疗养费）、访问医疗和护理疗养费、高额疗养费等等；后者包括产后一次性现金给付、丧葬费、伤病补助和生育补贴。[1]

高龄者医疗制度于2008年建立，保障对象为65周岁以上有身体残疾的老人（前期高龄者医疗制度）和75周岁以上的老人（后期高龄者医疗制度）。资金来源于被保险人、国家和地方政府，其中被保险人缴费占10%，其他医疗保险制度援助金占40%，公共财政占50%（国家80%，都道府县10%，市町村10%）。[2]

20世纪70年代起，国民医疗费用成倍增长，人口老龄化加快，同时日本实行"全民皆保险"政策，人们对医疗保险服务的数量和质量要求不断提高，目前日本政府面临较沉重的财政负担。

（三）日本介护制度

1. 介护保险制度建立背景

2000年4月1日，日本介护保险制度开始实施，它的口号是"由全社会支撑老年人"。日本之所以建立介护保险制度，主要有以下两个方面的原因[3]。

第一，人口老龄化程度持续加深、核心家庭的发展趋势和家庭照顾者年龄的增长，更多老人要求进行长期护理以及延长护理期，长期护理需求大大提高。日本老年人口比例在1970年达到7.1%，1995年超过14%，进入老龄社会。根据日本国家人口与社会保障研究所1997年的预测，到2020年，65岁及以上人口比例达到35.3%，所有县的老年人口（65岁以上）都将增加，大多数地级市老年人口增长率最高的时期是在1995年至2000年。[4] 人口老龄化必然带来需要

---

[1] 厚生劳动省，"公的医療保険の給付内容" 2018-10-10, https://www.mhlw.go.jp/content/12400000/000377686.pdf, 2019-01-03。

[2] 厚生劳动省，"高齢者医療制度" 2018-10-10, https://www.mhlw.go.jp/content/12400000/000377686.pdf, 2019-01-03。

[3] Ministry of Health, Labor and Welfare of Japan, "Long-term Care Insurance System of Japan" 2016-11, https://www.mhlw.go.jp/english/policy/care-welfare/care-welfare-elderly/dl/ltcisj_e.pdf, 2018-11-12.

[4] National Institute of Population and Social Security Research, "Population Projections by Prefecture" 1997-05, http://www.ipss.go.jp/pp-fuken/e/ppp_h9/gaiyo.html, 2018-11-27.

照护的老年人口增加,给家庭和社会带来不利的一面。此外,日本家庭结构和规模发生变化,主干家庭减少,而核心家庭、单人家庭和老年家庭日益增多。一般来说,单人家庭和老年两人家庭的养老功能非常低,而这两种类型的家庭均在不断增加,1995年单人家庭占17.3%,老年双人家庭占24.2%。而其中具有较强养老功能的三世同堂家庭从44.8%(1986年)下降到33.3%(1995年)并在2015年下降至12.2%。① 如图6-2,日本家庭规模不断下降,在1995年降至2.8人左右,不到3人,预计2020年为2.5人。其家庭规模逐渐缩小,老年人与子女同住率降低,导致家庭护理功能逐渐减弱,老年人赡养和护理面临一系列问题。

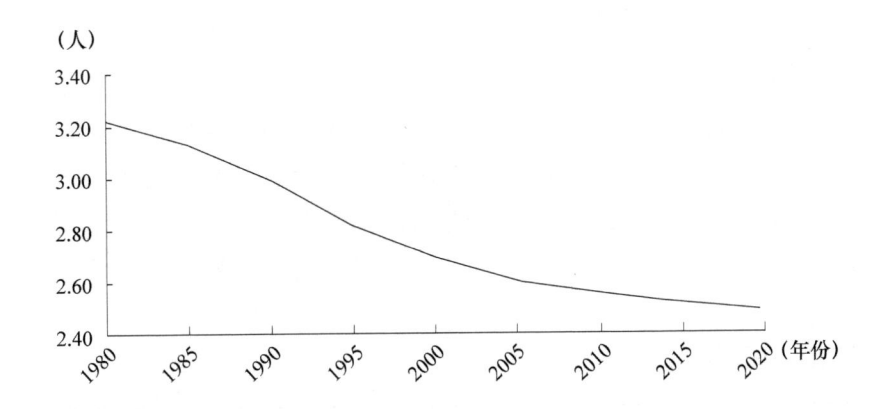

图6-2 日本1980—2020年平均家庭规模变化

资料来源:国家人口与社会保障研究所:《日本家庭预测概述.1998》http://www.ipss.go.jp/pp-ajsetai/e/hprj_98/hprj_98.html。

第二,老年人福利制度和老年人保健制度存在问题②。老年人福利主要是提供老人家庭重症监护(intensive-care-home)、家庭帮助服

---

① 厚生劳働省,"平成28年版(2016年)厚生劳働白书",https://www.mhlw.go.jp/-english/wp/wp-hw10/dl/summary.pdf,2018-11-12。
② Ministry of Health, Labor and Welfare of Japan, "Long-term Care Insurance System of Japan" 2016-11, https://www.mhlw.go.jp/english/policy/care-welfare/care-welfare-elderly/dl/ltcisj_e.pdf, 2018-11-12。

务（home-help-service）和日间照料（day-service）等。存在的问题主要有。第一，使用者无法选择服务内容。市政府决定服务内容和服务提供者。这种制度给服务供需双方都带来问题：一方面，服务需求方只能选择行政机构提供的服务，其多样化需求无法达到满足；另一方面，服务供给主体单一（市政府或委托组织）导致缺乏竞争，造成供给数量不足和质量低下。第二，服务使用者的心理抵抗。获得照护服务需要进行家计调查，可能造成侵犯个人隐私问题而受到人们的抵触。第三，服务费对于中等及偏上收入群体来说负担沉重。这些服务是根据接受服务者的收入支付能力进行缴费，而对于有长期照顾需求的群体来说，服务费成本高昂。

老年人保健制度为老人提供保健中心、疗养院、综合医院、家访护理以及日间照料等服务。该制度主要存在以下两个问题：第一，在医院接受护理导致长期住院（social-hospitalization：指本来不需要住院接受治疗的老人因出院后无家人或亲戚照料等原因一直住在医院的现象）增加，与重症监护中心和老年保健中心相比，住院费更高，导致医疗成本增加；第二，医院设施无法满足长期护理人员和生活环境的需要，其要求医院提供治疗设施（如专门的护理空间、餐厅或浴室等）。

2. 介护保险制度

介护保险制度针对因年老、疾病全部或部分丧失生活自理能力的人群，为改善其需护理状态或防止需护理状态的进一步恶化而向其提供必要的护理服务或护理补偿。护理保险是一项强制性保险，要求40周岁以上的日本人必须参加。40周岁以上的人分为两类[①]：一类是在市町村辖区内拥有住所的65周岁以上的老人，称为"第一类被保险人"，主要提供卧床不起或痴呆的高龄者的洗浴、排泄、用餐等护理以及家务料理等日常生活帮助；一类是在市町村辖区内拥有住所并参加了医疗保险的40—64周岁人群，称为"第二类被保险人"，在他

---

① Ministry of Health, Labor and Welfare of Japan, "Long–term Care Insurance System of Japan" 2016–11, https：//www.mhlw.go.jp/english/policy/care–welfare/care–welfare–elderly/dl/ltcisj_e.pdf, 2018–11–12.

们患有厚生省规定的早年性痴呆、心脑血管等疾病时可获得护理保险服务。市町村将援助和护理分别分为需援助 1—2 级、需护理 1—5 级七个等级，对于前者，护理保险制度向其提供护理预防服务，对后者提供护理服务。

该制度提供的服务包括居家服务和设施服务两个方面。① 居家服务包括：上门护理，上门进行护理和家务援助；上门洗浴，带洗浴车上门进行洗浴护理；上门看护，护士上门进行护理；上门、日间的康复治疗：治疗师上门或在护理设施进行康复治疗；社区医生医学管理；日托护理，一天内在护理中心进行洗浴、用餐的护理和机能训练等；短期入住服务，在护理中心进行短时间护理；认知障碍公寓护理，对认知障碍公寓的认知障碍老人进行护理；收费老人公寓护理；福利用具租售，租借轮椅、床等用具；支付住房修缮费，台阶、扶手、栏杆的安装拆卸等简单住房改造费用的支付；护理援助服务，根据被护理人员的实际情况制定服务计划。设施服务包括护理老年人福利设施（特别养护老年人之家）、护理老年人保健设施、护理疗养型医疗设施（疗养型病床、老年人痴呆症疗养病房）等。②

介护保险资金来源于被保险人的保费和国家及地方政府的公共财政。在服务费用方面，被保险人除需缴纳护理保险费用之外，还需承担在使用服务过程中所产生费用的 10%。市町村负责长期护理保险事务的具体实施，中央和都道府县在财务和事务上给予支持和指导。

介护保险制度一方面减轻了失能老人的身体、心理和经济负担，另一方面老人能够根据自身需求选择个性化的护理的方案，满足人们的多样化需求，为老年人营造舒心且安全的护理氛围。但不可忽视的是，虽然政府采取多种措施对护理人员进行培训和支持，但护理人才依然缺乏；此外，费用方面护理保险负担 90%、个人负担 10% 的负

---

① Ministry of Health, Labor and Welfare of Japan, "Long – term Care Insurance System of Japan", 2016 – 11, https：//www. mhlw. go. jp/english/policy/care – welfare/care – welfare – elderly/dl/ltcisj_ e. pdf, 2018 – 11 – 12.

② Ministry of Health, Labor and Welfare of Japan, "Long – term Care Insurance System of Japan", 2016 – 11, https：//www. mhlw. go. jp/english/policy/care – welfare/care – welfare – elderly/dl/ltcisj_ e. pdf, 2018 – 11 – 12.

担比例加重了政府财政负担,使原本负债较高的政府财政更加困难。

二 新加坡的养老保障政策

新加坡养老保障的主体制度为养老保险制度(即养老金制度),此外还包括医疗保障(包括医疗保险、医疗救助和医疗福利)。

(一)新加坡养老保险政策

养老保险制度的具体制度载体为中央公积金制度(the Central Provident Fund),该制度采取强制储蓄模式,由政府设立的中央公积金局进行管理。

1. 新加坡养老保险政策演变

第二次世界大战后,新加坡仍处于英国殖民统治之下,社会矛盾尖锐,人民生活条件恶劣。政府为巩固统治、稳定政权,于1953年颁布中央公积金法令,以立法形式确立了完全积累的筹资模式,要求雇主和雇员按照一定比例缴纳费用进行积累。1955年,新加坡政府成立专门负责管理公积金的中央公积金局,至此,中央公积金制度开始正式实施。规定当会员55岁时且其退休账户达到最低存款额时可以一次性提取公积金。该时期的中央公积金制度只是一种通过强制储蓄保障职工退休养老的自我保障制度,而非社会保障制度。政府在1987年推出最低存款计划,规定会员在年满55岁提取公积金时必须保留一笔最低存款在账户中,当时为3万新元(1995年提升至4万新元,之后逐年提升5000新元)[1]。同时推出了最低存款填补计划,规定会员可在父母年龄超过55岁但公积金存款少于最低存款额时为其填补差额;1995年又规定可为配偶填补差额。此外,针对住房保障推出公共住屋计划(1968年)和私人住宅产业计划(1981年);医疗保障包括保健储蓄计划(1984年)、保健双全计划(1990年)、自雇人士保健储蓄计划(1992年)、保健基金计划(1993年)和增值保健双全计划(1994年);针对家庭保障,推出家庭保障计划(房屋抵押递减保险,1982年)和家属保障计划(定期人寿保险,1989年);针对资产增值,相继推出新加坡巴士有限公司股票计划(1978

---

[1] 郭伟伟:《亚洲国家和地区社会保障制度研究》,中央编译出版社2011年版,第44页。

年)、非住宅产业计划（1986 年）、投资计划（1986 年）、基本投资和增进投资计划（1993 年）和填补购股计划（1993 年）；此外 1989 年推出教育计划，以贷款形式从普通账户中支取资金支付配偶、子女或自己的全日制教育学费。[①]

2001 年，新加坡经济衰退，政府推出"增长配套"计划，让民众共享国家发展成果，共渡难关。经过 50 多年的发展，中央公积金制度覆盖面从公共部门和私人部门雇员扩大到自雇者，从仅提供养老保障扩大到养老保险、医疗保障、购买住房、家庭保险、教育和投资等各个方面，成为覆盖广泛的综合性社会保障体系。一方面，不仅能满足公积金会员在养老、医疗和教育等方面的需求；另一方面，还通过各种投资计划使会员公积金保值增值，分享国家经济发展成果。

2. 目前新加坡养老保险制度

中央公积金由雇主和雇员按照规定缴费率（表 6 - 1）共同缴费，费用计入雇员个人账户。雇员个人账户包括三个账户：普通账户、保健储蓄账户和特别账户。普通账户主要用于购买公积金保险、支付子女教育费用以及购买政府组屋等；保健储蓄账户用于支付个人或直系亲属的住院费、日常手术费和门诊费；特别账户主要用于晚年养老、紧急支出和购买相关金融产品。公积金会员在 55 岁之后，个人账户的三个账户合并为退休账户和保健储蓄账户。在退休账户总额超过最低存款的前提下，会员在以下情况下能领取公积金："年满 55 岁；非新加坡居民永久离开新加坡以及马来西亚；马来西亚居民永久离开新加坡，由人力资源部部长决定；身体失能或精神失常导致不能就业；身患绝症。"[②] 如果 55 岁退休时账户总额低于最低存款，则公积金会员首先要通过现金、家庭成员帮助填补、继续工作、把普通账户金额转移至退休账户的方式填补账户使其余额达到最低存款，之后方能领取公积金。

---

① Central Provident Fund Board of Singapore, "Annual Report", https：//www.cpf.gov.sg/Members/AboutUs/about - us - info/annual - report, 2019 - 04 - 11

② 新加坡中央公积金法第 15 条。

表 6-1　　　　　　　　公积金缴费率　　　　　　　　（美元）

		雇员月W总额	50—500（含）	500—750（含）	750—1200（含）	1200—1500（含）	>1500
35岁及以下	雇主每月缴费额		a：W总额*14.5%	a+(W总额-500)*48%	a+120+(W总额-750)*24%	a+120+(W总额-750)*24%	（正常W+额外W）*34.5%
	雇员每月缴费额		不缴	(W总额-500)*48%	120+(总额-750)*24%	120+(总额-750)*24%	（正常W+额外W）*20%
36-50岁	雇主每月缴费额		a：(W总额-50)*9.64%	a+(W总额-500)*48%	67.5+(总额-750)*19.66%+120+(总额-750)*24%	156+(总额-1200)*20.5%+120+(总额-750)*24%	（正常W+额外W）*34.5%
	雇员每月缴费额		不缴	(W总额-500)*48%	120+(总额-750)*24%	120+(总额-750)*24%	（正常W+额外W）*20%
51-55岁	雇主每月缴费额		a：(W总额-50)*6.97%	a+(W总额-500)*43.2%	48.825+(总额-750)*13.15%+108+(总额-750)*21.6%	108+(总额-1200)*16.5%+108+(总额-750)*21.6%	（正常W+额外W）*28.5%
	雇员每月缴费额		不缴	(W总额-500)*43.2%	108+(总额-750)*21.6%	108+(总额-750)*21.6%	（正常W+额外W）*18%
61-65岁	雇主每月缴费额		a：(W总额-50)*3.32%	a+(W总额-500)*18%	23.25+(总额-750)*4.16%+45+(总额-750)*9%	42+(总额-1200)*11%+45+(总额-750)*9%	（正常W+额外W）*12.5%
	雇员每月缴费额		不缴	(W总额-500)*18%	45+(总额-750)*9%	45+(总额-750)*9%	（正常W+额外W）*7.5%

续表

56–60岁	雇主每月缴费额	a：(W总额−50)*4.98%	a+(W总额−500)*30%	34.875+(总额−750)*8.25%+75+(总额−750)*15%	72+(总额−1200)*13.5%+75+(总额−750)*15%	(正常W+额外W)*20%
	雇员每月缴费额	不缴	(W总额−500)*30%	75+(总额−750)*15%	75+(总额−750)*15%	(正常W+额外W)*12.5%
65岁以上	雇主每月缴费额	a：(W总额−50)*3.32%	a+W总额−500)*12%	23.25+(总额−750)*4.16%+30+(总额−750)*6%	42+(总额−1200)*11%+30+(总额−750)*6%	(正常W+额外W)*10%
	雇员每月缴费额	不缴	W总额−500)*12%	30+(总额−750)*6%	30+(总额−750)*6%	(正常W+额外W)*5%

数据来源：郑秉文，张峰：《中国基本养老保险个人账户基金研究报告》，中国劳动社会保障出版社2012年版，第448—449页。

注：W=工资

(二) 新加坡医疗保障政策

新加坡医疗保障包括以强制储蓄为特点的医疗保险、面向特殊社会人群的医疗救助以及医疗福利，主要包括保健储蓄计划，健保双全计划（2015年改为终身健保计划）、保健基金计划、综合健保双全计划、乐龄健保计划、老年伤残援助计划、社区卫生援助计划等，通过这些医疗计划的实施使新加坡公民能够享受基本的医疗服务。[①]

1. 新加坡医疗保险政策

1984年之前，新加坡政府实施全民医疗保险模式，政府负担全部医疗费用，导致政府医疗负担沉重。与此同时，20世纪七八十年

---

① 王勤：《独具特色的新加坡医疗保障制度》，《东南亚研究》2000年第Z1期。

代的石油危机和经济滞胀，新加坡经济受到冲击；另一方面，科技发展带动了新型医疗器械的研发与应用，人们预期寿命延长。上述原因使得新加坡政府决心进行改革，改变过去包揽医疗费用的做法。于是，在1984年4月，实行了保健储蓄计划（Medisave），形成国家与个人共同负担费用的制度模式，并且个人承担主要责任。在保健储蓄计划中，包括一个特殊补偿计划，即2006年提出的慢性病管理计划（The Chronic Disease Managemengt Programme），主要是针对糖尿病、高血压等患有慢性疾病的群体由于长期且高额的医疗费用支出负担较大的现实情况进行一定的政府补贴①。

由于保健储蓄计划只用于支付数额较小的医疗账单，对于患有严重疾病的患者来说，高额的医疗费用支出给个人以及家庭带来负担，影响家庭生活水平。鉴于此状况，政府于1990年7月推出了针对严重疾病的大额医疗费用的健保双全计划（Medishield Plans）。1994年7月，新加坡政府针对有较高医疗服务需求的人提出增值健保双全计划（Medishield Plus）作为健保双全计划的补充项目，该计划在2010年改革为综合健保双全计划，交由商业保险公司管理。综合保健双全计划主要针对重组医院A级、B1级病房或私人医院住院提供保障，设置多款计划供投保人选择。健保双全计划虽然在一定程度上分散了大病风险，但是其存在覆盖群体有限、保障程度不足以及逆向选择等问题。新加坡政府在2015年对该计划进行改革，推行终身保健计划以取代健保双全计划。该计划是一项具有强制性、全民参保、终身参保，具有社会统筹性质的大病医保计划，其全面实施在一定程度上标志着新加坡大病保险制度的建立。

2002年6月，在人口老龄化的现实情况下，为保障残障老人的医疗健康需求，政府推出乐龄保健计划（Eldershield）。该计划规定，当这些有严重伤残的公民年老后，国家会在规定时间内为年老的严重伤残者提供现金补偿，为他们提供基本的医疗保障，保证其享受政府提供的医疗服务。2007年9月，政府又推出乐龄保健补充计划（Eldershield Supplements），旨在满足想要获得更高的乐龄保健基金补偿额或

---

① 冯鹏程、荆涛：《新加坡保健储蓄计划研究及启示》，《社会保障研究》2013年第6期。

享受更长补偿期限的新加坡公民的需求[1]。

由于需要护理的老人快速增加,2018年5月新加坡政府决定将于2020年实施终身护保计划(Careshield Life)以取代乐龄保健计划。根据该计划,从2020年起,年满30岁的新加坡公民和永久居民将强制加入终身护保的全国重度残障保险计划,参保户一旦因中风或患痴呆症等无法自理时,每月可获得一笔现金来支付中长期护理费,直到康复或过世为止[2]。

2. 新加坡医疗救助政策

医疗救助主要包括保健基金计划、失能老人临时援助计划、社区健康援助计划(The Community Health Assist Scheme)和先锋援助计划[3]。保健基金计划于1993年成立,目的是在保健储蓄账户和保健保险都无法提供保障时,为贫困民众支起最后一张"安全网",针对的是极度贫困的民众。该计划利用本金的利息收入为在C和B2等级病房进行治疗的申请人提供救助。此外一些老人可能因为年龄或先前存在的伤残情况而没有资格加入乐龄保健计划,政府对于这类人群颁布实施了失能老人临时援助计划,对这类群体提供适当的经济援助。2012年新加坡政府提出社区健康援助计划,中低收入群体诊所或全科医生处接受常见疾病、慢性病、制定牙科服务时可以获得补贴。2013年,政府宣布了"先锋一代"计划,帮助减轻65岁及以上老年人的医疗负担[4]。

3. 新加坡医疗福利政策

医疗福利包括额外储蓄基金供给计划、基本护理合作计划和居家护理。

政府向雇主提供税收优惠鼓励雇主为雇员提供额外储蓄基金供给计划,雇主可以使用该计划购买转移医疗保险计划,也可将其划入雇

---

[1] 冯鹏程、荆涛:《新加坡保健储蓄计划研究及启示》,《社会保障研究》2013年第6期。
[2] 上海情报服务平台:《新加坡推出终身护保计划》,2018年5月31日,http://www.istis.sh.cn/list/list.aspx?id=11463,2019年3月22日。
[3] 屈玮、王晓先、慈延宁:《浅析新加坡医疗保障体系及对我国的启示》,《科协论坛(下半月)》2007年第8期。
[4] Community Health Assist Scheme, "CHAS Subsidies", https://www.chas.sg/content.aspx?id=636,2019-06-28。

员的保健储蓄账户。参加转移医疗保险计划的雇员可以获得离职后长达 12 个月的住院医疗护理[①]。

基本护理合作计划是 2000 年由新加坡卫生部和私人执业医生合作实施的一项计划,目的是让有需要的老人在私人诊所就近就医时也能够获得津贴。该计划规定,老人在诊所看伤风、咳嗽、头疼等疾病时能够获得补贴,但是糖尿病等慢性疾病须去综合诊所就医。在 2009 年,扩大了该计划的补贴范围,糖尿病、高血压和高胆固醇三种慢性疾病也包括在内。这些慢性病患者只要持有"老人医药卡",在私人诊所接受慢性病治疗产生的门诊费、药费和化验费均能获得政府补贴。

居家护理是为弱势群体和在家的老人提供家庭护理服务、家庭医疗、家庭护理、家庭个人护理或整体护理包,使他们留在家里或者社区就可以得到一定水平的照顾[②]。近年来,新加坡的居家护理服务需求大幅增长,政府根据现实情况不断推进计划护理服务,护理服务主要包括家庭医疗、家庭护理和个人护理。

三 德国的养老保障政策

德国养老保障制度主要由养老保险、医疗保险、长期护理保险构成。接下来本部分对这三个制度的政策演变及具体内容进行分析。

(一)德国养老保险政策

德国的养老保险体系包括公共养老保险和私人养老保险:公共养老保险包括法定养老保险、公务员和军人养老保险、农场主养老保险和独立从业者养老保险;私人养老保险主要包括企业养老保险和私人养老保险体系(图 6-3)。

[①] 原创力文档:《新加坡的医疗保障体系》,https://max.book118.com/html/2014/0710/9028920.shtm,2019 年 6 月 28 日。

[②] Ministry of Health of Singapore, "Intermediate And Long-Term Care (ILTC) Services", https://www.moh.gov.sg/our-healthcare-system/healthcare-services-and-facilities/intermediate-and-long-term-care-(iltc)-services, 2019-03-23.

第六章　发达国家养老保障政策和经验借鉴

养老保险		
公共养老保险	企业养老保险	私人养老保险
1. 法定养老保险 2. 农场主养老保险 3. 公务员和军人养老保险 4. 独立从业者养老保险	1. 直接保险 2. 退休储蓄 3. 退休基金 4. 互助基金 5. 直接承诺	1. 保险产品 2. 银行产品 3. 不动产
正常保障功能	补充保障功能	补充保障功能

图 6-3　德国养老保险体系图示

资料来源：姚玲珍：《德国社会保障制度》，上海人民出版社 2011 年版，第 38 页。

1. 德国养老保险政策变迁

该部分主要对德国公共养老保险进行介绍。

（1）法定养老保险政策变迁。1889 年 5 月 1 日至 5 月中旬，德国爆发了著名的煤矿工人大罢工，规模和人数创造了历史纪录。[①] 资产阶级在工人运动和革命带来的冲击下，于 5 月 24 日通过了此前在帝国议会一直处于辩论的《老年和残障社会保险法》，1891 年正式生效。该法律规定了适用于工人的养老保险制度，并于 1911 年扩展到职员和遗属。该制度采用基金积累制，在初期运行良好，但经济危机或通货膨胀使得基金保值增值困难。于是 1957 年引入现收现付制，并实现了养老金受益指数化的动态机制。

第二次世界大战后，德国经济实现了较快发展，为养老保险制度奠定了雄厚的物质基础。但到了 20 世纪 70 年代，全球性的经济危机导致德国经济受创，对法定养老保险体系造成了一定冲击，于是德国政府决定促进和规范企业补充养老保险的发展。1974 年 12 月德国政府通过了《企业补充养老金法》，标志着德国企业补充养老保险的制度化。20 世纪 90 年代，德国失业率的不断攀升，同时伴随着生育率持续下降以及老龄化推进，法定养老保险不堪重负。于是德国当时的

---

① 姚玲珍：《德国社会保障制度》，上海人民出版社 2011 年版，第 124 页。

◈ 精准施策赋能农村养老保障

总理科尔在1989年通过了《1992年养老金改革法》,提高养老金缴费率,且养老金给付与工资净收入增长挂钩;1992年,将退休年龄从60岁和63岁提高至65岁。这次改革取得了一定成效,参保人员不断增加,减缓了养老保险金支出的上涨①。

人口老龄化的持续推进,当时的施罗德政府决定再次进行改革,2001年5月德国通过《养老金改革法》。其目的在于大力发展企业补充养老保险和个人自愿养老保险,减轻法定养老支柱的压力。在2004年,考虑到老龄化以及养老金支出,德国政府再次进行改革,引入了反映人口寿命变化趋势以及社会人口动向和劳动力市场变化趋势的"可持续因子",此外决定将法定退休年龄在2030年之前从65岁提高至67岁②。

(2)其他法定养老保险政策变迁。德国针对农场主、公务员和独立从业人员制定了单独的养老保险,均属于法定体系。

农场主养老保险制度覆盖独立的农场主及其配偶以及共同工作的家庭成员。德国于1886年颁布《关于农业企业中被雇用人员工伤事故保险帝国法》,保障对象仅限于从事农业的雇员,不包括农场主③。随着城市化的推进,农村老年人口比例超过城市且生活需求上升,特别是中小农场主以及农场主配偶在退出农业经营时获得的现金补偿无法满足需求而导致陷入贫困。于是德国在1951年针对农场主这一特定群体颁布了《农场主养老保险法》。根据该法案,独立的农场主及其配偶以及共同劳作的家庭成员④均为农场主养老保险的义务投保人,但是要求其农场规模达到或超过最低限制才有资格参加该保险。1957年设立农场主辅助养老基金,以确保农场主及其配偶和在农场工作的家庭成员的社会保障。1995年1月1日颁布《农业社会改革法案》。至此,农场主养老保险制度覆盖所有农业和林业企业主以及与农民进

---

① 姚玲珍:《德国社会保障制度》,上海人民出版社2011年版,第124页。
② 陆杰华、田峻闻:《欧美国家养老保障的制度建设与中国借鉴》,《上海城市管理》2011年第3期。
③ 郑春荣:《德国农村养老保险体制分析》,《德国研究》2002年第4期。
④ 共同劳作的家庭成员是指到第二层次的亲属以及到第二层次的姻亲:第二层次的亲属包括农场主自己的子辈和孙辈、父母和祖父母、兄弟姐妹、舅舅和姑姑、侄子和侄女,第二层次的姻亲包括儿媳(女婿)和孙儿媳(孙女婿)、公婆和岳父母、兄弟姐妹的配偶。

行共同劳作的家庭成员及其配偶。除每年雇用期少于 2 个月或 50 个工作日的人员，其他人强制参保。该养老保险体系的保费主要来源于投保者缴纳保费和政府补贴。受保人在满足一定领取条件后可以获得正常退休养老金、提前支取养老金和工作能力减退养老金。

德国公务员养老保险制度历史悠久。但在 1920 年之前，公务员养老金制度仅仅是对公务员丧失公职能力的保障。直到 1920 年，首次将年满 65 周岁作为法定退休年龄引入公务员养老金制度。随着老龄化的推进，公务员养老金制度同样面临挑战，于是德国政府逐渐降低公务员养老金水平、提前领取养老金进行扣除以及降低鳏寡养老金的领取比例，此外将退休年龄从 65 岁提高至 67 岁。独立从业者养老金制度可以追溯至 1923 年巴伐利亚州设立的医生养老金制度。该制度主要是为应对当时的高通货膨胀，自由从业者为了资产的保值增值而设立的一个集体保险制度。第二次世界大战后，德国经济繁荣带来了各行各业的发展，推动了独立从业者养老金制度的发展，但这种同行业协会养老金制度主要集中在德国西南部。德国统一以后，独立从业者养老保险制度再一次长足发展。1992 年的《养老金保险改革法案》[1]对独立从业者的问题进行了明确规定，从而使独立从业者协会养老金制度的建立具备了法律基础和物质前提。1992 年初，德国东部各州建立了与医疗职业相关的养老保险制度，包括医生、牙医、兽医和药剂师养老金保险制度；其他自由职业者的同业协会养老保险制度也纷纷建立[2]。

2. 当前德国养老保险体系

目前，德国的法定体系（法定养老保险）覆盖所有工人和校外受训人员；长期残疾者；宗教协会成员；部分自由职业者，如家庭工商业者、学校和幼儿园教师、助产士；从事医疗护理、婴儿护理和儿童护理，雇主按法律规定可以不承担法定保险义务的人群；在抚养子女期间的父母。法定养老保险的给付项目包括年老养老金、工作能力减

---

[1] 李敬波、宋立平：《国外农村养老保障制度对我国的启示——以制度和文化为视角》，《黑龙江社会科学》2010 年第 3 期。

[2] 姚玲珍：《德国社会保障制度》，上海人民出版社 2011 年版，第 75 页。

退养老金及死亡养老金[①]。

法定体系还包括农场主养老保险制度、公务员养老保险制度和独立从业者养老保险制度。农场主养老保险制度保险为农场主这一特殊群体设计,对象包括农场主、农场主配偶以及共同劳动的家庭成员三部分。与法定养老保险制度一样,农场主养老保险也是对于年老、工作能力减退和死亡的保险。受保人满足一定的条件就可以领取正常退休养老金、提前支取养老金和工作能力减退养老金。该保险制度的资金主要来源于保险者缴纳的保费和保费补贴。农场主需要缴纳农场所有参保人的保费,且缴费与农场收入无关,而是根据统一费率进行计算。其中农场主家庭成员的保险费率是农场主费率的1/2。政府补贴是指农场主年收入不超过规定额度时,政府为农场主提供的社会资助。目前,德国设立专门机构对农场主养老保险基金进行管理。公务员养老金制度是对公务员丧失公职能力、达到退休年龄以及公务员死亡后其遗属的生活保障。该制度资金主要来源于政府税后收入,联邦政府为2007年之后雇用的政府雇员建立了一个"退休基金",由德意志联邦银行进行管理[②]。独立从业者养老保险制度的保障对象包括医生、药剂师、建筑师、公证员、律师、税务咨询师、审计师以及工程师等。资金的唯一来源是成员缴纳的保费,没有任何政府补贴,主要是通过各行业协会成员所缴保费的资本运作保持资金平衡。

企业补充养老保险制度是雇主基于劳动合同关系为雇员建立的。它是以劳动雇用关系为基础的一种承诺,雇主是义务承担者,雇员是受益者。具体来说,德国企业补充养老保险制度的实现形式有以下五种:直接承诺、直接保险、退休储蓄、互助基金和退休基金。德国个人补充养老保险制度由个人养老保险和私人养老保险两部分组成。前者是由2001年德国劳工和社会部长李斯特提出的退休养老计划,因此又被称为"李斯特养老金";后者主要通过购买个人补充养老金产品,养老金产品主要包括银行储蓄计划、有价证券、基金以及保险产

---

① Federal Ministry of Labor and Social Affairs of Germany, "Social Security At A Glance 2019", 2015－08－25, https://www.bmas.de/SharedDocs/Downloads/DE/PDF－Publikationen/a998－social－security－at－a－glance－total－summary.pdf?＿＿blob=publicationFile&v=8, 2019－03－14.

② 姚玲珍:《德国社会保障制度》,上海人民出版社2011年版,第68页。

品等。企业和个人补充养老保险在一定程度上减轻了法定养老保险体系的替代率,增加了德国居民的养老收入来源,减轻了政府沉重的财政负担。

(二) 德国医疗保险政策

德国医疗保险制度属于典型的社会医疗保险模式。政府构建起医疗保险制度运行的基本框架并进行监督与协调,不直接参与保险事务的经营;具有独立法人地位的医疗保险机构进行自我管理、自负盈亏;医疗服务供给方与按照保险机构达成的合同约定向参保人提供医疗服务。德国的医疗保险形成了以法定医疗保险为主,私人医疗保险、长期护理保险[1]和针对特殊人群的福利医疗计划为辅的多层次医疗保险体系。

1. 德国医疗保险政策变迁

德国经历的一系列战争以及社会的转型导致了大量贫困工人的产生,引起了诸多社会问题和矛盾。时任宰相俾斯麦为缓和阶级矛盾并稳定政权,选择相对成熟的疾病保险作为突破口,将《疾病保险法》呈交帝国议会,1883年通过,1884年12月1日生效。该法律标志了医疗保险作为一种新制度的诞生,其引入了强制保险模式,保障范围扩大至产业工人家庭成员;建立了具有独立法人性质的医疗保险基金会等自治组织,负责保险金的筹集、管理和支付;受保人在遭受疾病时可根据情况享受现金赔付、免费就诊、药物治疗和领取病休金、丧葬金、护理金等[2]。

受到兼顾市场自由原则与社会公平原则的第三条道路的影响,战后德国建立了社会医疗保险制度模式。1952年重新启用医保基金的自我管理模式。20世纪70年代以后,德国经济发展带动了医疗保险相关法律的完善,进入全面稳定的发展阶段。相继颁布了《医院筹资法》《联邦护理费规定》《康复适应法》等,医疗保险覆盖人群也扩大到自主经营的农户、学生、残疾人、艺术工作者等。参保范围的扩

---

[1] 长期护理保险于1994年从法定医疗保险中分离出来,成为继养老保险、医疗保险、法定意外保险和失业保险之后的第五大社会保险。长期护理保险在本节不做叙述,将在下一节详细介绍。
[2] 姚玲珍:《德国社会保障制度》,上海人民出版社2011年版,第164页。

大导致医疗支出成本上升，政府为控制成本出台了《健康改革法》，详细规定了保险机构和投保人双方的权利义务。

　　1990年两德统一后，在德国东部实行西部的医疗保险法律给医保制度的运行带来巨大挑战。此外财政赤字不断增长，政府意识到亟须保持医疗体系收支平衡。20世纪90年代开始，德国政府进行了一系列改革。1993年颁布《医疗护理结构法》，在1996—1997年出台《医保费率减免条例》进行第一、二步医疗卫生体系重组，1998年颁布《进一步加强法定医疗保险机构互助法》。这几次改革主要是通过一系列措施取消法定医疗保险在收入和人员资格上的限制，扩大法定医疗保险的承保范围，提高制度运行效率。同时，使私人医疗保险成为未参加法定医疗保险人群的补充，进一步强化法定医疗保险的主导地位。

　　进入21世纪，德国医保改革继续关注收支赤字，同时调整医保体系结构以及参与者职能规范等。先后颁布《指导价格调整法案》、《药品支出预算恢复法案》、《法定医疗保险机构风险补偿结构改革法》和《医保费率稳定法案》等进一步调整和完善制度体系。为继续改善医疗保险体系成本控制的能力、加强融资能力和保险机构之间的竞争，2007年再次进行改革。建立"医疗卫生基金"，统一收缴、管理和调配雇员与雇主缴纳的医保费以及国家补贴；逐步取消给医保机构的补贴并将医疗保险费率提高0.5%；筹备成立国家性质的法定医疗保险机构联合会；参保人自由选择医保合同形式；改革医生酬金模式；等等[1]。

　　2. 当前德国医疗保险体系

　　该部分主要对包括德国的法定医疗保险、私人医疗保险和特殊人群福利计划组成的医疗保险体系作简要介绍。

　　（1）法定医疗保险

　　法定医疗保险参保对象包括：雇员和接受职业训练的人士；州立大学学生；实习或接受二次教育的人；已参加法定健康保险或家庭保

---

[1] 郭小沙：《德国医疗卫生体制改革及欧美医疗保险体制比较》，《德国研究》2007年第3期。

险的退休人员；残疾人士；领取失业救济金的失业者；农民；主要受雇于农场且年龄在 15 岁以上或正在接受培训的农业家庭成员；拥有 Altenteil（转让给子女后继续在农场生活的权利）的退休农民；《艺术家社会保险法》规定的艺术家和出版行业成员[1]。

参保人缴费是德国医疗保险体系最主要的资金来源。可享受的服务包括：成年人（35 岁以上）定期体检、癌症筛查、药物、敷料、治疗以及助听器和轮椅等急救设备；如果患者必须在至少 28 天内同时服用至少三种处方药，小组医生会起草并发给患者一份全国统一的书面用药计划；提供必要的假牙和牙冠；医院治疗；出院管理（出院时，医院可为患者提供长达 7 天的家庭护理、治疗和急救，费用由法定医疗保险承担；他们还可以确定病人是否适合工作）；部分或全部必要的预防和康复治疗费用；疾病津贴；家庭帮扶；有助于避免或缩短住院时间或帮助患者医疗的家庭护理；当妇女因怀孕或分娩需要时提供家庭护理或家庭帮助；为患有严重心理疾病，无法就医的投保人提供社会治疗；怀孕期间和分娩后的生育津贴和援助[2]。

（2）私人医疗保险

私人医疗保险是当公民收入超过私人医疗保险准入基线时可以选择的一种保险，也可以同时参加法定和私人医疗保险。私人医疗保险可以满足收入更高、有更高医疗要求的人的需求。

私人医疗保险的参保对象包括四类：不在法定医疗保险范围内的私人个体经营者、退休教师、大学教授或政府部门公务员；从事医务工作的医生、牙师、药剂师等；由于收入超过计费收入上限而被排除在法定医疗保险之外的人员；已投保法定养老保险，但为享受更好的医疗服务，也可参加私人医疗保险[3]。私人医疗保险完全是投保人和承保人自愿签订契约合同关系，因此保费是在法律规定范围内按照当

---

[1] Federal Ministry of Labor and Social Affairs of Germany, "Social Security At A Glance 2019", 2015-08-25, https://www.bmas.de/SharedDocs/Downloads/DE/PDF-Publikationen/a998-social-security-at-a-glance-total-summary.pdf?__blob=publicationFile&v=8, 2019-03-14.

[2] Federal Ministry of Labor and Social Affairs of Germany, "Social Security At A Glance 2019", 2015-08-25, https://www.bmas.de/SharedDocs/Downloads/DE/PDF-Publikationen/a998-social-security-at-a-glance-total-summary.pdf?__blob=publicationFile&v=8, 2019-03-14.

[3] 姚玲珍：《德国社会保障制度》，上海人民出版社 2011 年版，第 145—146 页。

事人共同意愿自行确定。私人医疗保险作为法定医疗保险的一种替代方式，偿付内容几乎包括了法定医疗保险中的所有内容，同时还具有一些法定医疗保险没有的医疗服务项目，例如高级医师诊断、牙齿护理保健和面向高收入人群的特殊医疗服务待遇等。

（3）特殊人群医疗福利

此外，还有针对公务员、警察、战争受害者等特殊人群提供福利性医疗服务待遇。政府从预算中划拨资金专门用于支付这部分人的福利性医疗待遇。

（三）德国长期护理保险制度政策

1994年德国颁布了《长期护理保险法》，于1995年1月1日正式实施，成为德国第五大险种。

1. 德国长护保险政策变迁

德国长期护理保险的产生可追溯到20世纪70年代中期。德国在20世纪60年代后失业人数不断增加，中老年群体经济状况恶化。同时，医疗保险对于老年人护理费用不予报销，导致家庭成本上升，一些家庭选择通过社会救济渠道获得帮助。据估算，20世纪70年代，需护理人员中有3/4的人需要接受社会救济[1]。护理需求导致救济成本的上升给地方财政带来巨大压力，于是地方政府与相关福利组织一起提出了关于建立专门的护理保险制度的建议。1980年，联邦政府委托成立的专门小组提出将护理需求作为应对新的生活风险纳入国民社会保障体系的一个立法目标[2]。1986年，联邦政府通过关于改善护理服务的议案。但是护理保险发展仍十分缓慢，只有在联邦德国境内病人家中提供轻度护理的人可以得到保险给付，仍然无法满足人们的护理需求。1989年《健康改革法》开始实施，规定迫切需要护理并采用家庭护理且参加医疗保险15年以上的被护理者可以获得医疗保险基金的护理费用给付。1991年起，医疗保险机构开始向德国境内需要护理的人提供补助或护理费用。

德国统一后，为了完善社会保障体系、减少社会救济支出和减轻地

---

[1] 丁纯、瞿黔超：《德国长期护理保险体制综述：历史成因运作特点以及改革方案》，《德国研究》2008年第3期。

[2] 王斌全、赵晓云：《老年护理保险的发展》，《护理研究》2008年第27期。

方财政压力，国会加快了护理保险的立法步伐。联邦议院于1993年6月通过《长期护理保险法》，在1994年引入护理保险体制，长期护理保险成为德国社会保险体系的第五大支柱。1995年护理保险开始提供与家庭医疗和医疗保险有关的保险偿付和服务。护理保险的实施一方面减轻了地方政府财政负担；另一方面由于经济低迷、高失业率和人口老龄化等因素，保险偿付成本上升，长期护理保险支出负担沉重，亟须改革。2008年，德国实施了《长期护理保险结构改革法》并颁布《长期护理保险补偿条例》，主要内容包括：调整政府、雇主与个人缴费比例，适当提高个人缴费责任；加大各类护理需求的经费投入；提高护理服务者薪酬福利以改进护理保险服务；加强护理保险质量监督；等等。通过这一系列措施的实施，一定程度上减轻了长护保险支出负担。

2. 当前德国长护保险制度

德国长期护理保险区别于传统的医疗护理保险之处在于它以辅助方式维持社会成员正常生活，而不是治疗性的服务和照顾。德国长期护理保险包括法定长期护理保险和私人长期护理保险，都是义务保险。德国法律规定所有人必须参加长期护理保险，但对于参与法定保险还是私人保险不受限制。而享有特殊医疗服务的政府官员、公务员、警察等群体则由国家负责单独参加私人护理保险。综上，几乎所有人都纳入了护理保险体系。

德国的长期护理服务根据护理需求状况、被护理者的意愿以及可及性，主要分为家庭护理和住院护理。前者又可细分为家庭自配人员护理、护理机构上门服务或两者兼而有之，护理服务由家人、朋友或健康护理专业人员提供。接受家庭护理服务的参保人根据自己的需要决定保险金的偿付方式：实物偿付和现金偿付。为支持家庭护理、避免被护理者仓促转向住院护理，长护险还提供了许多附加服务，如在家临时性护理、短期住院护理和白天护理。住院护理是在护理保险的专门机构接受正规的护理服务，服务由专业人员提供[1]。所有参加住

---

[1] Federal Ministry of Labor and Social Affairs of Germany, "Social Security At A Glance 2019", 2015-08-25, https://www.bmas.de/SharedDocs/Downloads/DE/PDF-Publikationen/a998-social-security-at-a-glance-total-summary.pdf?__blob=publicationFile&v=8, 2019-03-14.

院护理的参保人根据不同的护理等级均能获得一定数额的保险金，但这笔费用仅能用于支付护理服务的费用，每个保险机构发放的保险偿付金额受到严格限制。

随着预期寿命延长、出生率下降等问题的出现，长护险面临一些挑战。老龄化和慢性病加剧带来需护理人群的激增；在岗护理人员工作强度大、待遇低、专业护理人员紧缺等。

第二节 日本、德国和新加坡养老保障政策的主要经验

梳理前文对日本、德国和新加坡三国的养老保障政策，我们发现一些有助于养老保障及服务供给精准化的先进经验，具体内容如下。

一 推行强制性的长期护理保险制度

人口老龄化进程加快、家庭结构小型化导致老年抚养比上升，家庭养老和护理负担加重。对此，日本、德国和新加坡均建立了长期护理保险制度以减轻家庭护理负担。

日本和德国的人口老龄化程度在全球均位于前列。日本2017年65岁及以上人口占比27.6%，居世界首位，预计到2065年，该比例将高达38.4%[1]。德国在2014年底65岁及以上人口比例达到21%，其中75岁及以上占比11%[2]。此外，新加坡65岁及以上人口占比也从1990年的6.0%上升至2018年的13.7%，翻了两倍不止[3]。而我国2017年底60岁及以上人口占比17.3%，预计2050年人口老龄化

---

[1] National Institute of Population and Social Security Research, "Population and social security in Japan, 2019", 2019-07-26, http://www.ipss.go.jp/s-info/e/pssj/pssj2019.pdf, 2019-07-29.

[2] Federal Statistical Office of Germany, "Older People in Germany and the EU", 2016-10, https://www.bmfsfj.de/blob/113952/83dbe067b083c7e8475309a88da89721/aeltere-menschen-in-deutschland-und-in-der-eu-englisch-data.pdf, 2019-03-10.

[3] Department of Statistics of Singapore, "Populationtrends 2018", 2018-09, https://www.singstat.gov.sg/-/media/files/publications/population/population2018.pdf, 2019-03-02.

水平达到31%，80岁及以上高龄老人占老年总人口的25%—30%。[1]我国与日本在老龄化速度、程度方面及其相似，亟须建立长期护理保险应对养老及护理问题。

其次，家庭结构的小型化、核心化，给家庭护理带来一定困难。日本家庭数量不断上升，但家庭规模从1953年的5人下降至2016年的2.47人[2]。2014年，德国近1/3的家庭至少有一个65岁以上的老人，其中80%的家庭是纯老年人家庭；并且，在60—64岁群体中男性和女性独居比例分别为19%、24%，在85岁及以上群体中，该比例分别为34%、74%[3]。2017年，新加坡的家庭平均规模为3.3人[4]，老年人口抚养比[5]从1990年的1∶10.5上升至2018年的1∶4.8[6]。我国家庭平均规模由1990年的3.96人下降至2012年的3.02人，人口抚养比由2002年的1∶8.6上升至2017年的1∶6.28[7]。由此可见，我国家庭规模逐渐缩小，家庭养老及护理负担逐渐加重。此外，在农村，子女外出务工或上学，导致独居或隔代居住老人更多，加剧了老人的健康和养老风险。同时我国的"孝"文化传统盛行，养老被认为是家庭的责任，大多数老人不愿选择机构养老，这在一定程度上也加重了家庭护理负担。综上，政府建立起强制性的长期护理保险制度是必要的。

---

[1] 范文：《中国人口老龄化发展趋势预测研究报告》，2019年2月23日，http：//fanwen. jianlimoban. net/247778/，2019年3月25日。

[2] 厚生劳働省，"平成29年版（2017年）厚生劳働白书"，2018 – 11 – 12，https：//www. mhlw. go. jp/ – english/wp/wp – hw11/dl/01e. pdf，2019 – 03 – 02.

[3] Federal Ministry for Family Affairs，"Senior Citizens, Women and Youth. Family Report 2017: Benefits, Effects, Trends" 2018 – 04，https：//www. bmfsfj. de/blob/123200/c5eed9e4f3242f9cfe95ee76ffd – 90fa6/familienreport – 2017 – englisch – data. pdf，2019 – 03 – 14.

[4] Department of Statistics of Singapore，"Populationtrends 2018"，2018 – 09，https：//www. singstat. gov. sg/ – /media/files/publications/population/population2018. pdf，2019 – 03 – 02.

[5] 按照常规，劳动人口年龄是15—64岁，但因为年轻人进行高等教育参与劳动力市场较晚，因此新加坡普遍使用的劳动力年龄为20—64岁。

[6] Department of Statistics of Singapore，"Arethe old – age support ratio trends similar across different working – age groups?"，2018 – 09，https：//www. singstat. gov. sg/media/files/publications/population/ssnsep18 – pg9 – 10. pdf，2019 – 03 – 02.

[7] 国家统计局：2018年年度数据，http：//data. stats. gov. cn/search. htm? s = 老年抚养比，2019年7月22日。

针对上述老龄化现实，日本、德国和新加坡均设立了护理保险制度进行应对。日本的介护制度以保证受保人生活独立、以用户为中心的制度和强制性的社会保险为准则，强制性要求40岁以上的人群参加该制度[1]。与日本的部分覆盖不同，德国的长期护理保险制度覆盖全民，参保人缴费是主要资金来源。长期护理保险服务给付遵循两项重要原则：预防和康复（克服、减少或防止长期护理需求增加的措施）优先于护理，家庭护理优先于机构护理。新加坡的长期护理制度是乐龄保健计划及其补充计划，该计划面向40岁时拥有保健储蓄账户（Medisave）的新加坡公民和永久居民，给付最多持续72个月。面对老年人残疾风险增大，长期护理需求日益增加的现实情况，新加坡政府决定在2020年实施全国长期护理保险计划——终身护保计划（Careshield life）以取代乐龄保健计划，为长期护理成本提供基本保障。计划覆盖30岁以上的新加坡人（在1979年及之前出生的人，本人不愿参加则可以在2023年12月31日之前退出该计划）[2]。

综上，日本、德国和新加坡政府为一定年龄段的国民建立了强制性的长期护理保险制度以应对人口老龄化等带来的日益沉重的家庭护理负担，但是在护理津贴给付和给付条件方面有一定区别。我国应该在借鉴上述国家先进经验的基础上，结合我国具体国情建立长期护理保险制度，以满足人们的护理需求。

二 精准识别服务对象

如何实现养老服务和保障的精准供给？笔者认为，首先要解决为谁服务的问题，找准服务对象，分析服务对象存在何种养老保障需求以及何种程度的需求，按紧服务对象的需求穴位。根据服务对象的养老需求程度进行供给，是实现精准化供给的第一步。在服务对象和需求的精准识别方面，主要以日本和德国的长期护理保险为例。

---

[1] National Institute of Population and Social Security Research, "Population and social security in Japan 2019", 2019–07–26, http://www.ipss.go.jp/s–info/e/pssj/pssj2019.pdf, 2019–07–29.

[2] Ministry of Health, "CareShieldLife", https://www.moh.gov.sg/careshieldlife/about–careshield–life, 2019–07–01.

日本的被保险者需要照护服务时，需要事先向当地政府提出申请，并接受两个评估环节确定是否具有享受资格以及享受何种程度的照护。第一个评估环节是由电脑评估等级，第二个评估环节则是由政府建立委员会，综合考量调查员记录、病历等信息，对第一环节的评估等级进行修正。德国长期护理申请者如有护理需求，需要与所在地区的/长期护理保险基金或护理支持中心联系并递交申请，长期护理保险基金会委任一名护理顾问负责申请者的申请，并要求医疗顾问服务（MDK）或其他独立评估机构从8个维度进行评估，以确定申请者是否需要长期护理，在评估时会考虑申请者家庭是否能够提供服务等因素。

（一）制定精细的评估维度

日本和德国均是从运动能力、认知功能、心理功能和社交能力等方面评估被护理者的护理需求程度。

1. 日本护理需求评估维度[①]

日本护理需求等级评定主要从6个维度进行评估：

身心功能及起居：共20个项目，主要是涉及行走、站立等基本运动行为的能力；

生活功能：共12个项目，包括洗漱、饮食、排泄等基本的自主生活能力；

认知功能：共9个项目，包括记忆力、方位识别等基本认知功能；

精神及行为障碍：共15个项目，确认被护理者是否存在妄想、暴躁等BPSD症状；

社会生活适应能力：共6个项目，主要包括金钱管理、日常社区生活的适应能力等；

特殊的医护管理：共12个项目，主要涉及严重疾病或术后护理，如输液照护、导尿管护理、器官切开部位护理等。

---

① 厚生労働省，"要介護認定認定調査員テキスト2009改訂版"，2018-04，https://www.mhlw.go.jp/file/06-Seisakujouhou-12300000-Roukenkyoku/0000077237.pdf，2019-04-26.

上述6个维度从身心功能、社交和特殊医护需求等方面涉及被护理者日常生活的基本方面，能对其护理需求进行较为全面的评估。

2. 德国护理需求评估维度

德国长期护理强调符合"护理必须性"概念的申请者才能享受护理保险待遇。该定义涵盖了对其独立性或能力表现出健康相关限制的任何人，因此需要他人的帮助；它涉及所有不能独立补偿或克服身体、认知或心理损害的个人。长期护理预期需要至少持续6个月，并且必须至少达到《社会守则》（SGBXI）第15卷第15节规定的严重程度[1]。评定机构一般根据以下8个基本因素来确定参保人是否需要护理帮助以及需要哪种等级的护理服务[2]。

移动性：评估者考察个人的身体移动性，比如起床、爬楼梯等；

认知和沟通能力：这一领域涉及理解和语言表达，包括时间定位、与他人交流等；

行为和心理问题：包括夜间不安、焦虑和攻击性等，对病人和家庭成员都会造成压力；

自我照顾能力：申请人是否可自行洗漱、穿衣、如厕及吃喝等；

独立处理和应对疾病或治疗相关的需求和压力的能力：评估者验证患者是否能够自己服药和就医、独立测量血糖水平、使用假肢或行走架等辅助工具；

管理日常生活和社交联系：诸如相关人员是否能够安排时间和管理日常事务、是否能够与他人直接联系或在没有帮助的情况下与朋友见面等；

户外活动：离开住宅和外面的运动能力；

工具性日常活动：为日常需要购物，使用服务，管理财务等行为。

---

[1] Federal Ministry of Labor and Social Affairs of Germany, "Social Security At A Glance 2019", 2015–08–25, https：//www.bmas.de/SharedDocs/Downloads/DE/PDF–Publikationen/a998–social–security–at–a–glance–total–summary.pdf?__blob=publicationFile&v=8, 2019–03–14.

[2] Federal Ministry of Labor and Social Affairs of Germany, "Social Security At A Glance 2019", 2015–08–25, https：//www.bmas.de/SharedDocs/Downloads/DE/PDF–Publikationen/a998–social–security–at–a–glance–total–summary.pdf?__blob=publicationFile&v=8, 2019–03–14.

从上述 8 个维度的内容看，德国护理需求评估方面和日本的评估维度基本相同，均涉及身心功能、运动能力和社交等日常生活的基本能力。我国在识别需求对象时，可以借鉴这些维度评估方法。

（二）评估等级认定及服务给付

日本和德国在进行等级认定时有自己的一套算法，按照上述维度对被护理者进行评分以确认需求等级，进而提供相应服务给付。

1. 日本护理等级认定及服务给付

在初步评估阶段，电脑程序从护理申请者在上述 6 个维度的表现根据逻辑推算出其在家维持 24 小时的独立生活时需要接受照护的时间（标准照护时间），根据标准照护时间长短，评估为 7 个等级（表 6-2）。

表 6-2　　　　　　　　评估等级类型及给付

评估等级	基本状态	身心状态	评估得分	服务给付
不符合（能自理）	无须照护	不具备	不足 25 分	无
需协助 1 需协助 2	有可能发展为要照护的状态，需要社会性协助	具有自立生活能力，但走路不稳，洗澡时需要部分照护	25—31 分 32—49 分	5003 单位/月 10473 单位/月
需照护 1	一部分生活需要照护	站起来或步行时不稳定，排泄、洗澡方面需要一部分或全部需要照护	32—49 分	16692 单位/月
需照护 2	需要中等程度照护	多数时间不能一人站立，不能走路，排泄和洗澡方面需要一部分或全部需要照护	50—69 分	19616 单位/月
需照护 3	需要高等程度照护	不能一人站立，不能走路，排泄和洗澡方面全部需要照护	70—89 分	26931 单位/月
需照护 4	需要最高程度照护	日常生活能力严重下降，洗澡、穿衣方面全需照护，进食需要一部分照护	90—109 分	30806 单位/月
需照护 5	需要很艰难程度的照护	生活方面全需照护，多数时间无法进行意识性的交流	110 分以上	36065 单位/月

资料来源：日本厚生劳动省，《2017 年厚生劳动年度报告：高龄者保健福祉篇》，第 238 页，https://www.mhlw.go.jp/english/wp/wp-hw11/dl/10e.pdf。

在确定上述 7 个服务等级之后，当地政府会聘请本社区医生以及大学和福利机构等部门的医、药、保健、福利专业的专家（4—6 人）组成的"照护认定审查委员会"，对照护认定申请者等级进行审查。该审查委员会根据第一阶段的申请者身心状况计分、调查员记录和主治医生提供的病历等资料进行再次审查并最终确定认定结果。大多数情况下，最终审查结果和第一阶段的电脑认定结果相同。

经过以上评估审查程序，确定照护认定等级后，将由当地政府直接通知申请本人，并推荐适当的"照护协助经理"（Care Manager），协助申请者管理他们的照护服务计划、选择服务公司，并开始照护服务的使用。根据 7 个评估等级以及被服务者自身的要求，主要提供经济援助和以下服务：居家照顾（居家护理员为服务对象提供饮食、洗浴、排泄等身体照顾服务和保洁、洗涤、买东西等生活援助）、日间照料需求（白天前往服务机构接受介护服务，机构可以分为"预防日间介护中心"和"日间康复中心"等不同类别）、短期入住（平时在家里接受介护服务的老人，短期入住特殊老人院接受专业护理服务，主要是为了给亲人照顾者提供缓解压力和休息的时间）、机构养老（主要为需要提供长期照护、在家中生活有困难的或者想获得更高水平的照护服务的被服务者提供）。

2. 德国护理等级认定

德国在评估长期护理需求时，上述 6 个维度分别被赋予不同权重，通过加权维度 1—6 的分数，得到一个介于 0—100 分的分数。不同的分数对应不同的需求等级，维度 7 及维度 8 的得分会作为评定需要程度的参考，但并不会直接影响评估等级的结果。根据在这 8 个项目上的得分，确定 5 个需求等级并提供给付。

护理服务主要分为家庭护理和机构护理，保险金的偿付方式包括实物偿付和现金偿付。为支持家庭护理、避免被护理者仓促转向住院护理，长护险还提供了许多附加服务，如在家临时性护理、短期住院护理和白天护理。根据不同等级的照顾需要程度，长期护理保险提供不同的服务给付（表 6-3）。

表6-3　　　　　　　　　护理需求等级的各类给付额

需求等级	等级分数	现金给付 居家护理	实物给付 居家护理	救济金额 居家护理（特定目标）	给付总额 全职护理
无须照顾	0—9分	/	/	/	/
等级1	10—29分	/	/	125欧元	125欧元
等级2	30—49分	316欧元	689欧元	125欧元	770欧元
等级3	50—69分	545欧元	1298欧元	125欧元	1262欧元
等级4	70分以上	728欧元	1612欧元	125欧元	1775欧元
等级5	等级4+需特殊照顾	901欧元	1995欧元	125欧元	2005欧元

资料来源：https://www.bundesgesundheitsministerium.de/fileadmin/Dateien/5_Publikationen/Pflege/Flyer_Poster_etc/Flyer_Pflege_Englisch.pdf。

注：所列给付按月提供。

日本和德国在护理需求的评估方面，均有一套结合国情的较为科学的需求评估系统，并根据不同的服务需求等级提供相应的给付和服务。据此，我国在进行老年保障供给时，首先要考虑到老人因年龄、收入水平、身体和心理状况、子女照顾程度和外部环境等因素而产生的个性化养老需求。此外，需要对养老服务需求进行定位和分级，人们在养老方面的需求主要包括基本生活保障、日常照料、长期照护、精神慰藉和更高层次自我实现需求。在明确对象和需求类型之后，可以建立一个科学的需求识别系统，人们可以根据自身身心状况以及个人需求，系统程序对其进行识别并分级，建议选择合适的养老保障和服务类型，政府根据系统的结果进行复核和审批，最终将服务和保障递送至需求者，满足其养老需求。

三　实现供给主体多元化

新加坡养老保障和服务的提供主体主要包括政府、家庭、社区、机构等。新加坡政府作为养老保障建制主体，主要是提供经济支持；家庭提供经济支持、心理慰藉和一定的护理服务；社区主要是作为服务供给平台；而机构则是为有特别需求的老人提供更加全面和专业的服务。

(一) 政府供给主体

新加坡养老保障的发展，离不开政府的支持和推动。李光耀强调指出：政府的责任，是确保经济成长和全体人民都享有良好安定的生活[①]。新加坡政府作为建制主体，提出了一系列养老保障政策，最具代表性的便是中央公积金制度，覆盖养老、住房、医疗、资产增值、家庭保障等广泛服务。政府在该制度中，以政府财政资金作为公积金的担保，负有担保偿还公积金的义务，保证了该制度在群众中的公信力。

政府作为养老保障制度的主要供给主体，主要为养老保障供方和需方提供补贴。从供方来看，如给予私人养老机构一定的财政补贴和税收优惠，主要用于机构建设和设备购置更换；给予护理人员一定的津贴，鼓励其学习护理技能。从需方来看，对老人的住房、医疗账户等方面进行给付和补贴。在低收入者购买政府组屋或租赁公共住房时，政府会对其进行一定额度的补贴，关于医疗账户给付及补贴将在本章后文中详谈。

(二) 家庭供给主体

受儒家传统文化影响，新加坡十分强调发挥家庭的养老和社会功能。一方面，家庭能够为养老提供经济和服务支持；另一方面，在家庭这种熟悉的环境中老去能够给老人带来安全感，给老人提供心理和精神上的慰藉。

社会化养老过程中，家庭的作用依然不容小觑。中央公积金制度中，很多计划都鼓励家庭成员之间互相帮助。例如，在保健储蓄计划和健保双全计划中，公积金会员可以使用账户上的存款支付包括配偶、子女、父母和祖父母等在内的直系亲属的医疗费用；在最低存款计划中，如果父母年龄达到55岁时公积金存款少于最低存款额的情况下，由公积金会员从自己的账户转拨填补父母的退休账户；家庭保障计划中，如果公积金会员死亡或者终身残废，家庭成员会获得相应赔偿。这些计划重视家庭互助共济，督促长辈和晚辈双方承担起相应

[①] 新加坡联合早报：《李光耀40年政论选》，现代出版社1996年版，第526页。

的家庭责任[1]。另外，在住房方面，年轻人在"单身者[2]与老年人或者父母一起居住可享受一定住房福利、三代同堂家庭在申请住房时可获得一定价格补贴等"一系列优惠措施的激励下与父母同住，不仅在一定程度上减轻了年轻人的负担，也能够提供给老人需要的家庭陪伴和温暖，使其安度晚年。

（三）社区供给主体

随着社会不断发展，传统家庭结构日益缩减，核心家庭等小型家庭增多，为补充家庭养老功能，社区养老功能越来越受到重视。社区主要是通过为家庭提供服务缓解家庭养老的压力，让老人在熟悉的环境中过上体面的老年生活。

与政府相比，社区主要承担服务给付职能，将各类服务按照规定递送至社区居民，主要包括居家养老服务和社区养老服务。

居家养老服务是社区为有需要的老人提供上门服务，服务内容主要包括：为老年人提供家庭医疗服务（进行疾病管理和健康培训）和个人照顾（包括日常生活事务、个人卫生照顾、简单维护练习等活动，主要有洗涤、如厕、转移等）；为临终病患提供暂时性治疗和心理支持；为家中卧病在床的老年人提供护理、药物治疗并培训照顾者以提供更好的照料服务；如果家里有无法接受医疗预约或治疗的病患，社区会为其提供专业的医疗运输服务（帮助病患到医院预约治疗并将其送回家中）并定时提醒病患预约。此外，如果家庭成员工作繁忙，照顾者不但可以根据客户要求提供餐饮，为家庭成员提供送餐服务，还能够帮助照顾老人和小孩。

社区养老服务主要分为社区日间护理中心、老年活动中心、咨询服务和社区个案管理服务等。社会日间护理中心主要为老年人提供诸如洗澡、换衣服之类的个人护理，举办各种娱乐活动以丰富老年人的退休生活并缓解其压力等。老年活动中心主要提供交友、娱乐和社会活动以及健康检查。此外，社区推出咨询服务和社区个案管理服务，主要是为老人答疑解惑，利用专业知识为老人找到问题症结并解决，

---

[1] 郭伟伟：《亚洲国家和地区社会保障制度研究》，中央编译出版社2011版，第69页。
[2] 在新加坡单身男女青年不可租赁或购买组屋。

促进老年人身心健康。社区居家养老模式让老年人在家里和社区接受生活照料的服务形式，适应老年人的生活习惯，也符合新加坡人的传统家庭观念。而且该种服务模式具有成本较低、覆盖面广、服务方式灵活等特点，能够较好地满足老年人的需求。

（四）机构供给主体

在家庭规模缩小、家庭照料资源减少的情况下，由家庭承担绝大部分照料责任存在一定困难。而社区的日托等服务决定其护理设施相对简单，服务人员配备的数量和质量无法满足失能老人密集型护理服务，无法为其提供专业化护理。与家庭和社区护理相比，机构护理在日常照料、护理康复和精神慰藉等方面设施较为齐全、人员配备专业且相对充足，能够根据老人需求和身心状况提供专业化养老服务。

新加坡养老服务机构包括以下五种[①]。

庇护所和社区家园。庇护所和社区家园针对能够自由行走且没有家庭或照顾者的老人，主要是建立在社区中。这些机构主要为老人提供住宿、膳食、洗衣服、社会康乐活动以及经济支持等。

社区医院。社区医院主要是针对刚出院需要护理和康复服务的老年人，且需要由医院中熟悉老人病情的医生推荐。主要提供的服务有药物治疗、职业治疗法、物理疗法等治疗以及科学指导和培训照顾者。

疗养院。主要照顾因病致残、因行动不便需要日常护理和帮助、家庭或服务提供者无法在家照顾的老人。提供包括护理和吃饭、洗衣在内等日常生活照顾服务。

精神病疗养院。此类机构负责照顾精神病患者，通过各类护理、治疗服务和医疗帮助患者获得身体和精神健康。

临终关怀机构。临终关怀机构主要是通过一些方法帮助患者客观平静面对死亡，缓解痛苦。新加坡的临终关怀服务完全免费，且没有年龄、种族、经济状况和国籍限制，只要身处新加坡，被医生诊断为末期病人（寿命少于1年）就可享受免费的临终护理服务。提供的服务包括临时看护、临终护理等。

[①] 张恺悌、罗晓晖：《新加坡养老》，中国社会出版社2010年版，第123页。

机构养老设施齐全、护理人员配备充足，贴近老人的需求，能够为老年人提供流程化服务。并且能通过识别老人身体状况和需求提供精准的养老服务，这样既有利于资源的合理分配，也能提高服务的专业化和服务水平。

四 注重供给内容多样化

在科学且精准识别服务对象及其需求之后，就要根据需求进行供给。日本和德国均涉及相关内容，但为行文简洁，该部分主要以新加坡为例。

（一）丰富的供给类型

从保障的供给类型看，新加坡的养老保障主要包括经济援助、护理服务和心理健康支持。通过这三个维度保障和服务的提供，为老人创造一个良好的养老环境和氛围，使其安稳度过老年生活。

1. 经济援助

经济援助包括为护理人员提供的津贴和为外籍家庭工作者提供的补助、给老人提供的医疗账户给付和援助计划等。

新加坡政府每年提供200新元的护理人员培训津贴，护理人员可以报名参加护理课程，学习如何更好地帮助老人进行日常护理。如果一个家庭雇用外籍家庭服务人员，其受照顾者为残疾人，则可获得税收减免（允许家庭每月只需缴纳60新元的外籍家政工人税，而不是300新元）。此外，政府提供一项外籍家庭工作者资助计划（Foreign Domestic Worker Grant，FDWG），每月提供120新元的现金给付，旨在资助需要聘用外籍家庭用工的家庭。

政府为包括老人在内的新加坡民众提供包括终身保健计划、保健储蓄计划、保健基金计划等在内的一系列医疗账户给付。终身保健计划是新加坡一项基本的健康保险计划，它覆盖所有新加坡公民和永久居民，保证其不受高额医疗费用的影响（表6-4）。保健储蓄计划是一个强制性的储蓄账户，可用于支付住院费用，化疗等门诊治疗以及一些中期和长期的护理服务。保健基金计划旨在帮助无法支付医疗费用的新加坡公民，它可用于支付改建医院、国家专科医疗中心和中期和长期保健服务。此外，为65岁及以上的老人提供银发补贴，为在保健基金批准的医疗机构治疗但是难以承担医疗费用的新加坡公民提供基金补贴。①

表6-4　　　　　新加坡终身保健计划各项给付及额度

年度给付限额	100000新元
终身给付限额	无限制
住院治疗	
普通病房	700新元/天
ICU	1200新元/天
社区医院	350新元/天
精神科（每年最多35天）	100新元/天
外科手术	200—2000新元
器官移植	7000新元/次
放射治疗	4800新元/疗程
门诊治疗	
化疗给付限额	3000新元/月
放射治疗限额	140—1800新元
肾透析	1000新元/月

资料来源：https://www.silverpages.sg/financial-assistance/MediShield%20Life。

此外，新加坡政府针对老人提供乐龄保健计划和一系列援助计划。乐龄保健计划是一项严重残疾②保险计划，为那些需要长期护理的人提供基本的经济保护，尤其是老年人。该计划每月支付300新元的现金补助，最长可达60个月；如果有严重残疾，每月支付400新元，最长可达72个月。针对老年人的援助计划主要包括公共援助计划、老人移动及支援基金（the Seniors' Mobility and Enabling Fund, SMF）、老人临时伤残援助计划（the Interim Disability Assistance Pro-

---

① Agency for Integrated Care, "Medifund", https://www.silverpages.sg/financial-assistance/Medifund, 2019-06-23.
② 必须在日常生活的六项活动（洗澡、穿衣、进食、个人卫生、行走、转移）中至少有三项需要帮助。

gram for the Elderly，IDAPE）和社区健康援助计划（Community Health Assistant Scheme，CHAS）等。公共援助计划是在公民因年老、疾病、残疾或家庭情况不能工作时提供长期补助金。SMF 主要为老人提供拐杖、轮椅、病床、眼镜和助听器等设备补贴，家庭医疗保健项目（导尿管、牛奶补充剂、增稠剂、成人尿布、鼻管和伤口敷料等）费用补贴①。IDAPE 是针对因年龄太大或有残疾而没有资格参加乐龄保健计划的老人，可在长达 72 个月里每月获得 150 新元或 250 新元的现金给付（取决于他们的经济状况），可用于支付医疗费用和护理成本②。CHAS 计划下，老人可在参与计划的全科医生及其附近的牙科诊所获得医疗及牙科服务的医疗资助，还对常见病、慢性病管理计划下的慢性病、选定的牙科服务以及推荐的终身健康检查（the screen life）提供特殊的 CHAS 补贴③。

2. 护理服务

新加坡护理服务主要包括居家照顾、日间照料、机构护理、照顾者暂息服务等。居家照顾包括食物递送（meals-on-wheels）、医疗护送服务、家庭医疗服务、家庭护理、家庭治疗、个人家庭护理、家庭临终护理④。日间照料包括社区康复中心、社区日托、中心护理、家庭和日托综合服务、痴呆症日间护理中心、日间临终关怀、老年活动中心⑤。机构护理包括养老院、社区医院、住院病人临终关怀、收容所和社区安老院（包括住宿、社会康乐活动、膳食及洗衣服务、金融援助、资讯及转介服务）。照顾者暂息服务包括疗养院暂托护理、老年

---

① Agency for Integrated Care，"Seniors´Mobility and Enabling Fund"，https：//www.silverpages.sg/financial – assistance/Seniors20% Mobility20% And20% Enabling%20Fund20%（SMF），2019 – 06 – 23.

② Agency for Integrated Care，"Interim Disability Assistance Programme for the Elderly"，https：//www.silverpages.sg/financial – assistance/Interim20% Disability20% Assistance%20Programme20% For20% the20% Elderly20%（IDAPE），2019 – 06 – 23.

③ Agency for Integrated Care，"Community Health Assist Scheme"，https：//www.silverpages.sg/financial – assistance/Community20% Health20% Assist20% Scheme20%（CHAS），2019 – 06 – 23.

④ Agency for Integrated Care，"Care Services"，https：//www.aic.sg/care – services/，2019 – 06 – 23.

⑤ Agency for Integrated Care，"Care Services"，https：//www.aic.sg/care – services/，2019 – 06 – 23.

照顾中心暂托服务①。

3. 心理健康支持

在心理健康支持方面，主要提供以下服务：精神病院和精神康复院等能够提供老年痴呆症护理和治疗的机构、家访（社区流动小组提供精神卫生干预、咨询、保健协调和支助）、医院或专科诊所（为有精神健康问题的病人提供临床护理、评估、诊断、治疗和稳定情绪）、痴呆症护理人员支持和培训、痴呆症患者家庭照顾、日间护理和康复设施（痴呆症日间护理中心、精神科日间护理中心）、全科医生或综合诊所的咨询治疗、就业支持（支持再就业、求职及申请、咨询及职业训练）、暂息护理（周末临时护理和进行体育锻炼等社会活动）等。

（二）以对象区分供给内容

新加坡政府将老年人分为"an active senior"（行动自如的老人）、"a senior using walking aids"（拄拐行走的老人）、"senior on-wheel-chair"（坐轮椅的老人）和"a bed-bound senior"（卧床老人），根据这四种老人提供相应的养老服务②。

1. 为行动自如的老人提供的服务

对于行动自如的老人，主要是通过长者社区网络（the Community Network For Seniors），政府和社区携手合作推广"ABC"计划——积极老龄化（Active Ageing）、交友（Befriending）、关怀与支持（Care and Support），为老人创造一个良好的生活环境和氛围，使其体面地安度晚年③。

积极老龄化主要包括三项内容：在社区卫生站进行健康检查；进行太极、气功、有氧运动等集体运动；社交活动（老年人健康课程、健康饮食烹饪课和咖啡等休闲场所交流等）。

交友：老人感到孤独时，在他们所在社区会有一些友好的志愿者或者朋友定期与其进行交流。

---

① Agency for Integrated Care, "Care Services", https：//www.aic.sg/care-services/, 2019-06-23.

② Agency for Integrated Care, https：//www.aic.sg, 2019-06-23.

③ Agency for Integrated Care, https：//www.aic.sg, 2019-06-23.

社区关怀与支持主要包括以下项目：一，"银发一代"大使，"银发一代"大使积极接触65岁及以上的新加坡公民，与他们分享新设的活动和服务，大使接受培训以识别老年人的需求，并为弱势老年人与社会和卫生社区伙伴建立联系，使他们得到及时的帮助；二，日托，老人可以在子女工作的时候锻炼身体，和其他老年人互动（如有需要，日托中心可安排往返交通）；三，护理人员培训补助金；四，社区健康援助计划；五，初级护理网络，由护士和护理协调员支持的全科医生网络，旨在为慢性病患者提供全面和协调的护理。

2. 为拄拐老人提供的服务

对于需要靠拐杖行走的老人，通过设置以下项目支持老人的独立完成任务的能力，同时保持其身心健康和功能正常，建立积极的生活方式。主要项目包括中心护理、照顾者暂息服务和护理成本负担。

日间护理中心提供康复服务和社交活动，以改善老人健康，指引他们朝着正确的方向前进。包括日托、日间康复（日间康复是指理疗师对老人进行治疗，使其恢复散步和上厕所等日常活动的能力）和痴呆症日托（痴呆症日托是指工作人员将为痴呆症患者提供量身定制的活动，以保持他们的思维的活跃）。

照顾者暂息服务旨在给照护人员提供一段休息时间，主要是为老人提供以护理中心为平台的暂托护理和老人保姆。另外，如果护理者在照顾老人方面有经济困难，政府会提供一些补贴，包括护理人员培训补助金、老年人流动和扶持基金、社区健康援助计划等。

3. 为坐轮椅老人提供的服务

对需要通过轮椅行走的老人提供居家照顾、护理成本补贴、社区支持、暂息服务养老院等服务支持老人重新获得行动能力和独立生活的能力。

居家照顾包括临时护理服务（为老人选择合适的出院后护理方案，援助可达2周）、家庭医疗（由专业护理人员提供糖尿病、高血压和高血脂等慢性病的治疗）、家庭护理（护士帮助包扎伤口、注射和更换饲管）、家庭治疗（理疗师帮助老人恢复或保持他们进行日常活动的能力）、食物递送（如果老人买不起或自己不能做饭，把食物送到他们手中）、医疗护送和运输（为老人看医生提供往返服务）、综合家庭和日托服务（如果老人需要不同的护理服务，服务提供者会协调家庭和日托服务并提供多种护理套餐来满足他们的需求）。

护理成本补贴除了上面提到的护理人员培训补助金、老年人流动和扶持基金、社区健康援助计划外，还包括外籍家庭用工津贴（如果老人需要三项或三项以上日常生活活动的长期协助，每月可获得120新元的津贴，以抵消雇用外籍家庭用工的费用）、先锋一代残疾援助计划（如果先锋一代亲人有中度至重度残疾，每月可以获得100新元的医疗费用）和长者临时残疾援助计划（因年龄太大或有残疾而没有资格参加乐龄保健计划的长者，每月可以收到150新元或250新元的现金支付，最长72个月）。[1]

社区支持包括前面所提到的日托、日间康复和痴呆症日托。照顾者暂息服务包括以护理中心为平台的暂托护理和养老院暂托护理（7天及以下）。养老院是为那些重视独立，但在日常活动中需要一些帮助的老年人设立的，比如穿衣、洗澡或服药。

为卧床老人提供的服务大多与靠轮椅行走的老人类似或相同，此处不再赘述。

五　力求管理精准化

做到了精准识别服务对象和需求、供给主体精准供给内容，还需要有一个完善高效的系统来保证整个服务和保障的精准供给，也就是管理精准化。精准化管理要求组织分工明确、运转高效、监管得力、即时反馈和改进这几个方面。本部分主要以日本和德国长期护理保险为例。

（一）日本介护制度机构设置精准、职能定位明晰

日本介护保险制度主要参与方包括厚生劳动省、厚生省下设的老年保健局、都道府县一级老人保健主管部门和市町村政府。

作为日本社会保障管理最高行政机构的厚生劳动省负责制度的制定运行以及基金会计管理等各项工作。如图6-4，厚生劳动省内设

---

[1] Agency for Integrated Care, "Home Caregiving Grant", https：//www.silverpages.sg/financial‐assistance/Foreign%20Domestic%20Worker%20（FDW)%20Grant，2019-06-23.

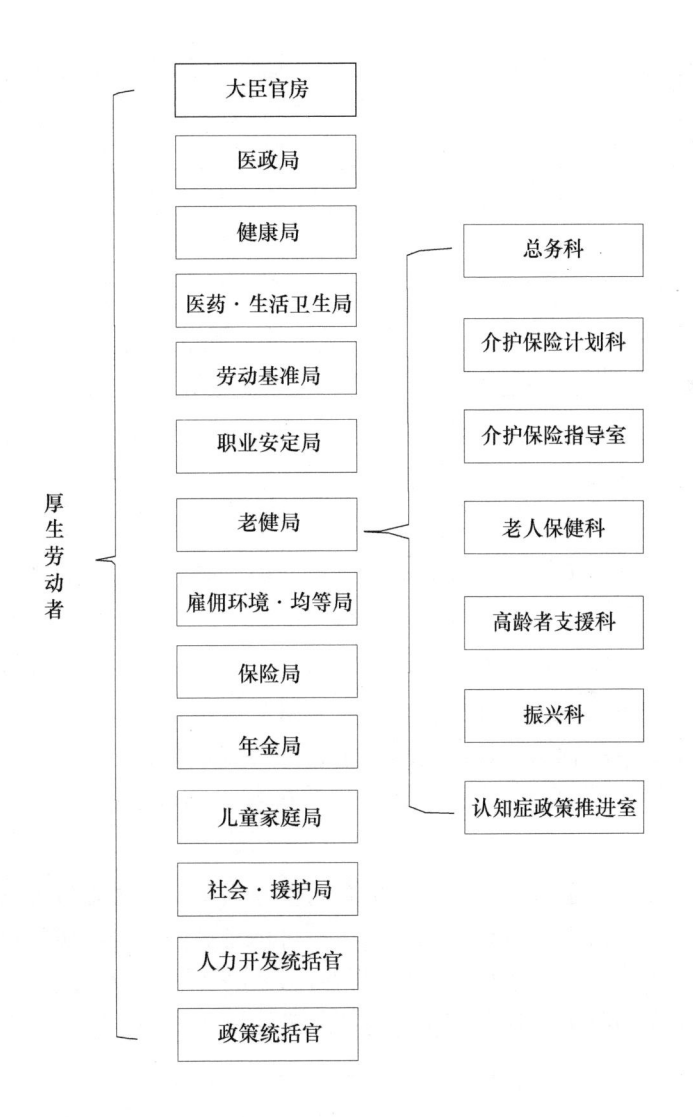

第六章 发达国家养老保障政策和经验借鉴

图6-4 厚生劳动省组织架构

资料来源：厚生劳动省，組織・制度の概要案内 - 詳細情報，https：//search.e-gov.go.jp/servlet/Organization? class=1050&objcd=100495&dispgrp=0160。

多个局级单位，包括医政局、健康局、保险局、老健局等，其中老健局负责以介护保险制度为首的老年人护理及福利政策的推进。老健局下设多个科室分别负责介护制度的不同环节，包括总务科、介护保险计划科、介护保险指导室、老人保健科、高龄者支援科、振

341

兴科、认知症政策推进室。具体地，总务科负责关于老人保健福利的调查研究并根据业务需要对老健局行政事务进行规划调整；计划科负责制定有关护理保险事业及老人保健福利计划的企划、向有关护理保险的都道府县等提供补助，医疗保险的缴纳等；介护保险指导室负责指导地方自治团体护理保险事务、对住宅服务经营者等的指导监察等；老人保健科负责提高老人健康水平的相关计划、根据介护保险法确定介护报酬和进行照护和支援等级认定；高龄者支援科主要负责福利设施及用具的完善与开发；振兴科负责老年居家护理、日间照料、老年俱乐部等设施的相关事务、保证护理专门人员的充足；等等[1]。

从日本中央政府的部门设置来看，职能分类非常精细且明确。在制定关于介护制度的相关计划和事业之前，首先由总务科对福利及护理事业进行研究总结并确定各个科室的权力和责任。之后进行的介护制度计划制定、指导及监督政策实施、等级认定和介护报酬标准制定、护理设施完善、介护人才开发、财政资源支持等职能均由特定科室负责。进行顶层设计时明确界定各部门及科室的职能为实现管理精准化奠定良好基础，避免了各组织间因权责划分不明导致责任缺位、错位和越位。

目前，都道府县一级具体主管的事务只剩下社会救济的管理，其他事务均下放至市町村一级，其成为各项事务的管理主体。都道府县一级老人保健主管部门负责承担市町村级政府介护保险相关业务的指导、人员培训和基础设施建设等。市町村作为基层地方政府，与国民的联系最为密切且直接，因此能够快速且高效获知人们的需求及实际情况，更直接、更具针对性地提供各项福利服务，并且发挥地方特色。市町村作为护理保险的保险人，主要负责长期护理保险制度的具体实施，包括决定保险费率、征收和管理保险费、进行保险给付等。此外，为了促进市町村根据地方具体情况策划符合实际且兼具特色的护理保险服务项目，满足地区居民不同种类和程度的护理需求，市町

---

[1] 厚生劳动省，"組織・制度の概要案内 - 詳細情報"，https：//search.e-gov.go.jp/servlet/Organization? class=1050&objcd=100495&dispgrp=0160，2019-07-11。

村要制定5年期的市町村护理保险事业计划。将护理保险事务的具体实施主体下沉至地方政府,一方面,有利于精简政策实施过程,实现政策目标;另一方面,有利于地方政府根据当地经济水平、居民健康状况、偏好等实际情况针对性提供各具特色的护理服务,实现服务供给的精准化。

从日本的实践来看,中央和地方形成了统一的老年护理保险服务供给系统。中央政府一个单独的部门负责护理保险政策的制定,下设不同的局和科负责专门的护理保险项目。此外,日本将政策实施主体下放至基层地方政府或者自治组织,根据地方实际情况制定符合本区域实际情况的护理项目,并且在项目实施时注重多主体的参与。而在我国,人社部负责养老保险、就业和扶贫等,民政部门负责养老服务、社会救助等,卫健委负责医疗卫生,商务部门负责家政服务等。这种多个部门分类管理的模式,导致养老保障和服务在供给过程中难免出现政出多门、协调困难的问题,无法实现资源的统筹规划和管理。因此在进行养老保障和服务供给时,应该有一个部门统一负责供给事务,自上而下形成一套相对独立的供给体系,避免部分利益纠葛导致保障和服务的输送渠道不通,使保障和服务更好的递送至需要的人手中。

(二) 德国护理制度服务流程精准化

该部分主要是以德国护理服务供给流程为例,从对服务对象进行精准分类、服务标准精细化和精准监督服务质量三个方面阐述德国护理服务精准化特征。

首先,服务对象精准分类。为实现服务对象精准分类,德国长期护理保险制度主要采取以下三个方面的措施。第一,评估人员专业化。参保人要获得护理服务和补贴,首先要提出护理申请,由护理服务等级评估机构(包括法定医疗保险基金下属的医疗服务机构和商业性健康保险公司组织倡导建立的 Medicproof,分别针对法定和私人护理保险)对申请人进行评估。该类评估机构主要由受参保人所属长期护理保险基金委托的医生和护士组成,具有专业的医护知识,能够相对准确地确认、核实、评估申请人的护理等级。第二,评估标准细致且全面。评估维度涉及申请人的生理、精神、认知、心理、社交等方面，包括移动性、认知和沟通能力、行为和心理问题、自我照顾能力、独立处理和应对疾病或治疗相关的需求和压力的能力、管理日常生活和社交联系、户外活动、工具性日常活动等八个指标。这八个指标主要是针对需要护理者在日常生活中可能遇到的问题，涵盖所有需要长期护理照顾的方面：例如"自我照顾能力"维度分成个人卫生、穿脱衣服、营养摄入和排泄四个方面，这四个方面又细分成牙齿护理、剃须等具体日常事项。全面且细致的评估标准不仅有利于精准评估申请人的护理等级，同时也有利于为其准确供给护理服务。第三，评估等级精细化。通过对上述八个维度进行加权积分，将申请人确定为"无须照顾""护理等级1""护理等级2""护理等级3""护理等级4""护理等级5"六个等级，其中后五个等级可以获得相应的护理服务和福利偿付。护理服务内容和福利偿付考虑了各等级被护理者的实际情况和需求，每个护理等级所获得的给付存在差异。一方面体现了需要护理者的实际需求，避免了护理资源的缺位和浪费；另一方面为精准提供护理服务提供标准和指导。

其次，服务标准精细化。服务标准精细化主要体现在以下两个方面。第一，设置专业且精细化的服务标准。为保证护理质量，德国政府在科学、完善且专业的服务程序的基础上制定了专家标准（Expertenstandards），规定了在护理领域普遍接受的医疗保健知识及要求。目前，主要有以下专家标准：护理中的脱皮预防；口腔护理、急性和慢性疼痛护理；秋季预防护理；慢性伤患护理；营养管理；照顾痴呆症患者的关系设计、护理人员雇用管理等[1]。上述专家标准不仅包括被护理者本人各个方面的护理，还涉及护理人员的管理，多方面、多领域的专家标准的确定有利于保证护理服务质量，为患者提供适当的服务。第二，针对不同服务对象身心状况制定服务标准。例如对痴呆症患者这一特殊群体制定"痴呆症患者护理及关系处理"专家标准，要求护理人员关注与痴呆症相关的的变化（例如沟通行为、判断力、

---

[1] Bundesministerium fur Gesundheit, "Long-term Care Guide", https://www.bundesgesundheitsministerium.de/fileadmin/Dateien/5_Publikationen/Pflege/Broschueren/RZ_190225_BMG_RG_Pflege_innen_en.pdf, 2019-07-11.

社会行为等），并将受痴呆症影响的患者及其家人或护理者的情感和社会需要作为工作重心。德国在关注并保证患者最基本的护理需求上对护理、医疗基本事项规定标准化操作流程，有利于保证护理质量和护理服务的针对性。

最后，精准监督护理服务质量。精准监督护理服务质量主要体现在审查内容全面和审查结果精准反馈两个方面。第一，审查内容全面。健康保险医疗服务（Medizinische Dienst der Krankenversicherung, MDK）和私人健康保险审计服务（Prüfdienst der Privaten Krankenversicherung, PKV）护理审查内容主要包括被保险人或被保险人的护理和医疗，痴呆症患者关系处理，日常护理设计，住房、餐饮、家政和卫生等，涉及患者的医疗、护理、日常生活等各个方面。审查主要是对上述事项的服务何时产生效果、是否有效、是否存在缺陷以及被照顾者的满意程度进行评估，获得关于护理内容及效果相对全面且符合实际的评价[①]。第二，审查结果精准反馈。经过审查如果护理机构的服务不符合要求的质量，则违反其法律或合同义务，护理基金须向护理机构发出缺陷通知并责令其进行整改，同时规定弥补缺陷的时限。若护理服务到期仍然存在问题，护理基金在服务机构失职期间可相应减少原先商定的护理补贴。另外，审查之后形成的透明度报告向消费者免费公开，可作为消费者选择服务机构的参考。从护理基金和消费者这两个主体对护理服务机构施压，对服务机构形成反向约束，倒逼其积极考虑被护理者需求并提供高质量、针对性的服务，提高用户满意度。

---

① Bundesministerium fur Gesundheit, "Long–term Care Guide", https：//www.bundesgesundheitsministerium.de/fileadmin/Dateien/5_Publikationen/Pflege/Broschueren/RZ_190225_BMG_RG_Pflege_innen_en.pdf, 2019–07–11.

第七章　构建西南农村留守老人智慧养老精准供给政策体系

第一节　构建西南农村留守老人养老精准供给政策体系的基本原则

为实现西南地区农村留守老人养老政策精准供给，本研究提出应基于公平、效率、可持续、可操作、普适性等原则，为我国农村留守老人构建智慧养老精准供给机制。

一　公平原则
（一）公平原则的含义

公平即公正平等，在《说文解字》中，"公，平分也"；"平，语平舒也"。《辞海》将公平定义为："依据现实社会中的行为准则和社会秩序正确处理人和事。"[①]《现代汉语词典》将公平界定为："处理事情合情合理，不偏袒某一方面。"[②]

关于对公平的理解起源很早。在古希腊时期，对公平的阐述大都与公正、正义联系在一起。柏拉图在其著作《理想国》中，认为公平正义是根据每个人的天分把他"放到恰如其分的位置上"。"如果农民工人的后辈中间发现其天赋中有金有银者，他们就要重视他，把他提升到护卫者或辅助者中间去。"[③] 亚里士多德认为分配正义的具

---

① 辞海编辑委员会：《辞海》，上海辞书出版社1999年版，第793页。
② 中国社会科学院语言研究所词典编辑室编：《现代汉语词典（第7版）》，商务印书馆2017年版，第452页。
③ 柏拉图：《理想国》，郭斌和、张竹明译，商务印书馆2002年版，第415—416页。

第七章 构建西南农村留守老人智慧养老精准供给政策体系

体原则是"配得",也就是"事物和应该接受事物的人;大家认为相等的人就该配给到相等的事物"[1]。中国对于公平的论述可以追溯到先秦时期,《礼记·礼运》提出了"大道之行也,天下为公"的思想,《管子·形势解》中提到"天公平而无私,故美恶莫不覆,地公平而无私,故小大莫不载"。

随着西方市场经济的不断发展,经济学家们展开了对公平的探讨。经济自由主义作为西方经济学主要思潮之一,他们主张国家应该减少对市场的干预。古典自由主义经济学家倡导规则公平,他们认为只要由市场价格体系决定的交换规则是公平的,要素所有者利用资本和土地获得的利息和地租、劳动者利用劳动获得的工资就是公平的。新自由主义经济学家弗里德曼认为:"分配结果平等的观念,与人身平等和机会平等有着天壤之别,因为促进人身和机会平等的政府措施增进自由,而平均分配的政府措施则减少自由。如果人们的所得依靠'公平'而定,那么,谁来决定什么是'公平'的?做出这种决定的人本身是否公平?"[2] 如果国家通过干预市场的手段来保障分配结果公平,分配手段和分配结果的公平性难以判断,因而他们主张机会平等,反对政府过多干预市场。国家干预主义作为西方经济学上的另一大流派,主张扩大政府职能以弥补市场经济的不足。他们认为应该把结果公平放在第一位,政府应当从大多数人的利益出发,对社会资源进行再分配,追求"最大多数人的最大幸福"。福利经济学作为主流经济学的一个分支,主要研究社会经济福利,以实现社会福利最大化为最终目标。福利经济学家主张通过税收政策增进社会福利,从而调节收入分配差距,实现"把富人的一部分钱转移给穷人"的"收入平等"。庇古认为公平是福利的第一要务,丧失公平的经济增长可能成为无意义增长[3]。

罗尔斯则第一次将正义与社会制度结合起来,将公平正义作为衡量社会是否进步的标准。罗尔斯认为"正义原则要通过调节主要的社

---

[1] [古希腊]亚里士多德:《政治学》,吴寿彭译,商务印书馆1965年版,第152页。
[2] [美]米尔顿·弗里德曼:《自由选择》,胡骑、席安媛、安强译,朱泱校,商务印书馆1982年版,第138页。
[3] 马旭东、史岩:《福利经济学:缘起、发展与解构》,《经济问题》2018年第2期。

会制度，来从全社会的角度处理这种出发点方面的不平等，尽量排除社会历史和自然方面的偶然任意原则对于人们生活前景的影响"①。提出了正义的两个原则，平等自由原则和机会的公正平等原则。

马克思恩格斯基于辩证唯物主义和历史唯物主义的科学方法论，从现实的社会关系角度出发，指出公平正义的实质是对社会现存经济关系的抽象反映。马克思认为公平具有历史性，在不同社会发展阶段，社会主流观念对公平的理解不尽相同。

公平按照时间顺序分为起点公平、过程公平和结果公平。起点公平又叫作机会公平，即社会成员占有大致等额的社会资源，站在同一起跑线上，有同等的机会去选择和从事不同的经济活动，有同等的机会取得相应的报酬。在现实生活中，由于先天条件的限制，人在身体状况、个人能力、经济条件、地理环境等方面存在差异，由此造成的起点不公平现象是客观存在的。起点公平的关键在于如何对待不同个体之间存在的起点差距。过程公平即程序公平，是指社会各行为主体在劳动过程中，严格遵守各种业已制定或约定俗成的规范、制度和法律。它是弥补起点不公平的重要环节，是实现结果公平的关键。结果公平是最终目标，即社会成员在社会资源分配的结果上是平等的。但结果公平并不意味着绝对平均主义，在保证起点公平和程序公平的条件下，个人主观能动性对分配结果也会产生影响。

在西南农村留守老人智慧养老精准供给机制下，起点公平是指每位农村留守老人具有享受农村养老保障的权利，即保障范围具有公平性。过程公平需要国家制定相关制度来保障实施，确保不会因为农村留守老人的性别、身份、地位等因素的差异而使其获得的养老保障权益不同，即保障过程具有公平性。结果公平是指每位农村留守老人可以获得公正合理的养老保障，保障待遇具有公平性。西南农村留守老人智慧养老精准供给机制的公平性可以概括为为留守老人提供基本相等的养老保障，通过政策制定与实施，维护每一位农村留守老人平等享受养老保障的权利，包括起点、过程、结果全阶段的公平。

---

① ［美］约翰·罗尔斯：《正义论》，何怀宏等译，中国社会科学出版社2015年版，第6页。

(二) 遵循公平原则的必要性

首先，构建西南农村留守老人智慧养老精准供给政策体系须遵循公平原则是由其性质决定的。依据公共产品理论，公共产品具有三大特性。第一，效用的不可分割性。即公共物品归全体社会成员所享有，其效用不能被分割。第二，受益的非排他性。即无法将其他人排除在公共物品的受益范围之外。第三，消费的非竞争性。即边际生产成本和边际拥挤成本为零，每增加一个人的使用不会增加该公共物品的成本，每个人对公共物品的使用不会影响其他人使用该物品的数量和质量。由政府主导的西南农村留守老人智慧养老精准供给政策体系不会排除任何农村留守老人享受养老服务的权利，即具有非排他性；在财政规模一定的情况下，每增加一名留守老人享受养老服务，其成本会增加，但不会减少其他留守老人的权益，即具有有限的非竞争性，因而智慧养老精准供给政策体系属于准公共产品。无论公共产品还是准公共产品，都是公共资源在公共领域内的分配，是属于全体社会成员的共同利益，因而构建西南农村留守老人智慧养老精准供给机制必须遵循公平原则。

其次，构建西南农村留守老人智慧养老精准供给政策体系遵循公平原则符合社会保障制度的基本要求。公平是社会保障制度的首要原则，"缩小社会贫富差距、创造并维护社会公平，是社会保障制度的基本出发点，也是社会保障政策实践的归宿"[1]。党的十八大报告明确提出加紧建设社会公平保障体系，营造公平的社会环境，保证人民平等参与、平等发展权利。确保社会保障制度的公平性是社会保障的重要任务。农村养老保障作为社会保障的一部分，对于缩小城乡养老保障差距，促进社会共同发展具有重要意义，其在运行过程中必须遵循公平原则。构建西南农村留守老人智慧养老精准供给政策体系作为农村养老保障的具体实践，其在运行过程中也必须遵循公平原则。

---

[1] 郑功成：《社会保障学》，中国劳动社会保障出版社2005年版，第28页。

二 效率原则
(一) 效率原则的含义

《现代汉语词典》对效率的解释是:"①机械、电器等工作时,有用功在总功中所占的百分比。②单位时间内完成的工作量。"效率原为机械学的概念,指输出的热能量与输入的热能量之间的比例[①]。随着社会的发展,效率被引用到不同的学科领域,其中经济学上的效率概念广为人知。

经济学上的效率是基于资源的稀缺性,研究资源的合理配置,论述在资源固定的情况下,如何通过资源的分配以获得最大的产出。最早对此进行研究的是亚当·斯密,他认为资源配置"受着一只看不见的手指导"[②]。他认为分工、资本积累和自由竞争的市场经济制度是提高效率的关键因素。"福利经济学之父"庇古将效率研究引入收入分配领域内,他根据英国哲学家边沁提出的"最大多数人的最大幸福"的功利原则,把经济福利归结为个人所获得的效用和满足;他认为当边际私人纯产值和边际社会纯产值相等,同时国民经济各个部门的边际社会纯产值相等时,经济资源在各个部门之间的配置就达到最具效率的状态[③]。帕累托在其著作《政治经济学教程》中,以瓦尔拉斯一般均衡分析为基础提出了著名的帕累托最优理论,帕累托最优理论是指资源配置达到了一种状态,在这种状态下,改变资源配置不会在使任何一个人效用不变差的情况下,使其他人的效用有所提高。由于实现帕累托最优的条件是建立在完全竞争市场的理想条件下,在现实状态下无法达到,自 20 世纪 60 年代以来,经济学界对帕累托最优理论产生了一些质疑,提出了一些新的效率理论,其中具有代表性的是制度效率理论。道格拉斯·诺思认为所谓制度效率,是指在一种约束机制下,一参与者的最大化行为将导致产出的增加,而无效率则是

---

① 张怡恬:《社会养老保险制度效率论》,北京大学出版社 2012 年版,第 10 页。
② [英] 亚当·斯密:《国富论》,郭大力、王亚南译,译林出版社 2011 年版,第 25—27 页。
③ 张怡恬:《社会养老保险制度效率论》,北京大学出版社 2012 年版,第 17 页。

指参与者的最大化行为将不能导致产出的增长①。

除了经济学领域,其他学科领域也在关注效率。由泰勒创立的科学管理使得企业管理领域开始关注效率,泰勒在《科学管理原理》一书中提出实行有差别的计件工资以提高企业管理效率。泰勒学说以来的管理学认为分工越细,效率越高②。

经济学上描述的效率是在既定的投入下,通过资源的合理配置以获得最大的产出。从经济学角度看,西南农村留守老人智慧养老精准供给政策体系的效率原则是指用有限的人力、物力、财力为西南农村留守老人构建起全面、高效的养老保障体系,以实现农村留守老人养老保障的最佳效果。管理学领域的效率原则旨在提高组织运行效率。从管理学角度看,西南农村留守老人智慧养老精准供给政策体系的效率原则是指通过科学的组织架构设计,合理的组织制度安排,提高组织运行效率,以保证智慧养老精准供给政策体系稳定高效运行。

(二)遵循效率原则的必要性

首先,构建西南农村留守老人智慧养老精准供给政策体系遵循效率原则基于当前我国养老保障领域内人力、物力、财力等资源的稀缺性。我国目前正处于社会主义初级阶段,不平衡不充分经济发展水平与人民日益增长的美好生活需要之间存在差距,政府财政支付能力与为农村留守老人提供充分全面的养老保障目标之间存在差距。在当前的经济发展水平下,政府在农村养老保障方面的投入有限,加之农村养老保障领域内人力资源具有稀缺性,要实现农村留守老人养老保障的可持续发展就必须遵循效率原则。

在当前经济发展水平下,政府的财政投入有限。西南农村留守老人智慧养老精准供给系统依赖于政府的资金支持,政府财政是构建智慧养老精准供给系统的物质基础。从当前现状来看,我国政府财政在农村养老保障投入较少。以城乡居民基本养老保险为例,自2009年实施新型农村社会养老保险以来,中央基础养老金最低标准一直在稳

---

① [美]道格拉斯·诺思:《经济史中的结构与变迁》,陈郁、罗华平译,上海人民出版社1994年版,第12页。
② 周林洋:《关于后现代企业管理》,《金山企业管理》2005年第4期。

步提高，由最初的每月55元，到2014年调整为每月70元，2018年再次提高到每月88元。尽管中央基础养老金在逐步提高，但其上涨幅度小于农村居民人均可支配收入的上涨幅度。《中国统计年鉴2018》数据显示，从2013年到2017年，农村居民人均可支配收入增加了4002.8元①，年均增长率约为12.5%；从2013年到2017年，中央基础养老金的年均增长率约为8.4%。综上，目前我国政府在农村养老保障领域投入较少，从未来发展看，有逐步扩大投入的趋势，但与农村老人的养老需求相比，仍存在巨大差距，因而在政府财政投入有限的情况下，西南农村留守老人智慧养老精准供给政策体系的构建必须遵循效率原则，用有限的投入以最大程度上满足留守老人的养老需求。

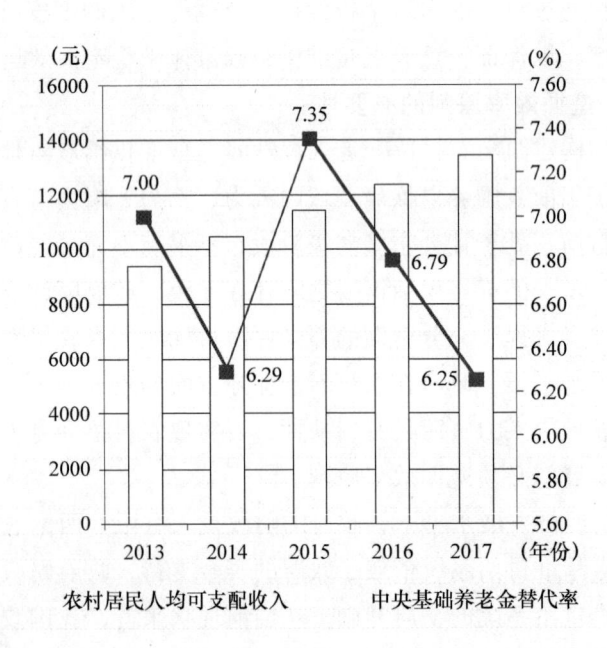

图7-1　2013—2017年农村居民人均可支配收入与中央基础养老金替代率

数据来源：国家统计局：《中国统计年鉴2018》。

---

① 国家统计局：《中国统计年鉴2018》，http：//www.stats.gov.cn/tjsj/ndsj/2018/indexch.htm，2019年10月7日。

第七章　构建西南农村留守老人智慧养老精准供给政策体系

在当前经济发展水平下，养老保障领域内人力资源具有稀缺性。养老服务人员短缺一直以来是影响我国养老服务业发展的重要因素，2016年我国仅失能人员就有4300多万人，国际上失能老年人与养老护理员的配置标准是3∶1，若按此标准我国目前对护理员的需求量至少为1400万人，而养老服务机构中的养老护理人员总量还不足50万人，持证人员不足2万人，机构养老服务人才缺口较大。在农村地区，专业养老服务人员愈加稀缺，而专业养老服务人员是支持智慧养老精准供给政策体系的人力基础，因而在专业养老服务人才紧缺的情况下，遵循效率原则以提高人力资源的效率是十分有必要的。此外，巡访人员也是智慧养老精准供给政策体系中不可或缺的，但由于农村地区居住分散，一个行政村面积较大，加上交通不便，建立日常巡访制度难度较大，巡访人员的日常工作量较大；在一些农村留守老人数量多的地区，对进行日常巡访的人力资源需求更大，因此，在当前农村养老保障人力资源稀缺的情况下必须遵循效率原则，用有限的人力资源发挥出最大的效用。

其次，构建西南农村留守老人智慧养老精准供给政策体系遵循效率原则有利于保障留守老人的权益。智慧养老精准供给政策体系的部分资金来源于老人的缴费，为保障农村留守老人的权益，必须遵循效率原则，花最少的钱办最多的事，以实现资金利用效率的最大化。同时智慧养老精准供给政策体系涉及农村留守老人的切身利益，因而必须遵循效率原则以提高组织运行效率，为农村留守老人提供优质的养老服务。

三　可持续原则

（一）可持续原则的含义

可持续发展的思想渊源可追溯到中国古代。《孟子·梁惠王上》中提到："斧斤以时入山林，材木不可胜用也。谷与鱼鳖不可胜食，材木不可胜用，是使民养生丧死无憾也，养生丧死无憾，王道之始也。"《淮南子·主术训》中提到："先王之法，不杀掩群，不取麛夭，不涸泽而渔，不焚林而猎。"均强调了合理开发利用资源、遵循自然规律是治理国家的重要手段。这些体现了古人对环境与资源的关注，蕴含了可持续发展的思想。

"可持续发展"一词的正式提出源于人类对自然环境与生态环境的关注。17—19世纪，两次工业革命带来了经济的飞速发展，同时也带来了资源的高速消耗、环境的污染与破坏等问题。20世纪八九十年代，世界经济复苏，各国在关注经济之余纷纷意识到自然资源的有限性与环境破坏的不可逆转性，开始关注资源消耗与环境保护等问题。1980年国际自然及自然资源保护联盟（IUCN）、联合国环境规划署（UNEP）、世界自然基金会（WWF）共同发表的文件《世界自然保护策略：为了可持续发展的生存资源保护》，第一次正式提出了"可持续发展"的概念。1987年在《我们共同的未来》这一报告中对可持续发展进行了定义为："既满足当代人的需要，又不对后代人满足其需要的能力构成威胁的发展。"1992年6月，在里约热内卢召开的联合国环境与发展大会（UNCED），通过的《21世纪议程》成了"世界范围内可持续发展行动计划"。

为了响应《21世纪议程》的号召，1994年中国国务院正式通过了《中国21世纪议程：中国21世纪人口、环境与发展白皮书》，这是中国对于"可持续发展"的实践；十四届五中全会通过的《正确处理社会主义现代化建设中的若干重大问题》中指出："在现代化建设中，必须把可持续发展战略作为一个重大战略。"[①] 中国共产党第八届人大四次会议又将可持续发展作为我国的一项基本战略。

可持续发展思想对我国社会保障领域内顶层设计和实践方向也产生了重要影响。2011年颁布实施的《中华人民共和国社会保险法》第3条规定："社会保险制度坚持广覆盖、保基本、多层次、可持续的方针。"2013年，十八届三中全会通过了《中共中央关于全面深化改革若干重大问题的决定》，提出建立更加公平可持续的社会保障制度。2015年，十八届五中全会提出的"十三五"规划，再次强调建立更加公平更可持续的社会保障制度。

西南农村留守老人智慧养老精准供给政策体系是社会保障在农村地区进行的实践，其遵循的可持续原则是指智慧养老精准供给政策体系在当代人和当代人之间、当代人和下一代人之间都是可持续的，内涵具体包括经济可持续、制度可持续、代际可持续。

---

① 中共中央文献研究室：《十四大以来重要文献选编》，人民出版社1997年版，第1463—1464页。

西南农村留守老人智慧养老精准供给政策体系的经济可持续是指在构建与运行过程中,要与经济发展水平相适应,不能超过政府财政的承受能力。智慧养老精准供给政策体系的构建是解决当前西南农村留守老人养老问题的关键,政府的财政支持是构建智慧养老精准供给政策体系的物质基础。如果在智慧养老精准供给政策体系运行过程中不考虑政府财政压力,造成较大的财政赤字,则会影响居民对农村养老保障的信心,智慧养老精准供给政策体系也将难以为继。此外,经济可持续还须考虑到留守老人的经济承受能力,由于留守老人年龄较大,身体状况不稳定,没有稳定的经济来源,难以承担较高的费用支出,如果智慧养老精准供给政策体系的缴费超出留守老人的承受范围,将部分留守老人排除在保障体系之外,则违背了智慧养老精准供给政策体系建立的初衷,不符合社会保障的公平性原则。因此,经济的可持续性是构建与维持智慧养老精准供给政策体系的基础。

西南农村留守老人智慧养老精准供给政策体系的制度可持续是指要构建起一套完整的、可持续的制度体系,以保证供给机制的持续运行。包括稳定的运行机制、完善的监督机制与反馈机制。运行机制是智慧养老精准供给政策体系的基础,旨在为留守老人提供基本的养老服务,满足其养老需求;完善的监督机制,旨在对智慧养老精准供给政策体系进行监督,以保证政策体系的可持续发展;完善的反馈机制,旨在通过反馈发现智慧养老精准供给政策体系中存在的问题,并不断进行调整,以实现政策体系的可持续运行。

西南农村留守老人智慧养老精准供给政策体系的代际可持续是指在不损害下一代人利益的情况下,满足当代人的养老需求,供给机制具有可持续性。构建智慧养老精准供给政策体系的目的是解决西南农村留守老人长期性的养老难题,而并不是仅仅解决短期内的养老问题。因此,新体系的构建不能"寅吃卯粮",不能靠牺牲未来的养老保障水平来满足当期的养老保障水平,要坚持代际间的可持续,兼顾当代人与后代人的养老需求。

(二) 遵循可持续原则的必要性

首先,我国农村老龄化问题十分严重,农村留守老人数量多。20世纪末,我国已步入老龄化社会。"五普"和"六普"数据显示:农村老龄人口的数量比城市老龄人口分别多1557万人和4421万人,农村地区老龄化程度分别比城市地区高出1.23个百分点和3.31个百分点[①]。同时,受经济发展水平、地理区位因素等条件制约,越来越多的农村劳动力选择外出务工,因而产生了大量的农村留守老人。《中国老龄事业发展报告（2013）》数据显示,2013年我国空巢老年人口总数超过1亿人,农村留守老人约有5000万人,该群体农村人口超过城镇人口。农村留守老人由于无法获得子女的照顾,缺乏稳定的经济收入,其养老状况十分艰难,要解决数量庞大的农村留守老人养老问题,必须建立起可持续的养老保障供给机制。

其次,农村留守老人存在代际遗传现象,留守老人养老问题长期存在。在课题组的研究中发现,大多数农村劳动力外出务工后,无法在城市立足扎根,待他们年老之后又将回到农村,由于我国的城乡差距在近期内不能完全解决,在农村的"推力"和城市的"拉力"作用下,他们的下一代又会选择出去务工,于是新的一代农村留守老人又出现了,如此循环往复,一代人重复着一代人的经历。在城乡二元制社会结构短期内无法改变的情况下,被迫留守在农村的老人将一直存在,他们的养老问题也将一直存在,因而为农村留守老人构建的智慧养老精准供给政策体系必须是具有可持续性的。

四 可操作原则

（一）可操作原则的含义

可操作即政策或制度具有实践意义,若一项制度或政策设计科学合理,但缺乏可操作性,最终也会因为无法落实变成空中楼阁。

西南农村留守老人智慧养老精准供给政策体系下的可操作性应具体包括以下几层含义:一是智慧养老精准供给政策体系具有合理性,符合养老保障当前发展趋势;二是智慧养老精准供给政策体系具有科学的组织架构,高效的运行效率;三是智慧养老精准供给政策体系为解决农村留守老人养老问题,与农村地区的特点相适应,符合农村留

---

① 乐章、刘二鹏:《家庭禀赋、社会福利与农村老年贫困研究》,《农业经济问题》2016年第8期。

守老人的养老需求,具有可操作性。

(二) 遵循可操作原则的必要性

构建智慧养老精准供给政策体系的目的是为西南农村留守老人提供优质、高效的养老保障,解决当前留守老人在经济支持、生活照料、精神慰藉等方面的难题。为农村留守老人构建智慧养老精准供给政策体系时必须要考虑到农村地区与农村留守老人的特点,使政策具有可操作性,以帮助留守老人破除养老困境。

首先,西南农村地区地域辽阔、老人居住分散。定期体检、日间照料之类的养老服务是大都在村委会或镇上集中提供,身体状况较差的部分农村留守老人难以享受到这种集中提供的养老服务,同时交通的便利程度也会影响到老人能否享受到集中提供的养老服务。在调研中,调研组发现不少地区都有定期为老人提供体检的服务,但农村留守老人反映由于必须去镇上进行体检,对他们来说具有极大的不便利性,因而只有少量的农村留守老人享受了这一服务。可见,当前西南农村地区的养老服务没有考虑到农村地域特点,缺乏可操作性。

其次,西南农村留守老人具有安土重迁的思想,大多数留守老人不愿意去机构进行养老,居家养老是其普遍的意愿。我国在改善农村留守老人养老保障过程中提出了构建农村幸福院的举措。农村幸福院是由村民委员会主办和管理,为农村留守老人提供就餐、日间休息、休闲娱乐等综合服务的公益性活动场所,通过老年人之间的相互照料提供养老支持以弥补家庭养老的不足,取得了一定的成效,但一些学者也认为其存在不少问题,普遍建设具备居住生活功能的农村幸福院,不切合我国广大农村实际;目前农村幸福院的生活居住设施设备几乎都成了摆设,多数农村幸福院实际上只是老年人休闲娱乐的场所。[1][2] 农村幸福院给农村养老带来的成效不容忽视,但也须注意到,在部分地区,农村幸福院由于缺乏可操作性正面临着"空壳化"的风险。

最后,日常照料与心理慰藉是目前西南农村留守老人面临的最大

---

[1] 高灵芝:《农村社区养老服务设施定位和运营问题及对策》,《东岳论丛》2015年第12期。

[2] 张世青、王文娟、陈岱云:《农村养老服务供给中的政府责任再探——以山东省为例》,《山东社会科学》2015年第3期。

养老难题。我国城乡居民基本养老保险和城乡居民基本医疗保险的建立在经济方面和医疗健康方面给农村留守老人提供了一定支持，但在日常照料和心理慰藉方面的养老保障较为缺乏。上述提到的农村幸福院，为解决留守老人在生活照料、精神方面的养老难题提供了思路，但大多数幸福院主要提供做饭和简单的护理照看工作，根本无能力提供心理疏导、文化娱乐、保健养生等方面的服务。农村幸福院在提供日常照料和心理慰藉方面取得的效果不显著。

因此，在构建西南农村留守老人智慧养老精准供给政策体系时，要吸取现有的农村养老实践经验，充分考虑到农村地区与农村留守老人的特点，紧紧把握可操作原则，使政策切实可行具有操作性。

五　普适性原则

（一）普适性原则的含义

普适性即普遍适用性。西南农村留守老人智慧养老精准供给政策体系下的普适性原则，是指构建的这一机制应普遍适用于农村留守老人，具体有两层含义。一是空间上具有普适性，即指农村留守老人智慧养老精准供给政策体系普遍适用于农村地区，具有地区上的推广价值，这一机制不仅适用于我国西南地区，且能通过农村双层经营体制在全国农村地区普遍推广。二是主体上具有普适性，即指农村留守老人智慧养老精准供给政策体系普遍适用于农村地区全体留守老人，并具有主体上的推广价值，在农村留守老人智慧养老精准供给政策体系达到成熟阶段时，可以推广至全体农村老人。

（二）遵循普适性原则的必要性

农村留守老人养老问题在空间上具有普适性。农村留守老人的出现是基于我国城镇化与工业化快速化发展以及城乡二元制结构的背景，自改革开放以来，越来越多的农村劳动力选择外出务工，老人被迫留在家中，形成了农村留守老人。在全国范围内，农村留守老人的现象较为普遍。《中国老龄事业发展报告（2013）》数据显示，2013年我国空巢老年人口总数超过1亿人，农村留守老人约有5000万人，该群体农村人口超过城镇人口。农村留守老人由于身体健康状况较差，经济来源少，加之子女未在身边，日常生活照料几乎无人帮助，也难以找到人倾诉,其养老状况不容乐观;对于没有配偶的农村留守老人(离异、未婚或丧偶)来说,其养老状况更为艰难。农村地区留守老人养老问题是全国广泛存在的问题,将农村留守老人智慧养老精准供给政策体系通过双层经营体制在全国范围内推行,对解决我国农村留守老人养老问题具有重要意义。

构建智慧养老精准供给政策体系遵循普适性原则是保障农村留守老人基本权利的体现。宪法赋予我国每位公民拥有享受社会保障的权利,我国宪法第45条规定:"中华人民共和国公民在年老、疾病或者丧失劳动能力的情况下,有从国家和社会获得物质帮助的权利。国家发展为公民享受这些权利所需要的社会保险、社会救济和医疗卫生事业。"农村留守老人作为我国公民,自然拥有享受社会保障的权利,因此,构建智慧养老精准供给政策体系应当遵循普适性原则,使其普遍适用于每位农村留守老人,以保障农村留守老人的基本权利。

第二节 西南农村留守老人养老精准供给基本模型

根据西南农村留守老人养老保障体系构建的基本原则,本研究构建了政府提供基础性养老保障的基本模型,即智慧养老精准供给系统的基本模型(图7-2)。

一 一个宗旨

西南农村留守老人智慧养老精准供给政策体系以科学、高效、优质、足量地向西南农村留守老人提供基础性养老保障为宗旨。

这里需要关注几个要点:第一,系统的最终目标是向西南农村留守老人提供基础性养老保障产品,而不是所有的养老服务;第二,系统的"科学"是指系统运行符合基本规律,能够提供适需的产品;第三,系统的"高效"是指系统能够充分、高效地利用资源,用有限投入完成相关工作;第四,系统的"优质"是指产品品质符合其至超过预期,它要求必要的监督评价机制;第五,系统的"足量"是指产品数量能够覆盖需求者的要求。

◇◆ 精准施策赋能农村养老保障

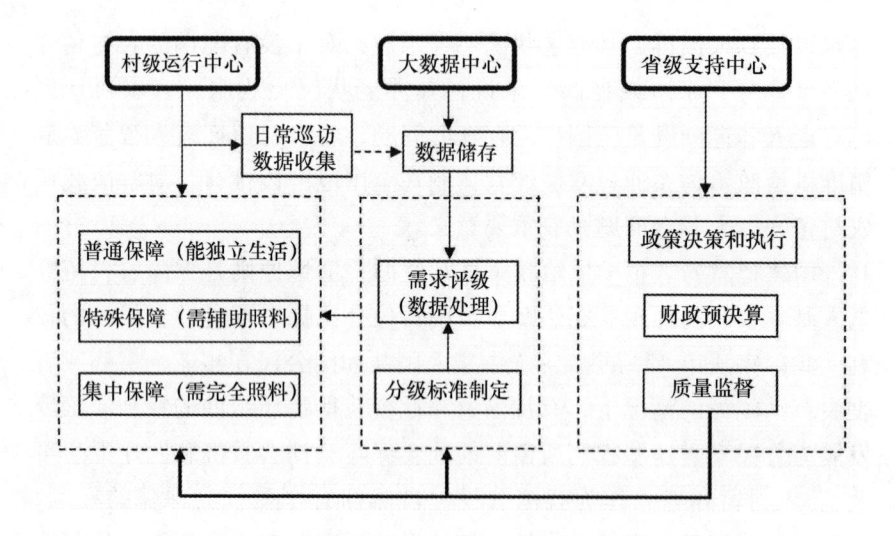

图7-2　农村留守老人智慧养老精准供给政策系统示意

二　两个层面

在图7-2中，以大数据中心为桥梁，左面部分属于系统的运行层面，右面部分属于系统的支持层面。系统的运行层面主要是指村级运行中心，以及村级运行中心所承担的职能职责，主要是按省级支持中心的要求向农村留守老人提供基础养老保障产品。运行层面有几点需要注意：第一，信息收集、基础养老保障产品提供等都是由村级运行中心负责，是系统的外在部分；第二，对西南农村留守老人这个产品接受者而言，运行层面就是系统的全部，它运行质量高低就决定了需求者的评价；第三，因此，运行层面强调标准化、精细化、个体化。

系统的支持层面主要是指省级支持中心，以及省级支持中心所承担的职能职责，主要是向村级运行中心提供数据支撑、制定服务要求和标准以及实施运行质量监督。支持层面有几点需要注意：第一，它并不向农村留守老人直接服务，而是主要与村级运行中心产生业务关系，属于系统的内在部分；第二，省级支持中心是系统不可或缺的一部分，村级运行中心离开省级支持中心几乎无法有效运行；第三，支持层面关注区域的总体情况、系统的总体运行情况和资源的整合安排等内容。

三 三个中心

系统的运行包含了三个关键的"中心",即村级运行中心、省级支持中心和大数据中心。可以围绕三个中心重新解构系统运行。

村级运行中心。建立基于村集体组织的村级运行中心,承担对农村留守老人的巡访、养老保障和权益维护等具体事项。将运行层面设定在村级主要是基于系统的经济性和操作性考虑,它可以与我国农村双层经营体制相适应,并充分发挥熟人社会的优势,极大地降低运行成本、提高运行效率。对此后文将有详述。

省级支持中心。单独建立各地区的省级支持中心,承担农村留守老人大数据储存、分级评估和运行质量监控等工作。支持层面设定在省级主要是基于我国当前的社会养老保障政策是以省为单位运行的考虑,便于解决财政统筹、标准制定、运行质量监控和政府考核等问题。

大数据中心。在省级部门下建设大数据中心。从业务流程考察上看,整个精准供给机制都是围绕大数据中心运行:巡访人员提供原始数据并及时更新,需求分级评估、分类保障体系、权益维护等都是在大数据中心支持下开展工作。设立大数据中心,一方面可以极大地提高系统的运行效率,另一方面也有利于科学决策。

四 四个流程

系统运行涵盖了四个主要的业务流程,即产品流程、标准流程、质量流程、行政流程。

产品流程是系统的核心流程。产品流程的主要环节是"日常巡访—大数据—分级评估—分类保障",其中,日常巡访和分类保障是运行层面的内容,而大数据和分级评估则是支持层面的内容。它集中反映了系统需要两个层面有机协同才能高效完成系统目标的事实。

标准流程反映的是支持层面对运行层面的工作标准要求。它包括了对运行层面的各项工作,包括巡访、三级保障服务、权益维护等工作的行为准则、工作负荷、技术标准等广泛的内容。标准流程是一种事前规定,是产品流程运行的基础,是质量流程运行的前提。

质量流程反映的是支持层面对运行层面的工作质量监督与评价。它考察运行层面的各项工作，包括考察巡访、三级保障服务、权益维护等工作是否严格按照标准要求得到落实。质量流程是一种事后机制，是产品流程高质量运行的保障，是对标准流程应用效果的考核。

行政流程是对组织运行的考察，主要反映的是资金流和技术流的内容。县乡级部门在系统中衔接起了村级运行中心和省级支持中心两端。它主要承担的职能有三个：一是对本级及以下相关工作进行财政预决算；二是对本地区相关工作进行业务安排，并对工作开展情况进行督查，发现问题并及时纠正；三是对本地区的相关工作人员进行技术支持，主要是人员素质和技术培训。行政流程通过资金、人员、技术等为产品流程服务，质量流程的结果对行政流程有着重要的约束作用。

可见，产品流程、标准流程、质量流程、行政流程之间存在有机的联系，他们在系统中都不可或缺。

第三节　西南农村留守老人养老精准供给的政策体系

政策体系是智慧养老精准供给系统运行的内在机制，是在每个重要环节上开展工作的基本条件、运行标准、结果要求等内容要件，供给系统是政策体系的外在表现。什么样的政策体系安排决定了什么样的供给运行体系，合理、可操作的政策安排是保证智慧养老精准供给系统高效运行的核心条件。

一　日常巡访的政策

日常巡访政策是指由专门人员对区域内农村留守老人定期巡访，按职能要求完成信息收集、整理和上传等任务。它是整个体系运行的前段环节，其运行质量直接决定了后续环节的工作成效。

1. 政策的组织依托

村级运行中心是日常巡访机制的组织依托，负责巡访员管理、横纵向的信息沟通、日常事务协调等工作。巡访员对村级运行中心负责。

2. 政策的职能设定

日常巡访机制的职能由低到高可以分为三个层次。

一是信息收集职能。通过巡访充分掌握区域内农村留守老人的家庭成员、经济收入、居住条件、身体状况、精神状况等情况。在履行信息收集职能时必须遵循以下基本工作原则：1. 真实性原则，巡访员要在主观上树立真实反映客观事实的思想，要充分认识到隐瞒、夸大或主观臆想对组织工作和群众生活可能带来的严重伤害；2. 群众工作原则，有鉴于可能存在的道德和逆向选择风险，巡访员要充分利用"熟人社会"下乡村居民的相互了解来对农村留守老人的信息真实性进行印证；3. 充分性原则，巡访员应尽量充分地掌握农村留守老人的全面信息，而不应仅仅局限于格式化信息的要求，充分掌握信息有助于巡访员形成正确判断，也有利于拉近巡访员与巡访对象的情感距离。

二是政策宣传职能。通过巡访向西南农村留守老人和其他农村居民进行必要的政策宣传，宣传的内容包括养老保障方面的，也可以涵盖诸如土地、农业、农村等与他们生活息息相关的其他内容。通过政策宣传，让西南农村留守老人充分了解智慧养老精准供给政策体系的政策目的、作用效果和参与条件等内容，提高保障体系在群众中的影响力和参与度，保障政策效果。

三是情感沟通职能。巡访员要能够与西南农村留守老人之间产生情感认同，并获得充分信任。完全可以想见，巡访员在收集西南农村留守老人信息和政策宣传过程中，与老人们的关系会逐步紧密，甚至被当作党和政府的代言人。因此，巡访员与留守老人之间的深厚感情会为工作的开展带来极大的便利，也是党和政府紧密联系群众、充分依靠群众、一切为了群众的优秀传统的体现。

3. 政策的人员配置

每一个村级运行中心要根据本村的条件和农村留守老人情况科学配置巡访人员。巡访员的来源和数量是人员设置时需要重点关注的两个方面。

巡访员的来源本土化问题。巡访员是智慧养老精准供给政策体系中与农村留守老人直接关系最为密切的人员。前文已经论及，巡访员的本土化措施一方面能极大节约他们的工作成本，另一方面能极大提高他们的工作效率。

巡访员数量的灵活配置问题。恰当的巡访员数量配置要考虑巡访工作质量和财政支出之间的平衡。在我国广袤的国土上，乡村千差万别，不同的乡村在地理条件、交通条件、人口分布等方面差异十分巨大，从而导致巡访员完成相同数量对象巡访任务时工作负荷也可能十分悬殊。因此，在配置巡访员时，村级运行中心要综合考虑农村留守老人的数量、分布密度、道路情况、气候情况等问题科学配置，要特别注意避免按照土地面积或者人口数量机械计算。

4. 政策的工作方式

巡访员必须按照实地面对面交流和群众访谈的方式完成定期的巡访工作。

在面对面交流和群众访谈时，一方面巡访员需要注意收集直接信息及支撑材料，为每一天的访谈工作和每一位西南农村留守老人建立工作台账；另一方面则需要根据要求整理标准化数据，并及时上传大数据中心。

应当为巡访员配备专业的设备和专门的系统。第一，无纸化办公是提高工作效率的要求，也是绿色发展的要求；第二，信息系统的使用为大数据开发和管理提供了便利；第三，设备和系统可以提供对巡访员的痕迹管理，解决基层行政管理面临的"最后一公里"难题。

二 分级评估的政策

需求分级评估政策是根据巡访信息，按照标准对西南农村留守老人的养老保障需要进行不同的等级划分。它是整体体系运行的关键环节，起到承上启下的作用。

1. 政策的组织依托

大数据中心是分级评估机制的组织依托，负责西南农村留守老人养老需要的等级划分、信息推送和数据支持等工作。

2. 政策的职能设定

分级评估机制有系统管理和评估实施两个职能要求。

系统管理是指建设和维护西南农村留守老人养老需求分级评估系统。第一，系统要符合国家的整体要求，要符合西南农村留守老人养老保障最一般的规律；第二，系统要充分考虑每一个省的具体情况；第三，系统要能够根据形势的变化而逐步优化调整。

评估实施是指根据巡访数据对农村留守老人的养老需求进行数据化赋值，根据赋值结果将他们分别归入普通保障、特殊保障和集中保障三个层级。每一位西南农村留守老人的分级评估结果都进入他们的数据库档案，以供村级运行中心用作分级保障的根据。分级评估在评估系统和巡访数据支持下自动运行并实时动态调整。

3. 政策的人员配置

分级评估人员在大数据中心工作，每一个省配备一个分级评估组织单位。该单位应包括农村留守老人分级评估机制设计人员和从事系统开发和维护的计算机专业技术人员。农村留守老人分级评估机制设计人员是不可或缺的核心人才，他们须具备以下素质：第一，他们必须熟悉本区域内农村留守老人养老保障现状；第二，他们必须掌握本省的相关政策制度要求；第三，他们能够与各级政府职能部门、农村留守老人保持通畅的沟通。在适当情况下，系统开发和维护的计算机业务可以考虑向第三方外包。

4. 分级评估系统

分级评估系统的设计是一个庞大系统工作，课题组在这里仅提出基本的构想（见表7-1）。

一是基本思路。分级评估的基本思路是对显性指标量化赋值，根据每一位老人的赋值总额所在区间对他们进行分级。

二是显性指标的选择使用。所谓显性指标，即是对农村留守老人进行分级赋值需要考虑的指标。初步考虑，这些指标应包含子女/配偶状况、身体状况和精神状况等几个方面的内容。在考虑这些指标时，需要注意他们的性质差异：其中一些属于累进型量变指标，一些属于跃进型质变指标。同时，还要关注逆向型否定指标，它在评估过程中起否定性作用。

表7-1　　　　　　　农村留守老人分级评估指标赋值

属性	一级指标	二级指标	赋值（1—5）
累进型量变	身体状况	四肢行动力	
		视力	
		听力	
		其他器官	
	精神状况	记忆能力	
		精神正常	
跃进型质变	身体状况	双眼盲	是/否
		双腿失去行动能力	是/否
		双手失去操作能力	是/否
		严重心脏病	是/否
	精神状况	失忆	是/否
		精神失控	是/否
逆向型否定	子女	能否回家照顾	是/否
	配偶	能否在家照顾	是/否

各类指标的具体使用是不同的。累进型量变指标赋值加总后的总值是分级评估的主要依据；跃进型质变指标是触发式指标，如触发（选择"是"）则直接进入集中保障范畴；逆行型否定指标一旦触发（选择"否"），则该农村留守老人可以进入特殊和集中保障范畴，否则仅提供普通保障。

三是分级区间的划分确定。区间的划定是指将评估分值科学划分为普通保障、特殊保障和集中保障三个区间，也即是给定三类保障的分值阈值。划分的依据要综合考虑农村留守老人的情况和各个省的实际财政情况。基本的思路和原则是，在保障农村留守老人生存基本要求的前提下，财力越是充分的区域阈值的选择可以越小，反之则反。

三　普通保障的政策

普通保障政策是指给予境况较好的西南农村留守老人的养老保障

服务及其实现手段。

1. 政策的组织依托

村级运行中心是普通保障机制的组织依托，负责普通保障的人员组织、工作安排和财务支持等工作。

2. 政策的服务对象

从农村留守老人自身角度看，普通保障机制的服务对象是有着较好自我照料能力的西南农村留守老人。如果从分级评估机制的角度考虑，所有的西南农村留守老人都是普通保障机制的服务对象。

3. 政策的职能设定

普通保障机制职能设定包括健康检查和权益维护等内容。

健康检查职能是指对西南农村留守老人提供日常的健康检查服务，健康检查的结果作为农村留守老人分级评估的重要数据来源，包括：第一，身体日常检查，通过观察、走访和使用常用便携式医疗仪器对留守老人的身体状态进行评价；第二，精神状态评估，通过观察、走访和使用测评量表等手段对留守老人的精神状态进行评价。需要特别强调的是，健康检查是基于评价目的的监控性检查，要区别于基于治疗的目的性检查。健康检查可以为治疗检查提供意见和建议，但不能替代——普通保障服务也仅提供监控性检查而不提供目的性检查。不过，治疗性检查的结论却是分级评估机制的重要数据来源。

权益维护职能是指对西南农村留守老人面临的各种权益侵害行为提供必要支持。从四省市调查的结果看，西南农村留守老人普遍面临着大量的权益问题：第一，邻里纠纷，因大量的小冲突而滋生的问题，比如临界土地的争夺、家禽家畜损害、口角名誉争执等；第二，偷盗问题，偷盗问题随着农村空心化而变得日益严重，甚至连牛羊等大牲畜也时有被窃；第三，诈骗问题，利用留守老人情感需求的弱点进行诈骗近年来在农村变得日益严重；第四，子女赡养问题，农村留守老人普遍面临着子女赡养不力的问题。农村留守老人由于文化水平、沟通能力和行为能力有限等，权益受到侵害时往往难以自行正当维护。在处理这些问题时，权益维护职能有三个逐步递进的支持手段：一是咨询建议，即对相关事项提供政策信息和处理建议；二是辅助协调，即帮助甚至代表留守老人处理相关事项；三是法律支持，即涉及法律问题时提供必要的专业支持。

特别需要注意权益维护职能在子女赡养问题上的重要作用，通过向西南农村留守老人进行必要的政策宣传，并督促子女主动履行必要的赡养义务，对智慧养老精准供给政策体系的有效运行有着重要的价值。

4. 政策的人员配置

普通保障机制的实现需要"三类人员"配置，一是医疗健康检查的医务人员，二是精神状态评估的心理咨询人员，三是法律咨询和支持的法务工作人员。跟巡访员的配置原则相同，这三类人员的配置数量应由所在地的各种具体条件综合决定。但这并不意味着一定需要单独配置三类人员，在需要的情况下，健康检查和精神状态评估工作可以由同一人承担，经过专业培训的人员甚至可以同时承担法务工作。

5. 政策的工作方式

"三类人员"都必须按照实地面对面的方式完成工作。

医疗健康检查和精神状态评估工作的开展方式有定期和不定期两种。第一，根据省级标准开展定期医疗检查和精神状态评估工作；第二，根据巡访和其他渠道信息开展临时的医疗检查和精神状态评估工作。

权益维护工作根据实际需要临时开展。巡访所得情况是权益维护工作的基本信息来源，权益维护工作本身也具有一定的延续性。

四　特殊保障的政策

特殊保障政策是指给予境况较差的西南农村留守老人的养老保障服务及其实现过程。

1. 政策的组织依托

村级运行中心是特殊保障机制的组织依托，负责特殊保障的人员组织、工作安排和财务支持等工作。

2. 政策的服务对象

特殊保障机制对那些身体机能有所下降、精神状态不佳、自我照顾能力有所下降的西南农村留守老人提供到家服务。从分级评估结果看，他们赋值总额已经越过特殊保障机制阈值且尚未达到集中保障阈值,并且子女和配偶都不能在家提供照料。

3. 政策的职能设定

除了普通保障服务外,特殊保障机制要根据实际情况定制对西南农村留守老人的服务,主要包括定制的身体健康检查、精神状态评估及生活照料服务。

定制身体健康检查和精神状态评估方案。特殊保障机制下的西南农村留守老人的身体和精神都处于较为不稳定状态,容易出现不良变化。因此,需要根据他们的实际情况适当增加健康检查和精神评估的时间密度。省级支持中心在标准的具体制定过程中,应当将他们的总赋值进一步细分为不同区间,并针对不同区间制定相应的健康检查和精神评估时间密度。

定制生活照料方案。相对于可以相对标准化的身体检查和精神评估定制方案,生活照料方案则更为个性化。定制的生活照料的内容可能包括:第一,生活资料的购买,包括帮助西南农村留守老人购买米面油酱醋茶等生活必需品;第二,生活日常料理服务,包括帮助老人挑水、洗衣、理发等;第三,饮食照顾,主要是每日三餐的伙食提供;第四,日常陪伴,主要是夜间的陪伴。因为生活照料方案的定制需要因人而异,应由村级运行中心根据巡访员、医务人员的实际信息具体制定个性化的方案。

4. 政策的人员配置

通常可以由与普通保障机制相同的工作人员来实现特殊保障机制职能。各地区可以根据普通保障机制进行特殊保障机制的人员配置,但定制生活照料方案的实施最好由法务人员承担。

5. 政策的实现方式

定制方案的实现因内容不同而呈现不同的特征,从而需要不同的实现方式。

直接由医务人员和心理咨询人员实现定制的身体健康检查和精神状态评估方案。

定制生活照料方案的实现则较为复杂,因为所需服务千差万别,并且是日常所需,如果由村级运行中心人员直接提供则可能面临着极高的成本问题。因此,最有效的方案是由农村留守老人的邻居来具体实现这些照料工作。第一，由邻居提供帮助购买、日常料理、饮食搭伙等服务的成本极低；第二，由邻居提供陪伴的情感基础牢固，效果好；第三，定制方案的实施价格需要在充分沟通的基础上，在情感和市场相结合的原则指导下实现；第四，定制方案的实施需要村级运行中心实施必要而充分的过程监督。

五 集中保障的政策

集中保障政策是指给予境况很差的西南农村留守老人的养老保障服务及其实现过程。

1. 政策组织依托

各村镇应根据实际情况单独或共同建设用以满足本村镇集中保障需求的集中保障中心。集中保障中心是集中保障机制的组织依托，负责集中保障的人员组织、工作安排和对外协调等工作。

从运行和责任交接的视角看，集中保障中心和村级运行中心的关系可以有两种不同的思路。一是相对独立的关系，村级运行中心将符合条件的留守老人向集中保障中心移交后即完成责任交割，后续事项由集中保障中心独立完成；二是从属关系，村级运行中心对移交到集中保障中心的留守老人保留责任，只是委托集中保障中心完成日常料理工作。这两种关系主要体现为财政预算和支付关系的变化，前者更适合政府服务外包的形式，后者更适合政府行政全流程管理。

2. 政策服务对象

集中保障机制向那些基本丧失生活自我照料能力的西南农村留守老人提供集中服务。从分级评估结果看，是那些综合赋值达到集中保障阈值，或者有跃进型质变指标，且没有子女或配偶提供照料的农村留守老人。

3. 相关职能设置

集中保障政策要向符合条件的西南农村留守老人提供包括集中住宿、护理、饮食、医疗卫生等在内的所有养老保障服务。

集中住宿。需要集中保障的农村留守老人基本已经丧失了自我照料的能力，通过集中住宿可以极大地降低保障的实施成本，提高保障服务质量。住宿条件的设置应该基于满足基本需求而不是享受，应根据各省条件考虑2—3人间而不是单间，住宿设备也应考虑处于不同生理和心理状态老人的实际情况。

护理、餐饮、医疗卫生和其他服务。第一，农村留守老人集中保障的餐饮标准应由省级支持中心根据各地物价进行统一规定；第二，医疗卫生和护理一方面需要有省级支持中心设置的最低标准要求，另一方面还需集中保障中心根据老人的实际情况灵活调整健康检查和护理标准；第三，在文化娱乐设施建设上各省级支持中心也应当有最低标准要求，各地可根据实际情况灵活安排。

4. 实现方式和人员配置

在集中保障机制的实现上，集中保障中心可以直接参考农村敬老院的运行模式。特别建议在已有敬老院基础上进行适当扩容，这样可大大节约集中保障中心的建设成本并降低运行风险。

人员配置也可参考敬老院的经验，如果进行业务外包则不需要单独的人员配置，而只需要适当的运行监督人员即可。

六　标准生成的政策

标准生成政策是指西南农村留守老人保障的相关运行标准及其制定和修改的过程。

1. 政策的组织依托

省级支持中心是标准生成机制的组织依托，负责相关标准的制定、监控和修订工作。

2. 政策的职能设定

标准生成机制包括不同级别保障阈值的规定、不同级别保障的最低标准和财政支持条件、各种保障职能的运行要求等广泛的内容，它是智慧养老精准供给政策体系的"神经中枢"。

不同级别保障阈值的规定。根据分级评估机制赋值结果，不同省份应综合考虑留守老人的身心要求和省级财政的支付能力，科学规定从普通到特殊，从特殊到集中保障的阈值，并能根据每年的实际情况变化进行动态调整。当然，基于人们普遍接受情况向更好的变化而不是相反，原则上阈值应该呈逐步降低而不能上升。

不同级别保障的最低标准。制定不同级别保障的最低保障支付标准，这个标准要考虑几个方面的因素：一是当地的实际经济发展水平；二是财政的实际支持能力；三是西南农村留守老人的实际支付能力。特别要强调的是，在不同保障级别的支付标准中，财政支持的实际覆盖率存在显著差别。普通保障支付应该由财政全覆盖；特殊保障支付中的医疗和精神检查部分也应由财政全覆盖，生活照料部分由财政进行大部分覆盖，覆盖率不低于50%；集中保障支付的财政覆盖率应该在50%以上。最低标准超过财政覆盖部分应由留守老人自行承担，其来源包括：第一，储蓄和社保收入；第二，子女赡养费；第三，土地承包权及宅基地使用权等带来的可能的收益或收益权。当子女不履行必要的赡养义务时，权益维护机制应起到有效的制约作用。当以上所有手段都无法解决时，可构建相应的养老基金或者通过特定的社会捐赠渠道。

各种保障职能的运行标准。为了规范巡访员、医疗卫生员、法务人员等相关人员的工作程序，提高工作效率，避免人浮于事，应制定各类技术人员工作规范。比如，第一，巡访、健康检查和心理咨询的最低频率；第二，各类工作开展的技术性要求；第三，"集中保障中心"运行时各项工作的最低标准要求等。

3. 政策的人员配置及运行方式

标准生成机制在省级支持中心运行，因此每个省级中心配置人员完成标准制定和修订工作。标准生成人员应与分级评估人员密切沟通，并能够掌握农村留守老人的总体情况、基层工作运行情况，熟悉本省的财政支持政策等。

标准的制定和修订要注意几个方面的问题：第一，程序的合法性，得到人大授权，并符合行政程序；第二，相对稳定性，尤其是技术性工作规范，保持稳定有助于提高工作效率和工作质量；第三，可操作性，要根据基层实际情况制定相关标准，避免浮于表面缺乏落实基础。

七　质量评价的政策

质量评价政策是指对照西南农村留守老人保障的相关要求和运行标准，考察区域内农村留守老人养老保障的覆盖度、保障的标准执行

第七章 构建西南农村留守老人智慧养老精准供给政策体系

度等内容的行政过程及对结果的处理。

1. 政策的组织依托

省级支持中心是质量评价政策的组织依托，负责按照相关要求和标准对各个环节进行工作任务考核和标准执行质量评价，并根据结果进行奖励和处罚。

2. 政策的职能设定

质量评价是针对整个智慧养老精准供给政策体系而定，既包括了整个体系运行的质量，又包括了体系内各系统运行的质量，还包括了质量评价结果的应用。

对各级政府完成农村留守老人养老保障工作任务的考核。这是站在系统整体的角度，对智慧养老精准供给系统运行效果的考察。第一，从绝对目标进行评价，看是否实现了政策的预设目的，也即是符合条件的西南农村留守老人是否都已经进入体系的覆盖范围；第二，从相对目标进行评价，看西南留守老人养老保障供给系统的运行效率，或者简单地表达为实现同样的政策目标所耗费的资源多少；第三，从动态的角度进行评价，看西南农村留守老人保障的效果变化情况和保障体系运行效率的变化情况；第四，从总体结果看西南农村留守老人对养老保障服务的满意程度如何。

对智慧养老精准供给政策体系各环节工作执行的监督和评价。这是对系统内各个环节运行质量的考核评估，因此职能主体都包含在评价范围之中，包括了广泛的内容。省级支持中心的标准制定是否恰当合理；大数据中心的分级评估是否符合实际、是否提供了有效的数据服务；县乡政府是否及时提供人员、技术和财政支持；村级运行中心是否按照标准要求执行了巡访、医疗卫生和权益保护等任务，是否按照标准执行了集中保障服务。

根据考核评价结果对各级政府机构和相关人员的奖惩。奖惩是设立质量评价机制的目的，科学的奖惩制度是让整个体系有效运行的重要保障。要将总体质量考核评价结果纳入各级政府绩效考核；将对各环节的考核评价结果纳入部门绩效考核，与个人薪酬和职务升迁挂钩。

3. 政策的人员配置

因为职能的要求，质量评价机制必须在省级支持中心下以独立的机构运行，其人员配置要注意：①有严谨务实的工作态度和实事求是的工作作风；②熟悉社会学有关抽样统计的相关专业知识；③具有一定的经济和管理素养，对组织运行效率问题有一定认知。

4. 政策的运行机制

原则上，质量评价要其他机构背对背运行。

在评估标准制定、分级评估工作时，主要以这些工作是否与基层工作紧密联系、是否能够根据实际变化做出及时调整来评价。

在对村级运行中心的相关工作、对县乡留守老人养老保障总体工作满意度进行质量评价时，主要以对西南农村留守老人进行随机抽样调查的形式完成。

在对县乡的人员、技术和财务保障等工作进行评价时，主要以对村级运行中心的工作人员进行抽样调查的形式完成。

第四节　西南农村留守老人养老精准供给政策体系的优势

本书构建的西南农村留守老人智慧养老精准供给机制优势显著，在资源节约、适应性强、操作性好、政策契合度高等方面表现突出。

一　"路径依赖"有效节约成本

依据公共财政理论，政府破解我国农村留守老人养老保障难题时，需审慎考虑投入财政资金的成本效率问题。智慧养老精准供给政策体系充分发挥农村基层组织的作用，遵循制度演进的路径依赖逻辑，符合了经济性原则要求。

（一）制度演进中的路径依赖

美国经济学家道格拉斯·诺斯首先提出制度演进中的路径依赖理论，他认为一旦做出了某种选择，就好比走上了一条单行道，不管这条路的终点是好的还是坏的，这条路径的既定方向会在以后的发展中不断得到强化，任何制度不会轻易逃脱这条路径。因此，人们过去的选择决定了他们现在和未来可能做出的选择,路径依赖类似于物理学中惯性的概念①。

人们之所以会沿着既定的道路前行,学者们给出了不同的解释②。①报酬递增。Arthur 和 David 认为报酬递增是路径依赖形成过程中关键性因素,任何决策随着时间的推移都会产生报酬递增效应,尤其是当这种决策已经扩散到相当大的规模时,它所能带来的收益也越来越可观,从而促进路径依赖的形成。②沉没成本。沉没成本是由于过去的决策已经发生或承诺、无法回收的成本支出,它是一种历史成本,对于现在的决策而言是不可控的。虽然,理性的经济人做出的新决策通常应该忽视掉沉没成本。但在现实中,人们往往很难做到充分理性。因而,他们一旦做出了某种选择,为之付出了代价就有了沉没成本,即使发现最初的选择有着种种弊端,成本的沉没也会阻碍变革,从而形成路径依赖。③惯性锁定。一种制度形成后,相应的利益集团也会随之产生,只有不断维持和强化现有的制度才能保证他们长期获益,即使新制度更符合当下的社会经济发展情况,也会遭到他们的反对。公众的历史选择会随着时间的推移产生惯性,即使意识到既定的路径是不完善的、低效的,也不愿意去做那个"特立独行"的人,对占主导地位的利益集团进行批判。4. 自我强化。既定选择或行为会在长期发展中不断进行自我修复和完善,大量的制度行为会被建立用于补充该种选择的不足之处,大量微小的修复不间断地支撑和稳固了既有路径的稳定性,即使从总体上看它是低效率的。

如果仔细分析,就可以发现有关解释其实都是从不同角度阐释依赖路径所具有的经济性:"报酬递增"是既定投入下的产出增长,"沉没成本""惯性锁定"和"自我强化"是同样产出下投入的节约。从哲学的角度看,路径依赖理论解释的应该是渐进式的制度变迁,是在既有制度框架下的量变过程,它通过主动因子不断的积累来逐步推

---

① 卢现祥:《新制度经济学》,武汉大学出版社 2004 年版,第 169—170 页
② 张壮:《中国国有林区治理体制变迁的路径依赖研究》,博士学位论文,吉林大学,2018 年,第 23—24 页。

进制度演进。这种渐进式的变迁注重过程，往往在某一制度出发点持续、稳健地实现变革，避免给整体制度带来大的影响，变革的风险低。当这种渐进式变迁中的主动因子量的积累达到质变的临界点，就会形成激进式的制度革命，从而改变原有的制度体系，这需要付出很高的成本，承担巨大的变革风险。

（二）构建智慧养老精准供给政策体系是渐进式制度变迁

智慧养老精准供给政策体系是针对农村留守老人这一特殊群体的制度设计，是对社会经济发展的适应。我们说它是渐进式的制度变迁，是因为智慧养老精准供给政策体系具有显著的路径依赖。1. 依赖于我国现有社会养老保障制度和系统，是对我国社会养老保障制度的完善。无论是我国传统的居家养老体系还是正在构建的社会养老体系，智慧养老精准供给政策体系都只是对现有养老保障制度的政策弥补和完善，不是修改，更不是反对。离开我国现有的养老保障系统，它是无法独立运行的。2. 依赖于我国现有的农村组织架构，是对现有行政组织，尤其是村集体组织的充分利用。它对我国农村现有的组织架构具有显著的依赖，会更加充分地发挥其作用，而不是削弱甚至取消其价值。

智慧养老精准供给政策体系的"路径依赖"带来了显著的经济性。1. 通过在现有组织下增加新职能而实现规模经济。智慧养老精准供给政策体系可以充分利用现有行政班底开展工作，尤其是在村级运行中心，在保障效果的前提下并不需要大规模的投入。2. 充分利用现有设施设备而实现对沉没成本的利用。智慧养老精准供给政策体系可以充分利用现有的设施设备，尤其是农村留守老人的现有住房等财产。3. 与现有养老保障制度兼容，可避免惯性锁定带来的冲突损失。智慧养老精准供给政策体系只是立足于向农村留守老人分级提供基本养老保障，是对现有资源更高效率的整合使用，不会大幅度增加国家的财政负担，不会对其他任何群体的养老保障产生直接的冲突。

二 双层经营体制利于全面快速推进

显然，不仅仅是本次调研样本的所在地才存在农村留守老人的养老保障问题。农村留守老人养老保障在当前的中国是一个全局性的问题，也是一个紧迫性的问题。智慧养老精准供给政策体系具有普遍适应性和快速实施的可能性。

（一）双层经营体制是我国农村的基本经济制度

前文已经述及，双层经营体制是我国农村的基本制度。自 20 世纪 70 年代末 80 年代初家庭联产承包责任制得以确认以来，在我国农村的双层经营体制中，集体和家庭的地位和作用取得了多样化的表现形式：华西村是集体层面表现突出的代表，那些大量家庭离开、土地撂荒的则是集体式微的另一个极端——更多的情况则是处于集体与家庭关系最丰富的中间状态。但无论如何，基于家庭联产承包责任制的农村双层经营体制是我国基本经济制度，它有以下三个方面值得我们注意。第一，它具有最普遍的地域分布。在我国所有的农村都建设有村集体组织，能够查询的到最新资料表明，到 2018 年底我国共有农村村委会 54 万余个[1]，它们在我国乡村治理中发挥着普遍的作用。第二，它具有国家战略层面的生命力。中共中央已经多次明确，我国的家庭联产承包责任制是一项长期坚持的国策[2]，在此基础上的双层经营体制也因此而具有持续的生命力。第三，在新形势下它的地位价值会得到更为充分的体现。党的十九大明确要"深化农村集体产权制度改革，保障农民财产权益，壮大集体经济"，昔日被人瞧不起的农村集体组织身份开始让人"依依不舍"了[3]。

（二）村级运行中心有全面快速构建的能力

在智慧养老精准供给政策体系中，村级运行中心承担着最为重要的执行作用，是整个系统中最核心、最困难和规模最大的部分。村级运行中心因为依托于农村村委会设立而取得了在覆盖面和实施时间上的天然优势。

覆盖全国的数量巨大的村委会为全面构建村级运行中心提供了可

---

[1] 国家统计局：《国家数据》，https：//data. stats. gov. cn/easyquery. htm? cn = C01&zb = A0D01&sj = 2018，2019 年 11 月 4 日。

[2] 在习近平总书记十九大报告中，明确提出要"保持土地承包关系稳定并长久不变，第二轮土地承包到期后再延长三十年"。习近平：《决胜全面建成小康社会 夺取新时代中国特色社会主义伟大胜利 在中国共产党第十九次全国代表大会上的报告》，人民出版社 2017 年版，第 30—33 页。

[3] 于莉：《"户籍依恋"为哪般》，《北京日报》2018 年 11 月 12 日。

能性。虽然农村留守老人养老问题普遍存在，但不同区域的情况还是存在很大差异。依托于普遍存在的村委会设立村级运行中心，为不同地区灵活应对农村留守老人养老保障问题提供了很大的弹性空间。村委会可以根据自身区域内的实际情况灵活设置职能、岗位和人员，可以有效规避职能缺位和人员冗余等问题。

村委会已有的高效运行机制为村级运行中心的建成运行大大节约了时间成本。根据前文论及的农村留守老人养老保障需要的迫切性，村级运行中心因为依存于村委会的现存运行基础而具有实施的便捷性。这种便捷性从机构的设置、运行的管理、资源的整合等方面都能够得到很好的体现。特别是能够因为"现成可用"而极大地节约筹备、规范和运行管理等时间成本，这对解决当前农村留守老人养老保障问题有重要价值。

三　农村集体组织充分发挥本土优势

村集体与农村家庭有着内在的稳定关系，这为依托于其上的村级运行中心在政策实施过程中降低交易费用和运行成本奠定了坚实的基础。

（一）农村家庭和村集体具有内生的稳定关联

在我国广大的农村地区，土地这一具有根本意义的农业生产资源——当然也是农村家庭最重要的财产内容——将每一个农村家庭和所在的村集体紧紧联结在一起。《中华人民共和国农村土地承包法》规定，"农村土地承包采取农村集体经济组织内部的家庭承包方式"，"农民集体所有的土地依法属于村农民集体所有的，由村集体经济组织或者村民委员会发包"，"家庭承包的承包方是本集体经济组织的农户"。也即是说，只有与村集体签订了土地承包合同的家庭才是真正意义上属于农村集体的家庭。土地承包的纽带让这种内生的关联十分牢固，在我国农村集体土地制度及与之相应的家庭联产承包责任制存续期间，农村家庭与集体组织的这种内生的关系就会持续存在。即使在农村人口流动速度加快，土地承包经营权得以普遍流转的今天，农村集体土地承包经营权的全权退出也仅仅存在于学者们在理论上的初步探讨阶段①。

（二）村集体在实施基本养老保障政策时的交易费用低

如果存在着较为明显的信息不对称，事前的道德风险和事后的逆向选择就几乎无可避免。对农村留守老人而言，为了获得政策性养老保障政策的支持，他们可能刻意隐瞒自身身体、精神和家庭子女状况，从而使政策面临道德风险；即使在已经获得政策性养老保障政策支持的情况下，他们也有着强烈的动机让子女不承担，抑或是尽量少承担赡养义务，从而使政策面临逆向选择风险。过高的道德风险和逆向选择风险可能让农村养老保障政策陷入难以为继的尴尬境地。

幸运的是，村集体对农村家庭信息的把握是相对比较全面的。1. 正式的经济关系使得村集体（成员）能够掌握农村家庭的基本情况，包括家庭成员、亲属关系等；2. 长期的生产生活交往使得村集体（成员）可能深入掌握农村家庭全面信息，包括身体和精神状态、家庭基本经济情况等方面。这种全面的信息会为降低因信息不对称带来的道德风险和逆向选择行为带来便利，是对农村留守老人的外在约束。与此同时，处于相同或相邻村集体中的家庭会因为生产、生活、姻亲等原因形成较为稳固的"熟人社会"，从而对处于其中的个体产生很强的道德和舆论约束力，使得他们的道德风向和逆向选择冲动得到内省的抑制。

（三）村集体在落实基本养老保障政策时的运行成本低

在落实农村留守老人分级养老保障政策的过程中，需要建立一支队伍来实现相应的职能。这一支队伍承担的日常工作任务使得他们必须长期工作于所供职的村集体之中。那么，①工作地最好是生活地，这样能极大地节约工作人员往返于工作与家庭之间的成本；②工作人员最好能很好地适应工作环境，这样能避免因环境差异带来的成本，比如身体不适、附加的设施设备要求等；③工作人员最好能与农村留守老人有精神上的认同基础和语言上的沟通便利，这样能够显著地提

---

① 张克俊、李明星：《关于农民土地承包经营权退出的再分析与政策建议》，《农村经济》2018年第10期。

高政策实施效果。我们把这三个条件放在一起就会发现，最好的选择就是由村集体负责政策的执行，并且最好是由本土居民来承担起相应的工作，因为这样做的政策运行成本无疑是最低的。在此层面上，这与跨国企业雇员本土化有着异曲同工之妙[①]。

四 公平公正有机衔接精准扶贫战略

农业、农村和农民的问题历来具有统一性。解决好农村留守老人的基本养老保障，让他们分享到国家繁荣发展的福利，是对过去在二元经济下农民贡献的反哺，体现了实际的公平与公正。这与当前精准扶贫和乡村振兴的国家战略具有内在的一致性。

（一）农村留守老人往往是农村的贫困群体

课题组对西南四省市调研样本显示，农村留守老人的收入水平是远远低于一般农村居民的。更多的调查研究资料表明，农村留守老人贫困其实是一个比较普遍的现象。例如，来自山西的数据显示，"留守老人出现的主要原因是家庭经济水平低下。80%的留守家庭是因为经济不景气，子女才被迫外出打工。目前农村留守老人的收入状况并不乐观，经济状况普遍偏低"[②]；湖北的研究表明，"大多数留守老人的经济状况并没有因为子女外出务工而明显改善，生活水平低，贫困现象普遍"[③]；安徽的调查也显示出，"农村的养老保障水平低下且养老设施不及城镇完善，使得留守老人不论在物质生活方面还是在精神方面均处于弱势"[④]。关注农村留守老人这一弱势和贫困群体是社会主义本质的内在要求，也是实现社会公平公正价值的具体内容。

（二）智慧养老精准供给政策体系是落实国家精准扶贫政策的具体手段

精准扶贫是指针对不同贫困农户的特点状况、不同贫困区域环境

[①] 魏立群：《跨国企业雇员本地化战略实施的相关问题》，《国际商务（对外经济贸易大学学报）》1999年第6期。

[②] 王艺璇、何云峰、王蕾奇：《农村留守老人生存困境及对策研究——基于山西省翼城县的访谈解析》，《云南农业大学学报》（社会科学版）2018年第4期。

[③] 钟曼丽：《农村留守老人生存与发展状况研究——基于湖北省的调查》，《湖北社会科学》2017年第1期。

[④] 朱畅、丁仁船：《农村留守老人生存状况研究》，《巢湖学院学报》2017年第2期。

第七章　构建西南农村留守老人智慧养老精准供给政策体系

状况，因地制宜、因户施策，运用科学扶贫程序和方法对扶贫对象做到精准识别、精准管理、精准帮扶的扶贫模式。一般认为习近平总书记2013年11月在湖南湘西土家族苗族自治州花垣县排碧乡十八洞村进行考察时的讲话是精准扶贫理论的缘起；2015年6月在贵州召开部分省区市党委主要负责同志座谈会时强调扶贫"要做到对症下药、精准滴灌、靶向治疗，不搞大水漫灌、走马观花、大而化之"，则标志着精准扶贫理论的正式形成[1]；同年，中国共产党中央政治局审议通过《中共中央国务关于打赢脱贫攻坚战的决定》则意味着精准扶贫进入国家发展战略。

虽然精准扶贫思想的关键内涵都是"六个精准"——扶持对象精准、项目安排精准、资金使用精准、措施到户精准、因村派人精准、脱贫成效精准——但对不同性质对象的工作重点还是有差异的："对缺少受教育机会的贫困群体的后代子女提供必要的智力扶贫，使其获得足够的发展能力""对具有一定生产、生活能力的贫困户劳动力提供免费的技术培训服务，使其获得参与市场竞争的基本能力""对缺少未来发展能力的老龄贫困群体提供必要的社会保障、医疗保险支持"[2]。稍加对照就可以发现，智慧养老精准供给政策体系正好是精准扶贫思想在农村留守老人群体上的具体体现：通过村级运行中心、大数据中心和省级支持中心全面实现"扶持对象精准、项目安排精准、资金使用精准、措施到户精准、因村派人精准和脱贫成效精准"的要求。

五　科学架构体系助益乡村振兴战略

党的十九大正式提出"乡村振兴战略"，并要求加强农村基层基础工作，健全自治、法治、德治相结合的乡村治理体系。在《国家乡村振兴战略规划（2018—2022年）》的丰富内容中，智慧养老精准供给政策体系在组织架构和公共服务供给上有着显著助益。

---

[1] 陈健、龚晓莺：《"精准供给"视阈下精准扶贫的内涵、困境与突破》，《科学社会主义》2017年第4期。

[2] 刘铮、浦仕勋：《精准扶贫思想的科学内涵及难点突破》，《经济纵横》2018年第2期。

（一）村级运行中心是夯实基层政权的重要抓手

在《国家乡村振兴战略规划（2018—2022年）》第二十七章"夯实基层政权"中明确要求，"面向服务人民群众合理设置基层政权机构、调配人力资源，不简单照搬上级机关设置模式。根据工作需要，整合基层审批、服务、执法等方面力量，统筹机构编制资源，整合相关职能设立综合性机构，实行扁平化和网格化管理"。

在智慧养老精准供给政策体系中，村级运行中心是面对农村留守老人这一特殊群体设置的基层政权机构，它整合了信息收集、医疗、日常照料、权益维护等综合服务职能，是类似于现代企业"项目制"的扁平政府组织设计，并最终会形成村级网格化、信息化服务体系。可见，村级运行中心的构想与乡村振兴战略关于基层服务政权组织机构设置的要求高度一致，可以把它作为实施乡村振兴战略、夯实基层政权组织的具体抓手。通过它的先行先试，可以为完善我国农村基层政权组织的科学设置和高效运行积累必要的经验，这也非常符合渐进式改革的基本规律。

（二）留守老人养老是必须增加的公共服务供给

在《国家乡村振兴战略规划（2018—2022年）》第三十章"增加农村公共服务供给"中，"加强农村社会保障体系建设"和"提升农村养老服务能力"是重要的内容，提出要"适应农村人口老龄化加剧形势，加快建立以居家为基础、社区为依托、机构为补充的多层次农村养老服务体系"。

无论农村多层次养老服务体系的构建是一个多么复杂的系统和庞大的工程，农村留守老人养老服务供给都是必不可少的内容。而且，有鉴于当前面临问题的严重性和急迫性，农村留守老人多层次养老服务体系的构建应当是优先实现的内容。在智慧养老精准供给政策体系中，基于分级评估的多层供给体系正是"以居家为基础、社区为依托、机构为补充的多层次农村养老服务体系"的具体实现。在此基础上，在条件许可的情况下，服务系统可以逐步向其他农村居民群体开放，从而成为一个具有普遍意义的养老服务供给体系。

第八章　保障养老精准供给政策体系高效运行的措施

为解决农村留守老人养老难题，本书提出了构建农村留守老人智慧养老精准供给政策体系的设想，为保障这一政策体系的高效运行，本章提出了相应的补充措施。

第一节　建立健全相关法律法规

法律法规是人们的行为规范和行动准绳，农村养老保障相关制度的建立、运行都离不开法律的保障，法律是支撑农村养老保障工作顺利开展的前提条件。

一　制定农村留守老人养老保障法

从国外经验来看，养老保障法律法规体系的建立是农村养老保障实施运行的基础。以日本为例，在养老保险方面，日本政府先后颁布了《国民年金法》《厚生年金保险法》《老年人雇佣安定法》和《年金改革相关方案》等法律分别对国民年金相关内容做了详细规定；在医疗保险方面，除《健康保险法》外，政府还为老年人单独制定了《老年人保健法》；为保证介护制度的推行，日本先后颁布了《老年人社会福利服务法案》《老年人保健和医疗法案》和《介护保险法案》等三部法律。

在当前我国法律法规体系下，农村养老保障立法存在界定模糊、层级较低等问题，而农村留守老人养老保障立法更是处于空白。《宪法》和《老年人权益保障法》对农村老年人的养老权益做出了简单规定，《社会保险法》对养老保险、医疗保险相关内容做出了简单规定，但从整部法律条文来看，所涉及的农村养老相关内容较少，仅在第20、21、22条对农村养老保险有所提及，在第24、26条对新型农村合作医疗保险相关内容做了规定。在养老保险方面，2009年国务院发布的《关于开展新型农村社会养老保险试点的指导意见》以及2018年3月人社部和财政部印发的《关于建立城乡居民基本养老保险待遇确定和基础养老金正常调整机制的指导意见》对居民基本养老保险的筹资缴费、待遇给付、基金管理等相关内容做了详细规定，但由于属于规范性文件，立法层次较低，法律约束力不强。在医疗保险方面，除《社会保险法》相关规定外，2002年颁布的《中共中央、国务院关于进一步加强农村卫生工作的决定》、2003年颁发的《关于建立新型农村合作医疗制度的意见》以及2016年发布的《关于整合城乡居民基本医疗保险制度的意见》，同样存在立法层次较低，法律约束力不强等问题。在社会救助方面，《社会救助工作暂行办法》属于最高层次立法，其救助的对象主要是低保家庭人员，对农村留守老人并无针对性规定。

纵观所有相关法律法规可发现，无论是养老保险、医疗保险相关法律法规，还是社会救助相关法律法规，没有专门针对农村留守老人的相关条例，而随着城镇化进程不断加快，农村留守老人数量的不断增加，农村留守老人养老问题日益凸显，因此，迫切需要出台一部专门针对农村留守老人养老保障的相关法律，即《农村留守老人养老保障法》，为农村留守老人养老保障工作的开展提出明确规范。

《农村留守老人养老保障法》立足于农村留守老人养老保障的建设、发展与完善，大致包括以下三部分内容。一是构建农村留守老人养老保障的总则。《农村留守老人养老保障法》的构建是为保障农村留守老人的养老权益，完善农村留守老人的养老服务，与《社会保险法》《社会保障法》相呼应，是面向全体农村留守老人这一特殊群体的法律，应当遵循公平、效率、可持续的原则。二是农村留守老人养老保障的内容。该法应对农村留守老人养老保障的准入条件、保障范围、保障项目、养老保障资金筹集、养老服务给付等做出明确规定。在基本养老保险和基本医疗保险方面，政府对符合相关条件的农村贫困留守老人给予一定的补贴；政府对农村留守老人的日间照料与精神慰藉给予特殊照顾。三是农村留守老人养老保障的管理与监督。政府须对农村留守老人养老保障基金的筹集与运营进行监督管理，对农村留守老人养老保障相关执行与负责人员进行监督管理。《农村留守老人养老保障法》为地方各级政府开展农村留守老人养老保障工作提供依据。

二 制定养老精准供给政策体系运行条例

为保障农村留守老人智慧养老精准供给政策体系的运行，在《农村留守老人养老保障法》总体原则下，应当制定农村留守老人智慧养老精准供给政策体系运行条例，为供给政策体系的实施运行提出明确规范，做到有法可依、有法可循，具体应包括以下几部分。

第一，明确智慧养老精准供给政策体系自愿参加的原则与福利原则。自愿参加原则是指现阶段国家和各级政府因不具备全面强制农村留守老人参加智慧养老精准供给政策体系的财力，所以实行以政府引导、农民自愿的方式；福利原则是指智慧养老精准供给政策体系是面向农村留守老人这一特殊群体的福利项目。

第二，明确智慧养老精准供给政策体系建设的短期、中期和长期目标，以及阶段性任务、落实任务的具体时间表等。农村留守老人智慧养老精准供给政策体系的短期目标是通过对农村留守老人健康状况、日常活动能力、认知功能、养老需求等信息的采集，确定每位农村留守老人的养老保障等级，根据每位留守老人的养老意愿，为其提供精准化的养老服务，在短期内覆盖大部分的农村留守老人。中期目标是完善对农村留守老人养老保障的精准化供给，提高保障水平，基本上实现农村留守老人全覆盖。长期目标是在将每一位农村留守老人纳入智慧养老精准供给政策体系后，扩大其覆盖范围，将其推广至全体农村老人，使所有农村老人能享受到精准的养老服务。

第三，规定智慧养老精准供给政策体系的筹资方式。精准供给政策体系的资金主要来源于政府财政补贴和留守老人自主缴费，在运行条例中规定筹资方式及资金来源渠道、政府给予补贴的比例等，保证智慧养老精准供给政策体系筹资来源的可持续性。

第四，规定智慧养老精准供给政策体系的服务方式。精准供给政策体系通过精准识别留守老人的养老需求，建立普通保障、特殊保障、集中保障三类模式，为农村留守老人提供差别化的全覆盖的生活照料、精神慰藉、医疗看护等养老服务。

第五，建立智慧养老精准供给政策体系的专门管理与监督机构。管理机构主要是对智慧养老精准供给政策体系的资金筹集与运营、人力资源招聘与调配进行专门管理；监督机构主要对智慧养老精准供给政策体系的资金运用与服务水平进行监督，确保这一政策体系得以持续运营。

第二节 保证充足的资金供给

资金筹集是解决农村留守老人养老问题的物质基础，是保证农村留守老人养老保障智慧养老精准供给政策体系运行的关键，没有资金就无法支持这一政策体系的运行。为保障智慧养老精准供给政策体系的持续运营，政府要进一步加大对农村养老保障的财政投入，拓宽资金渠道，加强资金监管。

一 加大政府财政投入

政府财政投入是农村养老保障资金的最主要来源，但当前我国财政在养老保障领域内的投入较少，《中国统计年鉴2018》数据显示，2017年我国社会保障和就业预算支出为24611.68亿元，占一般公共预算总支出的12.1%[①]，占GDP比重不超过3%，与部分经济合作与发展组织（OECD）成员国相比，我国政府财政在社会保障领域内的投入相对较少（表8-1），而财政对农村养老保障的投入则更少。

政府的财政补贴是智慧养老精准供给政策体系资金的主要来源，为保证这一政策体系的运行，要加大政府财政投入。

---

① 国家统计局：《中国统计年鉴2018》，http：//www.stats.gov.cn/tjsj/ndsj/2018/indexch.htm，2019年9月12日。

表8-1　　　　2015年OECD部分国家社会保障支出情况

国家	社会保障支出占一般政府开支总额（%）	社会保障支出占GDP比重（%）
德国	56.9	24.9
日本	55.8	21.9
瑞典	53.1	26.3
英国	51.2	21.6
美国	50.0	18.8
OECD国家平均	43.1	19.0

数据来源：https：//stats.oecd.org/Index.aspx? DataSetCode = SOCX_ AGG。

一方面，中央及县级以上政府部门应设立农村留守老人智慧养老精准供给系统专项资金，将其纳入中央及地方政府的年度财政预算。以农村留守老人数量为基础、农村最低生活保障标准为基数，由财政按照一定比例直接划拨资金到智慧养老精准供给系统专项资金中。民政部估计，目前我国农村留守老人的规模约为5000万，以2018年我国农村低保标准4840元/年为基数，测算得到农村留守老人养老须花费的经费总额约为2420亿元。政府的财政补贴主要用于养老服务设施建设、养老服务项目的提供、大数据中心的构建与维护等方面。同时应根据当地经济发展水平、消费水平、农村留守老人数量等情况动态调整"三中心"智慧养老精准供给系统经费的增长机制，确保满足留守老人的养老保障需求。

另一方面，建立合理的农村留守老人养老保障经费分担机制。根据各地的经济发展水平、居民消费水平以及财政支付能力确定中央与地方、上级地方政府部门与下级地方政府部门之间的经费负担比例。目前我国主要按东、中、西部地区的划分简单地确定中央与地方之间的经费分担比例，以城乡居民基本养老保险为例，中央财政对中西部所有地区的基础养老金补贴标准为100%，对所有东部地区的补贴标准为50%。为尽可能缩小各地农村留守老人养老保障水平差距，在确定政府之间的经费分担机制时，要考虑到地区之间的经济发展状况与所负担的农村留守老年人口规模等因素。经济发展水平较高、农村养老负担较轻的地区，其地方财政应多承担一定比例的经费，经济发展水平较低、农村养老负担较重的地区，其地方财政可以少承担一定比例的经费。从中央政府层面来看，要确立好地方与中央之间的财政分担机制，省级政府则应参照中央财政与省级财政的资金分担办法，立足各市、县的具体经济状况、财政支出以及农村养老负担等指标，建立合理的省级以下财政分担机制。

二 拓宽资金筹集渠道

为保证智慧养老精准供给政策体系充足的资金供给，仅依靠政府的财政投入是远远不够的，还需拓宽资金的来源渠道，政府通过出台相应的政策，鼓励和扶持个人、社会团体、公益组织等社会各界为农村留守老人智慧养老精准供给政策体系提供资金支持。建立以政府支持为主、集体经济收入和社会资助为补充的多层次、多途径农村留守老人养老保障资金供给体系。

(一) 村集体经济收入

村集体的收入包括经营集体资产获得的收入及财政转移支付收入，如出租、转包未承包的集体所有的部分土地、山林、水面、滩涂等农用地获得的收入，出售集体资产获得的收入等。

农村留守老人养老保障智慧养老精准供给政策体系属于基本公共服务范畴，本质上是为村民服务，与村民的利益息息相关，可以从村集体中的收入中提取一部分用于支持"三中心"供给系统，完善农村留守老人的养老保障。《中华人民共和国权益保护法》规定农村可以将未承包的集体所有的部分土地、山林、水面、滩涂等作为养老基地，收益供老年人养老。

(二) 社会福利彩票

社会福利彩票是当前较为规范的一种筹资方式，通常用于支持社会福利事业发展，重点用于老年人、残疾人、孤儿及遭受自然灾害等特殊群体的社会福利设施建设，如爱心护理工程、特殊儿童教育项目等。《2017年社会服务发展统计公报》数据显示，2017年中国福利彩票销售2169.8亿元，全年筹集福利彩票公益金631.1亿元。全年民政系统共支出彩票公益金275.2亿元，其中用于抚恤6.2亿元，社会福利173.6亿元，社会救助35.4亿元，自然灾害生活救助3.5亿元[①]。

为拓宽智慧养老精准供给系统的筹资渠道，可以从社会福利彩票中划出一定比例的收入作为智慧养老精准供给政策体系资金；另外，也可以考虑直接发行农村留守老人养老保障福利彩票，将所得收入用于充实智慧养老精准供给政策体系资金。

（三）社会捐赠

社会捐赠是指个人或团体无偿将拥有的财产进行捐赠的活动。近年来，我国社会捐赠事业发展态势较好。《2017年社会服务统计公报》数据显示，截至2017年年底，全国共建立经常性社会捐助工作站点和慈善超市2.8万个，全年共接收社会捐款754.2亿元，其中，民政部门直接接收社会各界捐款25.0亿元，各类社会组织接收捐款729.2亿元[②]。

农村留守老人作为社会弱势群体，社会捐赠可作为农村留守老人养老保障资金的补充渠道。可以设立专门的农村留守老人捐助工作站点，接受社会各界对农村留守老人的现金及物资捐助，用于支持智慧养老精准供给政策体系的建设，完善农村留守老人的养老保障。此外，在捐赠过程中，要加强监督，及时公开捐赠相关信息，确保捐赠的公开度与透明度。

目前我国居民存在慈善意识不够强等问题，居民对农村留守老人关注度较少。通过加大对农村留守老人生活及养老情况的报道，提高个人或社会团体对农村留守老人的关注度，引导更多志愿者或公益组织参与农村留守老人养老保障建设，为智慧养老精准供给政策体系提供资金支持。

三 加强资金安全监管

对农村留守老人保障智慧养老精准供给政策体系的资金进行监

---

① 民政部：《2017年社会服务统计公报》，2018年8月2日，http://www.mca.gov.cn/article/sj/tjgb/201808/20180800010446.shtml，2019年9月27日。

② 民政部：《2017年社会服务统计公报》，2018年8月2日，http://www.mca.gov.cn/article/sj/tjgb/201808/20180800010446.shtml，2019年9月27日。

管，保障资金的安全性是维持其持续运行的首要前提。农村留守老人保障智慧养老精准供给政策体系的资金来源包括政府补贴、集体经济收入、社会公益组织捐赠等多渠道，筹集目的是解决农村留守老人养老问题，关系到全体农村留守老人的利益，所以必须加强对资金的监管，杜绝违法违规使用、挪用、侵占资金行为的发生。

首先，要完善行政系统的内部监督。加强事前监督，上级部门要加强对资金支出预算、支出范围、支付对象等情况的监督与审核，从源头控制资金违规使用现象发生；加强事中监督，审计部门通过对智慧养老精准供给政策体系各部门进行定期或不定期财政核查，对供给系统的资金使用情况进行严格控制；加强事后监督，加大对违规使用资金行为的处罚力度，提高违规成本，从而杜绝违规行为发生。

其次，加强行政系统外部监督，包括人民群众及非行政团体或组织的监督。例如符合国家政策规定的会计事务所可以在国家法律和政策允许的范围内对智慧养老精准供给政策体系的资金使用情况进行审查，并将审查结果公开，增加人民群众对政策体系资金使用情况的了解度；人民群众则可以通过电话举报、媒体曝光、社会舆论等方式对智慧养老精准供给政策体系进行监督。通过多方渠道对智慧养老精准供给政策体系资金使用情况进行监督，及时预防和查处违规使用资金现象，保证供给系统持续运行。

第三节　保证专业人才供给

专业化、高素质的人才供给是农村留守老人智慧养老精准供给政策体系运行与发展的人力基础。依据前文所述，智慧养老精准供给政策体系所需的人才包括集中养老服务人员、巡访人员以及普通保障所需的医务人员、心理咨询人员和法务人员。

一　精准配备集中养老服务人员

专业养老服务人员是集中养老保障的关键，主要为集中保障的留守老人提供日常照料与专业护理。目前，我国养老护理人员存在较大的缺口，养老护理人员普遍存在文化水平不高、专业技能不强等问题，在多数养老机构，养老护理人员大多为没有接受过专业培训的中老年群体，而在农村地区的敬老院，受个人上升空间有限、工资水平较低、养老院环境较差等客观条件限制，更难吸引到专业的养老护理人员，其护理人员的专业水平更加不符合要求。智慧养老精准供给政策体系作为面向农村留守老人的养老保障，给农村留守老人提供科学、高效、优质的养老服务，需要大量专业化、高素质的养老护理人才。

(一) 扩大养老护理人才供给

首先，应当扩大专业养老护理人才供给。从国际经验来看，专业化、高素质的养老护理人才是建立养老服务体系的基础，一些国家和地区专门建立起了与养老服务体系建设相配套的人才培养与培训体系。比如，日本、美国、德国、英国等国家都十分重视专业养老服务人才的培养，在大学和职业院校设置社会工作师、营养师、护理师等养老服务类专业，为老年机构提供专业化养老服务人才[1]。

其次，扩大专业养老护理人才供给。一方面，建立专业养老服务人才的培养机制，引导和鼓励普通高等学校及中等和高等职业技术院校科学安排和设置养老服务类专业，加大高素质、应用型养老专业服务人才的培养力度[2]。通过高等院校和职业院校，为我国农村养老服务发展提供专业化和高素质的人才。另一方面，鼓励家政服务人员、就业困难人员以及农村剩余劳动力等经过专业技能培训，进入农村留守老人智慧养老精准供给政策体系，扩充养老保障的人才供给。

(二) 加强养老护理人员的资格培训与认证

养老护理员主要为农村留守老人提供日常照料，除提供吃饭、穿衣、沐浴等日常生活起居照料，还需为老人提供医疗保健、护理康复等服务，养老护理员的专业技能与职业素养直接关系到老人的养老质量。

从国际经验看，加强养老护理员的资格培训与认证是提高其职业能力和职业素养的重要途径。澳大利亚的养老护理助手须在技校或养

---

[1] 赵秋成：《中国农村养老服务体系建设研究》，清华大学出版社2016年版，第196页。
[2] 赵秋成：《中国农村养老服务体系建设研究》，清华大学出版社2016年版，第196页。

老院经过 6—8 周的培训并获得社区老人护理三级证书后，才能在养老院为老年人提供基本的生活护理[①]。日本介护士必须经过国家或地方专门部门提供的 2 年左右的介护专业知识和技能培训，并到指定的养老机构进行临床实践实习，通过各地方政府的介护士认证资格考试，获得介护士资格[②]。

我国政府文件也多次提出加强对养老护理人员的专业培训。2013 年国务院发布的《关于加快发展养老服务业的若干意见》要加强老年护理人员专业培训，对符合条件的参加养老护理职业培训和职业技能鉴定的从业人员按规定给予相关补贴。2019 年国务院办公厅发布的《关于推进养老服务发展的意见》提出建立完善养老护理员职业技能等级认定和教育培训制度。

为提升专业护理人员的能力与水平，须建立起完整的养老护理人员培训体系，主要包括职前培训、在职培训两部分内容。职前培训是指由养老机构或专门的培训机构组织的上岗培训，其目的是让从业者具备基本的专业技能与从事养老服务工作的能力。在职培训主要是指对在岗的养老护理员定期进行再培训，其目的是提升和改进养老护理人员的专业能力，在职培训不仅要注重职业技能的加强，更要注重养老护理员解决突发问题和与老人沟通、相处的能力的培养[③]。培训内容除去理论教学，也应当注重实践操作的培训。而培训方法除传统的课堂讲授之外，还可以增加案例讨论、视频学习、实地观摩等培训方法，增强学习内容的直观性和生动性。为检验培训的成果，需定期开展对养老护理人员的考核工作，同时将考核结果与薪资、奖惩等联系在一起，调动他们的工作积极性，从而提升其专业能力。

（三）提高养老护理人员的地位

一方面，为养老护理人员构建起合理的薪酬体系，提高其薪资水

[①] 张平、向卫娥：《国内外养老机构护理人员的现状研究》，《中国老年学杂志》2015 年第 19 期。

[②] 谢红：《日本老年护理发展和人才培养对我国的启示》，《中国护理管理》2011 年第 4 期。

[③] 许文颖：《上海市养老护理员专业化建设研究》，硕士学位论文，华东师范大学，2012 年，第 43 页。

平，吸引更多人才进入养老护理行业，同时对于提高其工作积极性具有积极意义。

另一方面，加强舆论宣传，提高养老服务人员的社会地位。可以通过广播、电视、互联网等媒体加强对养老护理服务工作的宣传报道，提高民众对养老护理工作的了解度，消除大众对于养老护理职业的一些误解。还可以利用报纸、电视等新闻媒体对养老护理员进行专题报道，树立优秀养老护理员榜样，转变大众对养老护理人员的固有印象，从而使养老护理人员的社会价值得到肯定。

二 规范管理巡访人员

除了对于专业养老服务人员的需求，在智慧养老精准供给政策体系中，巡访人员也是必不可少的，他是留守老人养老需求表达的媒介，是促进养老需求与养老供给匹配的桥梁。在智慧养老精准供给政策体系中，既要重视巡访人员的作用，又要规范管理巡访人员，使巡访人员通过定期与留守老人面对面的访谈交流，获知其养老现状、养老需求与养老困境，并整理数据，上传大数据。巡访人员承担着信息收集、政策宣传、情感沟通等关键而又基础的职能。

巡访人员必须具备以下素质要求：①熟悉本区域内农村留守老人居住及生活情况；②熟知各级政府部门公布的有关农村养老保障的政策与规定，并能精准地向农村留守老人传达；③拥有搜集数据、整理数据的基本能力；④具有一定的耐心与细心，善于与老人沟通交流。

在构建智慧养老精准供给政策体系中，应当根据行政村面积大小、留守老人数量、交通便利程度等情况确认每个行政村所需要的巡访人员数量。在巡访人员选拔方面，可以优先考虑本村村民。首先，本村村民对留守老人的居住情况及本村地形情况较为熟悉，有助于节约工作成本；其次，本村村民对留守老人的相关情况较为了解，容易取得留守老人的信任，提高工作效率；最后，对于解决农村劳动力的就业问题，增加农民收入具有积极意义。

对于巡访人员的参与，首先，要制定严格的工作标准与规范的工作流程，对巡访工作的开展提出总体要求；其次，通过对巡访人员的培训，使他们能够及时了解国家的相关政策以及巡访工作的相关要求,掌握具体工作方法,能通过专业化的方式表达留守老人的养老诉求,为供给政策体系提供专业的、准确的留守老人相关数据,以促进留守老人养老供给与养老需求的精准匹配;再次,与对专业养老服务人员的要求一致,要定期对巡访人员的业务水平、服务水平等方面进行考核,提升其业务能力。此外,可以引入竞争机制,将巡访人员的考核结果与薪资水平等结合,调动巡访人员的工作积极性、主动性,提高工作效率。

三 精准配备医务、心理咨询和法务人员

此外,为实现农村留守老人的普遍保障,智慧养老精准供给政策体系还需配备有医务人员、心理咨询人员、法务工作人员。跟巡访人员的配置原则相同,这三类人员的配置数量应与所在地的各种具体条件决定的综合工作符合相适应。

(一)配备充足的且能提供上门服务的医务人员

医务人员主要负责留守老人的日常身体检查、一般疾病诊断与治疗等工作。为保证农村留守老人获得较高的养老服务质量,医务人员须具备以下要求:第一,获得执业医师资格证,拥有基本的医疗处理能力;第二,至少拥有2年及以上在医疗、预防、保健机构中实践的经验。

基层医疗工作人员数量不足是当前我国农村医疗面临的主要难题之一,《中国统计年鉴数据2018》显示,2017年我国农村地区每千人卫生技术人员为3.04人,每千人注册护士为0.89人[①]。除数量限制外,我国基层医疗工作人员由于缺乏正规系统的医学知识教育,存在医疗技术水平有限、整体素质不高等问题。

与专业养老服务人员的配置相似,为保证基层医疗服务水平,对于基层医疗工作人员的选择也必须执行严格的准入制度,制定严格的标准与规范,提高基层医疗工作人员的进入门槛。应当定期对农村地区基层医疗工作人员进行考核,对于不符合要求的医务人员进行培

---

① 国家统计局:《中国统计年鉴2018》,http://www.stats.gov.cn/tjsj/ndsj/2018/indexch.htm,2019年9月27日。

训，提高其医疗水平，保障农村留守老人的医疗服务水平。此外，基层医疗工作者存在待遇水平较低、条件较为艰苦等客观问题，为吸引更多基层医疗工作者，提高其工作积极性，提高基层医疗工作者的薪资水平，改善其工作环境也是必要的。

（二）配备心理咨询人员

心理咨询人员主要负责留守老人的精神状态评估、心理开导等工作，须满足以下条件：第一，掌握一定的心理健康知识与心理辅导技巧；第二，熟悉留守老人群体的心理状况；第三，掌握当地的方言，能与留守老人交流沟通；第四，具有较强的职业道德素质，能保守留守老人的隐私。由于心理咨询人员从事的是较为简单的疏导与开解工作，为节约运营成本，对医务人员进行相应培训后可胜任简单的心理咨询工作。一个村级中心应至少配备一到两名心理咨询人员。

（三）配备法务人员

法务工作人员主要是为农村留守老人提供法律咨询与支持，需要具有一定法律知识。法务人员的职能主要是帮助农村留守老人解决邻里纠纷、子女赡养等问题，处理的事件大多为留守老人与邻里之间或者留守老人与子女之间的矛盾，对法律知识要求没有对律师等法律工作者的要求高，但必须对当地的风俗习惯、邻里关系有一定了解，具有较强的耐心。因此，法务人员的工作可以由当地村委会班子经由培训后承担。对于留守老人数量较多的地区，可以广泛吸纳基层法律服务工作者、青年大学生志愿者以及退休老干部、老教师、老工人、复员退伍军人等方面的人员加入。一个村级中心应至少配备一到两名法务人员。

第四节 完善养老服务设施建设

完备的养老服务设施是为农村留守老人提供养老保障的基础与依托，养老服务设施既包括为农村留守老人提供生活照料的养老院，也包括为留守老人提供相关医疗服务的设施、提供休闲娱乐的文化休闲设施以及保障供给政策体系运行的其他设备设施。

一 建立失能农村留守老人养老院

当前我国西南农村地区能提供集中保障的养老机构主要有敬老院等公办养老机构及民办养老院。农村敬老院等公办养老机构主要为"五保老人"提供生活起居、日常照料等养老服务，解决的是"五保老人"的养老难题。公办养老机构经费由政府财政投入，农村"五保"老人就近入住。民营养老机构为老人提供较为优质的养老服务，老人自愿缴费进入，其运营资金主要依赖于入住老人的缴费。

当前我国西南农村地区养老院存在的问题主要包括两方面：一是敬老院等公办养老机构具有较高的进入条件，同时还存在数量不足、养老环境较差等问题，更重要的是农村留守老人有子女，被排除在敬老院之外；二是私营养老机构呈现两极分化现象。收费高的私营养老机构设施完备，服务质量好，环境较好，这样的养老机构通常开设在大中城市，县城一般没有。即使收费不高的私营养老机构费用至少也要上千元，且通常开设在县城，调查组在西南地区农村乡镇没有见到私营养老机构。在西南农村地区，失能、半失能留守老人养老问题显得尤为严峻。因此，本课题组认为建立集中养老的失能农村留守老人养老院可以破解这个瓶颈。建立集中养老的失能农村留守老人养老院须从两方面着手，既要增加农村养老院数量，又要改善农村养老院环境。

（一）增加农村养老院数量

首先，对当前农村敬老院进行扩建，降低现有敬老院的准入门槛，准许失能、半失能农村留守老人进入敬老院集中养老。贵州省在《贵州省老年人权益保障条例》第 26 条中就明确指出"满足特困供养对象集中供养需求的农村敬老院，可以收取适当费用向农村留守老年人开放，对经济困难的失能、半失能农村留守老年人提供低收费或者免费照料服务"。但仅依靠当前敬老院的数量无法满足失能、半失能留守老人的集中养老需求，需要新建养老院以满足这部分留守老人的集中养老需求。

其次，为节省开支，可以利用废弃的乡村学校或村委办公室为留守老人建设养老院。随着农村学校和行政村的不断合并，农村地区闲置的学校和村委办公场所数量较多，而闲置的乡村学校和村委办公室一般具有地理位置较好、设施完善（如电力、水利设施）等便利条件，利用其修建农村养老院，能有效节约运行成本。在为农村留守老人建设集中养老设施时，必须科学预测农村留守老人的养老需求，不能缺乏养老设施而使留守老人得不到保障，也不能过度建设而导致资源浪费。

（二）改善农村养老院环境

农村养老院为留守老人提供包括住宿、护理、饮食、医疗卫生等在内的所有养老保障服务。2017年12月29日，国家质检总局、国家标准委发布了《养老机构服务质量基本规范》，其内容涵盖了养老服务的各个方面，除对养老服务内容和质量提出了要求，还对养老机构的环境和设备等做出了详细规定。

依据《养老机构服务质量基本规范》建设要求，农村养老院须配备居住区、饮食区、娱乐休闲区、医疗保健室等休息和活动空间，在经济较好的地区，可以适当提高建设标准，如增加阅览室、健身康复室等。居住区的构建须考虑到老人的隐私及一般活动的需要，老年人居室内每张床使用面积不低于6平方米，一个房间内最多不超过4张床位，为使老人得到及时照护，每个房间还需配备紧急呼叫装置；医疗保健室须配备有基本的医疗器械与医疗药品，以满足留守老人的基本医疗需求；娱乐休闲区应配备相应的娱乐休闲设施，丰富留守老人的业余生活；养老院内的公共通行区域应进行无障碍设计，以保证腿脚不便的老人能使用轮椅通过。此外，农村养老院还需构建起适宜、舒畅的室内外环境，保证留守老人的身心愉悦。

此外，须定期对农村养老院进行考察与审核。由各级民政部门组织开展对农村养老机构的考察工作，重点检查农村养老院的服务质量和设施设备等，对不符合标准的养老机构提出批评与整改意见。

二　完善医疗卫生设施建设

随着农村医疗服务体系的不断完善，我国农村形成了按行政村建村卫生室、行政乡镇建乡镇卫生院和行政县建县医院的中国特色的农村三级医疗卫生服务网络，其中与农村留守老人联系最为紧密的是村卫生室与乡镇卫生院。在调研中发现,当遇到一般疾病时,超过83%的留守老人选择到村卫生室或乡镇卫生院就医。

目前我国农村基层医疗设施仍存在一些问题。由于国家和集体对农村基层医疗的资金投入有限,加之自身营利不理想,农村基层医疗设施存在建设资金不足、运行不规范、医疗设施落后等问题,难以满足农村留守老人的医疗需求。如:一些村卫生室只有最基本的医疗器械,一些乡镇卫生院医疗设备陈旧落后。此外,我国农村尚未实现村卫生室的全覆盖。《中国统计年鉴2018》数据显示,2017年我国村卫生室合计632057个,在行政村的覆盖率为92.8%[1],仍有部分行政村没有村卫生室,给留守老人的日常医疗带来了极大不便。

完善农村基础医疗卫生设施建设包括增加村卫生室数量和改善基础医疗设施环境两方面。在增加村卫生室数量方面,须加大财政对农村医疗卫生设施的投入,实现村卫生室的全覆盖,以满足留守老人的日常医疗需求。改善农村基础医疗设施环境,需要逐步推进乡镇医院和村卫生室标准化建设,同时加快乡镇医院和村卫生室的医疗设备更新,为农村居民提供良好的就医环境。

三 完善文化休闲设施建设

为丰富留守老人的业余生活,文化休闲设施的建设也是必不可少的。在2013年国务院发布的《关于加快发展养老服务业的若干意见》中,就提出要增加老年活动中心等养老服务设施建设,丰富老年人的业余生活。近年来政府加大了对农村社区建设的财政投入,农村社区的文化休闲设施逐步完善,主要有农家书屋、老年活动室等。

但在调研中发现,我国西南地区农村留守老人业余生活仍然较为单调,串门闲聊、看电视是其最主要的业余活动,尽管农家书屋、老年活动室之类的公共服务设施已经建立起来,但很多农村留守老人反映参与较少,一是不识字,二是没时间,三是距离太远。可见,农村地区的文化休闲设施建设并未完全契合农村留守老人的真实需求。此

---

[1] 国家统计局:《中国统计年鉴2018》,http://www.stats.gov.cn/tjsj/ndsj/2018/indexch.htm,2019年9月27日。

外，在农村文化休闲设施建设中，不同农村社区享受到的财政投入差距明显，有的农村社区基础设施完备，文化活动丰富，而有的农村社区文化休闲设施十分简陋。

因此，文化休闲设施的建设要从农村留守老人的实际需求出发，满足留守老人的养老需求。首先，在调研中发现，棋牌娱乐与跳舞是多数留守老人的爱好，修建布局合理的老年活动中心，为留守老人进行棋牌娱乐、跳舞等休闲娱乐活动提供场所是可行的。同时，还可以在西南边远农村地区增加体育健身器材为老年人锻炼身体提供更多便利。其次，老年活动中心和体育健身器材的建设要充分考虑到当地留守老人的身体情况、居住情况、交通状况以及当地政府部门的财政负担等现实条件，合理规划老年活动中心的布局。布局分散可能会让农村留守老人因为距离问题而不愿意去，造成闲置；布局集中则会给财政带来较大负担。要让农村留守老人不仅愿意去，而且还要会使用。

四 完善配套设施建设

为保证农村留守老人智慧养老精准供给政策体系高效持续地运行，还需配备以下设施。

一，为农村留守老人配备紧急呼叫装置。由于农村留守老人居住分散，一旦发生意外事件难以及时获得帮助，会给留守老人造成较大的伤害。关于农村留守老人在家中意外去世多日而无人知道的新闻报道屡见不鲜。在城市的许多社区都已配备有老人紧急呼叫装置，当独居老人在家发生意外时，只要触发紧急呼叫装置就可以将求救信息及时传送到社区，从而使老人及时得到救助。为农村留守老人配备的紧急呼叫装置与城市社区的类似，当留守老人遇到意外事件时，只要触发紧急呼叫装置，就可以立即将求救信息发送到村级保障中心，由村级保障中心安排人员对留守老人实施救援。

二，为巡访人员配备记录传输信息的设备。巡访人员的信息搜集与传输是智慧养老精准供给政策体系中最为关键的环节之一。为巡访人员配备完备的设施，有助于提高其工作效率，主要包括巡访人员用作记录的录音设备以及传输信息的设备。

第五节　转变农村留守老人养老观念

养老观念即人们对养老的看法，包括对养老责任的认知以及对养老内容与养老方式的选择。受传统养老观念的影响，课题组在西南农村地区的调研中发现大部分农村留守老人习惯选择传统的养老方式。依据前文所述，西南地区受访农村留守老人在回答"希望谁提供养老照顾"的问题时，选择希望依靠子女养老的比例高达82.16%，选择希望依靠自己养老占比13.98%。可见大部分农村留守老人仍然倾向于选择"养儿防老"，少数老人把养老希望寄托在自己身上，农村留守老人对社会化养老服务的认可度和接受度普遍较低。

然而，随着经济发展，越来越多农村青壮年劳动力流出，传统的家庭养老模式发生巨大改变，子女不再是老人养老的唯一支持主体，政府承担起部分养老责任，机构养老也成为未来主要养老方式之一，但这与当前西南地区农村留守老人的养老偏好不匹配。因此，转变西南地区农村留守老人的养老观念，引导西南地区农村留守老人接受社会化养老方式是十分重要的。

要加大社会化养老方式的宣传力度，提高农村留守老人对社会化养老方式的了解与认同。宣传内容的重点是当前社会化养老方式的变化与优势，宣传的方法是多样的，一方面可以通过电视广播等新闻媒体的宣传报道，分享优秀的社会化养老案例，弘扬社会化养老方式的优势；另一方面由地方民政部门、村委会组织开展地面宣传工作，可以通过上门宣传，与老人面对面地进行交流，也可以在村委会设置社会化养老方式的政策宣传与咨询点，进行定点宣传，还可以在村委、老年活动中心等人流量较大的地方悬挂横幅、开设宣传栏、发放传单等。由于农村留守老人深受传统观念的影响，社会化养老对老人来说是新生事物，转变农村留守老人观念应是一个循序渐进的过程。

第六节　增加农村留守老人收入

土地是农村老人的立身之本，但对农村留守老人而言，子女外出

第八章 保障智慧养老精准供给政策体系高效运行的措施

务工,所有的生产劳动须靠自己来承担。随着年龄逐渐增大,身体状况逐渐变差,难以承受繁重的生产劳动,土地只能被闲置。一方面造成了农村土地资源的浪费,降低了土地资源利用率;另一方面农村留守老人也失去了一部分经济收入,使其养老状况更加恶化。如果能将土地承包经营权流转出去,既有利于土地生产率的提高,又能增加农村留守老人的经济收入,改善其养老状况。

2014年,中共中央办公厅、国务院办公厅发布的《关于引导农村土地经营权有序流转发展农业适度规模经营的意见》,鼓励农户依法采取转包、出租、互换、转让及入股等方式流转承包地。我国农村土地流转逐渐形成了转包、转让、返租倒包、出租、互换、代耕、拍卖、抵押、土地信托、入股、继承、赠予等12种方式。[1] 出租、互换是较为常见的土地流转方式。目前我国农村土地流转的形式以农民自发流转为主。受地域所限,加之政府(或者集体组织)缺乏协调,农户与市场联系不紧密,极大地限制了西南偏远农村地区土地流向市场[2]。调研中课题组发现在西南农村地区,留守老人无力耕种土地,大量土地被闲置。因此,需要进一步完善农村土地流转制度,一方面盘活农村土地资源,提高土地利用效率,另一方面也有利于增加农村留守老人收入,改善其养老生活。

第一,要加快推进承包地确权登记机制,这是土地流转的第一步,是土地流转的基础,能避免土地流转过程中不必要的纠纷。2013年国务院颁布的《中共中央、国务院关于加快发展现代农业进一步增强农村发展活力的若干意见》明确提出"要健全农村土地承包经营权登记制度,强化对农村耕地、林地等各类土地承包经营权的物权保护。用5年时间基本完成农村土地承包经营权确权登记颁证工作,妥善解决农户承包地块面积不准、四至不清等问题"。根据2018年12月30日召开的全国农业农村厅局长会议,2018年"完成承包地确权登记面积14.8亿亩,占承包地实测面积的89.2%。农垦改革扎实推

---

[1] 张照新:《中国农村土地流转市场发展及其方式》,《中国农村经济》2002年第2期。
[2] 卢泽羽、陈晓萍:《中国农村土地流转现状、问题及对策》,《新疆师范大学学报》(哲学社会科学版)2015年第4期。

进，农垦土地确权率达到 97.3%、登记发证率达到 94.7%，89.5% 的农场完成职能改革"①。目前我国农村土地确权工作取得了一定进展，但尚未全面完成，因此必须加快农村土地确权工作，理清承包地面积、划清承包地界线，理顺承包权、经营权、所有权等产权关系，为农村土地流转做好基础工作。

第二，要建立土地价值评估机制。目前农民将闲置土地流转出租的租金拟定并没有科学合理的依据，大多依靠经验由受让方定价，不利于对出租方及农民的利益保护。建立科学合理的土地价值评估机制有助于确定合理的土地流转价格，促使达成流转协议。

第三，要加强对农村土地流转的引导。缺乏中介机构或村集体的引导是目前我国农村土地流转效率不高的一个主要原因。农民人均拥有农村土地面积少，加之了解到的市场消息较少，在缺乏村集体引导的情况下，农民闲置土地无法通过入股等形式流转给企业，大多通过出租方式流转给本村居民。村集体可以作为土地流转的中介，留守老人将闲置的土地集中到村集体，村集体再将土地流转给村里的种粮大户，或者通过入股等方式流转给企业，再由村集体支付一定的土地租金给留守老人。

土地是农民的立身之本，是农民最重要的生产资料，解决农村留守老人养老问题就必须关注农村土地问题，对于年老且劳动能力较差无力进行生产劳动的农村留守老人来说，将家庭承包的土地流转出去可以帮助其增加收入。加快农村土地流转制度的完善，是加强农村留守老人养老保障的补充手段。

第七节 加强农村留守老人权益保护

农村留守老人由于自身的脆弱性，其权益极易受到侵害。通过对四省市的调研发现农村留守老人的权益受到侵害主要表现在以下几方

---

① 中华人民共和国中央人民政府：《2018 年农民人均纯收入预计超过 14600 元》，2018 年 12 月 31 日，http://www.gov.cn/xinwen/2018-12/31/content_5353681.htm，2019 年 9 月 27 日。

第八章　保障智慧养老精准供给政策体系高效运行的措施

面：子女赡养问题，农村留守老人的经济来源主要依赖于子女，在现实生活中子女未尽赡养义务而导致留守老人陷入生活困境的情况时有发生，在调研过程中也发现了一些子女对父母不管不问的情况（见个案N）；诈骗问题，由于留守老人的安全意识比较淡薄，容易轻信他人，一些不法分子在农村地区坑蒙拐骗老人，例如出售假冒伪劣产品给老人，严重损害了留守老人的权益；偷盗问题，偷盗问题随着农村空心化而变得日益严重，甚至连牛羊等大牲畜也时有被窃；邻居间的纠纷问题，比如临界土地的争夺、家禽家畜损害、口角名誉争执等。

个案N：乐山某村留守老人，女，65岁，有三个子女。配偶70岁，身体状况欠佳，患有糖尿病。两个儿子在省外务工，多年没有回家。女儿出嫁到省外就基本没有再回来过。由于家里没有电话，老人平时与子女联系较少，子女平常几乎未给两位老人寄过钱或者生活物品。老人也没钱买医疗保险和养老保险，老人除了通过耕种田地获得生活必需食物外，唯一的收入来源就是每个月75块钱的城乡居民养老保险基础养老金。

农村留守老人的权益不仅极易受到伤害，而且其权益受到伤害以后也无法及时得到维护。一方面，留守老人缺乏维护自身权益的意识。部分留守老人由于缺乏相关法律知识，在自身权益受到侵害时未意识到这一问题；部分留守老人碍于情面，不愿意将子女未尽赡养义务或自己上当受骗的情况向其他人说明，留守老人权益受到侵害的事件无人得知。另一方面，留守老人缺乏维护自身权益的途径。留守老人由于缺乏相关法律意识，在自己权益受到伤害时，对于提起刑事诉讼等法律手段不了解，无法找到有效维护自己权益的途径；启动司法程序需要缴纳一定的诉讼费，对一些经济极为困难的老人来说难以承担这个费用，同时由于宣传不到位，他们对司法救助与法律援助等途径不甚了解，留守老人在权益受到侵害时求助无门。而农村法律援助不完善、法律信息不对称等客观条件也加大了留守老人维护自身权益的难度。

农村留守老人是一个权益极易受伤害的群体，同时也缺乏维护自我权益的相关意识、途径与能力，必须要加强他们的权益保障，具体可以从以下几方面入手。

第一，加强农村留守老人安全意识教育与法律意识教育。当前西南农村地区对留守老人的安全知识与法律知识的普及较少，大多通过张贴海报与告示、发放宣传单等形式进行法律与安全知识宣传。农村留守老人由于文化水平与自身能力有限，送发的宣传资料很少真正去看，能获取的相关信息有限，安全知识和法律知识普及效果较差。

加强西南地区农村留守老人安全意识与法律意识教育，要改变当前的宣传方式，可以采取两种途径。第一种途径是可以结合"3·15""12·4"等消费者维权日、法律宣传日等开展大型法律知识与安全知识宣传活动。定期派遣相关专业人员到西南农村地区进行知识普及。宣传内容除法律知识与安全知识外，还可以讲述老人上当受骗的反面案例以及成功维权的正面案例等，增强农村留守老人对法律知识的了解，让农村留守老人了解防骗技巧，降低上当受骗的可能性。第二种途径是日常由村干部及村内法务人员结合身边老人发生的案例，定期对农村留守老人进行安全知识与法律知识普及，提高农村留守老人安全意识与法律意识。

第二，加强农村留守老人法律援助。农村法律援助是指由政府提供支持，通过建立专门的法律援助机构或购买服务的方式，向因经济困难或其他原因无法得到有偿法律服务的群体免费提供法律服务，使村民能享受平等的司法保障权。

受经济状况、交通条件、人力资源等因素限制，西南大部分农村地区的法律援助工作由乡镇政府承担。由于宣传工作不到位，农村留守老人普遍对法律援助缺乏认知。在调研走访中发现，受访的大部分西南农村留守老人并不了解法律援助的内容与寻求法律援助的途径，一部分农村留守老人甚至表示没有听说过法律援助。

为加强农村地区的法律援助，每个行政村建议建立一个法律咨询站，法律咨询的工作可以由智慧养老精准供给政策体系中的法务人员承担，由他们为农村留守老人免费提供法律咨询服务，指导农村留守老人运用法律的武器维护自身的权益。同时，要进一步完善乡镇一级的政府法律援助机构，确立专门的人员协同负责农村法律援助工作，并与村级法律咨询站连成一体。

第八章 保障智慧养老精准供给政策体系高效运行的措施

第三，完善村级调解中心。村级调解中心是村民进行自我管理、自我服务的基层群众性自治组织，是解决村民之间矛盾与摩擦的中和剂。村级调解中心通常由村委会干部和村小组长共同构成。多数情况下，农村留守老人之间的矛盾来源于生活中的小事情，通过村委会介入调解，能较快解决农村留守老人之间的小矛盾。

当前我国农村地区村级调解中心发挥的作用十分有限，部分农村留守老人对村级调解中心的认知存在偏差，认为其调解矛盾纠纷的法律效力较低，对调委会信任度较差；此外，村级调解中心还存在着调解人员年龄偏大、文化程度偏低、法律知识匮乏等问题，进一步拉低了农村留守老人对调解中心的信任度，致使农村留守老人之间的矛盾无法立即得到调解，农村留守老人的权益无法及时得到保障。

要充分发挥村级调解中心的作用，关键在于提高调解人员素质与水平，增强农村留守老人对村级调解中心的了解与认同。首先，在提高调解人员素质方面，要加强调解人员的培训工作。省、市、县司法行政部门要制定统一的培训计划，有针对性地对农村基层调解人员进行系统培训，培训内容除基本法律知识与农村常用法律法规外，还应包括调解方法技巧与调解人员道德规范等。通过培训，提高调解人员的素质，增强案件处理能力。其次，加大对村级调解中心的宣传，提高农村留守老人对调解方式的认知，让农村留守老人知晓调解的法律性和有效性，使农村留守老人信任调解中心、认可调解中心，进而选择调解中心。

第四，弘扬孝文化，增强子女赡养意识。中国有着尊老敬老的文化传统，在春秋战国时期，儒家倡导"孝、悌、忠、信、礼、义、廉、耻"的传统思想，在《礼记》中描述了"故人不独亲其亲，不独子其子，老有所终，壮有所用，幼有所长，鳏寡孤独废疾者皆有所养"的大同社会。在尊老敬老传统文化的影响下，孝顺成为主流价值观念，子女遵循着"百善孝为先""父母在、不远游"的理念。但随着经济的发展，农村劳动力外出务工成为常态，受现代观念与城市物质文化的冲击，农村孝道文化逐渐淡漠，子女不履行赡养义务致使农村留守老人生活陷入困境现象普遍存在。在当前国家大力倡导传统文化背景下，加强弘扬孝文化，强化子女赡养老人的意识显得尤为必要。

一方面，加强孝文化宣传。通过多种手段，采取人们喜闻乐见的方式积极地展开孝文化宣传。比如：通过电视、网络等媒体发布宣传孝文化的公益广告；由村干部向村民讲解相关法律与政策规定，强调子女对父母的赡养义务；在村委会等地，建设宣扬孝道、礼仪的文化长廊。多种方式广泛宣传，使大家进一步了解孝文化的重要性，提高子女主动孝养的意识，对于促进代际和谐，保障农村留守老人养老权益具有重要意义。

另一方面，加强孝文化教育。对农村青年进行以孝道为核心的道德教育，使他们认识到，老人为抚养后代奉献了一生，他们还为社会发展与进步做出了重要贡献，其价值应该被认可。在他们年老丧失体力和经济困难时，要主动承担起赡养他们的义务。要让年轻人明白衰老与死亡是每个人终将面临的，老人的今天就是年轻人的明天。通过孝文化教育，提升年轻人孝道意识，促使子女自觉履行赡养老人的义务。

参考文献

一 中文文献

（一）专著

布成良、汪锡奎、王庆五等：《社会主义本质理论研究》，中国文史出版社2004年版。

邓小平：《邓小平文选》（第2卷），人民出版社1983年版。

邓小平：《邓小平文选》（第3卷），人民出版社1993年版。

冯宗容、杨明洪：《财政学》，四川大学出版社2010年版。

傅从喜、休斯：《东亚地区的人口老龄化：21世纪的政策和挑战》，王晓峰译，东北财经大学出版社2015年版。

高静：《公共财政的政治过程》，南京大学出版社2015年版。

郭伟伟：《亚洲国家和地区社会保障制度研究》，中央编译出版社2011年版。

何怀宏：《公平的正义——解读罗尔斯〈正义论〉》，山东人民出版社2002年版。

贾玉娇：《新加坡社会保障制度》，中国劳动社会保障出版社2017年版。

姜向群、杜鹏：《中国人口老龄化和老龄事业发展报告》，中国人民大学出版社2015年版。

李秉龙、薛兴利：《农业经济学》，中国农业大学出版社2003年版。

李光耀：《李光耀40年政论选》，现代出版社1996年版。

廖盖隆、孙连成、陈有进等：《马克思主义百科要览·上卷》，人民日报出版社1993年版。

林白鹏、臧旭恒：《消费经济学大辞典》，经济科学出版社2000年版。

刘光远：《邓小平共同富裕理论研究》，中华工商联合出版社1991年版。

刘佩弦：《马克思主义与当代辞典》，中国人民大学出版社1988年版。

卢现祥：《新制度经济学》，武汉大学出版社2004年版。

罗节礼：《当代西方经济学原理》，四川大学出版社2001年版。

毛泽东：《矛盾论》（注音本），文字改革出版社1976年版。

毛泽东：《毛泽东选集》（第5卷），人民出版社1977年版。

毛泽东：《毛泽东选集》（第1卷），人民出版社1991年版。

宋健敏：《日本社会保障制度》，上海人民出版社2012年版。

苏振芳：《人口老龄化与养老模式》，社会科学文献出版社2014年版。

谭克俭：《农村养老保障体系构建研究》，中国社会出版社2009年版。

王伟：《日本社会保障制度》，世界知识出版社2014年版。

汪中求、吴宏彪、刘兴旺：《精细化管理——精细化是未来十年的必经之路》，新华出版社2005年版。

魏后凯、崔红志：《稳定和完善农村基本经营制度的研究》，中国社会科学出版社2016年版。

韦璞：《留守老人社会保障与减贫效果研究》，中国社会科学出版社2018年版。

许征帆、陈聿北：《社会主义本质论》，山东人民出版社1999年版。

杨信礼：《重读〈实践论〉、〈矛盾论〉》，人民出版社2014年版。

姚玲珍：《德国社会保障制度》，上海人民出版社2011年版。

叶敬忠、贺聪志：《静寞夕阳：中国农村留守人口之留守老人》，社会科学文献出版社2018年版。

张岩松：《社会养老服务体系建设研究》，东北财经大学出版社2016年版。

张怡恬：《社会养老保险制度效率论》，北京大学出版社2012年版。

赵林、多田罗浩三、桂世勋：《日本如何应对超高龄社会：医疗保健·社会保障对策》，知识产权出版社2014年版。

赵秋成：《中国农村养老服务体系建设研究》，清华大学出版社2016年版。

郑功成：《社会保障学》，中国劳动社会保障出版社2005年版。

（二）译著

[古希腊] 柏拉图：《理想国》，郭斌和、张竹明译，商务印书馆1986年版。

黑格尔：《逻辑学》，杨一之译，商务印书馆2001年版。

理查德·A. 马斯格雷夫：《比较财政分析》，董勤发译，上海人民出版社1996年版。

列宁：《列宁全集》（第38卷），中共中央马克思恩格斯列宁斯大林著作编译局编译，人民出版社1959年版。

列宁：《列宁选集》（第3卷），中共中央马克思恩格斯列宁斯大林编译局译，人民出版社1972年版。

列宁：《列宁全集》（第31卷），中共中央马克思恩格斯列宁斯大林编译局译，人民出版社1985年版。

列宁：《列宁选集》（第4卷），中共中央马克思恩格斯列宁斯大林编译局译，人民出版社1995年版。

马克思、恩格斯：《马克思恩格斯全集》（第19卷），中共中央马克思恩格斯列宁斯大林编译局译，人民出版社1963年版。

马克思、恩格斯：《马克思恩格斯全集》（第20卷），中共中央马克思恩格斯列宁斯大林编译局译，人民出版社1971年版。

马克思、恩格斯：《马克思恩格斯选集》（第2卷），中共中央马克思恩格斯列宁斯大林编译局译，人民出版社1972年版。

马克思、恩格斯：《马克思恩格斯选集》（第3卷），中共中央马克思恩格斯列宁斯大林编译局译，人民出版社1995年版。

[美] 米尔顿·弗里德曼：《自由选择》，胡骑、席学媛、安强译，朱泱校，商务印书馆1982年版。

[美] 诺思：《经济史中的结构与变迁》，陈郁、罗华平译，上海人民

出版社1994年版。

［美］涛慕思·博格：《罗尔斯：生平与正义理论》，顾肃、刘雪梅译，中国人民大学出版社2010年版。

［美］亚伯拉罕·马斯洛：《马斯洛人本哲学》，成明编译，九洲图书出版社2003年版。

［美］亚伯拉罕·马斯洛：《动机与人格》，许金声等译，中国人民大学出版社2013年版。

［英］亚当·斯密：《国富论》，郭大力、王亚南译，译林出版社2011年版。

［古希腊］亚里士多德：《政治学》，吴寿彭译，商务印书馆1965年版。

［美］约翰·罗尔斯：《正义论》，何怀宏、何包钢、廖申白译，中国社会科学出版社2009年版。

（三）期刊

［美］A.H.马斯洛、陈炳权、高文浩、邵瑞珍：《人的动机理论（上）》，《经济管理》1981年第11期。

安永军：《规则软化与农村低保政策目标偏移》，《北京社会科学》2018年第9期。

白维军：《我国现代社会保障的理念、政策演变及启示》，《内蒙古社会科学（汉文版）》2019年第3期。

蔡蒙：《劳务经济引致下的农村留守老人生存状态研究——基于四川省金堂县竹篙镇的实证分析》，《农村经济》2006年第4期。

曹佩琪、王菲伊：《河北省城镇居民养老服务体系运行现状与完善对策研究》，《经济研究参考》2015年第40期。

陈健、龚晓莺：《"精准供给"视阈下精准扶贫的内涵、困境与突破》，《科学社会主义》2017年第4期。

陈健：《习近平新时代精准扶贫思想形成的现实逻辑与实践路径》，《财经科学》2018年第7期。

陈铁铮：《当前农村留守老人的生存状况——来自258位农村老人的调查》，《湖北社会科学》2009年第8期。

陈一壮、谢新:《资本主义社会的"形式上平等、实质上不平等"问题论析——兼比较马克思和罗尔斯的平等观》,《河北学刊》2011年第4期。

陈友华:《关于人口老龄化与养老保障的几个认识问题》,《江苏社会科学》2008年第2期。

程静:《农村家庭养老的孝文化剖析》,《农业经济》2014年第2期。

崔惠民、张厚明:《公共财政走向民生财政:基本公共服务均等化的选择》,《经济问题探索》2011年第6期。

戴卫东、孔庆洋:《农村劳动力转移就业对农村养老保障的双重效应分析——基于安徽省农村劳动力转移就业状况的调查》,《中国农村经济》2005年第1期。

丁纯、瞿黔超:《德国长期护理保险体制综述:历史成因运作特点以及改革方案》,《德国研究》2008年第3期。

丁建定、曹永红:《共享发展理念视域下中国农村养老保障制度体系的完善——基于"社会保障制度三体系"的分析框架》,《学海》2017年第6期。

杜姣:《仪式性人情的区域差异研究》,《云南大学学报》(社会科学版)2017年第6期。

杜鹏、丁志宏、李全棉等:《农村子女外出务工对留守老人的影响》,《人口研究》2004年第6期。

杜鹏、孙鹃娟、张文娟等:《中国老年人的养老需求及家庭和社会养老资源现状——基于2014年中国老年社会追踪调查的分析》,《人口研究》2016年第6期。

方菲:《劳动力迁移过程中农村留守老人的精神慰藉问题探讨》,《农村经济》2009年第3期。

冯留建:《为什么要强调精准思维方式》,《人民论坛》2018年第33期。

封铁英、熊建铭:《新型农村社会养老保险政策评估——基于土地流转制度背景下的研究》,《公共管理学报》2012年第1期。

付超:《公共政策精准性的影响要素与提升对策》,《领导科学》2018年第21期。

高矗群、李福仙、张开宁：《破解少数民族地区农村养老服务"供需错位"难题的对策研究》，《云南民族大学学报》（哲学社会科学版）2018年第1期。

高灵芝：《农村社区养老服务设施定位和运营问题及对策》，《东岳论丛》2015年第12期。

高瑞琴、叶敬忠：《生命价值视角下农村留守老人的供养制度》，《人口研究》2017年第2期。

桂世勋：《应对老龄化的养老服务政策需要理性思考》，《华东师范大学学报》（哲学社会科学版）2017年第4期。

郭玲、孙金华：《农村养老问题与新型孝文化的倡行》，《求索》2009年第5期。

郭小沙：《德国医疗卫生体制改革及欧美医疗保险体制比较》，《德国研究》2007年第3期。

韩宏伟：《超越"塔西佗陷阱"：政府公信力的困境与救赎》，《湖北社会科学》2015年第7期。

韩艳：《中国养老服务政策的演进路径和发展方向——基于1949—2014年国家层面政策文本的研究》，《东南学术》2015年第4期。

郝君富：《世界老龄人口的贫困特征与反贫困公共政策》，《浙江大学学报》（人文社会科学版）2016年第6期。

贺聪志、叶敬忠：《农村留守老人研究综述》，《中国农业大学学报》（社会科学版）2009年第2期。

何振宇、白枚、朱庆华：《2013—2017年我国养老政策量化研究》，《信息资源管理学报》2019年第1期。

胡翠、许召元：《人口老龄化对储蓄率影响的实证研究——来自中国家庭的数据》，《经济学（季刊）》2014年第4期。

胡思洋、赵曼：《逆向选择、道德风险与精准救助》，《国家行政学院学报》2017年第1期。

姜佳莹、胡鞍钢、鄢一龙：《国家五年规划的实施机制研究：实施路径、困境及其破解》，《西北师大学报》（社会科学版）2017年第3期。

姜雯昱、曹俊文：《以数字化促进公共文化服务精准化供给：实践、困境与对策》，《求实》2018 年第 6 期。

蒋源：《从粗放式管理到精细化治理：社会治理转型的机制性转换》，《云南社会科学》2015 年第 5 期。

江治强：《城乡困难家庭的医疗负担及其救助政策完善——基于"中国城乡困难家庭社会政策支持系统建设"项目调查数据的分析》，《中国民政》2018 年第 2 期。

靳卫东、王鹏帆、何丽：《"新农保"的养老保障作用：理论机制与经验证据》，《财经研究》2018 年第 11 期。

类延村、冉术桃：《农村"精准养老"模式的建构：从同一性向差异化的转型》，《理论导刊》2018 年第 9 期。

李长远、张会萍：《包容性发展视角下农村养老服务发展的非均衡性及调适》，《现代经济探讨》2018 年第 11 期。

李春艳、贺聪志：《农村留守老人的政府支持研究》，《中国农业大学学报》（社会科学版）2010 年第 1 期。

李芬：《我国地方政府公共政策执行策略研究》，《财经问题研究》2016 年第 S2 期。

李红艳、卢瑞鹏：《中国社会保障与经济发展的良性互动》，《中国老年学杂志》2019 年第 6 期。

李金龙、武俊伟：《前瞻性政府：农村公共物品供给侧改革的必然选择》，《理论与改革》2016 年第 2 期。

李强：《中国外出农民工及其汇款之研究》，《社会学研究》2001 年第 4 期。

李瑞芬、童春林：《中国老年人精神赡养问题》，《中国老年学杂志》2006 年第 12 期。

李文琴：《中国农村留守老人精神需求的困境与化解》，《思想战线》2014 年第 1 期。

李武装：《重视中国农村集体经济的"统一经营"权》，《现代经济探讨》2017 年第 2 期。

李心姌、王福荣：《城乡居民消费水平差距动态预测研究》，《商业经济研究》2018 年第 13 期。

林宝：《中国农村人口老龄化的趋势、影响与应对》，《西部论坛》

2015 年第 2 期。

刘瑞娟：《孝文化与新型农村社会养老保障建设》，《调研世界》2010 年第 5 期。

刘艺、范世明：《公共产品理论指引下构建农村养老服务供给主体支持体系研究——基于不平衡不充分的视角》，《湖南社会科学》2018 年第 3 期。

刘颖春：《城市化过程中人口变动趋势对我国房地产开发的影响》，《人口学刊》2004 年第 6 期。

刘铮、浦仕勋：《精准扶贫思想的科学内涵及难点突破》，《经济纵横》2018 年第 2 期。

卢海阳、钱文荣：《子女外出务工对农村留守老人生活的影响研究》，《农业经济问题》2014 年第 6 期。

陆杰华、沙迪：《新时代农村养老服务体系面临的突出问题、主要矛盾与战略路径》，《新疆师范大学学报》（哲学社会科学版）2019 年第 2 期。

卢泽羽、陈晓萍：《中国农村土地流转现状、问题及对策》，《新疆师范大学学报》（哲学社会科学版）2015 年第 4 期。

罗海平、叶祥松：《农村集体经济的性质与内涵研究》，《经济问题》2008 年第 7 期。

罗玉峰、孙顶强、徐志刚：《农村"养儿防老"模式走向没落？——市场经济冲击 VS 道德文化维系》，《农业经济问题》2015 年第 5 期。

吕雪枫、于长永、游欣蓓：《农村老年人的机构养老意愿及其影响因素分析——基于全国 12 个省份 36 个县 1218 位农村老年人的调查数据》，《中国农村观察》2018 年第 4 期。

马翠军：《国家治理与地方性知识：政策执行的双重逻辑——兼论"政策执行"研究现状》，《中共福建省委党校学报》2015 年第 8 期。

马旭东、史岩：《福利经济学：缘起、发展与解构》，《经济问题》2018 年第 2 期。

梅赐琪、翟晓祯：《"政绩出官"可持续吗？——挑战晋升锦标赛理论的一个新视角》，《公共行政评论》2018年第3期。

穆光宗：《家庭养老面临的挑战以及社会对策问题》，《中州学刊》1999年第1期。

穆光宗：《老龄人口的精神赡养问题》，《中国人民大学学报》2004年第4期。

穆光宗：《成功老龄化之关键：以"老年获得"平衡"老年丧失"》，《西南民族大学学报（人文社会科学版）》2016年第11期。

穆怀中：《社会保障适度水平研究》，《经济研究》1997年第2期。

聂森、汪全海、姚应水：《我国留守和空巢老人心理问题研究进展》，《中国老年学杂志》2011年第12期。

聂焱：《农村劳动力外流背景下女儿养老与儿子养老的比较分析》，《贵州社会科学》2008年第8期。

宁满秀、荆彩龙：《农村劳动力迁移、老人照顾需求与社会支持介入方式分析》，《华东经济管理》2014年第4期。

潘屹：《优化整合城乡资源，完善社区综合养老服务体系——上海、甘肃、云南社区综合养老服务体系研究》，《山东社会科学》2014年第3期。

石明明、江舟、邱旭容：《老龄化如何影响我国家庭消费支出——来自中国综合社会调查的证据》，《经济理论与经济管理》2019年第4期。

宋川、周丽敏：《人口老龄化趋势下农村养老服务的优化对策分析》，《农业经济》2019年第6期。

宋璐、李树茁：《劳动力迁移对中国农村家庭养老分工的影响》，《西安交通大学学报（社会科学版）》2008年第3期。

宋月萍：《精神赡养还是经济支持：外出务工子女养老行为对农村留守老人健康影响探析》，《人口与发展》2014年第4期。

睢党臣、曹献雨：《芬兰精准化养老服务体系建设的经验及启示》，《经济纵横》2018年第6期。

孙鹃娟：《劳动力迁移过程中的农村留守老人照料问题研究》，《人口学刊》2006年第4期。

谭芝灵：《新时期发展农村新型集体经济问题研究进展》，《经济纵横》2010年第5期。

唐啸、王英伦、鄢一龙：《中国地区五年规划：实证测量与全貌概览》，《南京大学学报（哲学·人文科学·社会科学）》2018年第5期。

唐志军、向国成、谌莹：《晋升锦标赛与地方政府官员腐败问题的研究》，《上海经济研究》2013年第4期。

田应选、余敏、孙莉等：《陕西农村老年人集中养老意愿调查及影响因素》，《中国老年学杂志》2018年第18期。

田永坡：《德国人力资源和社会保障管理体制现状及改革趋势》，《行政管理改革》2010年第4期。

王博、朱玉春：《改革开放40年中国农村反贫困经验总结——兼论精准扶贫的历史必然性和长期性》，《西北农林科技大学学报（社会科学版）》2018年第6期。

汪波、李坤：《国家养老政策计量分析：主题、态势与发展》，《中国行政管理》2018年第4期。

王斌全、赵晓云：《老年护理保险的发展》，《护理研究》2008年第27期。

王春城：《政策精准性与精准性政策——"精准时代"的一个重要公共政策走向》，《中国行政管理》2018年第1期。

王军强、李兵：《城市养老服务政策基层实践偏差、困境及其治理——以北京市为例》，《社会保障研究》2018年第3期。

王勤：《独具特色的新加坡医疗保障制度》，《东南亚研究》2002年第Z1期。

王三秀、杨媛媛：《我国农村机构养老面临的现实困境及其对策研究——基于Z省B县的个案调查》，《四川理工学院学报（社会科学版）》2017年第3期。

王婷、李放：《中国养老保险政策变迁的历史逻辑思考》，《江苏社会科学》2016年第3期。

王小龙、兰永生：《劳动力转移、留守老人健康与农村养老公共服务供给》，《南开经济研究》2011年第4期。

王雪峤：《农村留守老人情感与精神需求困境破解》，《人民论坛》

2015 年第 7 期。

王阳:《从"精细化管理"到"精准化治理"——以上海市社会治理改革方案为例》,《新视野》2016 年第 1 期。

王跃生:《中国家庭代际功能关系及其新变动》,《人口研究》2016 年第 5 期。

王雨磊:《数字下乡:农村精准扶贫中的技术治理》,《社会学研究》2016 年第 6 期。

魏立群:《跨国企业雇员本地化战略实施的相关问题》,《国际商务(对外经济贸易大学学报)》1999 年第 6 期。

吴光芸:《论从"回应性"政府向"前瞻性"政府转变——政策冲突与政策滞后的治理与防范机制探讨》,《现代经济探讨》2014 年第 5 期。

吴少微、魏姝:《官员晋升激励与政策执行绩效的实证研究》,《江苏行政学院学报》2018 年第 4 期。

席恒:《经济政策与社会保障政策协同机理研究》,《社会保障评论》2018 年第 1 期。

夏春萍、郭从军、蔡轶:《湖北省农村中老年人的机构养老意愿及其影响因素研究——基于计划行为理论的个人意志因素》,《社会保障研究》2017 年第 2 期。

解明恩、程建刚:《云南气象灾害特征及成因分析》,《地理科学》2004 年第 6 期。

杨翠迎、鲁於、杨慧:《我国养老服务发展中的财政政策困境及改进建议——来自上海市的实践与探索》,《陕西师范大学学报(哲学社会科学版)》2018 年第 5 期。

杨桦、刘权:《政府公共服务外包:价值、风险及其法律规制》,《学术研究》2011 年第 4 期。

杨继军、张二震:《人口年龄结构、养老保险制度转轨对居民储蓄率的影响》,《中国社会科学》2013 年第 8 期。

杨建海、王梦娟、赵莉:《农村养老资源的多支柱供给研究》,《学习与实践》2018 年第 9 期。

杨亮、丁金宏、郭永昌:《中国社会保障与经济发展耦合协调度的时空特征分析》,《人口与经济》2014年第4期。

姚从容、余沪荣:《论人口乡城迁移对我国农村养老保障体系的影响》,《市场与人口分析》2005年第2期。

姚荣:《府际关系视角下我国基层政府环境政策的执行异化——基于江苏省S镇的实证研究》,《经济体制改革》2013年第4期。

姚引妹:《经济较发达地区农村空巢老人的养老问题——以浙江农村为例》,《人口研究》2006年第6期。

叶敬忠、贺聪志:《农村劳动力外出务工对留守老人经济供养的影响研究》,《人口研究》2009年第4期。

袁凯华、李后建:《官员特征、激励错配与政府规制行为扭曲——来自中国城市拉闸限电的实证分析》,《公共行政评论》2015年第6期。

岳经纶、胡项连:《转型中的社会保障治理:政策扩张对治理能力的挑战与应对》,《苏州大学学报(哲学社会科学版)》2017年第3期。

乐章、刘二鹏:《家庭禀赋、社会福利与农村老年贫困研究》,《农业经济问题》2016年第8期。

张安全、凌晨:《习惯形成下中国城乡居民预防性储蓄研究》,《统计研究》2015年第2期。

张邦辉、李为:《农村留守老人心理需求的社会支持系统构建》,《重庆大学学报(社会科学版)》2018年第1期。

张川川、John Giles、赵耀辉:《新型农村社会养老保险政策效果评估——收入、贫困、消费、主观福利和劳动供给》,《经济学(季刊)》2015年第1期。

张鸿雁:《"社会精准治理"模式的现代性建构》,《探索与争鸣》2016年第1期。

张军:《劳动力转移背景下农村留守老人养老问题:挑战与出路》,《当代经济管理》2012年第4期。

张克俊、李明星:《关于农民土地承包经营权退出的再分析与政策建议》,《农村经济》2018年第10期。

张莉:《公共财政理论与我国公共财政职能调整》,《社会主义研究》

2007年第3期。

张世青、王文娟、陈岱云：《农村养老服务供给中的政府责任再探——以山东省为例》，《山东社会科学》2015年第3期。

张文娟、李树茁：《子女的代际支持行为对农村老年人生活满意度的影响研究》，《人口研究》2005年第5期。

张向达、李宏：《社会保障与经济发展关系的思考——基于社会保障扩大内需作用的角度》，《江西财经大学学报》2010年第1期。

张亚泽：《当代中国政府民意回应性的治理绩效及其生成逻辑》，《陕西师范大学学报（哲学社会科学版）》2018年第3期。

张照新：《中国农村土地流转市场发展及其方式》，《中国农村经济》2002年第2期。

赵向红、王小凤、李俏：《中国养老政策的演进与绩效》，《青海社会科学》2017年第6期。

赵向红、王宏民、李俏：《精准养老的政策供给、地方实践与可为路径》，《青海社会科学》2018年第6期。

赵晓芳：《健康老龄化背景下"医养结合"养老服务模式研究》，《兰州学刊》2014年第9期。

甄小燕、刘立峰：《我国养老政策体系的问题与重构》，《宏观经济研究》2016年第5期。

郑春荣：《德国农村养老保险体制分析》，《德国研究》2002年第4期。

郑功成：《中国社会保障改革与经济发展：回顾与展望》，《中国人民大学学报》2018年第1期。

郑功成、谢琼：《全球经济发展与社会保障的关系和实践——第13届社会保障国际论坛论要》，《社会保障评论》2018年第1期。

钟曼丽：《农村留守老人生存与发展状况研究——基于湖北省的调查》，《湖北社会科学》2017年第1期。

周祝平：《中国农村人口空心化及其挑战》，《人口研究》2008年第2期。

周祝平：《农村留守老人的收入状况研究》，《人口学刊》2009年第5期。

邹宇春、茅倬彦：《人情支出是家庭负担吗——中国城镇居民的人情支出变化趋势与负担假说》，《华中科技大学学报（社会科学版）》2018年第3期。

朱波、杭斌：《流动性约束、医疗支出与预防性储蓄——基于我国省际面板数据的实证研究》，《宏观经济研究》2015年第3期。

左冬梅、李树茁：《基于社会性别的劳动力迁移与农村留守老人的生活福利——基于劳动力流入地和流出地的调查》，《公共管理学报》2011年第2期。

（四）电子文献

《2017年重庆市国民经济和社会发展统计公报》，2018年3月17日，重庆市统计信息网，http：//www.cqtj.gov.cn/tjsj/shuju/tjgb/201803/t20180316_447954.htm，2019年1月31日。

《2012年重庆市1%人口抽样调查主要数据公报》，2019年5月29日，重庆市统计信息网，http：//www.cqtj.gov.cn/tjsj/shuju/tjgb/201302/t20130205_420356.htm。

贵州省人民政府：《贵州省"十三五"老龄事业发展规划》2017年8月21日，http：//www.guizhou.gov.cn/zwgk/zcfg/szfwj_8191/qfbf_8196/201709/t20170925823973.html，2019年4月18日。

贵州省统计局：《2013年贵州人口发展情况》2014年4月24日，http：//www.gz.stats.gov.cn/tjsj_35719/tjxx_35728/201609/t20160929_1064479.html，2019年1月31日。

国家统计局：《2017年经济运行稳中向好、好于预期》2018年1月18日，http：//www.stats.gov.cn/tjsj/zxfb/201801/t20180118_1574917.html，2018年11月11日。

国家统计局：《2017年国民经济和社会发展统计公报》2018年2月28日，http：//www.stats.gov.cn/tjsj/zxfb/201802/t20180228_1585631.html，2018年11月10日。

国家统计局：《2017年农民工监测调查报告》2018年4月27日，http：//www.stats.gov.cn/tjsj/zxfb/201804/t20180427_1596389.html，2018年12月1日。

国家统计局：《中国统计年鉴2018》2018年10月24日，http：//www.stats.gov.cn/tjsj/ndsj/2018/indexch.htm。

国家统计局：《2018年国民经济和社会发展统计公报》2019年2月28日，http：//www.stats.gov.cn/tjsj/zxfb/201902/t20190228_1651265.htm，2019年4月1日。

国家统计局：《2018年农民工监测调查报告》2019年4月30日，http：//www.stats.gov.cn/ztjc/qjd/tjdt/201904/t20190429_1662313.html。

民政部：《特困人员认定办法》2016年10月10日，http：//xxgk.mca.gov.cn：8081/new_gips/-contentSearch？id=83969，2019年7月25日。

民政部：《关于加强农村留守老年人关爱服务工作的意见》2017年12月28日，http：//xxgk.mca.gov.cn：8081/new_gips/contentSearch？id=149066，2019年7月24日。

民政部：《关于推进深度贫困地区民政领域脱贫攻坚工作的意见》2018年4月26日，http：//xxgk.mca.gov.cn：8081/new_gips/contentSearch？id=150394，2019年7月24日。

民政部：《2017年社会服务发展统计公报》2018年8月2日，http：//www.mca.gov.cn/article-/sj/tjgb/2017/201708021607.pdf，2018年11月11日。

全国老龄工作委员会办公室：《关于加强基层老年协会建设的意见》2012年1月12日，http：//www.cncaprc.gov.cn/contents/2/2239.html，2019年4月23日。

全国老龄工作委员会办公室：《国务院办公厅关于制定和实施老年人照顾服务项目的意见》2017年6月17日，http：//www.cncaprc.gov.cn/contents/12/182902.html，2019年4月29日。

全国老龄工作委员会办公室：《贵州省"十三五"老龄事业发展规划》2017年8月31日，http：//www.cncaprc.gov.cn/contents/10/183535.html，2019年4月19日。

四川省人民政府办公厅：《关于加强老年人关爱服务体系建设的意见》2015年2月2日，http：//www.cncaprc.gov.cn/contents/12/72908.html，2019年4月30日。

四川省人民政府:《四川省人民政府办公厅转发民政厅等部门关于四川省2015—2017年养老服务体系建设重点任务安排意见的通知》2015年3月24日,http://www.sc.gov.cn/10462/10883/11066/2015/3/27/10330956.shtml,2019年4月18日。

四川省统计局:《四大因素推动——四川常住人口持续7年增加人口流动新趋势显现》2018年3月30日,http://tjj.sc.gov.cn/tjxx/tjfx/qs/2018/03/t20180330_256080.html,2019年1月31日。

《2017—2019年世界社会保障报告:全民社保以实现可持续发展目标》,2017年12月11日,搜狐网,http://www.sohu.com/a/209721577_810912,2019年6月30日。

体制改革司:《关于印发推进家庭医生签约服务指导意见的通知》2016年5月25日,http://www.nhfpc.gov.cn/tigs/s3577/201606/e3e7d2670a8b4163b1fe8e409c7887af.shtml,2018年12月25日。

《中华人民共和国国民经济和社会发展第十三个五年规划纲要》,2019年7月23日,新华网,http://www.xinhuanet.com//politics/2016lh/2016-03/17/c1118366322.htm。

养老新希望:《社区老年人日间照料中心服务基本要求》2017年10月21日,http://www.yanglaocn.com/shtml/20171021/1508547512112942.html,2019年4月18日。

云南省人民政府:《云南省人民政府关于进一步加快老龄事业发展的实施意见》2018年8月28日,http://www.yn.gov.cn/yn_zwlanmu/qy/wj/yzf/2018/08/t20180827_33739.html,2019年4月19日。

云南省统计局:《云南省2017年国民经济和社会发展统计公报》2018年6月,http://www.stats.yn.gov.cn/tjsj/tjgb/201806/t20180629_768597.html,2019年1月31日。

《关于全面推进居家养老服务工作的意见》,2008年1月29日,中国社会福利网,http://shfl.mca.gov.cn/article/zcfg/zcfga/200809/20080900019762.shtml,2019年4月18日。

《中共中央关于推进农村改革发展若干重大问题的决定》,2008年10月20日,中国网,http://www.china.com.cn/policy/txt/2008-

10/20/content16635093. htm，2018 年 10 月 25 日。

《农村五保供养工作条例》，2008 年 3 月 28 日，中国政府网，http：//www. gov. cn/zhengce/－content/2008－03/28/content_6253. htm，2019 年 7 月 25 日。

《国务院办公厅关于印发社会养老服务体系建设规划（2011—2015年）的通知》，2011 年 12 月 16 日，中国政府网，http：//www. gov. cn/zwgk/2011－12/27/content_2030503. htm，2019 年 4 月 18 日。

《关于鼓励和引导民间资本进入养老服务领域的实施意见》，2012 年 7 月 24 日，中国政府网，http：//www. gov. cn/zhengce/2016－05/22/cont－ent_5075659. htm，2019 年 1 月 21 日。

《国务院关于加快发展养老服务业的若干意见》，2013 年 9 月 13 日，中国政府网，www. gov. cn/zhengce/content/2013－09/13/content_7213. htm，2019 年 4 月 23 日。

《关于做好政府购买养老服务工作的通知》，2014 年 9 月 3 日，中国政府网，http：//www. gov. cn/xinwen/2014－09/03/content_2744690. htm，2019 年 1 月 21 日。

《中共中央、国务院关于打赢脱贫攻坚战的决定》，2015 年 12 月 7 日，中国政府网，http：//www. gov. cn/xinwen/2015－12/07/content_5020963. htm，2019 年 7 月 11 日。

《关于全面放开养老服务市场提升养老服务质量的若干意见》，2016 年 12 月 23 日，中国政府网，http：//www. gov. cn/zhengce/content/2016－12/23/content5151747. htm，2019 年 1 月 21 日。

《"十三五"国家老龄事业发展和养老体系建设规划》，2017 年 3 月 6 日，中国政府网，http：//www. gov. cn/zhengce/content/2017－03/06/content_5173930. htm，2019 年 7 月 22 日。

《政府工作报告——2017 年 3 月 5 日在第十二届全国人民代表大会第五次会议上》，2017 年 3 月 16 日，中国政府网，http：//www. gov. cn/premier/2017－03/16/content_5177940. htm，2019 年 7 月 22 日。

《国务院办公厅关于制定和实施老年人照顾服务项目的意见》，2017

年 6 月 16 日，中国政府网，http：//www. gov. cn/zhengce/content/2017 - 06/16/content_ 5203088. htm，2019 年 4 月 23 日。

《政府工作报告——2018 年 3 月 5 日在第十三届全国人民代表大会第一次会议上》，2018 年 3 月 22 日，中国政府网，http：//www. gov. cn/gongbao/content/2018/content_ 5286356. htm，2019 年 7 月 22 日。

《政府工作报告——2019 年 3 月 5 日在第十三届全国人民代表大会第二次会议上》，2019 年 3 月 16 日，中国政府网，http：//www. gov. cn/premier/2019 - 03/16/content_ 5374314. htm，2019 年 7 月 22 日。

《关于推进养老服务发展的意见》，2019 年 4 月 16 日，中国政府网，http：//www. gov. cn/zhengce/content/2019 - 04/16/content_ 5383270. htm，2019 年 6 月 18 日。

二　外文文献

（一）期刊

Abas M，"Migration of Children and Impact on Depression in Older Parents in Rural Thailand, Southeast Asia"，*Jama Psychiatry*，Vol. 15，No. 2，2013，pp. 226 - 234.

Abas M. A.，Punpuing S.，Jirapramukpitak T，et al.，"Rural - urban Migration and Depression in Ageing Family Members Left Behind"，*The British Journal of Psychiatry*，Vol. 195，No. 1，2009，pp. 54 - 60.

Adamchak D. J.，Wilson A. O.，Nyanguru A，et al.，"Elderly Support and Intergenerational Transfer in Zimbabwe: An Analysis by Gender, Marital Status, and Place of Residence"，*The Gerontologist*，Vol. 31，No. 4，1991，pp. 505 - 513.

Adhikari R.，Jampaklay A.，Chamratrithirong A，"Impact of Children's Migration on Healthand Health Care - seeking Behavior of Elderly Left Behind"，*Bmc Public Health*，Vol. 11，No. 1，2011，p. 143.

Agrawal S.，"Effect of Living Arrangement on the Health Status of Elderly in India: Findings from a National Cross Sectional Survey", *Asian Population Studies*, Vol. 8, No. 1, 2012, pp. 87 – 101.

Akiyama N. , Shiroiwa T. , Fukuda T. , et al. , "Healthcare Costs for the Elderly in Japan: Analysis of Medical Care and Long – term Care Claim Records", *Plos One*, Vol. 13, No. 5, 2018.

Antman F. M. , "Adult Child Migration and the Health of Elderly Parents Left Behind in Mexico", *Social Science Electronic Publishing*, Vol. 100, No. 2, 2010, pp. 205 – 208.

Bansod D. W. , "Care and Support During Twilight Years: Perception of Elderly from Rural India", 2017.

BöhmeM. H. , Persian R. , Stöhr T. , "Alone but better off? Adult Child Migration and Health of Elderly Parents in Moldova", *Journal of Health Economics*, Vol. 39, 2015, pp. 211 – 227.

Burazeri G. , Goda A. , Tavanxhi N. , et al. , "The Health Effects of Emigration on those Who Remain at Home", *International Journal of Epidemiology*, Vol. 36, No. 6, 2007, pp. 1265 – 1272.

CHANG Y. , GUO XF, LI ZH, et al. , "Comprehensive Comparison between Empty Nest and Non – empty Nest Elderly: A Cross – Sectional Study among Rural Populations in Northeast China", *International Journal of Environmental Research and Public Health*, Vol. 13, 2016.

CHAO JQ, LI YY, XU H, et al. , "Health Status and Associated Factors Among the Community – dwelling Elderly in China", *Archives of Gerontology and Geriatrics*, Vol. 56, 2013, pp. 199 – 204.

Chattopadhyay A. , Marsh R. , "Changes in Living Arrangement and Familial Support for the Elderly in Taiwan: 1963 – 1991", *Journal of Comparative Family Studies*, Vol. 30, No. 3, 1999, pp. 523 – 537.

Craig Evan P. , Sekai C. , Catherine C. , et al. , "Should Health Studies Measure Wealth?", *American Journal of Preventive Medicine*, Vol. 33, No. 3, 2007, pp. 250 – 264.

DAI H, JIA G, LIU K, "Health – related Quality of Life and Related Factors among Elderly People in Jinzhou, China: A cross – sectional study", *Public Health*, Vol. 129, 2015, pp. 667 – 673.

Donaldson J. A., Smith C. J., Balakrishnan B., et al., "Elderly Population in Singapore: Understanding Social, Physical and Financial Needs", 2015.

Eldar SH, "Decisions in poverty contexts", *Current Opinion in Psychology*, Vol. 18, 2017, pp. 131 – 136.

Eslami B., Di R. M., Barros H., et al., " Lifetime Abuse and Perceived Social Support among the Elderly: a Study from Seven European Countries", *European Journal of Public Health*, Vol. 27, No. 4, 2017.

Falkingham J., Qin M., Vlachantoni A., et al., "Children \ " s Migration and Lifestyle – related Chronic Disease among Older Parents 'left behind' in India", *SSM – Population Health*, Vol. 3, 2017, pp. 352 – 357.

Fengbo C., Lucas H., Bloom G., et al., "Household Structure, Left – behind elderly, and Rural Migration in China", *Journal of Agricultural & Applied Economics*, Vol. 48, No. 3, 2016, pp. 279 – 297.

FUJISAKI, University H O, "Family Model Presumed by Care Policies: Child – Rearing and Elderly Care after the 1970s in Japan", *Social Policy Research*, Vol. 64, No. 4, 2017, pp. 604 – 624.

GAO M, LI YY, ZHANG SHF, et al., "Does an Empty Nest Affect Elders' Health? Empirical Evidence from China", *International Journal of Environmental Research and Public Health*, Vol. 14, 2017.

Gentili E, Masiero G., Mazzonna F., "The Role of Culture in Long – term care Arrangement Decisions ", *Journal of Economic Behavior & Organization*, Vol. 143, 2017, pp. 86 – 200.

Grech A., "Evaluating the Possible Impact of Pension Reforms on Elderly Poverty in Europe", *Social Policy & Administration*, Vol. 49, No. 1, 2015, pp. 68 – 87.

GUO YQ, ZHANG C, HUANG H, et al., "Mental Health and Related influencing Factors among the Empty – nest Elderly and the non – empty – nest Elderly in Taiyuan, China: A cross – sectional study", *Public*

Health, Vol. 141, 2016, pp. 210 - 217.

Hermalin A., "Ageing in Asia: Facing the Crossroads", 2000.

Hollingsworth B., Ohinata A., Picchio M., et al., "Labor Supply and Informal Care Supply: The Impacts of Financial Support for Long - Term Elderly Care", *Glo Discussion Paper*, 2017.

Inaba M., "Challenges and Issues Under Long - Term Care Insurance for the Elderly in Japan", *Journal of Gerontological Social Work*, Vol. 36, 2001, pp. 51 - 61.

Johanna A., Sarah P. W., Martin L., "Social Determinants of Health - A question of Social or Economic Capital? Interaction Effects of Socioeconomic Factors on Health Outcomes", *Social Science & Medicine*, Vol. 74, 2012, pp. 930 - 939.

Juliane S., Z YW, "How does Internal Migration Affect the Emotional Health of Elderly Parents Left - behind?", *Journal of Population Economics*, 2018.

Karagiannaki, Eleni K., "Essays on the Pension System and the Living Standards of the Elderly in Greece", *University of Essex*, 2004.

Kaushal N., "How Public Pension Affects Elderly Labor Supply and Well - being: Evidence from India", *World Development*, Vol. 56, No. 56, 2014, pp. 214 - 225.

Knodel J., Saengtienchai C., "Rural Parents with Urban Children: Social and Economic Implications of Migration for the Rural Elderly in Thailand", *Population Space & Place*, Vol. 13, No. 3, 2010, pp. 193 - 210.

Kooshiar H., Yahaya N, Hamid T. A., et al., "Living Arrangement and Life Satisfaction in Older Malaysians: The Mediating Role of Social Support Function", *PLOS ONE*, Vol. 7, 2012.

Kreager P., "Migration, Social Structure and Old - age Support Networks: a Comparison of Three Indonesian Communities", *Ageing Soc*, Vol. 26, No. 1, 2006, pp. 37 - 60.

Kuhn R., Everett B., Silvey R., "The Effects of Children's Migration on Elderly Kin's Health: A Counterfactual Approach", *Demography*,

Vol. 48, No. 1, 2011, pp. 183 – 209.

Ladusingh L., Maharana B., "How Sustainable is the Familial Support of Elderly in Asia?", *Journal of Population Ageing*, 2017.

Laura L., Teemu K., "Regional Inequalities in Self – rated Health in Russia: What is the Role of Social and Economic Capital?", *Social Science & Medicine*, Vol. 161, 2016, pp. 92 – 99.

LIU LJ, GUO Q, "Life Satisfaction in a Sample of Empty – nest Elderly: a Survey in the Rural Area of a Mountainous County in China", Qual Life Res, Vol. 17, 2008, pp. 823 – 830.

LIU LJ, GUO Q, "Loneliness and health – related quality of life for the empty nest elderly in the rural area of mountainous county in China", *Qual Life Res*, Vol. 16, 2007, pp. 1275 – 1280.

LIU LJ, FU YF, QU L., et al., "Home Health Care Needs and Willingness to Pay for Home Health Care Among the Empty – nest Elderly in Shanghai, China", *International Journal of Gerontology*, Vol. 8, 2014, pp. 31 – 36.

Longo F., Notarnicola E., "Home Care for the Elderly in Sweden, Germany and Italy: A Case of Multi - level Governance Strategy - making", *Social Policy & Administration*, Vol. 52, No. 3, 2018.

LV XL, JIANG YH, SUN YH, et al., "Short Form 36 – Item Health Survey Test Result on the Empty Nest Elderly in China: A meta – analysis", *Archives of Gerontology and Geriatrics*, Vol. 56, 2013, pp. 291 – 297.

Macwangi M., Cliggett L., Alter G., "Consequences of Rural – urban Migration on Support for the Elderly in Zambia", 1996/1997.

Maradee A., Deborah J., John M., et al., "Living Arrangements, Changes in Living Arrangements, and Survival among Community Dwelling Older Adults", *American Journal of Public Health*, Vol. 87, No. 3, 1997, pp. 371 – 377.

Martin B., Hynek P., Richard R., et al., "Socioeconomic Factors, Material Inequalities, and Perceived Control in Self – rated health: Cross – sectional Data from Seven Post – communist Countries", *Social Science &*

Medicine, Vol. 51, 2000, pp. 1343 – 1350.

Miguel R., Alexia P., "Redistributive Effects of the US Pension System Among Individuals with Different Life Expectancy", *The Journal of the Economics of Aging*, Vol. 10, 2017, pp. 51 – 74.

Miltiades H. B., "The Social and Psychological Effect of an Adult Child's Emigration on Non – immigrant Asian Indian Elderly Parents", *Journal of Cross – Cultural Gerontology*, Vol. 17, No. 1, 2002, pp. 33 – 55.

MODIGLIANI F, SHI LARRY CAO F, "The Chinese Saving Puzzle and the Life – Cycle Hypothesis", *Journal of Economic Literature*, Vol. 42, No. 1, 2004, pp. 145 – 170.

Mu G. R., "Elderly Parent Health and the Migration Decisions of Adult Children: Evidence from Rural China", *Demography*, Vol. 44, No. 2, 2007, pp. 265 – 288.

Murata C., Yamada T., Chen C. C., et al., "Barriers to Health Care among the Elderly in Japan", *International Journal of Environmental Research & Public Health*, Vol. 7, No. 4, 2010, pp. 1330 – 1341.

Nadash P., Doty P., Von S. M., "The German Long – Term Care Insurance Program: Evolution and Recent Developments", *Gerontologist*, Vol. 58, No. 3, 2017.

NING MX, GONG JQ, ZHENG XH, "Does New Rural Pension Scheme decrease elderly labor supply? Evidence from CHARLS", *China Economic Review*, Vol. 41, 2016, pp. 315 – 330.

Okamoto A., "Welfare Analysis of Pension Reforms in an Ageing Japan", *Japanese Economic Review*, Vol. 64, No. 4, 2013, pp. 452 – 483.

Patricia D., Paul J. L, "Over the Limit: the Association Among Health, Race and Debt", *Social Science & Medicine*, Vol. 50, 2000, pp. 517 – 529.

Peggy T., "The National Policy on Elderly People in Singapore", *Ageing & Society*, Vol. 14, No. 3, 1994, pp. 405 – 427.

Peter B., Bryan R., Tim. D. W., "Financial Hardship, Socio – economic Position and Depression: Results from the PATH Through Life Survey",

Social Science & Medicine, Vol. 69, 2009, pp. 229 – 237.

Quashie N., Zimmer Z., "Residential Proximity of Nearest Child and Older Adults' Receipts of Informal Support Transfers in Barbados", *Ageing and Society*, Vol. 33, No. 2, 2013, pp. 320 – 341.

Rajasenan D., Jayakumar M. S., Abraham B. G., "Socio Economic and Psychological Dimensions of Migration – induced Exclusion of the Elderly in Kerala, India: An empirical analysis", *International Journal of Migration Health & Social Care*, Vol. 12, No. 1, 2016, pp. 51 – 65.

Robert F., Francois P., "Decomposition of Demographic Effects on the German Pension System", *The Journal of the Economics of Aging*, Vol. 12, 2018, pp. 61 – 76.

Rothgang H., "Social Insurance for Long – term Care: An Evaluation of the German Model", *Social Policy & Administration*, Vol. 44, No. 4, 2010, pp. 436 – 460.

Sonia J. S. C., "Elder Care, Distributive Justice, and the Welfare State: Retrenchment or Expansion", *Social Science&Medicine*, Vol. 41, No. 6, 1995, p. 910.

Stöhr, Tobias, "Siblings' Interaction in Migration Decisions: Who Provides for the Elderly Left Behind?", *Journal of Population Economics*, Vol. 28, No. 3, 2015, pp. 593 – 629.

SU D, WU XN, ZHANG YX, et al., "Depression and Social Support Between China rural and Urban Empty – nest Elderly", *Archives of Gerontology and Geriatrics*, Vlo. 55, 2012, pp. 564 – 569.

Sung Y A, "Importance of Pension Income of Elderly Households in Korea and Related Factors", *Asia Pacific Journal of Social Work & Development*, Vol. 26, No. 1, 2016, pp. 1 – 17.

Theresa J., John C., Vikram P, et al., "Task – Sharing Approaches to Improve Mental Health Care in Rural and Other Low – Resources Settings: A Systematic Review", *The Journal of Rural Health*, Vol. 34, 2018, pp. 48 – 62.

Tova Band W., Israel D., Sigal N., "Elder self neglect: A Geriatric Syndrome or a Life Course Story?", *Journal of Aging Studies*, Vol. 26, No. 2, 2012, pp. 109 – 118.

Tse C. W., "Migration and Health Outcomes of Left – Behind Elderly in Rural China", *Social Science Electronic Publishing*, 2014.

Vanwey L. K., "Altruistic and Contractual Remittances between Male and Female Migrants and Households in Rural Thailand", *Demography*, Vol. 41, No. 4, 2004, pp. 739 – 756.

Velkoff V. A., "Living Arrangements and Well – being of the Older Population: Future Research Directions", *Population Bulletin of the United Nations*, 2001.

Vullnetari J., King R., "'Does your Granny Eat Grass?' On Mass Migration, Care Drain and the Fate of Older People in Rural Albania", *Global Networks*, Vol. 8, No. 2, 2010, pp. 139 – 171.

WANG GY, ZHANG XJ, WANG k, et al., "Loneliness among the Rural Older People in Anhui, China: Prevalence and Associated Factors", *International Journal of Geriatric Psychia – try*, Vol. 26, 2011, pp. 1162 – 1168.

WANG ZQ, SHU DF, DONG BR, et al., "Anxiety Disorders and Its Risk Factors among and Sichuan Empty – nest Older Adults: A cross – sectional study", *Archives of Gerontology and Geriatrics*, Vol. 56, 2013, pp. 298 – 302.

Wilmoth J. M., "Living Arrangement Transitions among America's Older Adults", *Gerontologist*, Vol. 38, No. 4, 1998, p. 434.

XIE LQ, ZHANG JP, PENG F, et al., "Prevalence and Related Influencing Factors of Depressive Symptoms for Empty – nest Elderly Living in the Rural area of YongZhou, China", *Archives of Gerontology and Geriatrics*, Vol. 50, 2010, pp. 24 – 29.

Yamada K., Teerawichitchainan B., "Living Arrangements and Psychological Well – Being of the Older Adults After the Economic Transition in Vietnam", *The Journals of Gerontology Series B: Psychological Sciences and Social Sciences*, Vol. 70, No. 6, 2015, pp. 957 – 968.

YI FJ, LIU CH, XU ZHG, "Identifying the Effects of Migration on Parental Health: Evidence from Left – behind Elders in China", *China Economic Review*, Vol. 54, 2019, pp. 218 – 236.

ZHEN QW, SUN L, SUN YH, et al., "Correlation Between Loneliness and Social Relationship among Empty Nest Elderly in Anhui Rural Area, China", *Aging and Mental Health*, Vol. 14, No. 1, 2010, pp. 108 – 112.

Zimmer Z., Korinek K., Knodel J., et al., "A Comparative Study of Migrant Interactions with Elderly Parents in Rural Cambodia and Thailand", Vol. 70, No. 3, 2007, pp. 585 – 598.

Zimmer Z., Rada C., Stoica C. A., "Migration, Location and Provision of Support to Older Parents: The Case of Romania", *Journal of Population Ageing*, Vol. 7, No. 3, 2014, pp. 161 – 184.

（二）电子文献

厚生労働省，平成 29 年版（2017 年）厚生労働白書，https://www.mhlw.go.jp/ – english/wp/wp – hw11/dl/01e.pdf.

厚生労働省，公的年金制度の仕組み，https://www.mhlw.go.jp/file/06 – Seisakujouhou – 12500000 – Nenkinkyoku/0000126679.pdf.

厚生労働省，医療・福祉サーヒ"ス改革プラン，https://www.mhlw.go.jp/content/ – 12601000/000513536.pdf.

厚生労働省，公的醫療保險の給付内容，https://www.mhlw.go.jp/content/12400000 – /000377686.pdf.

厚生労働省，要介護認定 認定調査員テキスト 2009 改訂版，2018 – 4，https://www.mhlw.go.jp/file/06 – Seisakujouhou – 12300000 – Roukenkyoku/0000077237.pdf，2019 – 4 – 26.

厚生労働省，平成 28 年版（2016 年）厚生労働白書，https://www.mhlw.go.jp/ – english/wp/wp – hw10/dl/summary.pdf.

厚生労働省，組織・制度の概要案内 – 詳細情報，https://search.e – gov.go.jp/ – servlet/Organization? class = 1050&objcd = 100495&dispgrp = 0160.

日本年金機構，公的年金の種類と加入する制度，https://

www. nenkin. go. jp/service/ – seidozenpan/shurui – seido/20140710. html.

"Agency for integrated care (AIC) of Singapore", https: //www. aic. sg.

Department of Statistics of Singapore, " Are the old – age support ratio trends similar across different working – age groups?" 2018 – 9, https: //www. singstat. gov. sg/ – /media/files/publications/population/ssnsep18 – pg9 – 10. pdf, 2019 – 3 – 2.

Department of Statistics of Singapore, "Populationtrends 2018" 2018 – 9, https: //www. singstat. gov. sg/ – /media/files/publications/population/population2018. pdf, 2019 – 3 – 2.

Federal Ministry for Family Affairs, "Senior Citizens, Women and Youth. Family Report 2017: Benefits, Effects, Trends" 2018 – 4, https: //www. bmfsfj. de/blob/123200/c5eed9e4f3242f9cfe95ee76ffd – 90fa6/familienreport – 2017 – englisch – data. pdf, 2019 – 3 – 14.

Federal Ministry of Labor and Social Affairs of Germany, "SocialSecurityAt-AGlance 2019" 2015 – 8 – 25, https: //www. bmas. de/SharedDocs/Downloads/DE/PDF – Publikationen/a998 – social – security – at – a – glance – total – summary. pdf? _ _ blob = publicationFile&v = 8, 2019 – 3 – 14.

Federal Statistical Office of Germany, "OLDER PEOPLE in Germany and the EU " 2016 – 10, https: //www. bmfsfj. de/blob/113952/83dbe067b083c7e8475309a88da89721/aeltere – menschen – in – deutschland – und – in – der – eu – englisch – data. pdf, 2019 – 3 – 10.

Ministry of Health, Labor and Welfare of Japan, "Long – term Care Insurance System of Japan " 2016 – 11, https: //www. mhlw. go. jp/english/policy/care – welfare/care – welfare – elderly/dl/ltcisj_ e. pdf, 2018 – 11 – 12.

National Institute of Population and Social Security Research, "Population Projections by Prefecture" 1997 – 5, http: //www. ipss. go. jp/pp – fuken/e/ppp_ h9/gaiyo. html. , 2018 – 11 – 27.

National Institute of Population and Social Security Research, "Population and social security in Japan 2019 " 2019 – 7 – 26, http: //www. ipss. go. jp/s – info/e/pssj/pssj2019. pdf, 2019 – 7 – 29.

OECD,"OECD Pension Outlook 2014" 2015 – 5 – 9, http：//oecdinsights. org/2015/05/09/ageing – and – pensions/，2018 – 7 – 28.

OECD,"Pension fund assets in the OECD area decline in 2018" 2019 – 5,http：//www. oecd. org/daf/fin/private – pensions/Pension – Funds – in – Figures – 2019. pdf,2019 – 6 – 22.

OECD,"Pensions at a Glance 2017" 2017 – 12 – 5,http：//www. oecd. org/els/public – pensions/oecd – pensions – at – a – glance – 19991363. htm,2019 – 3 – 22.

OECD,"Will future pensioners work for longer and retire on less" 2019 – 7,http：//www. oecd. org/pensions/public – pensions/OECD – Policy – Brief – Future – Pensioners – 2019. pdf,2019 – 8 – 29.

OECD,"2015 Pension Policy Notes GERMANY", http：//www. oecd. org/els/public – pensions/OECD – Pension – Policy – Notes – Germany. pdf.

OECD,"2015 Pension Policy Notes JAPAN", http：//www. oecd. org/els/public – pensions/OECD – Pension – Policy – Notes – Japan. pdf.

Robert H,"IZA Policy Paper No. 130：The ABCs of Nonfinancial Defined Contribution (NDC) schemes" 2017 – 8, http：//ftp. iza. org/pp130. pdf,2018 – 12 – 23.

附录 调查问卷

尊敬的朋友：

您好，我们是来自四川大学公共管理学院的调研小组，本次调研工作是为了完成国家社会科学规划办课题调研任务！本调查旨在深入了解当前我国西南地区农村留守老人养老需求和政策的相关情况，寻求改善我国西南地区农村留守老人养老生活现状的办法。您的回答将为我们的研究以及政府有关部门作决策参考提供重要帮助。本次调查您不必署名，对您的回答，我们将予以保密，请不要有任何顾虑。感谢您的支持与参与！

四川大学公共管理学院社会调研组　2018年1月

请按每题要求在相应的答案的数字前打"√"，或在""处填上相应内容，若未作说明，则此题为单选。对于问卷，如果您有任何不清楚的地方，请提出，调查员会向您解释说明！

问卷编号：□□□□□□□□调研员：
被访老人现住址：省市区（县）镇乡街道村组　门牌号码：
联系电话：
联系人：

A0 过滤问题

A01 目前您的户口类型是？

1. 农业　2. 非农业

A02 您的出生年份是_____年

A03 主要居住的房子是在本村/社区吗？

1. 是　2. 否

A04 您是否所有健在的子女都没有和您住在一起？（同村居住的也要排除）

A1 基本信息

A1-1 您的性别是：1. 男　2. 女

A1-2 您的出生年份是_____年

A1-3 您是汉族吗？1. 是　2. 否

A1-4 您的婚姻状况：

1. 已婚配偶健在　2. 已婚丧偶　3. 离异　4. 未婚

A1-5 您的受教育程度：

1. 文盲、半文盲　2. 小学及以下　3. 初中及以下　4. 高中/中专/技校/职高及以下　5. 本科及以上

A1-6 您配偶的受教育程度？

1. 文盲、半文盲　2. 小学及以下　3. 初中及以下　4. 高中/中专/技校/职高及以下　5. 本科及以上

A1-7 您过去或现在是否在村里担任一定的职务？

1. 现在正在担任　2. 过去担任过　3. 没有担任

A1-8 目前您家中有_____口人（包括外出打工者），有_____个儿子_____个女儿

A1-8.1　子女基本信息

	性别	年龄	受教育程度	婚姻状况	与您的距离	多久回家一次	多久打电话问候一次	亲密程度	代际冲突程度
子女1	1. 男 2. 女		1. 文盲、半文盲 2. 小学及以下 3. 初中及以下 4. 高中/中专/技校/职高及以下 5. 大专及以下 6. 本科及以上	1. 已婚配偶健在 2. 已婚丧偶 3. 离异 4. 未婚	1. 不同村 2. 不同乡（镇） 3. 不同县（县级市） 4. 不同市（地级市、自治州） 5. 不同省（直辖市）	1. 一月及一月以内一次 2. 一个月到半年以内一次 3. 半年到一年以内一次 4. 一年到两年一次 5. 超过两年一次 6. 没有回家	1. 每天 2. 一周及一周以内一次 3. 一月及一月以内一次 4. 一个月到半年以内一次 5. 半年到一年以内一次 6. 一年到两年一次 7. 超过两年一次 8. 没有问候	1. 很好 2. 有点好 3. 一般 4. 不太好 5. 很不好	1. 非常大 2. 较大 3. 一般 4. 较少 5. 没有冲突
子女2									

A1-8.2 子女/孙子女经济支持/提供照料时间（加入了定期/不定期）

	过去一年你们从这个子女那里获得了多少以下各种帮助	过去一年你们给这个子女多少以下各种帮助	过去一年你们从这个子女的孩子（孙子女）那里获得了多少以下各种帮助	过去一年你们给这个子女的孩子（孙子女）以下各种帮助	过去一年，您或配偶是否花时间照看了这个子女的孩子（孙子女）	过去一年，您和您配偶大约花几周，每周花多少时间来照看这个子女的孩子（孙子女）
子女1	(1) 定期给钱____元；定期给实物____元 (2) 不定期给钱____元；不定期给实物____元	(1) 定期给钱____元；定期给实物____元 (2) 不定期给钱____元；不定期给实物____元	(1) 定期给钱____元；定期给实物____元 (2) 不定期给钱____元；不定期给实物____元	(1) 定期给钱____元；定期给实物____元 (2) 不定期给钱____元；不定期给实物____元	(1) 是 (2) 否	我____周（0—52周）；0.00—168.00小时/周，我爱人____周（0—52周）；0.00—168.00小时/周
子女2						

A1-9 您现在的居住地点是？（若选择3、4则回答A1-9.1，否则跳过）

1. 独居，镇上　2. 独居，农村　3. 与家人一起，镇上　4. 与家人一起，农村

A1-9.1 您现在和谁住在一起？（可多选）

1. 老伴　2. 父母　3. 孙儿，孙女　4. 外孙儿，外孙女　5. 其他（请注明）

A1-10 您觉得居住地交通是否便利？

1. 非常不便利　2. 比较不便利　3. 一般　4. 比较便利　5. 非常便利

A1-11 您本人平均月收入大约是_____元，每年总收入大约是____元。您的家庭月收入大约是____元，家庭年收入大约是____元。

A1-12 过去一年，您有没有领到下列的哪种收入？其中最主要的经济来源是____。

1. 工资收入____元/年；____元/月

2. 儿女支付____元/年；____元/月

3. 低保金收入____元/年；____元/月

4. 养老保险收入____元/年；____元/月

5. 亲友资助____元/年；____元/月

6. 务农所得____元/年；____元/月（务农包括生产的农产品、林产品、畜牧产品、水产品）

7. 高龄老人津贴____元/年；____元/月

8. 其他____元/年；____元/月

A1-12.1 在上面您所选择的经济来源中，最主要的是：（单选）

1. 工资收入　2. 儿女支付　3. 低保金收入　4. 养老保险收入

5. 亲友资助　6. 务农　7. 高龄老人津贴　8. 其他____（请注明）

A1-13 您家过去一年在以下消费中的支出：

1. 日常生活用品支出____元/年；____元/月

2. 食品支出____元/年；____元/月

3. 水、电费支出____元/年；____元/月

4. 医疗支出____元/年；____元/月

5. 家具耐用消费品支出____元/年；____元/月

6. 人情往来支出____元/年；____元/月

7. 娱乐消费____元/年；____元/月

8. 交通旅游支出____元/年；____元/月

9. 其他____元/年；____元/月

A1-14 总体来说，您怎么评价您自己家的生活水平？

1. 非常高　2. 偏上　3. 中等　4. 偏下　5. 贫困

A1-15 您家是否有集体分配的耕地、林地？

1. 有　2. 没有

A1-16 您目前在金融机构有（记载您名下的）存款吗？

1. 有，____元　2. 没有

A1-17 您现在有欠债吗？

1. 有，____元　2. 没有

A1-18 您名下的资产有百分之多少是完全由您支配的？____%。（即您在多大程度上能够自由支配这些资产）

A1-19 您认为您现在的收入是否够用？

1. 富足　2. 一般够用　3. 够用　4. 一般不够用　5. 完全不够

A1-20 您现在住房房产证写的是谁的名字？（可多选）

1. 自己　2. 老伴　3. 子女　4. 其他

（孝顺量表）

A1-21.1 您有多期望您的孩子能照顾您？

1. 几乎没有　2. 很少　3. 平均　4. 不算少　5. 很多

A1-21.2 您认为您的孩子实际上有没有照顾您？

1. 几乎没有　2. 很少　3. 平均　4. 不算少　5. 很多

A1-21.3 您有多期望您的孩子能尊重您？

1. 几乎没有　2. 很少　3. 平均　4. 不算少　5. 很多

A1-21.4 您认为您的孩子实际上有没有尊重您？

1. 几乎没有　2. 很少　3. 平均　4. 不算少　5. 很多

A1-21.5 您有多期望您的孩子能定期问候您、嘘寒问暖？

1. 几乎没有　2. 很少　3. 平均　4. 不算少　5. 很多

A1-21.6 您认为您的孩子实际上有没有问候您、嘘寒问暖？

1. 几乎没有　2. 很少　3. 平均　4. 不算少　5. 很多

A1-21.7 您有多期望您的孩子能多愉悦您？

1. 几乎没有　2. 很少　3. 平均　4. 不算少　5. 很多

A1-21.8 您认为实际上您的孩子有没有让您高兴？

1. 几乎没有　2. 很少　3. 平均　4. 不算少　5. 很多

A1-21.9 您有多期望您的孩子能服从您？

1. 几乎没有　2. 很少　3. 平均　4. 不算少　5. 很多

A1-21.10 您认为实际上您的孩子有没有服从您？

1. 几乎没有　2. 很少　3. 平均　4. 不算少　5. 很多

A1-21.11 您有多期望您的孩子能提供您经济上的支持？

1. 几乎没有　2. 很少　3. 平均　4. 不算少　5. 很多

A1-21.12 您认为实际上您的孩子有没有提供多少经济上的支持？

1. 几乎没有　2. 很少　3. 平均　4. 不算少　5. 很多

A1-22 您平时主要的消遣活动是？（可多选）

1. 串门、闲聊　2. 打麻将、下棋、打牌、去社区活动室　3. 看电视、听收音机

4. 其他____　5. 以上均没有

A1-23 您的一些生活感受：

A1-23.1 您多久会觉得缺少陪伴？（没人陪）

1. 从来没有　2. 有时候　3. 经常

A1-23.2 您多久会觉得生活很无趣呢？（被人冷落）

1. 从来没有　2. 有时候　3. 经常

A1-23.3 你多久会觉得被人孤立？

1. 从来没有　2. 有时候　3. 经常

A1-24 在过去1星期内您是否经常有以下情况和感觉？

（注：如果回答过去1星期内出现少于1天，选"没有或几乎没有"；出现过1—2天，选"少有"；出现过3—4天，选"常有"；出现过5—7天，选"几乎一直有"）

状态	没有/几乎没有 （1天以下）	少有 （1—2天）	常有 （3—4天）	几乎一直有 （5—7天）
我感到高兴				
我觉得我和一般人一样好				
我觉得生活得很有意思				
我觉得前途是有希望的				
我因一些小事而烦恼				
我不太想吃东西，我的胃口不好				
即使家属和朋友帮助我，我仍然无法摆脱心中的苦闷				
我在做事时无法集中自己的注意力				
我感到情绪低沉				
我感到做任何事都很费力				
我觉得我的生活是失败的				
我感到害怕				
我的睡眠情况不好				
我比平时说话要少				
我感到孤单				
我觉得人们对我不太友好				
我曾哭泣				
我感到忧愁				
我觉得人们不喜欢我				
我觉得无法继续我的日常工作				

A1-25 您觉得最近一个月的压力大吗？

1. 压力非常大　2. 压力较大　3. 压力一般　4. 压力较小　5. 没有压力

A1-26 以下的描述是否符合您现在的情况？

状态	完全同意	同意	一般	不同意	完全不同意
直至目前为止，我已在人生里得到我认为重要的东西	5□	4□	3□	2□	1□
我的生活在各方面都很棒	5□	4□	3□	2□	1□
我的生活跟我理想中的很接近	5□	4□	3□	2□	1□
我对自己的生活感到满意	5□	4□	3□	2□	1□
如果让我再活一次，我仍会选择过同样的生活	5□	4□	3□	2□	1□

A1-27 在过去一个月中，您有多同意以下描述？

A1-27.1 我能够适应变化

1. 几乎从不如此　2. 极少如此　3. 有时如此　4. 常常如此　5. 几乎总是如此

A1-27.2 我能够处理任何事情

1. 几乎从不如此　2. 极少如此　3. 有时如此　4. 常常如此　5. 几乎总是如此

A1-27.3 我能够发现事情幽默有趣的一面

1. 几乎从不如此　2. 极少如此　3. 有时如此　4. 常常如此　5. 几乎总是如此

A1-27.4 处理压力使我更强大

1. 几乎从不如此　2. 极少如此　3. 有时如此　4. 常常如此　5. 几乎总是如此

A1-27.5 我能够在疾病和痛苦后重新振作

1. 几乎从不如此　2. 极少如此　3. 有时如此　4. 常常如此　5. 几乎总是如此

A1-27.6 就算有障碍，我也能够达成我的目标

1. 几乎从不如此　2. 极少如此　3. 有时如此　4. 常常如此　5. 几乎总是如此

A1-27.7 在压力下，我能够集中注意力并清晰的思考

1. 几乎从不如此　2. 极少如此　3. 有时如此　4. 常常如此　5.

几乎总是如此

A1-27.8 我不会因为失败而轻易的气馁

1. 几乎从不如此 2. 极少如此 3. 有时如此 4. 常常如此 5. 几乎总是如此

A1-27.9 我认为自己是一个坚强的人

1. 几乎从不如此 2. 极少如此 3. 有时如此 4. 常常如此 5. 几乎总是如此

A1-27.10 我能够处理不愉快的感觉

1. 几乎从不如此 2. 极少如此 3. 有时如此 4. 常常如此 5. 几乎总是如此

A1-28 邻居凝聚问题

A1-28.1 请问您多久会看到您的邻居和朋友在院子里或在街上聊天

1. 经常 2. 有时 3. 很少 4. 从未

A1-28.2 你多久会看到邻居互相照顾，如照顾孩子或做其他工作

1. 经常 2. 有时 3. 很少 4. 从未

A1-28.3 你多久会看到邻居互相帮助或照顾（守望相助），如他们看到一个问题会互相打电话

1. 经常 2. 有时 3. 很少 4. 从未

A1-28.4 请问你知道多少邻居的名字

0 1 2 3 4 5 6 7 8 9 10 11 12 13 14 15 16 17 18 19 20 20及以上

A1-28.5 你有多少邻居有至少可以每周交谈一次

0 1 2 3 4 5 6 7 8 9 10 11 12 13 14 15 16 17 18 19 20 20及以上

A1-28.6 有多少邻居是您可以致电寻求帮助例如家务上或其他的一些小忙吗？

0 1 2 3 4 5 6 7 8 9 10 11 12 13 14 15 16 17 18 19 20 20及以上

A2 身体状况

A2-1 现在问您一些问题，主要想知道您记性怎样，请尽量回答。

问题	正确	不正确	没有回答
1. 今年是哪一年？_____			
2. 现在是哪个季节？_____			
3. 今天是多少号？_____			
4. 今天是星期几？_____			
5. 现在是几月？_____			
6. 我们现在在中国哪个省？_____			
7. 我们现在在哪个城市？_____			
8. 我们现在在哪个区？_____			
9. 我们现在在哪间屋子/房间？（边间房）_____			
10. 我们所在地的具体地址是什么？（街道号码？街道名称？）			

下面我会说三个东西，等我说完我希望你能够重复一遍。请务必记住，因为过几分钟我还要问。
【一秒钟说一个东西】苹果—报纸—火车 现在请重复说出这三样东西。【记录第一次分数，需要的话多给两次机会】

11.【苹果】			
12.【报纸】			
13.【火车】			
14. 请你用一百减七，然后再减七，一直减下去，直到我叫你停为止（减五次后便停）（100减7）93？如果需要重复或帮助拼写，最多两次			
15. 上一个结果减7是多少（93-7=86）？			
16. 上一个结果减7是多少（86-7=79）？			
17. 上一个结果减7是多少（79-7=72）？			
18. 上一个结果减7是多少（72-7=65）？			

续表

问题	正确	不正确	没有回答
19. 之前那三种东西分别是什么?【苹果】			
20.【报纸】			
21.【火车】			
22.【出示腕表】这个是什么?（手机）			
23.【出示铅笔】这个是什么?			
24. 我希望你跟我念一句话。"四十四只石狮子"【只给一次机会】			
25. 请读出卡上写的字，并且按照上面所说的做。【出示卡片】卡片 =『请闭上眼睛』			
26. 我会给您一张纸，当我给您的时候，请右手拿纸，然后双手将纸对折，最后把纸放到您的腿上。【递纸，不能重复问题或指导】请右手拿纸			
27. 请把纸对折（折一半）			
28. 把纸放到您的腿上			
29. 请在纸上写下任何完整的句子，例如今天天气很好含主词动词且语意完整的句子			
30. 请在纸上画一个一模一样的图画			

总分（1 项回答"正确"则计为"1"；回答"不正确"或"没有回答"不计分）：/30

A2-2 日常活动能力（单选）

状态	没有困难	有困难但仍可完成	有困难且需要帮助	无法完成
a. 室内活动（包括上下床、坐在椅子或凳子上或从椅子或凳子上站起来）				

续表

状态	没有困难	有困难但仍可完成	有困难且需要帮助	无法完成
b. 自己穿衣服（包括找衣、穿衣和脱衣、穿鞋）				
c. 自己吃饭				
d. 自己洗澡（包括擦洗上身或下身）				
e. 上厕所（包括蹲下站起、便后洗手、解衣穿衣，包括在房间中用马桶大小便）				
f. 控制大小便				
g. 接打电话				
h. 乘坐交通工具外出				
i. 洗衣服				
j. 做家务（包括扫地、洗碗、铺床叠被等）				
k. 做饭（包括洗菜切菜、做饭菜、端上桌）				
l. 自己去买东西				
m. 自己管理钱财				
n. 自己吃药（指能记得什么时间吃和吃多少）				

A2-3 一般健康及健康行为

A2-3.1 您是否患有下列疾病？（可多选）

1. 高血压 2. 糖尿病 3. 心脏病 4. 中风/脑出血 5. 颈/腰椎疾病 6. 骨质疏松/关节炎等 7. 高胆固醇 8. 癌症/恶性肿瘤 9. 慢性肺部疾病（如慢性支气管炎、肺气肿、肺心病等）10. 消化系统疾病（胃肠炎/胆结石、胆囊炎/肝硬化等）11. 甲状腺疾病 12. 其他____ 13. 无

A2-3.2 您吸烟吗？

1. 是 2. 否

A2-3.3 您常喝酒吗？

1. 是 2. 否

A2-4 您认为您现在的身体情况怎么样？

1. 非常好 2. 比较好 3. 一般 4. 不太好 5. 很不好

B 家庭支持

B1 下列支持中，目前主要是由哪些群体为您提供，请在相对应的框格中"√"（可多选）。

家庭支持	1. 老伴	2. 子女	3. 兄弟姐妹	4. 朋友（邻居）	5. 政府（社区）	最重要的提供者（仅填写前五项中的一项）	无家庭支持人帮助	是否能满足需要 1. 完全满足 2. 基本满足 3. 不能满足
日常生活起居								
物质或经济支持								
情感支持								

B2 您对以下问题是否担心？（请在相应栏中打勾）

	完全不担心	不太担心	一般	比较担心	非常担心	没想过
生活孤独（无人说话、谈心）						
收入养不活自己						
生病没有钱治疗						
生活无人照料						

B3 您和您的子女是否互相提供过下列支持？

	老人		子女	
	是	否	是	否
经济上的互相帮助				
金钱以外其他物资上的互相帮助，如食物、衣服、家庭用品等				
做家务上的互相帮助，如买东西、煮饭、修理东西、打扫、看小孩等				
精神上的互相安慰或鼓励				

B4. 您与亲属（配偶；子女、孙子女、外孙子女及他们的配偶；兄弟姐妹等）的关系：

B4-1 在最近3个月内，您有几个每个月至少来往一次的亲属？

1. 无　2. 一个　3. 两个　4. 三、四个　5. 五到八个　6. 九个及以上

B4-2 在最近3个月内，您感到关系很好而且可以找他帮忙的亲属有几个？

1. 无　2. 一个　3. 两个　4. 三、四个　5. 五到八个　6. 九个及以上

B4-3 在最近3个月内，可以让您很放心地讨论私人事情（如个人钱财或纠纷处理）的亲属有几个？

1. 无　2. 一个　3. 两个　4. 三、四个　5. 五到八个　6. 九个及以上

B4-4 在最近3个月内，您交往最多的且不住在一起的亲属多长时间来往一次？

1. 少于一个月一次　2. 一个月一次　3. 一个月2—3次　4. 一周一次　5. 一周几次　6. 每天

B4-5 在最近3个月内，当您的一位亲属有重要决定要做时，他是否经常找您商量？

1. 没有　2. 很少　3. 有时　4. 经常　5. 几乎任何时候　6. 任何时候

B4-6 在最近3个月内，当您需要做出重大决定时，您能够经常

找到至少一位亲属去商量吗？

1. 从不能够　2. 很少时候能够　3. 有时能够

4. 经常能够　5. 几乎何时都能够　6. 任何时候都能够

B5 以下问题将会问您与朋友的关系：

B5-1 在最近 3 个月内，您有几个每个月至少来往一次的朋友？

1. 无　2. 一个　3. 两个　4. 三、四个　5. 五到八个　6. 九个及以上

B5-2 在最近 3 个月内，您感到关系很好而且可以找他帮忙的朋友有几个？

1. 无　2. 一个　3. 两个　4. 三、四个　5. 五到八个　6. 九个及以上

B5-3 在最近 3 个月内，可以让您很放心地讨论私人事情（如个人钱财或纠纷处理）的朋友有几个？

1. 无　2. 一个　3. 两个　4. 三、四个　5. 五到八个　6. 九个及以上

B5-4 在最近 3 个月内，您与交往最多的不是住在一起的朋友多长时间来往一次？

1. 少于一个月一次　2. 一个月一次　3. 一个月 2—3 次

4. 一周一次　5. 一周几次　6. 每天

B5-5 在最近 3 个月内，当您的一位朋友有重要决定要做时，他是否经常找您商量？

1. 没有　2. 很少　3. 有时　4. 经常　5. 几乎任何时候　6. 任何时候

B5-6 在最近 3 个月内，当您需要做出重大决定时，您能够经常找到至少一位朋友去商量吗？

1. 从不能够　2. 很少时候能够　3. 有时能够

4. 经常能够　5. 几乎何时都能够　6. 任何时候都能够

B6 请问目前您希望谁给您养老呢？

1. 儿子养老　2. 女儿养老　3. 儿女都可以　4. 自己养老

5. 机构养老　6. 请人照料（专业人员；亲戚朋友）

C 政府支持

医疗保险部分

C1 您对城乡居民医疗保险（新农合）的了解情况：

1. 非常了解（比如：自己使用过，熟悉相应的医保使用及报销信息）

2. 一般了解（比如：家人、邻居朋友使用过，对医保有一定的了解）

3. 完全不了解（比如：自己没有使用过，不熟悉医保使用及报销相关信息）

C2 如果您和您的家人生病（一般疾病），下列选项一般首选：

1. 不去医院，也不去药店买药 2. 去药店买药 3. 乡镇医院或诊所

4. 县级及以上的医院 5 私立医院

C3 如果您和您的家人生病（重大疾病），下列选项一般首选：

1. 不去医院，也不去药店买药 2. 去药店买药 3. 乡镇医院或诊所

4. 县级及以上的医院 5 私立医院

C4 请问您（用常用的交通方式）去距离最近的乡镇医院（卫生院）需要多长时间？

1.15 分钟以内 2.16—30 分钟 3.31—60 分钟 4.60 分钟以上

C5 参加医疗保险对您个人的影响程度：

影响方面	很大	较大	一般	较小	没有
参保费用加重了经济负担	5□	4□	3□	2□	1□
减轻了生病后的经济负担	5□	4□	3□	2□	1□
减轻了生病后的心理负担	5□	4□	3□	2□	1□
生病后更愿意到医院就医	5□	4□	3□	2□	1□

C6 您对城乡居民医疗保险的整体满意度是

1. 非常满意　2. 满意　3. 一般　4. 不满意　5. 非常不满意

C6-1 分项满意度评分

分项	非常满意	满意	一般	不满意	完全不满意
参保费用	5□	4□	3□	2□	1□
医保费用上涨幅度	5□	4□	3□	2□	1□
基层医疗点的价格	5□	4□	3□	2□	1□
计入个人账户的金额（80），统筹账户（100）	5□	4□	3□	2□	1□
报销起付线	5□	4□	3□	2□	1□
报销比例	5□	4□	3□	2□	1□
报销范围	5□	4□	3□	2□	1□
工作人员服务态度	5□	4□	3□	2□	1□
政府宣传	5□	4□	3□	2□	1□

C7 请问您医保卡里的钱都用于下列（多选）

1. 看病住院　2. 药品　3. 保健品　4. 日用品　5. 家用医疗器械及耗材（如血糖仪、血压计、足浴盆等）　6. 其他（请注明）

C8 保障项目注：是否享受（1＝是，0＝否）；

满意度（5＝非常满意；4＝满意；3＝一般；2＝不满意；1＝非常不满意）

社会保障项目	是否享受	每月能拿多少钱
城乡最低生活保障		
临时困难补助		
高龄老人津贴		
独生子女津贴		
其他（请注明具体项目）		

社会保障项目	是否享受	满意度
城乡居民养老保险 1. 政府宣传； 2. 待遇发放； 3. 工作人员服务态度		（总体）
		（分项1）
		（分项2）
		（分项3）

C9 养老生活支持感

状态	完全同意	同意	一般	不同意	完全不同意
养老保障政策让我感到国家对我的照顾	5□	4□	3□	2□	1□
养老保障政策让我减轻对未来的担心	5□	4□	3□	2□	1□
养老保障政策让我对自己的老年生活水平有信心（如，生存支出能否保证）	5□	4□	3□	2□	1□
养老保障政策让我对自己的老年生活质量有信心（如，生活支出和精神娱乐支出能否保证）	5□	4□	3□	2□	1□

C 10 您对农村空巢老人养老还有什么意见和建议？

问卷到此结束，对您的回答再次表示感谢！